Gestaltung denken

Klaus Thomas Edelmann
Gerrit Terstiege
(Hrsg.)

Gestaltung denken

Grundlagentexte zu Design und Architektur

Birkhäuser
Basel

INHALTSVERZEICHNIS

Theoretiker über Gestaltung 145

GESTALTUNG ALS LEKTÜRE – ZU DIESEM BUCH

Design und Architektur bestehen, das erläutert und bestätigt das hier vorliegende Buch, nicht allein aus dem, was dann im handgreiflichen Resultat spürbar und handelbar ist. Vielmehr bedürfen beide, zum Verständnis wie zur Gestaltung, selber der Nachdenklichkeit und der Argumentation über das, was denn Design und Architektur sind oder sein könnten. Selbstverständlich existieren solche Auseinandersetzungen schon sehr lange, und es gab sie, bevor überhaupt die Kategorien Design und Architektur entwickelt wurden – eben im Rahmen von Ästhetik, von gestalterischer Planung und im Handwerk. Aber dieser Diskurs über Gestaltung hat aus zumindest zwei Gründen sich in den letzten Jahrzehnten intensiviert: Zum einen begreifen offenbar immer mehr Menschen, wie sehr alles um sie herum und damit ihr Leben gestaltet ist (Informationen ebenso wie das Wohnen, Kleidung nicht minder als Arbeitsprozesse oder der Verkehr, das Lesen, Träumen und alle Beziehungen untereinander). Solche Erfahrung verlangt nach Erörterung und stößt dabei auf diverse schon existierende Theorien, die durchaus kontrovers die Gestaltung zu erläutern suchen.

Auf der quasi anderen, also damit vermittelten Seite haben auch die in Design und Architektur produzierend Beteiligten mittlerweile entdeckt, dass banale apodiktische Thesen – wie sie gelegentlich im Rahmen von Funktionalismus, Ergonomie und dergleichen vermeintlich Sicherheiten und de facto bloß Anweisungen boten – sich als obsolet erwiesen haben und keineswegs mehr taugen, gegenwärtige Möglichkeiten von und Anforderungen an Gestaltung zu erwägen. Das Bewusstsein dafür ist beträchtlich gewachsen, dass eine offene theoretische Auseinandersetzung notwendig wird, zu der die Gestalterinnen und Gestalter ebenso genötigt werden wie Theoretikerinnen und Theoretiker aus kulturwissenschaftlichen, philosophischen, ökonomischen, psychologischen und naturwissenschaftlichen Arbeits- und Denkformen. Mithin tun sich viele neue Fragen und Perspektiven auf, und dabei ist auch die Erinnerung an schon historische Diskurse über Gestaltung substanziell: Denn womöglich kann man erst heute die Relevanz bestimmter Texte für die gegenwärtige und perspektivische Auseinandersetzung um Design und Architektur erkennen. – Wobei eben auch interessant ist, die Unterschiede und die Gemeinsamkeiten dieser Reflexionen innerhalb von Design und Architektur selbst und den Texten zu entdecken, die von außen, also von der Wahrnehmung her, vorgetragen wurden und werden. Genau dies nämlich findet man in dem vorliegenden Buch. Nun versammelt diese Publikation nicht allein solche relevanten Texte, sondern es gibt zu jedem Text einen Kommentar von dafür kompetenten Autorinnen und Autoren. Dies hilft gelegentlich, jene Theorien oder auch nur Thesen zu verorten und auf unsere Gegenwart zu beziehen – es nützt auch dafür, diese Sammlung nicht als Kanon misszuverstehen, sondern sie vielmehr als Anregung, als Versammlung von Denk-Horizonten zu begreifen.

Der Herausgeberrat BIRD

VORWORT DER HERAUSGEBER

Anders als Architekten, die seit Vitruv immer wieder Texte der Selbstvergewisserung produzierten, haben Designer theoretische Diskurse nur sehr punktuell geführt. Es sind Krisenmomente, Phasen des Umbruchs, in denen theoretische Modelle aufgestellt und auf ihre Geltung hin überprüft werden. Und fraglos sind heute die kreativen Disziplinen im Umbruch, wird Ausbildung derzeit neu formiert – und kontrovers diskutiert, was das theoretische Fundament künftiger Gestaltergenerationen bilden könnte. Dies mag erklären, weshalb heute Theorie in Architektur und Design auf ein zunehmendes Interesse stößt – auch außerhalb der Hochschulen. Veröffentlichungen wie der Band *architektur_theorie* (hrsg. von Gerd de Bruyn und Stephan Trüby), *Design Studies* (hrsg. von Audrey Bennett) oder spezifische Textsammlungen wie *Materialästhetik* (hrsg. von Dietmar Rübel, Monika Wagner, Vera Wolff) belegen dies. Zeitschriften wie *ARCH+, Bauwelt, domus, design report* oder *form* sowie Zusammenschlüsse wie die Design History Society, die Deutsche Gesellschaft für Designtheorie und -Forschung (DGTF) und die Gesellschaft für Designgeschichte (GfDg) greifen die aktuellen Diskurse auf und verschaffen ihnen Öffentlichkeit. Phänomene wie Personal Fabrication, Open Source Design und Design Art haben in den letzten Jahren das tradierte Berufsbild des Designers in Zweifel gezogen und neue Fragen aufgeworfen: Ist eine Produktion industrieller Güter ohne den Apparat industrieller Produktionsstätten denkbar? Führt ein gemeinsames Optimieren gestalterischer Konzepte, beflügelt durch das Internet und digitale Entwurfstechniken, zu besseren Ergebnissen? Sind Designer heute die besseren Künstler? Wird ein Stuhl bereits zur Kunst, weil er in limitierter Edition auf den Markt kommt? Und wie ist es eigentlich um das Verhältnis von Architekten und Designern bestellt? Ettore Sottsass, der in beiden Welten zu Hause war, sprach dem Design die größere Bedeutung zu, weil ein Massenprodukt in das Leben von weit mehr Menschen eingreife als ein einzelnes Gebäude. Doch lässt sich das *iPhone* wirklich mit einer Wohnmaschine vergleichen? Oder der *Citroën DS* mit einer gotischen Kathedrale? Die Beiträge in diesem Band versuchen darauf Antworten zu geben.

Wenn diese Textsammlung sich aber nicht nur auf die jüngsten Diskussionen und Positionen beschränkt, sondern in etwa die letzten hundert Jahre umfasst, so auch, um deutlich zu machen, wie sehr sich die Erwartungen an Design und Architektur wandeln. Allein die Auffassung, was gute Gestaltung sei, lässt sich heute nicht mehr mit einem Begriff wie dem der Guten Form fassen. Dennoch sind Funktionalität und Verständlichkeit von Gebäuden, Gebrauchsgegenständen oder Interfaces auch heute keine Sekundärtugenden, wenngleich den spektakulären Entwürfen von Autorendesignern und -architekten in den Medien mehr Aufmerksamkeit zuteilwird als den Formfindungen im Namen einer alten oder neuen Sachlichkeit. Müssen wir aber deswegen gleich Abschied nehmen von den universellen Zielen, mit denen die gestalterische Avantgarde Anfang des 20. Jahrhunderts antrat? Interessiert uns nur noch das ästhetische Repertoire der Moderne, nicht aber ihre soziale Vision? Und welche Ansprüche an Funktionalität verbinden sich heute mit der Theorie? Der Umgang mit theoretischen Schriften ist inzwischen durchaus aufgeklärt. Vorbei sind die Zeiten, da von Analysen und Erklärungen immer auch detaillierte Handlungsanweisungen für die Praxis des Bauens und Gestaltens, noch besser: für den Umbau der Gesellschaft als Ganzes, erwartet wurden. *Gestaltung denken* könnte somit bedeuten, Strategien durchzuspielen, sie von verschiedenen Seiten zu beleuchten und sie schließlich auch öffentlich zu erörtern. Oft, aber nicht notwendigerweise, führt das Nachdenken über Gestaltung auch zu neuen gestalterischen Ansätzen und Lösungen. Mal stellt es Prozesse, Methoden und Materialien in Frage, mal empfiehlt es, gezielt andere als die bislang üblichen zu etablieren. Aber viele theoretische Ansätze und Gedanken werden auch in Zukunft nicht den Weg in die Praxis finden und dennoch von großem Wert für Designer und Architekten sein.

Wer heute ein Buch über gestalterische Theorien zusammenstellt, könnte leicht versucht sein, als Gegenreaktion auf die erwähnten Ungewissheiten einen verpflichtenden Kanon aufzustellen. Texte, die in einer bestimmten Abfolge zu lesen sind, deren Argumentationsstränge aufeinander aufbauen und deren Anordnung und Auswahl den vielfach unterbrochenen Diskurs in Architektur und Design rekonstruieren. Nichts lag den Herausgebern dieses Buches ferner! Eine Sammlung dieser Art, so reizvoll sie sein mag, würde falsche Tatsachen vorspiegeln. Daher lag für uns eine gänzlich andere Struktur nahe: Wir stellen in diesem Band Texte von gestalterischen Praktikern Texte von Theoretikern gegenüber. Allen gemeinsam ist, dass sie Gestaltung denken, dass sie nicht nur einzelnen Detaillösungen auf der Spur sind, sondern den Phänomenen und Problemen, die sie erörtern und benennen, mit großer Offenheit begegnen. Dieser offene Blick berührt neben gestalterischen Kernfeldern auch scheinbare Randfragen. Gestalter – Architekten wie Designer – berufen sich gern auf unumstößliche fachliche Grundlagen, um unliebsame Einwände gegen gestalterische Setzungen von jeder Diskussion auszuklammern. Hilfreich ist da der Blick von außen, der Blick etwa von Philosophen, Schriftstellern und Psychologen, der liebgewordene Argumente in Frage stellt. Mit diesem Wechselgespräch zwischen Gestaltern und Theoretikern wollten wir es allerdings nicht bewenden lassen. Wir wünschten uns für jeden der von uns ausgewählten Beiträge eine kommentierende Eröffnung, die dazu einlädt, sich mit weiteren Texten des jeweiligen Verfassers zu beschäftigen und die Lektüre zu vertiefen. Dafür konnten wir Autorinnen und Autoren unterschiedlichster fachlicher Hintergründe gewinnen, denen unser großer Dank für ihre Mitwirkung und Unterstützung gilt. So ist dieses Buch kein theoretisches Lehrgebäude, kein Parcours, den es zu absolvieren gilt. Wir möchten es vielmehr verstanden wissen als anregende Lektüre über Fragen der Gestaltung. Fragen, über die nachzudenken sich lohnt.

Hamburg und Basel, Sommer 2010
Klaus Thomas Edelmann, Gerrit Terstiege

Praktiker über Gestaltung

Kommentar: Peter Naumann

Der Grafiker, Hochschullehrer und Publizist Otl Aicher (1922–1991) liebte Autos, verabscheute aber die effektvolle Form, das Styling. Von diesem scheinbaren Widerspruch und anderen Ungereimtheiten in Sachen Automobil handelt sein 1984 erschienenes Buch *Kritik am Auto*. Der Autor, in Ulm geboren, gilt als einer der einflussreichsten Grafikdesigner, weit über den deutschsprachigen Raum hinaus, und prägte nachhaltig das Erscheinungsbild Westdeutschlands in der Nachkriegszeit. Besonders sein Corporate Design für die Lufthansa und die Olympischen Spiele 1972 in München wirken bis in die Gegenwart. Aber auch in der Lehre war Otl Aicher tief verwurzelt. Die Gründung der Hochschule für Gestaltung in Ulm geht zurück auf seine Initiative. Er selbst studierte Bildhauerei an der Akademie der Bildenden Künste in München. In seinen Büchern interessiert er sich weniger für das Objekt an sich als vielmehr für dessen Interaktion mit dem Menschen. Man spürt, dass ihn die Dominanz des Autos in unserer Gesellschaft zu einer deutlichen Stellungnahme herausforderte. Dass er 1991 in Rotis im Allgäu bei einem Verkehrsunfall ums Leben kam, ist eine bittere Ironie des Schicksals.

Seine Gedanken zu einem gesellschaftlich und ökologisch vertretbaren Individualverkehr sind aktueller denn je. Dabei plädiert er für eine funktionale Koexistenz von Form und Geschwindigkeit. Dass sich bis heute auf deutschen Autobahnen keine Geschwindigkeitsbegrenzung durchsetzen ließ, würde Otl Aicher womöglich entsetzen. Dass das System Autoindustrie sich so konsequent in die falsche Richtung entwickeln würde, hätte er sich wohl nicht vorstellen können. Er träumte von einem Auto höchster Qualität, kräftig und doch sensibel, das ihn nicht langweilte, auch wenn es nur 100 km/h führe. Aber Otl Aicher setzte sich in seiner Analyse mit weit mehr auseinander als mit Form und Funktion. Er erkannte den Wert der großen und kleinen Abenteuer, die der Einzelne mit seinem Fahrzeug erleben kann. All diese Erinnerungen verbinden sich untrennbar und auf emotionale Weise mit dieser Maschine. Otl Aicher: «So folgt mir das Auto auf der Suche nach echter Realität.»

Peter Naumann ist Professor für Industrie- und Fahrzeug-Design an der Hochschule München und beschäftigt sich schon seit seinem Studium intensiv mit dem Thema Automobil. Dabei steht er für eine Abkehr vom tradierten Styling. Naumann hat am RCA Transportation Design studiert und leitet das Studio naumann-design in München.

Otl Aicher

KRITIK AM AUTO (1984)

und was tun die leute? warum kaufen die leute trotz allem immer mehr autos? 65% wären nach einer umfrage bereit, den autoverkehr einzuschränken, um unsere umwelt, den wald, die menschen zu schützen, und so gut wie alle diese leute sind beteiligt an dem ungebrochenen run auf das auto. gewiß, mehr autos bedeuten nicht zwangsläufig mehr gefahrene kilometer. Es ist sogar die tendenz erkennbar, daß eine sättigung des autobedarfs eine reduktion der fahrleistung bewirkt.

die gesamte bevölkerung der bundesrepublik deutschland hätte heute, 1984, nach 100 jahren automobilentwicklung, auf den vordersitzen ihrer autos platz. jeder zweite deutsche hat ein auto. zieht man die kinder, greise und behinderten in betracht, dazu noch diejenigen, die ohne autos auskommen, wird deutlich, daß viele sogar zwei autos haben.

wir sind bereit, das auto zu verurteilen, zu verfluchen, schwören eide des verzichts – und kaufen es, als müssten wir es vor ladenschluß horten.

ist das mit ökonomischen, mit technischen argumenten noch erklärbar? selbst die autoren, die die abschaffung des autos propagieren, verzichten nicht auf ihren eigenen wagen. der ingenieur, der die kabinenbahn, den öffentlichen nahverkehr befürwortet, fährt einen audi 100, auch kein bescheidener wagen. der biochemiker, der in der dreidimensionalen laserkommunikation die möglichkeit sieht, auf autoverkehr zu verzichten, braucht ebenfalls einen großen wagen, und die meisten, welche für die fahrt zur arbeitsstätte S-bahn oder U-bahn benützen, haben zu hause ihren eigenen wagen stehen.

sie geben alle bereitwillig und glaubhaft zu, daß sie in einer autozivilisation auf das auto nicht verzichten können. aber ist das der wahre grund? erklärt dies den sachverhalt, daß eben erst geborene kinder als erstes wort nach papa und mama auto sagen können, daß autos zu ihren ersten und liebsten spielzeugen gehören, und daß sie vor tierarten automobilmarken unterscheiden können? ist das nur perversion, zwang der autoverführer?

verständlicher wäre das schon, wenn man mit dem verhaltensforscher bedenkt, daß der mensch ein wesen ist, das einen angeborenen lebensraum verlassen hat, das die weite gesucht hat, das gelernt hat, tiere zu dressieren, ihn fortzutragen. das pferd hat in der kulturgeschichte eine dominierende rolle gespielt, weniger als arbeitstier denn als eine möglichkeit, horizonte zu durchstoßen, neue realitäten kennenzulernen. der mensch ist, entwicklungsgeschichtlich gesehen, ein raubtier, das gelernt hat, pflanzen zu verzehren. ist er ein revierbewohner, der gelernt hat, immer wieder aus seinem existenzbereich zu fliehen?

muß man, wenn man die heutige autowerbung mit ihrem geschwindigkeitsappell fast als gemeingefährlich ansieht, verleugnen, daß geschwindigkeit an sich ein wert ist? fast alle kritiker des autoverkehrs gehen davon aus, daß es in zukunft weniger autos geben muß. und was tun die leute? sie kaufen mehr und mehr. man kann es in den industrienationen bereits als einen standard ansehen, daß der mann ein auto hat, daß auch die frau ein auto hat und daß der sohn, der studiert, einen gebrauchtwagen fährt. das familienauto nimmt selten eine familie auf. vom familienauto sind wir zum personenauto gekommen.

das auto und das eigene ich

nehmen wir die dorftheorie von andré gorz. nach gorz sollte über eine änderung der produktionsweise, nämlich der dezentralisierung und verkleinerung der berufs- und arbeitsstätten, die stadt entflochten und der zwang zum verkehr aufgehoben werden. eine landschaft der kurzen wege sollte entstehen, in der man wieder gern zu fuß geht oder das fahrrad benützt.

die betrachtung lehrt uns etwas anderes. der grad der motorisierung ist auf dem dorf oder in der kleinstadt nicht geringer als in der großstadt. im gegenteil. manhattan hat eine geringere autodichte als der 3000-seelenort legau, in dessen nähe ich wohne. auch wer tagsüber auf seinem hof arbeitet oder zu fuß in seinen handwerksbetrieb gehen kann, hat ein auto. sicherlich gibt es praktische anlässe, die den bewohner des dorfes dazu bringen, ein auto zu haben. aber es gibt noch gewichtige andere gründe.

wie kommt ein junger mensch anders aus der enge der elterlichen tradition heraus, wie lernt man andere ansichten und anschauungen kennen, als wenn man sich in der diskothek, 20 km entfernt, mit seinesgleichen trifft? der druck der stabilisierten institutionen ist so groß, daß man autos nötig hat, um gelegentlich aus ihnen fliehen zu können.

jedem menschen wird heute gesagt, was die gesellschaft von ihm verlangt, sie bindet ihn ein in sitten, verhaltensnormen, bräuche, regelungen, muster, die alle sagen, was er tun soll, die aber nie sagen, was er selbst aus sich machen könnte. wenn die elterliche wohnung zu klein ist, so daß der sohn nie mit einer freundin allein sein kann, wenn das elternhaus ohnehin die beziehung der geschlechter ausklammert, sofern sie nicht als ehe institutionalisiert ist, ist das auto die mondfähre zu einem selbst, zum eigenen leben. man lädt das auto mit freunden und freundinnen voll. auf dem heimweg in der nacht bleibt es stunden zwischen ein paar bäumen stehen, weil die liebe fremdgehen muß.

hermann hesse in ‹klein und wagner›: «ein automobil, dem er auswich, lenkte seine gedanken ab, warf ihnen neues futter zu; er fühlte im unausgeschlafenen schädel leere und schwindel. ‹automobil› dachte er oder sagte es und wußte nicht, was es bedeute. da sah er, einen augenblick im schwächegefühl die augen schließend, ein bild wieder, das ihm bekannt schien, das ihn erinnerte und seinen gedanken neues blut zuführte. er sah sich auf einem auto sitzen und es steuern, das war ein traum, den er einmal geträumt hatte. in jenem traumgefühl, da er den lenker hinabgestoßen und sich selber der steuerung bemächtigt hatte, war etwas wie befreiung und triumph gewesen. es gab da einen trost, irgendwo, schwer zu finden. aber es gab einen. es gab, und sei es auch nur in der phantasie oder im traum, die wohltätige möglichkeit, sein fahrzeug ganz allein zu steuern, jeden anderen führer vom bock zu werfen, und wenn das fahrzeug dann auch sprünge machte und über trottoirs oder in häuser und menschen hineinfuhr, so war es doch köstlich und war viel besser, als geschützt unter fremder führung zu fahren und ewig ein kind zu bleiben.»

man kann ein auto ökonomisch oder soziologisch analysieren. es ist aber auch ein gerät von einem hohen stellenwert in der entwicklung und behauptung des einzelnen im heute so virulenten kulturwandel.

das auto und das eigene ich, das ist das eigentliche thema.

im grunde teilt man das auto nicht mit einem anderen, es ist ein stück selbst, wie das eigene paar schuhe, der eigene anzug. das charakteristsche am auto ist der umstand, daß ich ausbrechen kann, daß ich allein verfüge, wo ich hingehe, wann ich fahre und mit wem ich fahre. das auto ist ein artefakt der person, eine verlängerung, eine ausweitung der person. wie ein werkzeug eine verlängerung der hand ist.

wir sind nun mal keine naturwesen mehr. das werkzeug hat den menschen zum menschen gemacht. und mit dem auto ist eine neue substantielle verlängerung der person, ihrer entwicklung und entfaltung entstanden.

teilt man denn seine badewanne mit seinem nachbarn, weil man sie am tag vielleicht nur eine halbe stunde benutzt? so kommt mir die argumentation vor, die eine verringerung des autoverkehrs auf dem weg empfiehlt, die freien sitzplätze anderen anzubieten. solche absprachen mögen noch so sinnvoll sein, das auto ist, das erkennen wir eben erst, ein einzelsubjekt-gerät. es ist stück einer person.

natürlich wird der ausbau des öffentlichen nahverkehrs eine entlastung der straßen bringen. aber wer wochentags zur arbeit mit der U-bahn fährt, hält sich trotzdem einen wagen, um seiner person das signum der selbstbestimmung zu geben, und sei es im planlosen herumfahren, wann, wohin und mit wem er will.

eine statistisch mechanistische betrachtungsweise ist gestattet, aber sie trifft den kern der sache nicht. es ist einfältig, das auto insgesamt mit dem argument in frage zu stellen, daß züge die 20fache leistung erbringen gegenüber dem individualverkehr. ebenso einfältig ist freilich die umkehrung, daß man mit einer vollmotorisierung die bahn abschaffen könnte. es ist durchaus sinnvoll, daß jeder mensch ein auto hat, wenn gleichzeitig ein gutes öffentliches verkehrssystem die zahl der gefahrenen kilometer reduziert und autos in unserem beschränkten verkehrsraum auch gefahren werden können.

viele kritiker argumentieren so einseitig gegen das auto, daß man es in schutz nehmen muß, auch wenn man der auffassung ist, daß es in seiner heutigen form korrekturbedürftig ist.

als junge habe ich als installateur auf dem bau gearbeitet, habe noch badewannen mit einem großen zweiräderwagen durch die stadt geschoben, die berghänge hinauf, wo die villen feinerer leute standen. eine badewanne war das privileg höhergestellter schichten. noch kaiser wilhelm II mußte, wenn er baden wollte, ins hotel adlon gehen, im schloß gab es noch keine.

heute hat jede neu gebaute wohnung ein bad. es ist kein luxus und ist auch nicht quantitativ statistisch zu bewerten. ein hallenbad ist statistisch ebenfalls ökonomischer als die einzelne badewanne. volkswirtschaftlich, energiepolitisch und unter dem gesichtspunkt der ressourcen-ökonomie wäre nichts sinnvoller, als statt der privatbäder öffentliche hallenbäder zu bauen, aber das problem ist auf dieser betrachtungsebene nicht auszumachen. eigene verfügbarkeit entzieht sich als wertmaßstab der zahlenökonomie. ebensowenig ist das hallenbad statistisch erfaßbar. es dient weniger der reinigung als dem sport und dem geselligen vergnügen. trotzdem ist es ein wichtiger gedanke, daß der ausbau des öffentlichen verkehrsnetzes auch über die steuereinnahmen des straßenverkehrs gefördert werden sollte. eine entlastung der straße zugunsten der schiene ist auch im interesse des autofahrers. es ist sinnvoll und auch machbar, die zahl der autofahrten und der gefahrenen kilometer einzudämmen und den autoverkehr aus den zonen herauszunehmen, die durch andere systeme besser bedient werden. wir haben gelernt, das fahrrad, selbst das gehen zu fuß als bestandteil eines umfassenden verkehrssystems zu verstehen, nicht nur als alternative bewegungsarten.

verkehr läßt sich heute nur noch als verbund verstehen, aber als verbund, in dem auch das auto, sogar als einpersonenauto, seine rechtfertigung hat.

und was sollen wir von einer welt halten, in der man kein auto mehr braucht, weil die wand des wohnzimmers zu einer fast vollkommenen illusionswelt gemacht wurde, über die wir konferenzen abwickeln, arbeitsanweisungen weitergeben oder einholen, bibliothekswissen abrufen und am geschehen der welt teilnehmen? frederic vester spricht von einer solchen möglichkeit.

man müsste dann etwas erfinden, das uns heimlich, wenn es sein muß, und zu jeder tag- und nachtzeit erlaubt, aus dem haus zu fliehen und eine wirklichkeit aus erster hand zu erleben, so, wie wirklichkeit ist, anfaßbar. etwas, das uns erlaubt, auszubrechen aus dem warendiktat einer industrialisierten informationsübertragung mit all ihren konserven, vorgekauten, aufbereiteten speisen und mitsamt ihren ökonomischen zwängen, die heute schon die bildschirmtexte entleeren, weil nur das angeboten wird, was der markt will, weil eine spezialantwort, die nur mich interessiert, viel zu teuer wäre. man müsste etwas erfinden, das mich an einen x-beliebigen ort hinbringen könnte, wo ich hoffen kann, menschen zu begegnen, in eine kneipe vielleicht, wo es richtige menschen gibt, nicht second-hand-gesichter der filmwirklichkeit. man müsste irgendwohin fliehen können, wo man eine zeitung lesen kann wie man selber will, von hinten nach vorn, von vorne nach hinten oder quer, nach vergnügen und interesse, aber nicht nach programm, wie die infotheken es verlangen, damit sie mit geringstem aufwand und niedrigsten kosten am schnellsten ihre antwort loswerden. man müsste etwas erfinden, das einem erlaubt, wenigstens in der liebe noch in ein wirkliches auge sehen zu können, und zwar genau dort, wo die liebe hingefallen ist, ohne jede programmierung. man müsste dort arbeiten können, wo wenigstens die hand wieder im spiel ist, wo man etwas machen kann, statt nur informationen zu koppeln, und sei es als ein bastler hinterm wald und sei es noch so weit weg.

das ding ist erfunden, das uns aus der ersatz- und programmwelt der verkabelten gesellschaft herausfährt, das ganz mir folgt, auf der suche nach echter realität, wenn es sein muß auch auf den wegen einer flucht. es ist das auto.

Aus: *kritik am auto. schwierige verteidigung des autos gegen seine anbeter. eine analyse von otl aicher*, München 1984, S. 54–56.

Kommentar: Gerda Breuer

Peter Behrens (1868–1940) zählt zu den typischen Vertretern der Reformmoderne. In Hamburg geboren, studierte er zunächst Malerei an den Kunstakademien in Karlsruhe, Düsseldorf und München, wurde aber dann vom Jugendstil affiziert und verschrieb sich gänzlich derjenigen Moderne, die die sogenannten Nutzkünste aufwerten und erneuern wollte. Anschauliches Beispiel für die neue Haltung war die Künstlerkolonie auf der Mathildenhöhe in Darmstadt; hier konnte er seine Auffassung von der ganzheitlichen Erneuerung der Lebenswelt exemplarisch vorführen. In seinem dort 1901 erbauten Privathaus unterwarf er alles seinem Gestaltungswillen, einem persönlichen «Klang», von Gläsern, Bestecken, Teppichen, Möbeln bis zur Architektur. 1907, zeitgleich mit der Entstehung des Deutschen Werkbundes, dessen Gründungsmitglied er war, wurde er «Künstlerischer Beirat» der AEG in Berlin und einer der größten Protagonisten der Industriemoderne. Wie schon für die Delmenhorster Linoleumfabrik entwickelte er nun ein frühes Corporate Design von den Werbeprospekten über die Produktentwürfe bis hin zu Fabrikgebäuden und Verwaltungsbauten. Mit dem Bau der Turbinenhalle in Berlin für die AEG von 1908/09 setzte er der Industrie ein monumentales Denkmal.

1910 formulierte Behrens mit dem Text «Kunst und Technik» ein explizites Bekenntnis zu einer zeitgemäßen Kultur, die Ausdruck einer Durchdringung von Kunst und Industrie sein soll. Nicht mehr «eine persönliche und individuelle Geschmacksneigung» wie noch auf der Darmstädter Mathildenhöhe schaffe «die umfassende Einheit der Formen», aber auch nicht die rohe Form der Ingenieurprodukte und der technischen Wissenschaften selbst. Vielmehr müsse sich das Bekenntnis zur Industrie als «dem großen Bedingungskomplex» seiner Zeit in der «künstlerischen Qualität» der Produkte niederschlagen und eine «innige Verbindung» eingehen. Behrens entwirft in diesem Text zur Zeit der Anfänge von Design und moderner Architektur einen Anspruch, der seither unwiderrufliche Norm ist: das Ideal der Aktualität, mehr noch des Fortschrittlichen von Gestaltung.

Gerda Breuer ist Professorin für Kunst- und Designgeschichte an der Bergischen Universität Wuppertal sowie Leiterin des Instituts für angewandte Kunst- und Bildwissenschaften und Leiterin der dortigen Design- und Fotografiesammlung.

Peter Behrens

KUNST UND TECHNIK (1910)

[...] Das Ingenieurfach ist ein schwerer wissenschaftlicher Beruf, der bei den heutigen Anforderungen volle Hingabe verlangt, aber auch das künstlerische Schaffen ist ein Beruf für sich, der das Denken und Fühlen eines Menschen ganz ausfüllt, und der wie jeder andere Beruf ein langes Studium und fortlaufendes ungeteiltes Interesse verlangt. Aber vom Ingenieur, der wie kein anderer seine Arbeit ernst nimmt, ist am ehesten eine volle Anerkennung neu schöpfender Gedanken und höherer Ziele zu erwarten. Wir sind wohl alle darin einig, daß die Ingenieurbauten der Zukunft sowohl wie die Erzeugnisse der Großindustrie neben ihrem hohen praktischen Nutzen einer Vollendung in der Form zugeführt werden müssen. Wir alle empfinden es als ein Unrecht, wenn in einer landschaftlich schönen Gegend, die bisher jedes Gemüt entzückte, plötzlich ein Industriegebäude ersteht in einer Bauart, die selbst in einer Fabrikstadt oder Vorstadt beleidigend wirkt, und wir halten es darum für nötig, daß solchen Gebäuden künstlerische Sorgfalt zugewandt wird, obgleich es sich dabei nicht um eine reiche und kostbare Ausgestaltung handeln soll, sondern nur um eine einfache Formgebung nach künstlerischen Gesetzen. Aber da erhebt sich die Frage: Wer soll solche Gebäude entwerfen? Es ist nicht wahrscheinlich, daß sich ein besonderer Beruf, den man Ingenieur-Architekt bezeichnen kann, ausbilden wird, vielmehr glaube ich, daß die Zukunft ein enges Nebeneinanderarbeiten von Künstler und Ingenieur nötig macht. Dabei soll weder der Baukünstler noch der Ingenieur der Untergeordnete vom anderen sein. Wenn es uns jetzt verletzt, daß in einer architektonisch gut gegliederten Straßenreihe in aller Nacktheit seines Zweckbewußtseins ein Maschinenhaus den Rhythmus der Linien und des Materials unterbricht, so ist es ebenso falsch, wenn ein Architekt bei einem Ingenieurbau durch sein Material alle klugberechneten Konstruktionen verdeckt und in Unkenntnis mit dem Zweck und dem inneren Organismus des Gebäudes etwas vollständig Fremdes hinzuträgt. Gerade der innere Organismus eines industriellem Zwecke dienenden Gebäudes muß klar erhalten bleiben, und gerade er soll die Ursache zu einer neuen, den Geist unserer Zeit bezeichnenden Schönheit werden. Alles Große, das im Leben geschaffen worden ist, ist nicht ein gewissenhaftes Berufsergebnis gewesen, sondern der Tatkraft großer und starker Persönlichkeiten zu danken. Es erscheint mir gleichgültig, ob die Konzeption für bedeutungsvolle zeitgemäße Werke aus der Initiative eines weitsichtig und technisch veranlagten Architekten, oder eines rhythmisch empfindenden, künstlerisch veranlagten Ingenieurs hervorgeht, oder ob ein Dritter, ein weitsichtiger Organisator, die grundlegende Idee gibt und den Baukünstler und Konstrukteur zu sich und seinem Werke zieht. Die Hauptsache ist, daß der Charakter der zeitgemäßen Formgestaltung erkannt und durchgeführt wird, und daß solche Ingenieure und

Baukünstler zum Werke kommen, die die nötige Gestaltungskraft und das sichere Stilempfinden besitzen.

Wenn im Vorhergehenden überwiegend von Hochbauten die Rede war, so erklärt sich das aus der Bedeutung dieses Bereiches der Ingenieurwissenschaft für unsere Zeit, die große ausgedehnte Komplexe von Industrieanlagen verlangt. Die großen Zweckbauten, die dem Verkehr dienen, bei denen die Konstruktion des Ingenieurs notwendig ist, treten in unserer Zeit so zahlreich und an so exponierten Plätzen in die Erscheinung, daß sie anfangen im Städtebild zu dominieren. Wenn das Thema Kunst und Technik behandelt wird, so dürfen sie vor allem nicht unerwähnt bleiben.

Was uns bei den bestehenden Gebäuden dieser Art verletzt, ist der Eindruck, daß die Architektur in Material und in der Formgebung wie etwas Nebensächliches behandelt ist. Sie sehen aus, als ob sie lediglich für ihren praktischen Zweck konstruiert seien, und als ob ein Baumeister dritten oder vierten Ranges eine Fassade aus irgend einer Stilperiode ohne Rücksicht auf die innere Gliederung davor gestellt hätte. Oder falls ein Ingenieurbau dieser Art ohne solche architektonische Zutaten aus zweiter Hand bleibt, so fällt er besonders im Verhältnis zu nachbarlichen Gebäuden durch seine Körperlosigkeit auf. Ein gutes Beispiel für die Körperlosigkeit der Eisenkonstruktion ist der seinerzeit so viel bewunderte Eiffelturm in Paris. Es ist unmöglich, ihn heute im Vergleich mit erhabenen Bauwerken des Altertums als schönes Monument zu empfinden. Man kann keinen anderen Eindruck als den eines nackten Gerüstes bekommen, dabei ist nun noch zu bemerken, daß gerade der Eiffelturm, wie mir von fachmännischer Seite gesagt wurde, aus Schönheitsgründen mehr Material zeigt, als wie zu seiner reinen Konstruktion notwendig gewesen wäre. Der Erfolg der Statik ist es zweifellos, das Minimum an Material für eine Konstruktion ermitteln zu können, und die Schönheit des Eisenmaterials liegt zum Teil in der Festigkeit ohne Massenwirkung. Es hat gewissermaßen eine entmaterialisierende Eigenschaft. Dieser Charakter darf nun freilich, wenn das Eisen zur Verwendung kommt, zum Ausdruck gelangen, dennoch aber soll der raumkörperliche Gedanke einer Architektur nicht Einbuße erleiden. Architektur ist Körpergestaltung, und ihre Aufgabe ist nicht, zu enthüllen, sondern ihr ursprüngliches Wesen ist, Raum einzuschließen. Wenn nun gesagt wird, die Schönheit der puren Eisenkonstruktion liegt in der Linie, so wiederhole ich, die Linie ist wesenlos, die Architektur liegt in der Körperlichkeit. Der praktische Zweck großer Industriegebäude sowie unser heutiges allgemeines Bedürfnis nach Luft und Licht verlangen große Öffnungen, aber es ist kein Grund vorhanden, daß darum nun die ganze Architektur den Eindruck eines dünnen drahtartigen Stabgerüstes oder fadenscheinigen Rahmenwerkes macht. Das Eisen sowohl wie das Glas entbehren naturgemäß in der Erscheinung des Voluminösen der geschichteten Steine. Aber durch eine wohlüberlegte Verteilung von Licht- und Schattenflächen in der Fassade, indem große Glasflächen mit den eisernen Stützen zu einer Ebene zusammengezogen werden und anderseits Horizontalverbindungen kräftig hervortreten, kann dem Gebäude zur Körperlichkeit verholfen werden und dadurch auch ästhetisch das Gefühl der Stabilität zum Ausdruck gebracht werden, das ohne diese Anordnung trotz der rechnerisch beweisbaren Festigkeit im Eisen dem an Sinnfälligkeit gebundenen Auge verborgen bleibt. Die Konstruktionen des Ingenieurs sind das Ergebnis mathematisch gerichteten Denkens. Niemand wird rechnerisch ihre Festigkeit anzweifeln, aber es ist ein anderes, ob für das Auge ein dynamischer Ausdruck sichtbar wird, und somit eine ästhetische Forderung erfüllt wird, wie sie z. B. restlos bei dem dorischen Tempel erfüllt ist. Wir haben uns freilich schon an manche moderne Konstruktionsform gewöhnt, aber ich glaube nicht daran, daß die auf mathematischem Wege berechnete Stabilität für das Auge sinnfällige Wirkung bekommen wird. Das hieße sonst so viel als eine Kunst auf intellektueller Basis, was einen Widerspruch in sich bedeutete.

Ferner ist das rhythmische Prinzip von großer Bedeutung, die es für die Architektur aller Zeit hatte. Es ist doch eine rhythmische Auffassung, wenn wir sagen, daß unsere Zeit schneller geht als die unserer Väter. Eine Eile hat sich unserer bemächtigt, die keine Muße gewährt, sich in Einzelheiten zu verlieren. Wenn wir im überschnellen Gefährt durch die Straßen unserer Großstadt jagen, können wir nicht mehr die Details der Gebäude gewahren. Ebensowenig wie vom Schnellzug aus Städtebilder, die wir im schnellen Tempo des Vorbeifahrens streifen, anders wirken können als nur durch ihre Silhouette. Die einzelnen Gebäude sprechen nicht mehr für sich. Einer solchen Betrachtungsweise unserer Außenwelt, die uns bereits zur steten Gewohnheit geworden ist, kommt nur eine Architektur entgegen, die möglichst geschlossene, ruhige Flächen zeigt, die durch ihre Bündigkeit keine Hindernisse bietet. Wenn etwas Besonderes hervorgehoben werden soll, so ist dieser Teil an das Ziel unserer Bewegungsrichtung zu setzen. Ein großflächiges Gliedern, ein übersichtliches Kontrastieren von hervorragenden Merkmalen und breitausgedehnten Flächen oder ein ungleichmäßiges Reihen von notwendigen Einzelheiten, wodurch diese wieder zu gemeinsamer Einheitlichkeit gelangen, ist notwendig.

Eigentlich dieselben Gesichtspunkte, die eben als maßgebend für den Hochbau erwähnt wurden, gelten auch für die kleineren Objekte, die von der Industrie hergestellt werden oder mit ihr in engem Zusammenhang stehen. Am meisten werden natürlich die Gegenstände eine künstlerische Beeinflussung verlangen, die in direkte Berührung mit einem breiten Publikum kommen, und gerade diese sind Erzeugnisse der Industrie. Als markante Beispiele dafür können uns die gesamten Produkte der Elektrotechnik erscheinen. Es ist bewundernswert, wie sehr und wie vielgestaltig die Naturkraft Elektrizität nutzbringend in das öffentliche, geschäftliche und häusliche Leben eingetreten ist. Auf Schritt und Tritt streifen wir Maschinen, Apparate, Werkzeuge und Luxusgegenstände aller Art, die im Dienste dieser Kraft stehen. Auch sie sind alle neuartig und zweckvoll, aber wie die Ingenieurbauten nur Ausdruck des Zweckes oder mit einer Kunstform umgeben, die früheren Zeiten entlehnt ist und das neuartige Wesen nicht trifft. Gerade bei der

Elektrotechnik handelt es sich nicht darum, die Formen durch verzierende Zutaten äußerlich zu verschleiern, sondern weil ihr ein vollkommen neues Wesen innewohnt, die Formen zu finden, die ihren neuen Charakter treffen. Bei allen Gegenständen, die auf maschinellem Wege hergestellt werden, sollte man nicht eine Berührung von Kunst und Industrie, sondern eine innige Verbindung beider anstreben. Eine solche innige Verbindung wird erreicht werden, wenn jede Imitation, sowohl die der Handwerksform wie auch der alten Stilformen vermieden, dafür aber das Gegenteil, die exakte Durchführung der maschinellen Herstellungsart, angewandt wird und künstlerisch zum Ausdruck kommt, um so in jeder Beziehung das Echte hervorzuheben und vor allen diejenigen Formen künstlerisch zu verwenden und auszugestalten, die aus der Maschine und der Massenproduktion gewissermaßen von selbst hervorgehen und ihnen adäquat sind. Es handelt sich eben darum, für die einzelnen Erzeugnisse Typen zu gewinnen, die sauber und materialgerecht konstruiert sind und dabei nicht etwas unerhört Neues in der Formgebung anstreben, sondern bei denen gewissermaßen der Extrakt aus dem vorhandenen guten Geschmack der Zeit gezogen wird. Bei der Fabrikation von einfachen Apparaten, die ihrer Bedeutung nach und auch in bezug auf ihre Placierung eine untergeordnete Rolle spielen, wie es z. B. die Teile, die zu einer elektrischen Installation gehören, sind, vermeide man alles aufdringliche Ornament. Die Absicht kann hier nur sein, sie so zu gestalten, daß ihr Vorhandensein nicht störend oder beleidigend wirkt. Diejenigen Gegenstände jedoch, die in bewohnten Räumen in unserer unmittelbaren Nähe angebracht werden, lassen vielleicht eine etwas reichere Ausgestaltung zu, besonders wenn ein wertvolleres Material zur Anwendung gelangt; dieses läßt dann auch eine sparsame Verwendung von Ornament berechtigt erscheinen. Eine allzu reiche Ornamentgebung sollte jedoch bei Maschinenarbeit stets vermieden werden, da es dem guten Geschmack widerspricht, in großer Anzahl immer wieder die gleichen anspruchsvollen Formen zu finden. Man würde den Gegensatz sehr unangenehm empfinden, der in der reichen Formgestaltung und der leichten Herstellung durch die Maschine liegt. Das Ornament sollte darum stets etwas Unpersönliches haben. Am nächsten kommt diesem Anspruch das einfache geometrische Ornament.

Wie sehr die Elektrizität einen neuen Formausdruck, der einen Stil unserer Zeit begünstigen könnte, geradezu verlangt, ist uns immer noch nicht zum vollen Bewußtsein gekommen. Der elektrische Beleuchtungskörper z. B. gleicht immer noch der alten Kerzenkrone. Es ist nicht nur die Form der Krone beibehalten worden, sondern es werden oft sogar die Kerzen aus Porzellan imitiert, obgleich der Elektrotechniker weiß, daß das elektrische Licht der Birne eine andere Strahlenrichtung hat als das Licht der Kerzen, und daß deswegen die Birne nach unten hängen sollte. Der künstlerische Vorteil des elektrischen Lichtes liegt vor allem darin, daß es überhaupt nicht auf schwertragende Körper angewiesen ist, sondern daß es überall ungezwungen im Räume verteilt werden kann. Anstatt die äußere Form der Kerzenkrone für die neue Lichtart zu übernehmen, sollten wir aus ihr eine andere

Anregung gewinnen: Ohne Frage gibt eine mit Wachskerzen zahlreich besteckte Krone auch für unseren heutigen, für Lichtwirkung verwöhnten Geschmack uns einen besonders festlichen Eindruck. Auch die Stimmung, die der Weihnachtsbaum für Groß und Klein erzeugt, hat dieselbe Ursache. Sie liegt darin, daß die Lichtquelle nicht in einem oder einigen Hauptpunkten konzentriert ist, sondern daß geringe Lichtstärken in großer Anzahl auf eine große Fläche verteilt sind, daß das Licht in hohem Maße diffus ist. Es ist tatsächlich die gegenteilige Wirkung von einer in einem Raume aufgehängten Bogenlampe. Dieses Prinzip sollte für die Beleuchtung von Innenräumen viel mehr maßgebend sein, und es würde dem Wesen des elektrischen Lichtes viel mehr entsprechen, wenn man zentral angeordnete Beleuchtungskörper vermeiden würde und an ihrer Stelle das Licht entweder an der Decke zerstreut verteilte, oder aber, wie es ja auch schon öfters geschehen ist, hinter eine hoch angebrachte Hohlkehle versteckte, um es durch die weiß gestrichene Decke reflektieren zu lassen. [...]

Die Industrie hat es in der Hand, durch das Zusammenführen von Kunst und Technik Kultur zu schaffen. Durch die Massenherstellung von Gebrauchsgegenständen, die einer ästhetisch verfeinerten Anordnung entsprächen, würde nicht allein dem künstlerisch empfindenden Menschen eine Wohltat erwiesen, sondern Geschmack und Anstand in die weitesten Schichten der ganzen Bevölkerung getragen. Es wäre möglich, den hohen Wert geistiger Arbeit großen Kreisen zugänglich zu machen, wie es das Beispiel der Buchdruckerkunst lehrt. Sodann würden Werte von nationaler und volkswirtschaftlicher Bedeutung geschaffen. Die allgemeine Hebung des Geschmacks ist schließlich auch eine wirtschaftliche Frage. Es kommt ein Umsetzen geistiger Arbeit in materielle Werte in Betracht. Und zwar nicht einer Arbeit, die von jeder Hand geleistet werden kann, sondern die wertvollere, die differenzierte und individualisierte Arbeit. [...]

Wenn wir nun zugeben müssen, daß Kunst und Technik ihrem Wesen nach wohl etwas Verschiedenes sind, so ist die Ansicht nicht minder berechtigt, daß sie beide dennoch zusammengehören. Die Kunst soll nicht mehr als Privatsache aufgefaßt werden, der man sich nach Belieben bedient. Wir wollen keine Ästhetik, die sich in romantischer Träumerei ihre Regeln selbst sucht, sondern die in der vollen Gesetzlichkeit des rauschenden Lebens steht. Aber wir wollen auch keine Technik, die ihren Weg für sich geht, sondern die für das Kunstwollen der Zeit offenen Sinn hat.

Vortrag, gehalten auf der XVIII. Jahresversammlung des Verbandes Deutscher Elektrotechniker in Braunschweig 1910.
Aus: *Elektrotechnische Zeitschrift*, Heft 22, 2. Juni 1910 (gekürzte Fassung).

Kommentar: François Burkhardt

Als Max Bill (1908–1994) in der Zeitschrift *Werk* im August 1949 seinen berühmten Artikel «Schönheit aus Funktion und als Funktion» veröffentlichte, befand er sich auf dem Höhepunkt seiner theoretischen Überlegungen zur ästhetischen Formgebung. Im selben Jahr organisierte er im Auftrag des Schweizer Werkbundes die Ausstellung «die gute form», die auf der Mustermesse in Basel zu sehen war und erheblichen Einfluss auf die Entwicklung des Designs in Europa hatte. Dank seiner Kenntnisse und seiner Arbeit als Architekt, Designer, Künstler und Grafiker, der er gleichzeitig und gleichberechtigt nachging, war er in der Lage, eine umfassende ästhetische Theorie zu formulieren, die auf die gesamte Umwelt anwendbar war. Im Zentrum steht ein zugleich rationaler und universaler Begriff des Schönen, der das ästhetische Empfinden zu mobilisieren vermag und für alle künstlichen Gegenstände gilt, unabhängig davon, ob sie künstlerischen oder industriellen Ursprungs sind. Er geht vor allem auf Bills Nähe zu den Künstlern im Umfeld der Bewegung «De Stijl» zurück sowie auf seine Ausbildung am Bauhaus in Dessau, wo er von 1926 bis 1928 studierte. Max Bill vertrat eine funktionalistische Theorie, die sich am rationalen Gebrauch der Materialien, der von den Funktionen inspiriert ist, orientiert; an der Erschaffung eines neuen Schönheitsideals, für das die Ingenieurisierung eine erhebliche Rolle spielt; und schließlich an der Suche nach einem den Gegenständen eigenen Ausdruck, die auf dem Gesetz der Harmonie basiert, das die Gegenstände des täglichen Gebrauchs entsprechend künstlerischer Referenzen aufeinander abstimmt und ordnet.

Der zweite Teil des Artikels beschäftigt sich mit der Qualifikation von Industriedesignern und gehört zu den wichtigsten Schriften Max Bills. Seine begründete These, dass eine polytechnische und akademische Grundlage auf einer praktischen Ausbildung aufsetzen muss, war höchst umstritten. Bill berührt hier einen zentralen Punkt der Diskussion über die Ausbildung von Designern, der im direkten Umgang mit der Materie an Tragweite und Aktualität gewinnt, vergleichbar mit der heute in der kybernetischen Gesellschaft stetig wachsenden Bedeutung des virtuellen Bereichs.

Dieser Text belegt die Komplexität des Denkens von Max Bill in Bezug auf die Ausbildung in den Designberufen, und er verweist auf die nächste Phase seiner Tätigkeit, als er sich bereit erklärte, das neue Lehr- und Ausbildungsprogramm der HfG Ulm auf den Weg zu bringen.

Übersetzung aus dem Französischen von Bernd Wilczek.

François Burkhardt ist Designtheoretiker, Architekt und Publizist. Er ist Vorkämpfer eines erweiterten und kritischen Designbegriffs. 1971 bis 1984 leitete er das Internationale Design Zentrum (IDZ) Berlin, 1984 bis 1990 die Abteilung Design und Architektur im Centre Pompidou, Paris. Burckhardt war Chefredakteur der Zeitschriften Domus, Crossing *und* Rassegna *und lehrte in Wien, Mailand, Saarbrücken und Bremerhaven.*

Max Bill

SCHÖNHEIT AUS FUNKTION UND ALS FUNKTION (1949)

seit etwa hundert jahren geht in mehreren sich ablösenden wellen der ruf durch die welt: wir sind verpflichtet, nützliche, materialgerechte, sozial vertretbare produkte herzustellen, mit hilfe der besten uns zur verfügung stehenden mittel und unter sozial verantwortbaren bedingungen. es ist also immer moralisches verantwortungsbewusstsein, soziales verständnis in diesen forderungen enthalten, dennoch wurde dieses fast zu jeder zeit nicht zum ausgangspunkt, sondern eher zur begründung ausgesprochen künstlerischer massnahmen. es zeigt sich beim näheren betrachten, dass der primäre anstoss kaum von seiten eines bewussten verantwortungsgefühls gegenüber den benützern, sondern viel eher von einem verantwortungsbewusstsein gegenüber der form, also jeweils vom willen zu einem neuen formausdruck herkam. die künstler und verfechter neuer ideen suchten also einen neuen ausdruck, entsprechend den neuen und veränderten verhältnissen, und begründeten diesen öfters nachträglich mit der notwendigkeit sozialer verantwortung.

so ist es geblieben bis auf den heutigen tag, bis zu einem gewissen grad auch in der technik. neue formen, die als künstlerisch empfunden werden, entstehen nirgends aus dem reinen verantwortungsbewusstsein gegenüber dem späteren benützer, sondern aus einem universelleren bedürfnis nach formung. dies will natürlich nicht heissen, dass soziale beweggründe bei der gestaltung nicht berücksichtigt würden; aber es bedeutet, dass aus solchen voraussetzungen heraus noch nichts geschaffen wird. so kommt es, dass jede formveränderung – nicht nur jene, die von saison zu saison sich augenfällig zeigt und auch die normalen gebrauchsgüter beeinflusst – als ein wechsel in den gebräuchen und damit auch im weiten sinn als mode bezeichnet werden kann.

nun hat man immer behauptet, «werkbundmässig» heisse materialgerecht, aber fragen wir uns: was bedeutet das, «materialgerecht»?, so wird die antwort schwer fallen. wir entdecken, dass das einhalten der materialgerechtigkeit sehr stark von der funktionserfüllung abhängig ist. anderseits kann bekanntlich fast aus jedem material jede form hergestellt werden, ohne dass man ohne weiteres das eine als echt, das andere als unecht bezeichnen dürfte. ein beispiel: ist es materialgerecht, wenn wir keramisches geschirr ohne dessin von makelloser qualität fordern, wenn wir wissen, dass diese ausführung schwierig herzustellen ist und sicherlich viel teurer zu stehen kommt als eine gewöhnlichere ausführung, mit kleinen, aber nicht störenden technischen unausgeglichenheiten behaftet?

wir erkennen daraus, dass wir vielmehr etwas anderes anstreben: eine äusserste materialausnützung, also ein maximum an wirkung mit einem minimum an materie zu erreichen: einen turm von 300 meter höhe zu bauen – den eiffelturm – und ihn so leicht zu konstruieren, wie es eiffel getan hat, dass, wenn man ihn auf einen tausendstel, also auf 30 cm verkleinern würde, das gewicht nur noch dem eines bleistifts gleichkäme, das heisst genau 7 gramm betragen würde. dies ist ein glänzendes beispiel für äusserste materialausnützung und ein wahrzeichen für das technische zeitalter, für die rationelle materialverwendung und für den beginn eines neuen schönheitsideals. diese verbindung von ingenieurmässigem rationalismus und konstruktiver schönheit, wie henry van de velde es seinerzeit im begriff «vernunftgemässe schönheit» zusammengefasst hat, das ist das signum, unter dem wir die produktion von heute und morgen betrachten müssen.

die schönheit aus der funktion, von der wir noch immer glauben, sie sei im wesentlichen mitentscheidend für eine schönheit als funktion, ist wohl dort am besten zu beobachten, wo die funktionen am reinsten zu tage treten, ohne sentimentales beiwerk, also im maschinen- und apparatebau, in der arbeit des ingenieurs. aber schon da können wir erkennen, dass bei gleichbleibenden funktionen oft die formen wechseln und dass sie sich nach dem geschmack der zeit entwickeln. es ist nicht unwichtig festzustellen, dass die ingenieurform sich ebenfalls wandelt, nicht nur aus funktionsveränderungen heraus, sondern ebenfalls aus einem ästhetischen bedürfnis, und dass dadurch gerade die zeugen für eine schönheit aus der funktion gleichzeitig zu zeugen für eine schönheit als funktion werden. mit einigem bedauern müssen wir feststellen, dass sich diese ästhetischen erkenntnisse leider recht wenig in den parallel entstehenden gebrauchsgütern für den täglichen bedarf zeigen.

seit jahren fragen wir uns, woher das kommt. seit jahren, seit generationen erheben wir im werkbund unsere forderungen, und dennoch bleiben wir unzufrieden mit den erreichten resultaten. fast vergeblich suchen wir nach dem einfachen, zweckmässigen und schönen stuhl, nach dem schönen geschirr, dem zweckmässigen und allgemeingültigen türgriff, der zweckmässigen und schönen lampe. denn für uns ist es selbstverständlich geworden, dass es sich nicht mehr darum handeln kann, die schönheit allein aus der funktion heraus zu entwickeln, sondern wir fordern die schönheit als ebenbürtig der funktion, dass sie gleichermassen eine funktion sei.

wenn wir besondern wert darauf legen, dass etwas schön sein soll, so deshalb, weil uns auf die dauer mit der reinen zweckmässigkeit im eingeschränkten sinn nicht gedient ist, denn zweckmässigkeit sollte nicht mehr gefordert werden müssen, sollte selbstverständlich sein. die schönheit ist aber weniger selbstverständlich, und die ansichten über schön und nichtschön scheinen öfters auseinanderzugehen. deshalb bleibt als leichtere forderung immer wieder die zweckmässigkeit. das streben nach schönheit aber ist weit mühevoller; die anstrengungen sind grösser, und solche anstrengungen erfolgen nur unter bestimmten voraussetzungen, dann, wenn die gestalterischen kräfte in der lage sind, die formidee mit den praktischen aufgaben harmonisch zu verbinden. es braucht also zwei vorbedingungen: erstens die aufgabe und zweitens die fähigkeit der gestaltung.

wenden wir uns vorerst der aufgabe zu, um nachher die frage nach der gestaltungsfähigkeit zu prüfen.

wir alle wissen, dass wir von aufgaben förmlich erdrückt werden könnten, wir wissen, dass, wenn wir etwas schaffen, das den anspruch auf ewigkeitswert haben soll, z. b. die ewig gleichbleibende teetasse, den alleinseligmachenden stuhl, die endgültige kaffeekanne, die in jeder lage verwendbare treppenstufe, dass dann eben etwas entsteht, dessen ewigkeitswert doch recht relativ ist. es wäre müssig, unser streben nach dem endgültigen, in diesem moment, unter diesen umständen entsprechend unserem schönheitsideal endgültigen resultat abzuschwächen, da dieses ohnehin, selbst mit den höchsten anforderungen, die wir an uns stellen, von relativer dauer ist. es ist uns also bekannt, dass der aufgaben unendlich viele wären und dass wir uns auf jedem gebiet der gebrauchsgütererzeugung bis zum haus, einschliesslich autos, eisenbahnzüge, schiffe, betätigen könnten, um etwas schönes und besseres zu machen als das, was wir gemeinhin selbst benützen müssen.

schon viel mühe wurde darauf verwendet, den produzenten von gebrauchsgütern klarzumachen, weshalb eine schöne formgebung für ihre erzeugnisse notwendig sei. wir machen dabei keinen unterschied zwischen dem handwerklich erzeugten und dem industriell hergestellten produkt, denn beide benötigen unsere hilfe. dass wir die industriell hergestellten güter jedoch bevorzugen, kommt daher, dass diese in grossen mengen hervorgebracht werden und ihre kulturelle auswirkung deshalb viel bedeutsamer ist als jene von einzelstücken. wenn wir aber die bilanz ziehen, um das resultat unserer bisherigen bemühungen zu gesicht zu bekommen, dann erscheint uns der fortschritt gering.

der grund dafür liegt zum teil in der schweizerischen wirtschaftsstruktur. der schweizerische produzent schwankt in seinen entscheidungen zwischen den modischen strömungen des auslandes und seiner augenblicklichen wirtschaftlichen lage. während der vollbeschäftigung scheut er sich, neue modelle einzuführen, die ihm den arbeitsprozess stören würden, obschon er es gerade dann ertragen könnte. bei der flauen geschäftszeit zieht er sich auf die einhaltung seines qualitätserzeugnisses in technischer hinsicht zurück, heute wäre es für den einsichtigen, kulturell verantwortungsvollen produzenten möglich, ja er wäre geradezu verpflichtet, seine produkte nicht nur technisch, sondern auch in formaler hinsieht vorbildlich zu gestalten. entschuldigend ist allerdings zu sagen, dass sicher sehr wenige sich darüber schon gedanken gemacht haben und dass trotz unseren bemühungen gewiss viele nicht wissen, auf welche weise sie dieses problem anpacken sollten.

ich glaube, dass wir als werkbund bisher vielleicht nicht ganz den richtigen weg beschritten haben, so dass man nicht an die massgebenden schweizer kreise herankam. ich glaube, dass die schon lange vorgeschlagene idee, innerhalb der schweizerischen mustermesse den kulturellen faktor der produktion durch sonderausstellungen und durch bezeichnung vorbildlicher stücke darzustellen, hier zu einem resultat führen kann. dadurch würden die interessierten kreise auf diese möglichkeit aufmerksam werden. bekanntlich hat die leipziger messe lange jahre solche qualitäts-ausstellungen durchgeführt, und der erfolg war immerhin der, dass es viele produzenten als ehrensache ansahen, innerhalb dieser qualitätsschau, die von kompetenten persönlichkeiten geleitet war, ihre erzeugnisse ausgewählt zu finden.

schliesslich möchte ich noch einige ausführungen machen über die frage nach der befähigung, industrieprodukte zu gestalten. es hat sich in den letzten jahren mehr und mehr ein neuer beruf herausgebildet, der «industrie-entwerfer», oder wie der bei uns noch nicht gebräuchliche beruf in den angelsächsischen staaten heisst, der «industrial designer». wenn wir die produkte dieser designer – die sich teilweise zu riesenunternehmungen ausgewachsen haben – untersuchen, so müssen wir feststellen, dass manches sehr hübsch ausschaut und oberflächlich modern ist, dass aber diese produkte nicht nur im entwurf oft mängel aufweisen, die sträflicher leichtsinn sind, sondern dass die schöne fassade oft technische unvollkommenheiten verdeckt. in dieser weise wird also ein neuer stil propagiert und in massen hergestellt. es wird «gestreamlinet».

so ist die heutige stromlinienkarosserie der autos in vielen fällen reiner formalismus, und die erkenntnisse, die jahrelang missachtet wurden, als sie von jaray noch in ihrer reinen form patentiert waren, werden nun als modesache aufgezogen. ohne den komfort wesentlich zu erhöhen, werden riesenbüchsen gebaut, die schon in unangenehmster weise unsere strassen und parkplätze verkleinern. dass natürlich auch haushaltapparate, kinderwagen, radios «gestreamlinet» werden, ist unter diesen umständen selbstverständlich, und wir können in der schweiz geradezu glücklich sein, dass diese seuche unsere industrie noch kaum erfasst hat.

bei uns in der schweiz geht ja alles ein wenig gemächlicher zu. etwas schönes ist in unserem puritanischen und kritischen land im vornherein schon ein wenig verdächtig. es ist aber kaum anzunehmen, dass dies immer so bleiben wird. eine entwicklung, die einmal im ausland begonnen hat, greift in absehbarer zeit auch auf die schweiz über. der «industrial designer» wird auch bei uns kommen, ähnlich wie der reklame-graphiker, der sich aus dem sich mit graphik beschäftigenden maler entwickelt hatte und heute ein selbständiger beruf geworden ist. entsprechend wird sich auch der industrie-entwerfer aus der notwendigkeit heraus entwickeln. nun sehen wir aber an den ausländischen beispielen, die wir zu einem gewissen grad als abschreckend bezeichnen müssen, dass die entwerfer eine grosse gefahr sind, wenn man einer oberflächlichen entwicklung vorbeugen will. deshalb erhebt sich auch für uns die frage: wie entsteht ein solcher entwerfer in wirklichkeit, was sind die forderungen, die wir als werkbund an ihn stellen müssen?

überlegen wir nochmals, weshalb wir industrie-entwerfer für wünschbar halten: die produktion von massenkonsumgütern soll derart gestaltet werden, dass nicht nur eine relative schönheit aus ihren funktionen heraus entsteht, sondern, dass diese schönheit selbst zur funktion wird. die massenkonsumgüter werden in zukunft der masstab sein für das kulturelle niveau eines landes. die entwerfer dieser güter haben also letzten endes die verantwortung für einen grossen teil unserer optischen kultur, gleich wie die architekten die verantwortung für die gesunde entwicklung unserer städte und wohnungen tragen sollen. wenn wir uns die praxis vorstellen, mit ihren enorm vielen aufgaben, so müssen auch die forderungen, die wir an die industrie-entwerfer stellen, ganz andere sein, als sie beispielsweise der kunstgewerbliche entwerfer zu beginn der industrialisierung erfüllte. wir stehen vor einem erziehungsproblem, das vielleicht nicht sehr umfangreich ist in personeller hinsicht, aber von ausserordentlicher bedeutung in seiner kulturellen auswirkung; ein erziehungsproblem, das in seiner gesamtheit noch nie gelöst und im «bauhaus» seinerzeit kaum begonnen wurde. es gibt heute keine schule, in der leute so ausgebildet würden, wie wir es heute fordern müssen, leute, die man bedenkenlos für diese wichtigen aufgaben verwenden dürfte.

in der schweiz fehlt in dieser richtung bisher sozusagen jeder versuch. auch wenn sie vielleicht glauben, dass dazu unsere kunstgewerbe- und gewerbeschulen die geeigneten institute wären, so ist zu sagen, dass diese in der heutigen form für diesen zweck ungeeignet sind. seitdem die ausbildung weitgehend mit dem schweizerischen lehrlingsausbildungsgesetz übereinstimmen muss, ist diese in einer kunstgewerbeschule von einer lehrlingsausbildung in der praxis nicht mehr wesentlich verschieden, und es gibt genug stimmen, die behaupten, dass die ausbildung in den schulen unvollständig sei.

wenn nun aber die berufslehre in vielen fällen dem durch die absolvierung einer schule erzielten resultat etwa gleichwertig ist, was soll dann die schule noch? was ist denn noch das spezielle gegenüber dem allgemeinen? das in der schule gelehrte handwerk ist heute ein künstliches, und nur spezialfächer, für die in der freien berufslehre stehenden, scheinen noch ihre berechtigung zu haben. kunstgewerbeschulen, die ohne ein wesentlich von der berufslehre abweichendes programm arbeiten, haben aber ihre funktion verloren, denn sie sind nicht mehr richtunggebend für ein vorwärtsstrebendes gewerbe, wie das bei ihrer gründung gemeint war.

ich habe vorgängig schon bemerkt, dass grundsätzlich zwischen industrie und handwerk kein unterschied besteht, dass die maschine ein werkzeug sei wie beispielsweise ein hammer, dass der mensch sich also prothesen schafft für die ausübung seiner tätigkeiten. dennoch steckt hinter solchen dingen noch ein grosses stück handwerk, so auch im industrieprodukt, wie wir es heute bezeichnen. scheinbar technische erzeugnisse werden heute noch weitgehend auf verhältnismässig handwerkliche weise hergestellt. wenn ich also den kunstgewerbeschulen vorwerfe, sie basierten immer noch grösstenteils auf dem handwerk, so meinte ich damit nicht, dass sie nicht handwerklich sein sollten, sondern dass sie die industrie ungenügend mit einbeziehen. [...]

ich will kurz umreissen, wie eine solche ausbildung nach den bisherigen erfahrungen etwa aussehen müsste.

die schülerzahl müsste sehr niedrig gehalten werden. die vorbildung der schüler müsste eine abgeschlossene handwerkerlehre sein, eventuell eine entsprechende ausbildung an einer kunstgewerbeschule mit technischer abschlussprüfung. die schüler würden nun nicht nur in sämtlichen fächern ausgebildet, die einblick geben in alle andern berufe, so dass sie mit neuen materialien fühlung bekommen, sondern sie bekämen eine allgemeine ausbildung, die neben theoretischen fächern und übungen auf allen gestaltungsgebieten auch die grundbegriffe der statik, mechanik und physik enthalten muss. sie müssten mit allen möglichen materialien arbeiten, sowohl theoretisch als auch in praktischer arbeit im atelierbetrieb unter geeigneter leitung; kurz, sie müssten auf der basis ihrer handwerklichen grundausbildung eine sehr vollkommene künstlerische, technische und geistige bildung erhalten. es ist klar, dass ein solches institut nicht nach den gleichen gesichtspunkten aufgebaut werden kann wie eine heutige kunstgewerbeschule. es wäre vielmehr eine art mischung von akademie und polytechnikum, wie es das «bauhaus» anstrebte. doch müsste dabei ein viel grösserer wert auf die persönlichkeitsbildung gelegt werden, denn es ist einleuchtend, dass die gestalter der industrieprodukte neben ihrem umfangreichen wissen auch wirkliche künstler sein sollen, die aber gegen die idee gefeit sind, dass das bildermalen oder plastikenmachen viel wichtiger oder von höherem wert sei als das herstellen guter geräte von vollkommener schönheit.

erst wenn solche leute die produktion der massenkonsumgüter in die hände bekommen, können wir damit rechnen, dass die kulturelle epoche des maschinenzeitalters beginnt. vorher bleibt alles stückwerk und dem zufall ausgeliefert.

wenn wir also heute mit bedauern feststellen, dass das ergebnis unserer bemühungen noch etwas dürftig ist und dass die grosse produktion noch nicht auf dem von uns gewünschten niveau angelangt ist, so müssen wir anderseits auch zugeben, dass es mangels geeigneter kräfte auch nicht sehr einfach wäre, dieses gewünschte niveau in bälde zu erreichen.

ich habe vorhin betont, dass das herstellen von bildern und plastiken von den zukünftigen industriegestaltern nicht als eine erstrebenswertere tätigkeit betrachtet werden dürfte. dies ist keine kampfansage an die freien künste. denn so wenig wie die neuesten ergebnisse in der theoretischen physik letzten endes zur herstellung einfacher, praktischer und jedermann nützlicher apparate entbehrlich sind, so wenig ist die bildende kunst entbehrlich für die entwicklung irgendwelcher gegenstände, und die auseinandersetzung nicht nur mit den gestrigen erscheinungen der kunst, sondern mit den heutigen und neuesten problemen ist unbedingt notwendig. daraus geht dann auch eine stileinheit zwischen den verschiedenen heutigen bestrebungen hervor, eine einheit zwischen den latent vorhandenen formströmungen und der freien kunst in ihrer ausgesprochenen und eindeutigen funktion, vollkommene schönheit und harmonie zu verkünden, ohne äussere hemmungen und einschränkungen. dadurch vermittelt die kunst auch immer einen ausblick auf in der luft liegende möglichkeiten und fragen, im positiven wie im negativen. die auseinandersetzung mit diesen, sich gewissermassen in kristallform zeigenden gestaltungsproblemen gilt aber nicht nur für die gebrauchsgütererzeugung, sondern sie ist auch für die weiterentwicklung der architektur eine existenzfrage erster ordnung. ohne die positive beschäftigung mit diesen fragen – allerdings nicht im sinne von verbindung der architektur mit wandmalerei und plastik als dekorativer zutat – wird die architektur, genau so wie die gebrauchsgütererzeugung, höchstens auf einer stufe der primitiven bedarfsbefriedigung verweilen oder sich in historizistische und artistische spielereien verlieren.

seien es nun geräte, möbel, schuhe, technische oder künstlerische werke unserer zeit, überall erkennt man leicht, dass sich eine stileinheit abzuzeichnen beginnt, die nicht dadurch erreicht wurde, dass dazu eine äussere zutat kommt, etwa so wie adolf loos einst eine wackere hausfrau sich über den stil äussern liess: «wenn auf dem nachtkastel ein löwenkopf ist und dieser löwenkopf dann auf dem sofa, auf dem schrank, auf den betten, auf den sesseln, auf dem waschtisch, kurz auf allen gegenständen des zimmers gleichfalls angebracht ist, dann nennt man dieses zimmer stilvoll.» so ist also dieser stil nicht gemeint, sondern er ist entstanden aus einem disziplinierten, zweckmässigen gestalten, und ein schöner teil davon kann uns heute befriedigen. diese, wenn auch noch spärlichen ergebnisse berechtigen uns zu der hoffnung, dass der eingeschlagene weg nicht völlig verkehrt ist und dass die entwicklung weitergehen wird. sie zeigen uns, dass auf unserer these, die nun schon lange immer wieder erneut aufgegriffen wird, eine neue kultur aufgebaut werden kann, die unseren möglichkeiten und ästhetischen anschauungen entspricht. dass es dafür zeit braucht, ist uns im laufe der jahre klar geworden.

unsere anstrengungen müssen aber heute in zwei richtungen gehen: erstens in der sorgfältigen aufklärung der produzenten und der hebung ihres kulturellen verantwortungsbewusstseins. zweitens in der ausbildung geeigneten nachwuchses als industrie-entwerfer, die aus eigener erfahrung, eigener anschauung und eigenem verantwortungsgefühl heraus jene dinge gestalten, die wir gern täglich und jederzeit brauchen, von der stecknadel bis zur hauseinrichtung, gestaltet im sinne einer schönheit, die aus der funktion heraus entwickelt ist und durch ihre schönheit eine eigene funktion erfüllt.

Aus: max bill: *funktion und funktionalismus. schriften: 1945–1988*, hrsg. von jakob bill, bern und sulgen 2008, S. 15–24 (gekürzte Fassung).
Zuerst erschienen in: *Werk* 36, Heft 8, 1949, S. 272–282.

Kommentar: Bernhard E. Bürdek

Dieser Text basiert auf einer Rede von Gui Bonsiepe anlässlich der Verleihung der Ehrendoktorwürde durch die Universidad Tecnológica Metropolitana in Santiago de Chile im Jahr 2005. Auf den ersten Blick mag der Titel widersprüchlich sein, denn was hat Demokratie mit Gestaltung zu tun? Aber er entpuppt sich sehr rasch als ein Synonym, das an Jürgen Habermas' Überlegungen zur Moderne (sein «unvollendetes Projekt», Leipzig 1990) anknüpft. Dagegen stehen Jean-François Lyotards Überlegungen zum Ende der «drei großen Erzählungen» (Bremen 1982), also zu den Erklärungsmodellen der Neuzeit: Aufklärung, Idealismus und Historismus. Damit begründete Lyotard ganz wesentlich die Diskurse der Postmoderne, in der es keine allgemeingültigen Wahrheiten, insbesondere keine Vernunft und keine Zweckrationalität mehr gibt. Gui Bonsiepe verortet diesen Paradigmenwechsel für das Design mit der beginnenden Digitalisierung in den 1980er Jahren, als man sich sukzessive von der Vorstellung entfernte, man könne durch Design «intelligente Problemlösungen» schaffen, was ja ein wesentliches Ziel der Moderne war. Mit der Digitalisierung begann somit auch der Übergang von der Diskussion funktioneller Fragen (der Produkte) hin zu vermehrt symbolischen Werten – anders ausgedrückt: «From Function to Meaning» (Bürdek 2008).

Gui Bonsiepe, der an der HfG Ulm studierte und in den 1960er Jahren dort lehrte, ist einer jener Repräsentanten, der selbst den Weg von der Hardware zur Software (Interface Design) maßgeblich mitgestaltet hat, was sein Buch *Interface. Design neu begreifen* (Mannheim 1996) eindrucksvoll belegt hat. Heute verkommt laut Bonsiepe Design zum Lifestyle, zum Branding: es betreibe «Stilputzerei», da es sich vehement den Medien aussetze und von diesen sowie der globalen Ökonomie vereinnahmt werde.

Wie kann man also im und mit Design Demokratie wiedergewinnen und glaubwürdiges Entwerfen praktizieren? Diese Dialektik – also zwischen Habermas und Lyotard – ist das eigentliche Thema dieses Textes. Damit beschreibt Bonsiepe philosophisch und soziologisch die gegenwärtige Krise des Design. Er plädiert für einen vernünftigen Ausgleich zwischen den instrumentell-operativen und den semantischen Aspekten der Produkte.

Bernhard E. Bürdek studierte an der HfG Ulm bei Herbert Lindinger, Walter Zeischegg und Gui Bonsiepe. Letzterer war zusammen mit Siegfried Maser auch Betreuer seiner Diplomarbeit (1971). Bürdek ist Professor für Designtheorie, Designmethodologie, Produktsprache und strategisches Design an der HfG Offenbach.

Gui Bonsiepe

DEMOKRATIE UND GESTALTUNG (2005)

‹Design› – ein ausgefranster Begriff
Indifferenz gegenüber dem Entwurf
Autonomie und Heteronomie
Humanismus
Markt und Privatisierung bis zur Schmerzgrenze
Zur Strategie der Erscheinungen
Autonome Technologiepolitik

Ein Blick auf den gegenwärtigen Designdiskurs registriert ein befremdliches, möglicherweise Besorgnis erregendes Phänomen: Offenbar lebt das Design unbehelligt von Zweifeln in der besten aller Welten. Entwurfstätigkeit wird kaum mehr infrage gestellt. Auf der Tagesordnung stehen Begriffe wie *branding,* Kompetitivität, Globalisierung, komparative Vorteile, *lifestyle design,* Differenzierung, strategisches Design, emotionales Design, *fun design,* Erlebnisdesign *(experience design),* intelligentes Design *(smart design)* – um nur einige der Fachausdrücke zu nennen, die in den Fachzeitschriften und den Büchern über Design auftauchen. Bisweilen gewinnt man den Eindruck, dass ein Designer, der auf zwei Minuten Ruhm spekuliert, sich verpflichtet fühlt, eine neue Etikette zu erfinden, die als *brand* dient, um sich vom Rest der Designangebote abzusetzen. In diesem Panorama erfreut sich das Thema ‹Demokratie und Gestaltung› keiner Beliebtheit, von wenigen, lobenswerten Ausnahmen abgesehen. Der *mainstream* des Design erwärmt sich nicht für Fragen, die in diesem Zusammenhang thematisiert werden.

Wenn man die Sozialgeschichte der Bedeutung des Begriffs ‹Design› betrachtet, stellt man auf der einen Seite eine Popularisierung, also eine horizontale Ausweitung, und gleichzeitig eine Verengung, also eine vertikale Reduktion, fest. Der Architekturkritiker Witold Rybczynski kommentierte jüngst dieses Phänomen: «Es ist noch nicht lange her, dass der Ausdruck ‹Designer› jemanden wie Eliot Noyes meinte, der für das Design der Kugelkopfschreibmaschine Selectric von IBM der 1960er Jahre verantwortlich zeichnete, oder Henry Dreyfuss, unter dessen Kunden sich die Lockheed Aircraft und die Bell Telephone Company befanden ... oder Dieter Rams, der eine Reihe von Produkten mit strengen, aber sehr praktischen Formen für die deutsche Firma Braun entwarf. Heute ruft der Ausdruck ‹Designer› wohl eher Assoziationen mit Namen wie Ralph Lauren oder Giorgio Armani hervor, das heißt Modedesignern. Insofern Stilisten allgemein als Couturiers beginnen, werden sie – oder zumindest ihre Namen – mit einem Arsenal von Konsumgütern in Verbindung gebracht, einschließlich Kosmetika, Parfüms, Reisekoffern, Möbeln, Haushaltsgegenständen bis hin zu Anstreichfarben für Häuser. Als Ergebnis wird das Wort ‹Design› in der öffentlichen Meinung mit Umhüllungen gleichgesetzt: ein Gehäuse für einen Monitor, ein Füllhalterschaft, ein Brillenrahmen.»[1]

Mehr und mehr hat sich das Wort ‹Design› von der Vorstellung einer ‹intelligenten Problemlösung› entfernt und sich zunehmend dem Ephemeren genähert, der Mode, dem rasch Veralteten – das Wesen der Mode ist hektische Obsoleszenz –, der ästhetischen Spielerei, der Boutiquisierung der Gegenstandswelt. Somit wird Design heute weitgehend gleichgesetzt mit teuren, exquisiten, wenig praktischen, lustigen, formal hochgekitzelten und farblich aufgeputzten Objekten.[2] Die Hypertrophie der Modeaspekte wird ihrerseits flankiert und geradezu gefördert durch die auf konstanter Suche nach Neuem sich befindenden Medien. Design hat sich in ein Medienereignis verwandelt, in Schauwerk – begleitet von einer erklecklichen Zahl von Zeitschriften, die als Resonanzkästen für diesen Prozess dienen. Selbst Designzentren sehen sich dieser Komplizität mit den Medien ausgesetzt, wobei sie Gefahr laufen, ihr ursprüngliches Ziel zu verfehlen, nämlich zwischen Design als intelligenter Problemlösung und Design als Stilputzerei zu unterscheiden. Es handelt sich im Grunde um eine Renaissance der alten Tradition der Guten Form, doch mit grundverschiedener Zielsetzung. Die Verfechter der Guten Form verfolgten soziopädagogische Ziele, die *lifestyle centers* hingegen verfolgen ausschließlich kommerzielle und Marketingabsichten: Konsumorientierung eines neuen – und nicht ganz so neuen – gesellschaftlichen Segments globalen Zuschnitts, das man mit dem Etikett «Wir haben's geschafft» bezeichnen kann.

Die alltäglichen Gebrauchsgegenstände, die materiellen und semiotischen Artefakte sind im allgemeinen Diskurs, einschließlich des akademischen, mit seltenen Ausnahmen auf ein Klima souveräner Indifferenz gestoßen, wie es die italienische Designhistorikerin Raimonda Riccini formulierte. Die Gleichgültigkeit gegenüber, wenn nicht Verachtung der materiellen und semiotischen Artefakte hat ihre Wurzeln in der klassischen Kultur bis hin ins Mittelalter, als die ersten Universitäten im Okzident gegründet wurden. Diese akademische Tradition nahm von der Domäne des Entwurfs in keiner ihrer Disziplinen Notiz. Freilich, mit der Ausweitung der Wissenschaften und vor allem im Zuge der Industrialisierung konnte man nicht länger den Blick gegenüber der Technik und den technischen Artefakten verschließen, deren Präsenz zunehmend das Alltagsleben prägte. Doch als Leitinstanz diente – und dient – in den universitären Disziplinen das Erkenntnisideal in Form der Schaffung neuer Erkenntnisse. Niemals schaffte es der Ent-

1 Rybczynski, Witold, «How Things Work», in: *New York Review of Books*. LH, Nr. 10, 2005.

2 Diese als ‹kreativ› und ‹designed› angebotenen Produkte dürften besonders die Mitglieder der Mittelschicht und oberen Mittelschicht ansprechen, die über eine relativ gesicherte ökonomische Existenz verfügen und bei denen das Kreativitätsethos hoch im Kurs steht. Diese Vermutung kann nur durch empirische soziologische Untersuchungen bestätigt oder widerlegt werden, wie sie für eine andere Epoche von der Soziologin Eva Illouz gemacht worden sind (*Der Konsum der Romantik*, Suhrkamp, Frankfurt 2007). Plausibel erscheint die Annahme, dass Konsumpraktiken sich in Übereinstimmung mit Klassengrenzen entwickeln, aber auch in unserem Zusammenhang.

wurf, sich als Parallelleitbild auch nur ansatzweise zu etablieren. Diese Tatsache erklärt die Schwierigkeit, die Ausbildung von Entwurfskompetenzen in die Hochschulstrukturen mit den ihnen eigenen Traditionen und Wertungskriterien zu integrieren. Denn die Wissenschaften gehen die Welt aus der Perspektive der Erkennbarkeit an, wogegen die Entwurfsdisziplinen die Welt aus der Perspektive der Entwerfbarkeit angehen. Das sind unterschiedliche Perspektiven, die sich in Zukunft hoffentlich in komplementäre Perspektiven wandeln, sodass es zu einer fruchtbringenden Interaktion zwischen der Welt der Wissenschaften und der Welt des Entwurfs kommen kann, die heutzutage nur sporadisch gelingt. Als spekulative Möglichkeit kann man sich vorstellen, dass in Zukunft der Entwurf eine Grunddisziplin für alle wissenschaftlichen Disziplinen bilden wird. Doch wird es wohl Generationen dauern, bis diese kopernikanische Wende im Hochschulsystem eintritt, es sei denn, es würden radikal neue Universitäten geschaffen. Da aber der Handlungsspielraum der Kultusministerien sehr begrenzt ist dank des Gewichts akademischer Traditionen und dank der Bürokratisierung mit dem unumgänglichen Nachdruck auf formalakademischer Approbation, werden diese neuen Strukturen wohl außerhalb des etablierten Systems wachsen.

Das Entwerfen zu den Wissenschaften in Bezug zu setzen sollte nicht als Postulat eines wissenschaftlichen Design interpretiert werden oder als Versuch, aus dem Design eine Wissenschaft machen zu wollen. Es wäre grotesk, einen Aschenbecher mit wissenschaftlichen Kenntnissen entwerfen zu wollen. Vielmehr kommt es darauf an, Problemkomplexität und Methodenaufwand auszutarieren. Ebenso ist es nicht gerechtfertigt, den Begriff des Entwerfens auf Entwurfsdisziplinen wie Architektur, Industrial Design oder Kommunikationsdesign zu beschränken und technische Bereiche wie Maschinenbau und Konstruktion zu übergehen. Denn in wissenschaftlichen Disziplinen wird gleichfalls entworfen. Wenn eine Gruppe von Agrarwissenschaftlern eine neue Süßigkeit auf Grundlage von Johannesbrot entwickelt, die wichtige Vitamine für Schulkinder enthält, haben wir ein klares Beispiel für einen Entwurfsakt.[3] Es lässt sich also eine Berührungszone zwischen Wissenschaften und Gestaltung feststellen, wenngleich bislang keine allgemeine Entwurfstheorie zur Verfügung steht, die alle Erscheinungsformen des Entwerfens, vor allem auch der Gentechnik, umfasst, die zu Recht zu den wissenschaftlichen Entwurfsdisziplinen gezählt werden darf.

Nach dieser kurzen Abschweifung über die Stellung des Entwerfens in der Hochschulausbildung und die Beziehung zwischen Entwurf und Wissenschaften steht nun das Zentralthema dieser Reflexionen an: Demokratie und Gestaltung. Freilich ist der Begriff ‹Demokratie› in den vergangenen Jahren einem Verschleißprozess ausgesetzt worden, sodass es angeraten ist, ihn mit Vorsicht zu verwenden. Wenn man einen Blick auf die internationale Szene wirft, so kann man nicht um-

3 «Crean un nuevo alimento para escolares en base a algarroba», 2005, in: *Clarín*, http://www.clarin.com/diario/2005/05/09/sociedad/s-03101.htm. (Letzter Zugriff 9.5.2005.)

hin festzustellen, dass seitens sich als demokratisch präsentierender Systeme im Namen der Demokratie kolonialistische Invasionen, Bombardements, Genozide, ethnische Säuberungen, Folterungen und Rechtsbrüche internationalen Zusammenlebens durchgeführt werden. Zukünftige Generationen werden wohl mit den ‹Folgekosten› konfrontiert werden. Mit Demokratie und deren vermeintlicher Verteidigung haben diese Operationen wenig zu tun, da sie deren substanzielle Inhaltsbestimmung aushöhlen.

Nach neoliberalem Verständnis ist Demokratie gleichbedeutend mit der Vorherrschaft des Marktes als gleichsam sakrosankter und ausschließlicher Instanz zur Regelung aller Beziehungen in und zwischen Gesellschaften. Somit stellen sich Fragen: Wie kann ein nicht von der Ökonomie beherrschter Begriff der Demokratie zurückgewonnen werden? Wie kann ihm wieder Glaubwürdigkeit vermittelt werden? Wie kann man das Risiko vermeiden, sich der arroganten und herablassenden Haltung der Machtzentren auszusetzen, die in der Demokratie allenfalls ein Beruhigungsmittel für die öffentliche Meinung sehen, um ungestört mit dem *business as usual* fortzufahren?

In diesem Zusammenhang wird eine einfache Interpretation der Demokratie im Sinne der Teilnahme verfolgt, damit Beherrschte sich in Subjekte verwandeln und einen Raum für Selbstbestimmung öffnen, und das heißt einen Raum für ein eigenes Projekt. Anders formuliert: Demokratie reicht weit über das formale Wahlrecht hinaus, wie auch der Begriff der Freiheit viel mehr bedeutet, als nur die Möglichkeit zu haben, zwischen hundert Varianten von Handys wählen zu können, oder zwischen einer Flugreise nach Orlando, um Disneyland zu besuchen, und einer nach Paris, um sich Gemälde im Louvre anzusehen.

Ein substanzieller Demokratiebegriff meint den Abbau von Heteronomie. Es ist kein Geheimnis, dass sich diese Interpretation in die Tradition der Aufklärung und der auf sie zurückgehenden ‹Großen Erzählungen› einfügt, deren Ende wiederholt verkündet worden ist – ob nun mit abgeklärt-resignativer Genugtuung oder nicht.[4] Diese Sichtweise steht quer zum hier explizierten Demokratieverständnis. Denn ohne utopisches Element ist eine andere Welt nicht möglich und bliebe nur Ausdruck eines frommen, ätherischen Wunsches ohne konkrete Folgen, widerspräche also der Entwurfstätigkeit.

Um die Notwendigkeit des Abbaus von Heteronomie zu veranschaulichen, kann der Beitrag eines Philologen, und zwar der von Edward Said, dienen. Er kennzeichnet auf exemplarische Weise, was Humanismus und was eine humanistische Haltung ist. Als Philologe beschränkt er die humanistische Haltung auf das Gebiet der Sprache und Geschichte: «Humanismus meint das Ausüben unserer sprachlichen Fähigkeiten, um die Produkte der Sprache in der Geschichte, in anderen

4 Lyotard, Jean-François, *The Postmodem Condition: A Report on Knowledge*, The University of Minnesota Press, Minneapolis 1984, S. xxiii (französische Originalausgabe 1979). Im Vorwort schreibt Fredric Jameson: «Die Großen Meistererzählungen sind hier jene, die glauben machen, dass eine Alternative, etwas radikal Anderes jenseits des Kapitalismus möglich ist.» *Op. cit.*, Vorwort, S. xix.

Sprachen und in anderen Geschichtstraditionen zu verstehen, zu deuten und sich mit ihnen auseinanderzusetzen.»[5] Doch kann man diese Deutung auf andere Bereiche ausdehnen. Man wird die Absichten des Autors nicht verfälschen, wenn man seine Kennzeichnung des Humanismus – mit entsprechenden Änderungen – auf das Gebiet der Gestaltung überträgt. Entwurfshumanismus wäre das Ausüben von Entwurfsfähigkeiten, um die Bedürfnisse von gesellschaftlichen Gruppen zu deuten und umsetzbare emanzipatorische Vorschläge in Form von gegenständlichen und semiotischen Artefakten auszuarbeiten. Warum emanzipatorisch? Weil Humanismus eben die Minderung von Herrschaft impliziert und im Bereich des Design eben auch das Augenmerk richtet auf die Ausgeschlossenen, die Diskriminierten, auf die – wie es euphemistisch heißt – «wirtschaftlich weniger Begünstigten», also die Mehrheit der Bevölkerung dieses Planeten. Diese Behauptung sollte nicht als Ausdruck eines blauäugigen Idealismus außerhalb der vermeintlichen Wirklichkeit genommen werden. Vielmehr sollte sich jeder Beruf dieser unbequemen Frage stellen, nicht nur der Beruf der Entwerfer. Falsch wäre es auch, diese Behauptung als Ausdruck einer normativen Forderung zu nehmen, wie ein Gestalter heute – den Antinomien zwischen Wirklichkeit und dem, was Wirklichkeit sein könnte, ausgesetzt – handeln sollte. Die Absicht ist bescheidener, und zwar, ein kritisches Bewusstsein angesichts des enormen Ungleichgewichts zwischen den Machtzentren und den diesen Machtzentren Unterworfenen zu fördern und wachzuhalten und von daher Räume für Alternativen auszuloten, wenn man sich nicht mit der Versteinerung der Verhältnisse abfinden will. Denn dieses Ungleichgewicht ist zuinnerst undemokratisch, insofern es eine Teilhabe an einem autonomen Entscheidungsraum verweigert. Es behandelt die Menschen als bloße Instanzen im Prozess der Verdinglichung.

Hier ist ein Verweis auf die Rolle des Marktes und die Rolle des Design im Markt angebracht. In dem Buch *The Economics of Innocent Fraud* stellt der Wirtschaftswissenschaftler Kenneth Galbraith eine kritische Lektüre des Diskurses der Wirtschaftswissenschaften vor. Unter anderem durchleuchtet er den Gebrauch des Begriffs ‹Markt›, der seiner Meinung nach nichts weiter als eine Dunstwolke ist, um nicht offen von Kapitalismus zu sprechen. Galbraith stellt das Design in den Zusammenhang der Techniken der Großunternehmen, um Macht zu gewinnen und zu festigen: «Produktinnovation und Redesign erfüllen eine wichtige wirtschaftliche Funktion; kein bedeutender Hersteller führt ein neues Produkt ein, ohne die Nachfrage der Verbraucher zu hegen und zu pflegen. Desgleichen spart er nicht an Anstrengungen, die Nachfrage nach einem bestehenden Produkt zu beeinflussen und zu erhalten. Hier beginnt die Welt der Werbung und Verkaufstechniken, des Fernsehens, der Manipulation der Verbraucher und somit eine Verletzung der Verbraucher- und Marktsouveränität. In der realen Welt gehen die Herstellerfirmen

5 Said, Edward W., *Humanism and Democratic Criticism*, Columbia University Press, New York 2003, S. 28.

und Industrien weit, um Preise festzusetzen und Nachfrage zu schüren, und setzen zu diesem Zweck Monopole, Oligopole, Produktdesign und Produktdifferenzierung, Werbung und andere Mittel der Verkaufsförderung ein.»[6]

Galbraith kritisiert den Gebrauch des Begriffs ‹Markt› als einer anonymen, gesichtslosen Instanz und beharrt darauf, stattdessen von der Rolle der Großunternehmen zu sprechen. Gegen die erwähnte Nutzung des Design – letztendlich als Instrument der Herrschaft – wendet sich eine Praxis, die nicht bereit ist, sich allein auf Aspekte der Macht und des anonymen Marktes zu fixieren. Entwurfspraxis entfaltet sich in diesem Widerspruch, den man zwar leugnen kann, an dem man aber nicht vorbeikommt.

Das Thema der Manipulation hat im Entwurfsdiskurs eine lange Tradition, vor allem im Bereich der Werbung. Es sei an ein populärwissenschaftliches Buch erinnert, das seinerzeit erhebliche Resonanz genoss, und zwar *Die geheimen Verführer* von Vance Packard (1957). Doch sollte man sich vor einer maximalistischen Kritik rein denunzierenden und deklamierenden Charakters hüten. Es ist notwendig, stärker zu differenzieren und es nicht bei einem Totalverdacht zu belassen. Manipulation und Design berühren sich an einem Punkt, und zwar am Begriff der Erscheinung. Wenn entworfen wird, dann werden – unter anderem und sicher nicht ausschließlich – auch Erscheinungen entworfen. Design ist nun einmal zu einem gutem Teil sichtbar, sinnlich erfahrbar. Aus diesem Grunde ist an anderer Stelle (im Kapitel «Audiovisualistische *patterns*» [von *Entwurfskultur und Gestaltung*]) der Designer als Stratege von Erscheinungen charakterisiert worden, und zwar von Phänomenen, die über die Sinnesorgane wahrgenommen werden, vor allem in der visuellen Dimension, aber auch in der auditiven und taktilen Dimension. Erscheinungen leiten ihrerseits zum Thema der Ästhetik über – ein durchaus ambivalenter Begriff, wenn er im Zusammenhang mit dem Design gebraucht wird. Denn einerseits stellt die Ästhetik das Reich der Freiheit dar, des Spiels – einige Autoren behaupten, dass wir nur frei sind, wenn wir spielen –, andererseits öffnet sie den Zugang zur Manipulation, also der Zunahme von Fremdbestimmtheit. Wenn Erscheinungen der Produkte und semiotischen Artefakte gestaltet werden, spielt gewollt oder ungewollt die Absicht zu verführen mit hinein, also eine positive – oder je nach Kontext negative – Prädisposition gegenüber einem Produkt oder einer Zeichenkombination hervorzurufen. Je nach Intention, tendiert der Entwurf mehr zum einen oder anderen Pol, mehr zu Autonomie oder mehr zu Heteronomie.

An diesem Punkt der Überlegungen ist kurz das Thema der Technik zu streifen. Unter Technik wird in der Regel das Arsenal von Artefakten und Verfahren verstanden, um gegenständliche oder semiotische Waren herzustellen, mit denen Unternehmen das Alltagsszenarium der Produkte und Kommunikation füllen.

6 Galbraith, John Kenneth, *The Economics of Innocent Fraud*, Houghton Mifflin Company, Boston 2004, S. 7.

Technik ist zusammengesetzt aus Hardware und Software – und der Softwareaspekt schließt das Design als eine unverzichtbare Facette der Technik ein. Hier drängt sich stellvertretend das Thema der Technologie- und Industrialisierungspolitik in Lateinamerika auf. Die Untersuchungen über dieses Thema enthüllen aufschlussreiche Daten über Fortschritte und Rückschritte. Doch scheinen sie einer reduktionistischen Interpretation der Technik Vorschub zu leisten. Nur in Ausnahmefällen erwähnen die Texte, was man mit der Technik denn anstellt. Die Frage nach dem Entwurf der Produkte bleibt ausgeblendet. Das ist ein Schwachpunkt, ohne mit dieser kritischen Anmerkung die Anstrengungen der Historiker unterschätzen zu wollen. Doch kann man sie nicht von dem Vorwurf entlasten, gegenüber der Dimension des Entwurfs blind zu sein oder zumindest dieser Dimension mit Indifferenz zu begegnen. Zu den Gründen für die Industrialisierung zählt der Wunsch, den Export zu differenzieren und innerhalb der Wirtschaften Produkte mit Mehrwert – anstelle bloßer *commodities* – zu erzeugen. Doch unter diesem vordergründigen Argument steckt noch ein weiterer nicht immer explizit formulierter Ansatz, und zwar die Vorstellung, dass – abgesehen von der Mehrung des Bruttosozialprodukts – die Industrialisierung die einzige Möglichkeit einer Demokratisierung des Konsums bietet und damit einem breiten Sektor der Bevölkerung Zugang zum Universum technischer Produkte in den verschiedenen Bereichen des Alltags verschafft: Gesundheit, Wohnung, Ausbildung, Sport, Verkehr, Arbeit – um nur einige zu nennen.

Freilich, die Rolle des Staates zu erwähnen, um die Industrialisierung zu fördern, konnte bis vor Eintritt der globalen Finanzkrise im Jahre 2008 als Sakrileg erscheinen. Die Rolle des Staates war dämonisiert worden, allerdings mit einer Ausnahme, dann nämlich, wenn es darum geht, die Schulden eines privatisierten Dienstleistungsunternehmens zu zahlen, also im Grunde der Masse der Steuerzahler anzulasten.[7] Doch wenn einmal die Geschichte der Technik und Industrialisierung Lateinamerikas (oder Indoamerikas) geschrieben werden wird, dann wird man klar sehen können, dass die Rolle des Staates entscheidend für die Industrialisierung war – und ist –, mögen die Verleumder des öffentlichen Sektors mit ihrem bramarbasierenden Gehabe ihn auch noch so lächerlich machen, abwerten und seine Beiträge schmälern. Wenn man für einen Augenblick auf die jüngste Geschichte Argentiniens schaut – ein Land, das bis vor Kurzem unterwürfig die Auflagen und Empfehlungen des Internationalen Währungsfonds befolgte und in einem Moment des Deliriums von den ‹Intimbeziehungen› mit der größten Wirtschafts- und Militärmacht schwärmte –, dann kommt man nicht umhin festzustellen, dass es diesem Land mit der rückhaltlosen Privatisierung nicht sonderlich gut ergangen ist. Diese stürzte einerseits einen großen Teil der Bevölkerung in eine bis dahin nicht gekannte Armut und führte andererseits zu einer Einkommenskonzen-

7 Dieser Satz wurde drei Jahre vor der globalen Finanzkrise des Jahres 2008 geschrieben. Die Annahme einer Phasenverschiebung, gemäß der die Peripherie negative Erfahrungen vorwegnimmt, die zeitlich versetzt später im Zentrum gemacht werden, scheint plausibel.

tration mit dem Ergebnis einer Bipolarisierung der Gesellschaft in Form der Ausgeschlossenen und der Einbezogenen. Privatisierung ist in diesem Falle gleichbedeutend mit Entdemokratisierung, denn die Opfer dieses Prozesses wurden niemals befragt, ob sie denn die Kredite befürworteten, die das Land in den Bankrott führten. Mit der Privatisierung und Schwächung der Rolle des Staates, mit der uneingeschränkten Öffnung der Wirtschaft für Importe wurde das Land deindustrialisiert, womit der Staat die Grundlage für die Schaffung von Arbeitsmöglichkeiten verlor, einschließlich der Interventionsmöglichkeiten für das Industrial Design. Dieser Prozess stellt einen Rückschritt dar, der weite Teile der Wirtschaft in Mitleidenschaft zieht.

Einen Augenblick beim Thema der Industrialisierungspolitik verweilend, ist festzuhalten, dass in allen bekannten Programmen in Lateinamerika keines den Sektor der Kommunikation und Information umfasste. Sie waren auf Hardware ausgerichtet, nicht auf Software. Heute hat sich die Konstellation radikal verändert. Eine aktualisierte Industrialisierungspolitik müsste die Informationsindustrie einbeziehen, für die das Graphikdesign und das Informationsdesign wesentliche Beiträge leisten können. Hier tauchen neue Problematiken auf, die an die Entwerfer im Bereich der Kommunikation kognitive Anforderungen stellen, die in den herkömmlichen Ausbildungsprogrammen nicht gebührend berücksichtigt wurden.

Mit der Verbreitung der Digitaltechniken entstand eine Richtung im Entwurfsdiskurs, derzufolge heutzutage die wesentlichen Fragen, mit denen sich ein Entwerfer auseinandersetzen muss, symbolischer Art sind, denn die Fragen der funktionellen Eigenschaften der Produkte haben an Relevanz eingebüßt. Als zweites Argument wird die Miniaturisierung erwähnt, ermöglicht durch gedruckte Schaltkreise, die es nicht erlauben, das Funktionieren der Komponenten sowie deren funktionelle Eigenschaften sichtbar nachzuvollziehen. Das Design hätte also diese Funktionen zu veranschaulichen und für den Gebrauch auf sinnfällige Weise zugänglich zu machen. Wenngleich es von Blindheit zeugte, die kommunikativen und symbolischen Aspekte der Produkte zu leugnen, so wären sie doch zu relativieren; es wäre ihnen nicht ein derart hoher Stellenwert zuzuschreiben, wie es einige Autoren tun. Zwischen den Alternativen, einen Nagel mit einem Hammer oder dem symbolischen Wert eines Hammers in die Wand zu schlagen, dürfte die Wahl eindeutig sein. Das materielle Substrat mit seiner visuellen, taktilen und auditiven Ausprägung bildet die feste Grundlage für die Arbeit des Entwerfers. Mit Besorgnis ist das Wachsen einer neuen Generation von Designern zu beobachten, die sich obsessiv auf die symbolischen Aspekte und deren Äquivalent im Markt – das *branding* (und *self-branding*) – einpeilt und nicht mehr weiß, wie Verbindungselemente klassifiziert werden. Die Suche nach einem Ausgleich zwischen instrumentell-operativen Aspekten der technischen Gegenstände und den semantischen Aspekten bildet den Kern der Arbeit des Designers, ohne die eine oder andere Dimension zu betonen. «Die Polarität zwischen der instrumentellen und der symbolischen Seite, zwischen Binnenstruktur und Außenstruktur ist ein typisches Kennzeichen der Artefakte, insofern sie Instrumente und gleichzeitig Träger von Werten und Bedeutungen sind. Designer haben die Aufgabe, diese Polaritäten zu vermitteln, indem sie die Form von Produkten gestalten als Ergebnis der Interaktion mit dem soziotechnischen Prozess.»[8] Es ist aufschlussreich, dass die Autorin nicht von der Form der Produkte und ihrem Zusammenspiel mit Funktionen spricht, also den von einem Produkt gebotenen Serviceleistungen, sondern dass sie auf die soziotechnische Entwicklung anspielt.

Auf diese Weise vermeidet sie die alte Polemik zwischen Form und Funktion, die so viele Auseinandersetzungen in der Geschichte des Entwurfsdiskurses hervorgerufen hat. Die einst fest gefügten Grundlagen zur Orientierung, um zur Form der Produkte zu gelangen, haben sich heute verflüchtigt – wenn sie denn je bestanden. Naiv wäre es heute, die Existenz eines Kanons deterministischer Regeln vorauszusetzen. Wer einen solchen Kanon verteidigt, macht sich des Irrtums des Essentialismus platonischer Idealformen schuldig. Gleichzeitig aber wäre es ebenso naiv, eine uneingeschränkte Velleität der Formen zu postulieren, die den demiurgischen Akten einer Handvoll von kreativ erleuchteten Designern entspringen. Hier stößt man auf ein Paradox. Entwerfen bedeutet, sich den Paradoxien und Widersprüchen auszusetzen, sie niemals unter einer harmonisierenden Schicht zu verdecken, und es bedeutet darüber hinaus, diese Widersprüche explizit zu entfalten. In einer von Widersprüchen heimgesuchten Gesellschaft ist auch das Entwerfen und Gestalten von Widersprüchen geprägt. Es sei an das harte Diktum von Walter Benjamin erinnert, dass es kein Dokument der Zivilisation gäbe, das nicht gleichzeitig ein Dokument der Barbarei ist.[9]

Gekürzte Fassung eines Vortrags, der im Juni 2005 an der Universidad Tecnológica Metropolitana, Santiago de Chile gehalten wurde.
Aus: Gui Bonsiepe: *Entwurfskultur und Gesellschaft. Gestaltung zwischen Zentrum und Peripherie*, Basel, Boston, Berlin 2009, S. 15–23.

8 Riccini, Raimonda, «Design e teorie degli oggetti», in: *i verri*, Nr. 27, 2005, S. 48–57.
9 Benjamin, Walter, «Über den Begriff der Geschichte», in: *Walter Benjamin – Gesammelte Schriften*, herausgegeben von Rolf Tiedemann und Hermann Schweppenhäuser, Suhrkamp, Frankfurt 1991, S. 696.

Kommentar: Klaus Thomas Edelmann

«Die meisten der gegenwärtig für die Industrie Schaffenden haben die fachlichen Grenzen ihrer ursprünglichen Berufsausbildungen sprengen müssen», schrieb Wilhelm Braun-Feldweg (1908–1998), für den Designberuf brachte er vielseitige Grundlagen mit. In Ulm geboren, war er Silberschmied und Stahlgraveur, Maler, später promovierter Kunsthistoriker und Autor zahlreicher Bücher. Von 1958 bis 1973 lehrte er an der Hochschule für Bildende Künste Berlin. Umfassende Entwurfsstrategien und geschlossenes Theoriegebäude blieben ihm stets suspekt. Sein designerisches Werk umfasst hauptsächlich Dinge des alltäglichen Gebrauchs, Bestecke, Schalen, Gläser, Leuchten.

Der Technisierung des Design stand der Handwerker, Künstler und Kunsthistoriker Wilhelm Braun-Feldweg mit Skepsis gegenüber. «Der Ingenieur wird zum Gestalter der künftigen Dinge – oder umgekehrt: Der Gestalter wird notgedrungen Ingenieur.» Den Umschlag des Buches *Normen und Formen industrieller Produktion* (1954), dessen Vorwort hier leicht gekürzt dokumentiert wird, gestaltete Otl Aicher. Braun-Feldweg thematisiert das Spannungsverhältnis des Designers zu verschiedensten Vorgaben, die nicht nur lästige Randbedingungen, sondern Voraussetzungen gestalterischer Tätigkeit sind. Der «irrationale Ursprung der Form» bringe es mit sich, schreibt er, «dass sie sich jeder präzisen Beschreibung und Kennzeichnung entzieht.» Mit Aussagen wie diesen stand er Tendenzen der HfG Ulm diametral entgegen, die bald schon versuchte, das Design durch eine lückenlose rationale Analyse zu objektivieren.

Als Aufgabe des Design sah er, «ein derart selbstverständliches und einheitliches Qualitätsniveau» zu schaffen, «wie es etwa das unprätentiöse Hausgerät im 18. Jahrhundert zeigt. Unsere Fabriken,» schreibt er, «müssten Gebrauchsgüter erzeugen, die weder dazu bestimmt sind, geltungssüchtiger Beschränktheit zu schmeicheln noch atavistische Hinterhöfe des Gemüts zu beliefern. Dinge also ohne jedes Parfüm.»

Nach seiner Emeritierung widmete er sich wieder der Malerei. Die gängigen Abgrenzungen zwischen Kunst und Design hielt Wilhelm Braun-Feldweg für wenig fruchtbar. Pop-Art, surreale Objektkunst und vielerlei individualistische Abweichung war ihm willkommenes Kontrastprogramm zu den rationalen Zumutungen professioneller Produktentwicklung, gerade dieser Aspekt seines Werkes lässt Wilhelm Braun-Feldweg heute als einen sehr gegenwärtigen Designlehrer erscheinen.

Klaus Thomas Edelmann ist Designkritiker und freier Journalist. Er war Mitbegründer und Chefredakteur der Zeitschrift Design Report *(1996 bis 2001), ist Gründungsmitglied der Deutschen Gesellschaft für Designtheorie und -Forschung (DGTF) und gehört dem Bord of International Research in Design (BIRD) an.*

Wilhelm Braun-Feldweg

NORMEN UND FORMEN INDUSTRIELLER PRODUKTION (1954)

«... Vollkommenes wollen ist die Norm des Menschen.»

Goethe

Nicht von DIN-Normen und Werksnormen ist hier die Rede, und auch nicht zuerst von den zahllosen Formen industrieller Erzeugnisse, von denen die Bilder berichten. Vielmehr von der Form in der Einzahl, von der Form, die ein ursprüngliches Bedürfnis des Menschen und eine Notwendigkeit ist. Von ihrem Sinn und von ihrem Auftrag im menschlichen Dasein.

Sie steht im Widerspruch mit allem, was Norm heißt. Und weil Normen und normatives Denken die Industrie beherrschen, so kann Form in diesem Bereich nur aus intensiven Auseinandersetzungen und fruchtbaren Spannungen geboren werden.

Der Konstrukteur eines Flugzeugs und der Entwerfer kleinster industrieller Produkte, sie ringen um eine Form. Und diese Form hat nicht nur funktionelle Bedeutung, sie hat auch einen Ausdruckswert. Aber schon nach wenigen Schritten stößt ihre formschaffende Vorstellungskraft auf einengende Schranken und Vorschriften, die eine absolut freie Entwicklung unmöglich machen. Ihre Idee berührt sich mit den zwingenden Gesetzen der Norm – den Begriff im weitesten Sinn des Wortes gefaßt.

Denn es sind nicht so sehr die Normenbestimmungen von Dimensionen und Werkstoffqualitäten, mit denen die Idee sich von allem Anfang an auseinandersetzen muß – die sind als einheitliche, auswechselbare Bausteine zunächst nur Hilfsmittel –, als vielmehr komplexe Forderungen, von deren Erfüllung alles abhängt. Der Zweck und seine Ansprüche, die Erzeugung und ihre Bedingungen, der Verkauf mit seinen Erfahrungen – das sind die eigentlichen und großen Normen. Ihnen unterwirft sich jede industrielle Produktion, sie muß jeder Entwerfer, jeder Fertigungstechniker, jeder Kaufmann anerkennen.

«Was die Funktion fordert» – die erste und unbestrittenste aller Normen. Sie ist der gültige Maßstab für die Idee, sie bestimmt Werkstoffe und ihre Qualität, von ihr ausgehend fällt der kritische Käufer sein Urteil.

«Was die Produktion verlangt» – das greift schon hinein in das Normendenken des Ingenieurs. Die Rationalisierung wird sichtbar mit allen Konsequenzen: Vereinfachung des Produkts zur Massenerzeugung, zur Preissenkung; das Anpassen an Betriebseinrichtung, Herstellungsmethoden, Halbzeugnormen; Arbeitszeit, Lohn und Kalkulation erscheinen als bestimmende Faktoren.

«Was der Markt wünscht» – die Norm des Kaufmanns. Der Kunde zeichnet sich ab, vom Zeitgeschmack wird gesprochen, Erfolge und Mißerfolge des Verkaufs und die Erörterung ihrer Ursachen stehen im Brennpunkt des Interesses.

Diese paar Sätze müssen auch auf einen optimistischen Willen, die Form der Industrieerzeugnisse zu bessern, niederdrückend wirken. Die ganze Schwierigkeit tut sich auf, und wenn die Zwangsjacken der Norm auch nichts von dem, was da ist, entschuldigen, so erklären sie doch manches. Reine Form als Kunstwerk ist an derartige Einschränkungen nicht gebunden. Sie hat keine Funktion, schielt nicht nach dem Markt (oder sollte es wenigstens nicht tun), und was die Hervorbringung ihr an technischen Bedingungen auferlegt, kann kaum drückend wirken. Hier herrscht Freiheit und dort Anpassung und Unterwerfung der formschaffenden Kraft unter das harte Joch wirtschaftlicher Bedingungen. [...]

Inwiefern jede Normung klärend und aufräumend wirkt, Kräfte spart und Sicherheit bringt, muß man heute nicht mehr erklären. Eine andere Feststellung ist im Augenblick vielleicht nötiger. Normung erleichtert die Produktion, errichtet jedoch ein starres Schema, das von Zeit zu Zeit durchbrochen werden muß, soll die schöpferische Initiative nicht darunter leiden. Sie kann nicht Selbstzweck sein. Die Gültigkeit gefundener Normen ist zeitlich beschränkt. Vollkommene Normung wäre Sterilität.

Ein Beispiel dafür: Der Werkzeugmaschinenbau kennt das Baukastensystem. Auf Grund werkseigener Normen kann ein Betrieb aus einem Baukasten mit zahlreichen Einheiten die verschiedensten Serien- und Sondermaschinentypen entwickeln. Die Auswechselbarkeit der Baukasteneinheiten gestattet es, billiger und zweckmäßiger zu konstruieren. Aber der erworbene Vorteil muß sich in sein Gegenteil verkehren, sobald radikale Änderungen des Konstruktionsprinzips dazu zwingen, diese Einheiten aufzugeben. Dann tritt eine neue Normung an die Stelle der bisherigen. Ihr Wert war relativ und hat sich nun erschöpft.

Ständiger Fluß der Entwicklung, neue und andersartige Werkstoffe, Erfindungen und veränderte Zwecke oder Herstellungsverfahren zwingen so zu einer elastischeren Auffassung vom Wesen der Normung, ohne den Grundgedanken anzugreifen. [...]

Normen vernachlässigen individuelle Wünsche zugunsten allgemeiner Bedürfnisse. Sie führen zur Uni-Form, zur Typisierung und zum Standard, sind das Ergebnis von Übereinkünften und Kompromissen, des konsequenten praktischen Denkens, das auf Nutzen und schärfste Zweckbestimmung zielt. Notwendiges Regulativ gegenüber jeder Eigenbrötelei.

Aber die Form ist das Kennzeichen des freien Geistes. Als Widerpart der Norm steht sie über der bloßen Notwendigkeit. Sie drückt allgemein Menschliches aus und will gefallen. Der Kaufmann betrachtet auch sie, allzu einseitig, vielfach nur vom Nutzen her. Das Gefallen an der Form, auf das auch er bereit ist, Rücksicht zu nehmen, weil er es als marktbestimmenden Faktor anerkennen muß, hat aber einen etwas weiteren Hintergrund. Allem Geschaffenen eine Form, Spuren des eigenen Wesens aufzuprägen, ist ein elementares Bedürfnis des Menschen. Das gilt für den freischaffenden Künstler, den Handwerker wie für die Männer in den Fabriken. Der rezeptive Käufer aber umgibt sich mit den Dingen, lebt mit ihnen, fühlt sich abgestoßen oder bestätigt durch ihre Form.

Das wirkliche Ziel aller Verbesserung unserer Umwelt ist schließlich: durch die Dinge den Menschen selber der Form zu unterwerfen. Im Zusammenwachsen von technischer und künstlerischer Form sehen wir eine – und nicht die unwesentlichste – Möglichkeit dafür, daß sich die divergierenden Linien eines zerfahrenen Menschenbildes einander wieder nähern. [...]

Klares, hartes Zweckdenken hat zum Aufbau der heutigen Industrie geführt: zu ihrer Rationalisierung, zur folgerichtigen Organisierung des Betriebs und zu den Normen aller Art, als letztem und konsequentestem Ausdruck dieses Denkens. Wirklichkeitsfremden, praktisch unerprobten Ideen kann sich die Industrie niemals öffnen, sie gefährden ihre Existenz, und das kann bedeuten, daß über Nacht Tausende von Arbeitern und Angestellten brotlos werden. Es ist unnötig, die katastrophalen Folgen einer Krise zu schildern, die hervorgerufen sein könnte durch ein Eingehen auf Forderungen, die unerfüllbar sind. Die Erfahrungen großer Werke, deren Produktionszahlen als Folge von Formverbesserungen vorher schon bekannter Modelle beträchtlich anstiegen, zeigen aber, daß das Empfinden für die Form eine Wirklichkeit ist, mit der man auch bei der Masse rechnen kann. Diese Einsicht ist enorm wichtig, denn sie allein rechtfertigt es, dem künstlerisch befähigten Menschen innerhalb der Industrie einen Arbeitsplatz anzuweisen. [...]

Der irrationale Ursprung der Form bringt es mit sich, daß sie sich jeder präzisen Beschreibung und Kennzeichnung entzieht. Systematiker beanstanden immer wieder, daß die Formkritik Ausdrücke verwendet wie «echt» oder «verlogen», «ehrlich», «schwindelhaft», «klar», «geschmeidig», «plump», «elegant» usw., also Bezeichnungen, die menschlichen Charakterbildern entnommen sind. Sie übersehen, daß zwar alle normativen Qualitäten sich bis zu ihren letzten Ursachen zurückverfolgen lassen, nicht aber solche, die immer Ausfluß einer menschlichen Haltung sind und bleiben. Man kann in Zahlen genau ausdrücken, warum ein Heizkörper seine Aufgabe, den Raum zu erwärmen, schlecht erfüllt, warum er zu teuer geworden ist – ein Urteil über seine Form jedoch, das etwa feststellt, sein barockes Aussehen stehe im Widerspruch zur Gegenwart, greift hinein in unbeweisbare Überzeugungen. Das ist unser Glück. Denn dieser Mangel an sauberer rationaler Bestimmbarkeit wird nicht nur unvermeidlich, sondern sogar die einzige Hoffnung bleiben, daß der lebendige Mensch dem leblosen, von ihm erzeugten Ding sein eigenes Wesen aufpräge, statt sich selber unter seinen gewaltigen Pressen zur empfindungslosen Materie zu zerquetschen.

Aus: Wilhelm Braun-Feldweg: *Normen und Formen industrieller Produktion*, Ravensburg 1954, S. 7–10 (gekürzte Fassung).

Kommentar: Werner Linder

Mit seinem 1973 in der Zeitschrift *form+zweck* erschienenen Artikel hat Designer Clauss Dietel (geb. 1934) für die Formgestaltung in der DDR ein Thema aufgegriffen, das zu dieser Zeit in den einschlägigen wissenschaftlichen Disziplinen heftig diskutiert wurde: im Umfassenden die Folgen von Massenproduktion und Massenkonsum für die Zerstörung von Natur und Umwelt, im Speziellen der Einfluss des Designs auf ein zunehmendes Wegwerfverhalten in der Gesellschaft. Dietel ging es offensichtlich darum, wachzurütteln. Sein Beitrag ist keine systematische Analyse unbefriedigender Zustände, kein Konzept für deren Lösung. Die angesprochenen Adressaten sollten es wohl als Provokation auffassen und sich dem Thema stellen, und zwar sowohl in ihrem konkreten Berufsalltag wie auch in ihrem gesellschaftlichen Auftrag. Kein Beitrag für ein Lehrbuch zur Designtheorie, sondern ein Impuls für die persönliche Standortbestimmung.

Diese Provokation ist offensichtlich angekommen, wenn man auch aus der einen oder anderen der nachfolgenden Reaktionen[1] den Eindruck gewinnt, dass sie nicht immer erwünscht und auch nicht immer richtig verstanden wurde. Für den heutigen Leser ist deshalb nicht nur Dietels Aufsatz als Auslöser der damaligen Debatte aufschlussreich, sondern auch die nachfolgende kritische Auseinandersetzung mit ihm. Dabei sind neben dem unvermeidbaren grollenden Donnerwetter aus der besserwissenden Berufspraxis auch Beiträge, die Dietels Impuls aufgeschlossen begegnen, ihn inhaltlich korrigieren und ergänzen, seinen Beitrag damit abrunden zu einem bleibenden Dokument für die Verständigung auf ein gleichzeitig anspruchsvolles wie glaubhaftes Berufsethos im Design.

Dietels Text ist nicht frei von Widersprüchen. Seine anhaltende Aktualität beruht auf der berechtigten Infragestellung bestimmter Vorgaben und Gestaltungsspielräume in der Produktentwicklung, nicht zuletzt auch von dem hohen Niveau einer durch ihn ausgelösten Diskussion. Bemerkenswert auch Dietels feinsinnige und klare Sprache, inzwischen selten geworden in der Zunft praktizierender Designer.

Vielleicht kommt man der Lösung des von Clauss Dietel aufgegriffenen Problems näher, wenn man den Irrtum Brechts in dem einleitend zitierten Wort erkennt und es korrigiert:

Dauerten wir unendlich, so bliebe alles beim Alten. Da wir aber endlich sind, wandelt sich alles. Denn: nichts vom Menschen Gemachtes wandelt sich von alleine. Viel Design bedeutet zwangsläufig auch viel Wandel. Nur behutsames Design behütet auch unseren Lebensraum.

Werner Linder, Universitätsprofessor a. D. mit dem Lehrgebiet Design und Technologie an der Universität der Künste Berlin, gründete 1984 designtransfer, *dessen Leiter er bis 2005 war. Linder forschte und publizierte u. a. zu Sustainable Design sowie zu Innovations- und Produktentwicklungsprozessen.*

Clauss Dietel

VON DEN VEREDELNDEN SPUREN DES NUTZENS ODER PATINA DES GEBRAUCHS (1973)

Dauerten wir unendlich,
so wandelte sich alles.
Da wir aber endlich sind,
bleibt vieles beim alten.

Bertolt Brecht

Der Gestalter sucht in seinen Arbeiten die Konstanz des Guten zu finden. Viele Kriterien werden dieser Absicht gegenüber angelegt: Die Forderungen und Wünsche der Menschen, denen die Gestaltung zugedacht ist, und die Grenzen, in denen ein Objekt realisierbar ist. Darüber hinaus finden sich in den die Gestaltung berührenden exakten und sehr oft weniger exakten Disziplinen mannigfaltige Aussagen, die noch mit zum Urteil über Entwurf und Ergebnis gestalterischer Arbeit herangezogen werden.

Bleiben letztere – was oft geschieht – einzige Grundlage der Arbeit, so nimmt es nicht wunder, wenn vieles Mögliche und auch Brauchbare, häufig aber keine wirklich überzeugende Gestaltung daraus entsteht.

Die Suche nach dem, was Gestaltung eigentlich ausmacht, woraus sie erwächst, woher sie kommt und wohin sie will, nimmt in unserer kulturellen Umwälzung neue Dimensionen an.

Zu jenen zählend, denen als Grundlage der Gestaltung Kunst und Kultur am wesentlichsten erscheinen, möchten wir darüber und hier jetzt nicht diskutieren. Über einen anderen, damit zusammenhängenden Aspekt aber soll gesprochen werden.

Prüfen wir all das, was uns als überzeugendes Beispiel guter Gestaltung überkommen oder gegenwärtig ist, so werden wir vielerlei Gründe finden, unsere hohe Meinung davon zu rechtfertigen: Emotionaler Ausdruck gesellschaftlicher Zustände, Synthese von Form und Funktion, günstige Herstellung und kluge Ökonomie – kurz, das rechte Verhältnis zwischen Absicht und Ergebnis ist es, was uns beeindruckt. Genügt dies nicht, so wären noch viel mehr Kriterien jeweils anzulegen und zu bestätigen, bis hin zu jenen Binsenweisheiten, die vor Zeiten jeder Handwerker unbewußt beachtete, die aber heute, zu Theoremen aufgebläht, oft die Sicht verstellen.

1 «Resonanzen: Blick nach vorn oder zurück?», in: *form+zweck* 3/1973, S. 45 ff.; Clauss Dietel: «Gebrauchspatina II», in: *form+zweck* 4/1973, S. 34; Heinz Hirdina: «Zwischen Zunfthandwerk und Bionik», a. a. O. S. 35; ders.: «Gold rostet nicht», a.a.O., S. 36 ff.

All das eingestanden, verbleibt eine Merkwürdigkeit, die seltsamerweise bis jetzt so gut wie nirgends beachtet wurde: Das gut Gestaltete vermag die Spuren des Nutzens und Brauchens durch den Menschen und die Spuren der Zeit zu tragen. Sein Gestaltbild wird dadurch gesteigert, nicht aber gemindert.

Auf uns gekommene Werkzeuge, Geräte und Gegenstände aller alten Kulturen; die uns noch verbliebene Architektur der menschlichen Geschichte von den Höhlenbauten über die asiatischen, vorderasiatischen, ägyptischen, griechischen, römischen und mittelamerikanischen Bauzeugnisse bis hin zur Romanik, Gotik und Renaissance, all das wurde gezeichnet von den Spuren des Menschen, nutzend oder sehr oft auch zerstörend.

Wir wollen nicht behaupten, die Entwerfenden vergangener Kulturen hätten die Gebrauchspatina als ausdruckssteigerndes Element mit geplant. Selbstverständlich nicht. Allein: Sie rechneten damit. Noch bis weit über das Mittelalter hinaus wußte selbst jeder Handwerker darum und tat seine Arbeit auch in diesem Sinne. Bauen und Gestalten war nicht nur Absicht, Neues zu schaffen – ein Irrtum, dem wir heute häufig unterliegen –, sondern auch das Streben nach dauerhaften Leistungen, zu Ergebnissen hin, die nach einem Altern in Würde Künftigen dieses Streben noch erleben lassen sollten.

Erst als Bedürfnisse nicht mehr befriedigt, sondern um des Geldes willen Bedürfnisse geschaffen wurden, wandelte sich dies. Vom Brauchen kam es zum Verbrauchen, im doppelten Sinne des Wortes: früher die Dinge veredelnde Spuren des Nutzens wurden in ihr Gegenteil verkehrt. Benutzt und gebraucht wurden Synonyme für das Abzusetzende, möglichst bald durch Neues Auszutauschende. Die Moral der um des Profits willen Produzierenden war geschaffen.

Die spannungsvollere Plastik eines alten Torbogens mit Stufen, denen die Schritte von Jahrhunderten anzusehen sind; der Sitz und Hände zeigende alte Stuhl; der viel gefahrene, von Wind und Wetter, vom Säubern und Pflegen berichtende Wagen oder die Kutsche samt ihrem Ledergeschirr für die Pferde; das ererbte und tausendfach benutzte Werkzeug in Haus und Werkstatt; Geschirr, Gerät, Löffel und Gabel – erst fortgetan, wenn sie zerbrochen, durchgescheuert oder in anderer Weise verbraucht waren: Ihnen allen war es als Selbstverständnis eigen, Patina des Nutzens und Brauchens nicht als Tadel, sondern als Adel tragen zu können.

Diese Haltung wurde im Laufe der bürgerlichen Entwicklung zuerst in Frage gestellt, dann unterhöhlt, schließlich in ihr Gegenteil verkehrt. In der spätbürgerlichen Gesellschaft mit ihrem Konsumzwang und dem ihm entsprechenden Styling der Produkte sind es letztlich nur Endphasen einer viel früher begonnenen Entwicklung. Dazu kam: Vor allem über die letzten beiden Jahrhunderte hinweg sammelte und vor allem schätzte das bürgerliche Kunst- und Kulturbewußtsein wenig oder fast gar nicht das normale, alltägliche Gerät und Gebrauchsgut, vielmehr aber das höfische oder großbürgerlich repräsentative, Statussymbol verkörpernde Stück. Dieses aber war ob seiner repräsentativen Bedeutung meist gar nicht funktionell gedacht, sondern seiner eigentlichen Bestimmung entsprechend erst in zweiter Linie eben auch noch funktionierend. Verständlich, daß Spuren des Brauchens und Nutzens an diesen Dingen nicht beabsichtigt, geschweige denn geduldet wurden.

Der Abglanz dieser Vorbilder, durch die breiter werdende Bildung nun fast allen vorgehalten, prägte das Alltägliche: Wir sollten uns noch heute nicht wundern, wenn Patina des Nützlichen als das Gegenteil des damals ständig und teilweise bis heute noch propagierten ästhetischen Wertes des nur Repräsentativen nicht nur nicht erkannt, sondern auch verpönt wurde.

Ganze Industrien und Gewerbezweige sind über die Zeiten dieser Entwicklung hinweg entstanden, um «Oberflächen» zu erfinden – neue möglichst die vorhergehenden immer ablösend –, zu erzeugen und zu erneuern. Der «Kern», das Mühen um das Eigentliche, Gestalt und Absicht eines Produktes Ausmachende, ging dabei oft völlig verloren.

Wo stehen wir? Es bedarf wohl keiner Gründe, warum uns und unserer Gesellschaft eine Haltung zustünde, ja wieder erwachsen muß, die Spuren des Nutzens und Brauchens als legitimen ästhetischen und damit gestalterischen Reiz anerkennt.

An Werkzeugen unserer Arbeiter in Betrieben und Werkstätten, am Lederzeug der Jäger und Förster, an einigen Geräten weniger Sportarten findet sich noch das von uns Gesuchte. Und welche Hoffnung: Auch die Jugend beginnt es wiederzuentdecken. Um Patina des Gebrauchs als ästhetischen Reiz zu erleben, sammelt sie – und auch wir – zunehmend alte, gebrauchte und davon ausgezeichnete Dinge.

Es ist aber nicht mehr auffindbar an fast allen unseren Konsumgütern, es mangelt den meisten unserer anderen industriellen Produkte. Unser Bauen und unsere Architektur finden erst unter Qualen und, wie es scheint, oft wider Willen dahin zurück (Plattenbauweise, Sichtbeton, Fernsehtürme).

Bedenklich steht es vor allem mit den Dingen in unseren vier Wänden – unbenommen, ob zu Haus oder in der Arbeitsumwelt. Noras «gute Stube» oder in der Arbeitssphäre der Hang zum Endlichen, temporär nur einmalig erreichten Perfektionismus kennzeichnen den Stand. Erstere hat sich meist nur formal in Anbau- oder Montagesätze verwandelt, verschwunden oder vergessen ist sie hingegen noch lange nicht. In der Arbeitsumwelt: Alle fünf Jahre kommen die Maler, die vom Wasserhahn über Steckdose bis zu Stuhl und Maschine alles wieder «fast wie neu» streichen – wenn es sehr gut dabei läuft, auf der Basis einer «wissenschaftlichen Untersuchung zur Verbesserung der visuell-ästhetischen Atmosphäre im Produktions- und Arbeitsprozeß».

Besseres sind wir uns schuldig. Die Gedanken um die Spuren des Nutzens und Brauchens sollten in das vielfältige Mühen um eine gestalterisch bessere Umwelt mit einfließen.

Wenn wir mit den Dingen um uns oft unzufrieden sind, so muß dies nicht unbedingt an den Nutzern als vielmehr häufig an den Produzenten oder den Gestaltern liegen. Unsere Möbelindustrie und einige andere Konsumgüterzweige sind gestalterisch meist noch nicht auf die Bedürfnisse von heute abgestimmt, ihre vorhandenen oder fehlenden Konzeptionen geraten in Widerspruch zu gesellschaftlicher Realität. Alte bürgerliche Gewohnheiten, und wenn sie über zwei Jahrhunderte alt sind, Nachtrab und fehlender Mut zum uns Gemäßen kennzeichnen das Angebot. Wohnungen und Umwelt spiegeln es teilweise wider.

Denn mobil sind die Möbel noch lange nicht – die Forderung danach reicht weit über das Möbel hinaus und umgreift eigentlich all das uns Umgebende. Es ist nicht oder kaum in der Lage, Mobilität und damit das vielfältigere Nutzen samt dessen Spuren zu tragen. Der Streit um «falschen» oder «echten freien» Dekor der Plastoberflächen wird müßig, wenn beiden keine Jahrzehnte zumutbar sind, wenn die «gute Stube» als Synonym für das Nichtgenutzte nur formal modifiziert Triumphe feiert.

Nur scheinbar ist es in anderen Bereichen besser. Sehen wir uns doch um in unseren Betrieben, Werkstätten und Labors: Maschinen und Geräte haben ein Gestaltbild, das vielleicht eben noch einer Verkaufsmesse standhielt, das seinen ästhetischen Höhepunkt zwischen Fließbandende und Versandabteilung erlebte, das aber nach einigen wenigen Arbeitsjahren meist nur noch ein Zerrbild des ehemals Beabsichtigten darstellt. Betrügen wir uns damit nicht selbst, verfälschen wir damit nicht unseren von der Gesellschaft und von uns selbst gestellten Auftrag?

Sicher fließen in ein Werturteil über Gestaltung viele Beziehungen zum Produkt mit ein. Ist es aber unsere Absicht, wenn sich positive physio-psychische Erfahrungen mit dem Erzeugnis auf die Dauer mit dessen zunehmend schlechterem Gestaltbild paaren? Sicher nicht, denn letzteres beeinflußt bekanntlich nicht unwesentlich die ersteren.

Wie lächerlich werden die nach uns Kommenden unsere heutigen, drei bis sieben Jahre fahrenden, darüber immer trauriger werdenden Autos finden, stellen sie diese neben die von unseren Vorfahren oft ein ganzes Leben lang benutzten Kutschen und Wagen. Verwundert werden sie sich fragen, warum wir in anderen, viel wichtigeren Dingen uns so einschränkten, um diesen unsinnigen Aufwand durchzustehen.

Es könnte der Vorwurf auftreten, dies sei ein Loblied auf Schrott und Verfall. Ein größeres Mißverständnis wäre nicht denkbar. Das Gegenteil im dialektischen Sinne ist gemeint: Gewahrt werden soll die Substanz, das Verhältnis der Dinge zum Menschen. Ein Verhältnis, in dem dieser zum Maß aller Dinge wird und nicht umgekehrt.

Machen wir uns mit diesen Gedanken vertraut, so werden wir viele unserer bisherigen Vorstellungen überprüfen müssen. Unsere Konzeptionen, sehr oft aber auch unsere formalen Wünsche und Ergebnisse sind auf diese Sicht hin zu messen und zu wägen.

Ein zum Menschen und seiner Gesellschaft hin «offenes Prinzip der Gestaltung», verschlossen gegenüber allen Erwägungen des Profits, gilt es zu formulieren und anzuwenden.

Was uns formal vorschwebt, ist dabei von geringem Interesse. Form folgte immer der Funktion und den kulturellen Ansprüchen, die Funktion formuliert. Denkbar aber sind Gestaltungen, die sich weit unterscheiden von dem, was wir heute noch schaffen, vergleichbar vielleicht einigen Formen, die wir als der Vervollkommnung des Menschen gemäß erleben. Formen sicherlich, die uns die nahekommenden Bereiche des Bionischen öffnen helfen. Denn das zeitlich über einige Jahrhunderte währende mechanische Zeitalter innerhalb der menschlichen Entwicklung neigt sich spürbar. Auf uns zu kommt das bionische, dem Menschen, seiner Natur und seiner Gesellschaft, der unsrigen, wohl gemäßere.

Die hier geäußerten Gedanken sollen helfen, zur Diskussion um die Dialektik der Gestaltung beizutragen, beim Suchen nach dem Neuen an dessen Altern zu denken.

Schon beginnen wir, das Überkommene und unsere heutigen Dinge daraufhin zu sehen – lernen müssen wir, das Unsere so zu tun, daß es ihm entsprechen kann.

Aus: *form+zweck*, Heft 1/1973, S. 39–40.

Kommentar: Heidrun Osterer, Philipp Stamm

Adrian Frutiger wird 1928 in Unterseen in der Schweiz geboren. Nach der Schriftsetzerlehre absolviert er eine Weiterbildung zum Schriftgrafiker an der Kunstgewerbeschule Zürich. 1952 erhält er eine Anstellung als Schriftentwerfer bei den Fonderies Deberny & Peignot in Paris, und er beginnt zu unterrichten. Mit dem Schriftkonzept *Univers* wird er 1957 weltbekannt. Ab 1961 ist er als selbstständiger Schriftgestalter, Grafiker, Illustrator, Lehrer und Fachautor tätig. Es folgen u. a. die maschinenlesbare Schrift *OCR-B* und für den Pariser Flughafen die Signalisationsschrift *Alphabet Roissy*, welche 1976 zur Druckschrift *Frutiger* überarbeitet herauskommt. Insgesamt entwirft er über fünfzig Schriften und an die einhundert Signete und Wortmarken. Adrian Frutiger gilt als einer der wichtigsten Schriftgestalter des 20. Jahrhunderts. Er wird mehrfach international ausgezeichnet, unter anderem 1986 in Mainz mit dem Gutenberg-Preis. Heute lebt er in Bremgarten bei Bern.

Der hier zitierte Textauszug ist eine Zusammenstellung aus mehreren Kapiteln der ersten beiden Bände der zwischen 1978 und 1981 erschienenen, ursprünglich dreibändigen Reihe *Der Mensch und seine Zeichen*. Dem besseren Verständnis geschuldet ist dabei eine teilweise Umstellung der originalen Abfolge – auch sind größere Auslassungen der Übersichtlichkeit halber nicht gekennzeichnet. Adrian Frutiger publiziert in diesem Werk, unter Mitarbeit von Horst Heiderhoff, seine Erkenntnisse zur Zeichenlehre und -gestaltung, gewonnen während seiner Unterrichtstätigkeit in Paris. Dabei greift er unter anderem auf Fachliteratur von Jacques Bertin, Wassily Kandinsky und Paul Klee zurück.

Bei seinen Untersuchungen zum Zeichnen und Schreiben geht Frutiger von der natürlichen Bewegung der Hand aus. Mit der Theorie der Gesten-Reduktion bei der Entwicklung von den Groß- zu den Kleinbuchstaben macht er verständlich, worin der wesentliche Unterschied zwischen den beiden Alphabeten liegt. Im Weiteren vergleicht er die symmetrisch basierten Zeichen wie Signete und Signale mit den mehrheitlich asymmetrischen Alphabetzeichen. Auch zu grundlegenden Aspekten der Formgebung von Schrift in Bezug auf Lesbarkeit und Erkennbarkeit nimmt Frutiger Stellung. Sein bekanntes Schema, in welchem er häufig verwendete Druckschriften übereinanderlegt, resultiert aus der Suche nach dem Archetyp der Schrift.

Gerade diese grundlegenden Auseinandersetzungen machen Frutigers Buch bei den heutigen komplexen Fragestellungen der Zeichengestaltung im internationalen Kontext so wertvoll.

Heidrun Osterer ist visuelle Gestalterin und Inhaberin von feinherb, Visuelle Gestaltung, Basel. Philipp Stamm ist Dozent für Schriftgestaltung und Typografie an der FHNW, Hochschule für Gestaltung und Kunst in Basel. 2008 erschien ihre gemeinsam verfasste Monografie Adrian Frutiger – Schriften. Das Gesamtwerk, *Birkhäuser, Basel.*

Adrian Frutiger

DIE ZEICHEN DER SPRACHFIXIERUNG (1978, 1979)

Diese Ausführungen können nicht begonnen werden, ohne einige Betrachtungen über die Anatomie der Hand anzustellen. Es ist sehr bezeichnend, dass man sagt: eine Linie «ziehen», denn die Muskulatur der Hand ist so beschaffen, dass die Bewegung des «Ziehens» einer Linie mit größerer Leichtigkeit ausgeführt werden kann als eine Stoß-Bewegung.

Wenn wir diese Betrachtung in bezug auf das Zeichnen eines einfachen, rasch aufs Papier geworfenen Kreuzes überprüfen, stellen wir fest, dass mit Sicherheit die Vertikale von *oben nach unten* und die Horizontale von *links nach rechts* gezogen wird (vorausgesetzt, dass die rechte Hand die Linie zieht). Es bedarf keiner besonderen Anstrengung, um eine Horizontale und Vertikale übereinander «fallen» zu lassen, denn die Kreuzung entsteht automatisch an irgend einer Stelle (mit der Ausnahme natürlich, wenn der Überschneidungspunkt einen bestimmten mathematischen Ort bezeichnen soll). Die Einfachheit der Ausführung eines Kreuzes hatte zur Folge, dass es zum gebräuchlichsten Zeichen überhaupt wurde. Mit dem Kreuz wurde markiert, gezählt, unterschrieben und sogar beeidet.

Betrachten wir eine zweite Art von Verbindung; eine vertikale Linie, die eine horizontale am äußersten Punkt berührt └ , so stellen wir zwei Phänomene fest, die in Richtung der steigenden Bewegungsschwierigkeit gehen; einerseits bemerken wir, dass der Zeichner im Prinzip sein Werkzeug nicht abhebt, um beide Striche zu ziehen, wodurch ein abruptes Anhalten und eine Richtungsänderung ausgeführt werden muss, unter Abschätzung der Qualität der Ecke, die mehr oder weniger spitz oder rund wird. Andererseits [sind] die zwei Winkel └ ┐ leichter auszuführen als die zwei folgenden ┘ ┌, da die ersten aus logischen aufeinanderfolgenden Bewegungen bestehen, während die zwei anderen, auf verschiedene Art, einmal eine gezogene, dann eine gestoßene Bewegung erfordern. Die dritte Verbindung zwischen den zwei Linien besteht aus einer Berührung; wir nennen sie «Schweißen» (Ansetzen, Anstoßen): ein Strich berührt mit einem seiner Endpunkte die andere Linie an einem beliebigen Punkt ┬ . Die Analyse der dazu nötigen Bewegung zeigt einen völlig anderen Aspekt: der Verbindungspunkt, an welchem sich das «T» formt, erfordert eine höhere «taktile Konzentration» (ein stärkeres «Fingerspitzengefühl») und ein «Heben» der Hand, um an einem bestimmten Punkt neu anzusetzen.

Nach diesen auf anatomische und physiologische Bedingungen begründeten Überlegungen haben wir die nötige Objektivität erreicht, um diese drei Zeichen im Hinblick auf ihre Morphologie zu betrachten: alle drei sind auf die beiden gleichen Grundelemente aufgebaut, auf Vertikale und Horizontale, und trotzdem ist die Aussage eines jeden von einer eigenen und originellen Kraft.

Das *Kreuz* als Prototyp des Zeichens [ist] die eindeutige Begegnung der Vertikalen mit der Horizontalen. Diese zentrale Stelle gibt den Schnitt- oder Trennungspunkt an, von welchem die vier Himmelsrichtungen ausgehen. Das Kreuz ist das abstrakteste Zeichen, es umschließt am wenigsten Fläche, da es keinen Innenraum bezeichnet, die Winkel werden nicht als Innenseiten eines Raumes erkannt, da das gekreuzte Durchlaufen der Linien die Vorstellung einer «Ecke» nicht aufkommen lässt. Kreuzen heißt eher «Durchstreichen» als «Zeichnen». Im *Winkel*-Zeichen haben die beiden Grundelemente die Tendenz, sich in einer einzigen Bewegung zu vereinigen, in welcher man schon den Anfang einer zur Fläche führenden Umschreibung ahnt; deshalb hat dieses Zeichen einen weniger absoluten Charakter als das Kreuz. Es ist vielmehr der Anfang zu einer sich vervollständigenden Zeichnung. Das *T-Zeichen* ruft aufgrund des Einschlages einer seiner Endpunkte die Erinnerung an «Konstruktion» wach. Dabei ist zu bemerken, dass der Unterschied zwischen diesem Zeichen und dem Kreuz nur aus einem Viertel der fehlenden Vertikalen besteht; und trotzdem würde kein Beobachter den spontanen Reflex haben, sich das Zeichen mit dem zum Kreuz fehlenden Strich vorzustellen. Diese Überlegungen führen also zur Folgerung, dass die drei Verbindungsbegriffe: Kreuzung, Winkel und Schweißung untereinander vollkommen verschieden und unvereinbar sind.

Genau im Gegensatz zum Kreuz erscheint das Quadrat. Beim Betrachten [...] tritt dieses Zeichen besonders hervor; seine Innenfläche scheint weißer, die umschlossene Fläche ist von aktiver Bedeutung, kapselt sie aber auch vom Rest der übrigen Papierfläche ab. Die meisten Betrachter eines geschlossenen Quadrats identifizieren sich gerne mit ihm: das Quadrat ist der primitive Ausdruck des Gegenstandes, des Grundbesitzes, der Behausung.

Aus diesen [...] Beobachtungen stellen wir fest, dass Zeichen mit nicht geschlossenen Flächen eher abstrakte Empfindungen hervorrufen, hingegen geschlossene, umschriebene Flächen Erinnerungen an Objekte wecken.

Symmetrie und Asymmetrie

Wird der Mensch vor irgendein Objekt gestellt (in unserem Falle vor ein Zeichen), so versucht er zuerst seinen tiefliegenden Anhaltspunkten gegenüber eine feste Position einzunehmen. Diese Position wird in den meisten Fällen symmetrisch sein: Horizontale (Ebene) *und* Vertikale (Erdanziehungskraft). Das hängt sicherlich damit zusammen, dass der menschliche Körper äußerlich symmetrisch gebaut ist. (Auch der Zeitablauf, in dem sich der Mensch augenblicklich befindet, wird im Grunde symmetrisch empfunden: hinten = die Vergangenheit, vorne = die Zukunft, der Mensch in der Gegenwart, in der Mitte, im Jetzt). Eigentlich sind wir auch sehr beruhigt und versichert, wenn wir eine symmetrische Figur oder Konstruktion sehen, obwohl wir wissen, dass ihr Innerstes aus funktionellen Gründen asymmetrisch angeordnet ist. Ein symmetrisch gebautes Schloss etwa weist mit aller Wahrscheinlichkeit eine asymmetrische Gliederung im Inneren auf; eine symmetrische Aufteilung könnte in diesem Falle innenarchitektonische Konflikte erzeugen (z.B. zwei Küchen, zwei Säle, zwei WC etc.). Einzige Ausnahmen wären vielleicht Kirchen, Theater, Kinos, welche eine zentrale Funktion besitzen.

Wir möchten betonen, dass der Mensch sich eigentlich in steter Auseinandersetzung mit einer symmetrischen Außenwelt und einem asymmetrischen Funktionieren in seinem Inneren befindet. Sein Herz schlägt nicht in der Mitte des Körpers, er arbeitet mit der rechten Hand, im modernen Leben muss er lernen, in einem Automobil das Lenkrad links zu betätigen, aber auf der rechten Seite der Straße zu fahren. Es stellt sich letztlich die Frage: Ist der Mensch *mitte-los* geworden?

Der Verlauf der westlichen geschriebenen Sprachen ist asymmetrisch. Wir lesen von links nach rechts, mit einem bestimmten Zeitablauf: Anfang – Ende. Dabei sind innerhalb unseres aus 26 Buchstaben bestehenden Alphabets einige symmetrisch und andere asymmetrisch angelegt. Es wird uns während des Lesens oder Schreibens von Großbuchstaben nicht mehr bewusst, dass A und O symmetrische und B, C oder D asymmetrische Formen haben. (Eigenartigerweise sind mit Ausnahme des E alle Vokale symmetrisch A I O U Y.)

Wir wissen heute, dass die Phönizier und sogar noch die ersten griechischen Benutzer des Alphabets in symmetrischer Weise geschrieben haben: auf eine von links nach rechts gehende Linie folgte eine von rechts nach links gehende Linie, dann wieder eine von links nach rechts etc. (Dies glich den Bewegungen eines Bauern, der mit dem Pflug das Feld beackert.) Die Buchstaben mussten demzufolge auf jeder Linie erneut «umgedreht» werden, und daraus ergab sich, dass asymmetrische Buchstaben einmal rechtsherum und einmal linksherum geschrieben wurden. Im Laufe der Zeit wurde dieses Vorgehen mit der Form des Buchstabens, der sich als Urtyp (archetype) in den Geist des Menschen verankerte (gravierte), unvereinbar, da ja stets zwei Urformen «programmiert» werden mussten. Dieser Umstand führte dazu, dass Lesen und Schreiben asymmetrisch wurden. Die Zeilen begannen von nun an immer links, und die Leserichtung ging von links nach rechts. (Dieser ungewöhnliche Umbruch von der Links-Rechtsläufigkeit in die nur Rechtsläufigkeit der Schrift geschah im griechisch-etruskischen Raum, etwa um 650 v. Chr.) Aus diesem Grund sind wir beim Betrachten eines Zeichens durch die uns jetzt angeborene Richtungsbewegung «links-rechts» stark beeinflusst. (Bei den Hebräern, die von rechts nach links, oder bei den Chinesen, die von oben nach unten lesen, liegt eine andere Konvention vor.)

Im Gegensatz zu dieser asymmetrischen Aufnahme der Schriftzeichen kann festgestellt werden, dass isolierte Zeichen, Signete, Wappen, hauptsächlich jedoch Signale vom ersten Impuls als Objekt symmetrisch erkannt und aufgefasst werden; daraus ergibt sich, dass die Klarheit, die Eindeutigkeit eines Signalzeichens in seiner Ausführung nicht unbedingt symmetrisch sein muss, aber auf einer symmetrischen Grundstruktur (Schild) aufgebaut sein sollte, denn der Blick auf ein Zeichen geschieht *zentral*. Schriftzeichen hingegen folgen einem ganz anderen asymmetrischen Gesetz.

Die Kapitalform und die Minuskelform

Für die Anwendung von Schrift gab es von Anfang an in aller Welt zwei grundlegende Ausdrucksarten: einmal die monumentale Beschriftung auf Felswänden, an Palästen und auf Verkehrstafeln, zum anderen die kurrente, handschriftliche Aufzeichnung in der Notiz, im Briefverkehr, im Kanzleivermerk etc. Diese beiden Schreibweisen wurden gezwungenermaßen stets mit grundverschiedenen Instrumenten auf unterschiedlichen Materialien ausgeführt. Deshalb haben sich die Formen auch dementsprechend anders verhalten. So ist die Kapital-Monumental-Schrift durch das Dauerhafte der Unterlage, hauptsächlich Stein, in der Originalform haften geblieben, während sich die Kurrent- oder Kursivschriften durch den ständigen Gebrauch auf vergänglicheren Materialien, wie Wachstafeln, Papier etc., durch die Jahrhunderte hindurch stark verändert haben. Das Erscheinungsbild unserer Buchstaben hat sich, von den starren römischen Majuskeln ausgehend, in der Buch- wie auch in der Handschrift zu einer geschmeidigen fließenden Minuskel gewandelt, und dies [...] durch die Vereinfachung der Gesten beim schnelleren Kalligraphieren oder Schreiben. Dieser Reduzierung etwas besser auf den Grund zu kommen, hat uns veranlasst, einen Versuch zu einer Theorie aufzuzeichnen, um das etwas undurchsichtige Phänomen etwas besser beleuchten zu können.

Wenn wir die Anlage der Wertstufung der Gesten bei der Formgebung auf die Buchstabenformen überleiten, erhalten wir folgende Schwierigkeitsstufen: 1 Einfache Kreuzung. 2 Richtungswechsel eckig. 3 Richtungswechsel rund. 4 Schweißen an der Strichmitte. 5 Schweißen von zwei Strich-Enden. 6 Schweißen am Ende eines Strichzuges. 7 Anfang und Ende zusammentreffen lassen.

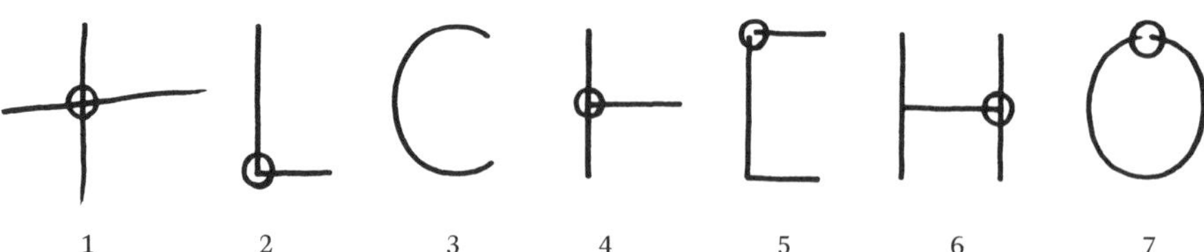

1 2 3 4 5 6 7

Jedes Zeichen eines lapidaren Großbuchstaben-Alphabets entsteht durch eine bestimmte Reihung einer gewissen Anzahl festgelegter Gesten. Bei der Betrachtung des Vergleichs zwischen Groß- und Kleinbuchstaben [stellen wir] fest, dass die Zwischenstufe der Halbminuskeln und besonders die Endform der Minuskeln um vieles reduziertere Schwierigkeits-Zahlen aufweisen. So ist die Summe des großen A von 15 auf 5 beim kleinen, geschriebenen a gesunken. Noch markanter ist die Reduktion des B von 21 auf 5 beim kleinen b. Die Unvollständigkeit dieses Versuchs ist uns bewusst, sie soll hier jedoch nur als Andeutung zu einem anders überlegten Verständnis eines an sich in verbaler Form nur schwer zu erklärenden Themas sein.

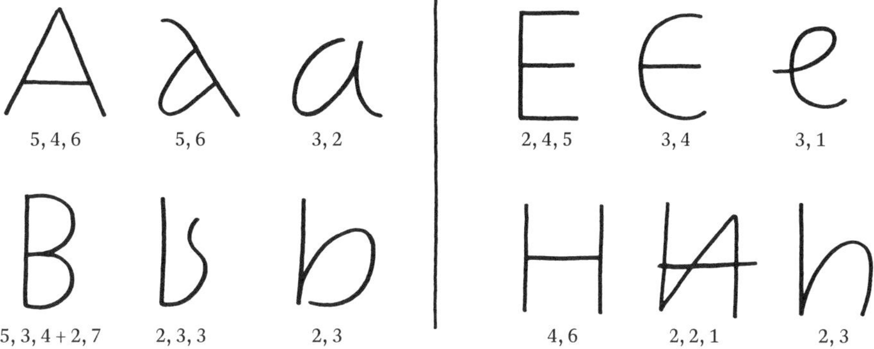

Als Hauptmerkmal geht aus dem Formenablauf hervor, dass mit der Vereinfachung der Gesten und durch schnelleres Schreiben die monumentalen Geraden zu Runden übergeleitet werden. Typisch sind hierfür A a, E e, M m, T t. Ein anderes, besonderes Merkmal ist das Entstehen von Ober- und Unterlängen, unerlässlich zur klaren Identifizierung der vereinfachten Kleinbuchstabenformen: b d p q sind nur dadurch differenziert, h und n ebenfalls.

Aus einer Gegenüberstellung von Groß- und Kleinbuchstaben des abendländischen Alphabets, das heute als Grundlage der westlichen Sprachen dient, geht eindeutig hervor, dass die rein lateinischen Buchstaben vom Groß- zum Kleinbuchstaben im allgemeinen eine starke Wandlung durchmachten (A a, B b, D d, E etc.) In anderen, späteren Sprachfixierungen (z. B. Germanisch, Englisch etc.) wurden neue Zeichen in ihrer monumentalen Form aus griechischen und römischen Alphabeten direkt übernommen und haben deshalb den jahrhundertelangen Abschliff zur Minuskel nicht durchgemacht. So haben zum Beispiel die Buchstaben K k, W w, Y y praktisch ihre Kapital-Form beibehalten. Dasselbe kann für X x und Z z gelten, die im Lateinischen nur selten gebräuchlich waren, U und V waren in der Form kaum unterschiedlich in Gebrauch. Aus diesen Überlegungen kann gefolgert werden, dass in einer natürlichen Tendenz zur Flüssigkeit des Schreibens die schräglaufenden Bewegungen in Runde und Gerade abgewandelt wurden (A a, M m, N n). Ein Wandlungsprozess, den die letzten «angehängten» Buchstaben nicht durchgemacht haben.

Die Schriftform und die Lesbarkeit

Die Buchstaben sind nur als Bausteine der Sprache zu werten. Mit ihnen bildet der Schreiber Silben, Wörter, Sätze. Als Kind, am Anfang des Lesen- und Schreibenlernens, «buchstabiert» man. Erst später ist das Unbewusste nicht mehr mit Einzelbuchstaben belegt, sondern mit Silben und Wortbildern. Dieser Silben- und Wortbildschatz besteht in jedem Leser wie ein tabellenartiges Grundschema. Die Buchstabenverbindungen der Muttersprache sind darin sehr stark eingeprägt, die später angelegten Sprachen schwächer.

Wie präzise diese Silben- und Wortsilhouetten im Leser verankert sind, soll anhand eines einfachen Experiments erläutert werden. Die Buchstabenverbindung «on» wird vom Leser als *Ganzheit* wahrgenommen, sie wird sozusagen fotografiert mit *einem Blick.* Danach wird sie mit einem vorhandenen inneren Schema verglichen und verstanden. Der geringste Fehler an einer heiklen Stelle des o zerstört augenblicklich die Klarheit der Aussage, es entsteht ein Zweifel zwischen o und c, außerdem ist cn *keine* tief eingeprägte Buchstabenkombination, sie hilft also dem Leser nicht als Verständigungsbrücke. Die heikle Stelle beim n ist die Strich-Endung oben links. Bei der kleinsten Verlängerung der Vertikalen gerät das n in den Bereich der Figur h. Die Vorstellung des h ist noch bekräftigt durch die Erinnerung an das sehr häufig vorkommende Lautbild ch. Nach diesen Beispielen unausgeprägter Formen bewirkt das richtige Bild des ch in den als normal empfundenen typographischen Proportionen eine Entspannung, da die Zweifel ausgeschaltet sind und das Bild wieder in den Bereich einer bekannten Silhouette gerückt ist.

Silben-Bild c oder o? n oder h? Norm-Silhouette

Die Formen der Buchstaben, wie sie sich durch Jahrhunderte hindurch geformt, abgenützt haben, stehen uns heute in verschiedenen Ausdrucksarten als Verständigungsmittel zur Verfügung. Sie können in vier Hauptgruppen eingeteilt werden: die Handschriften, die Schreibmaschinenschriften, die typographischen Textschriften und die Phantasie- oder Titelschriften. Sicher ist der Leser fähig, in allen vier Bereichen eine schriftliche Mitteilung zu lesen. Seine Bemühung zur Entzifferung des Inhalts hängt jedoch in erster Linie vom Wichtigkeitsgrad des Inhalts ab. Er wird die Handschrift einer für ihn wichtigen Mitteilung, wenn nötig, mühsam entziffern, da eine einzige falsch interpretierte Buchstabenform den Sinn der Aussage zu verändern mag. Für Geschäftsbriefe, Mitteilungen, kurze Berichte etc. ist die Handschrift zu individuell, zu stark persönlichen Interpretationen ausgeliefert. Die einfache Schreibmaschinenschrift, selbst mit unvollkommenem Anschlag, ist hier angebracht und wird vom Empfänger anstandslos angenommen. Bei längeren Berichten oder schwerverständlichen Texten ist der Leser dankbar für eine Schreibmaschinenschrift besserer Qualität, das heißt einer solchen mit variablen Weiten. Das Schriftbild nähert sich dabei wieder der perfekten Formgliederung des typographischen Schriftausdrucks: das i ist wieder ein schmales, das m ein breites Zeichen.

Kein Verleger würde es auf sich nehmen, vom breiten Publikum gelesene Texte, also Romane, Zeitschriften, Zeitungen etc., in Schreibmaschinenschrift herauszugeben. Auch der Publizist weiß, dass die Beschreibung eines angebotenen Produkts nur in Schrift und Druck bester Qualität eine Chance hat, von der angesprochenen Kundschaft, die nicht unbedingt motiviert ist, gelesen zu werden. Diese Überlegungen deuten darauf hin, dass die eigentliche vom Leser bewusst oder unbewusst gewünschte Form die typographisch einwandfreie ist. Diese Ästhetik der Wortbilder hat sich am tiefsten in seinem Unterbewusstsein festgesetzt, aus dem einfachen Grund, weil er Bücher, Zeitungen etc. das heißt, den Hauptteil seines Wissens, in dieser Form gelesen, also in sich gespeichert hat, und weil die Ausgeglichenheit der Schrift ihm den größten Lesekomfort bietet.

Aus den vorstehenden Erläuterungen über die Lesbarkeit möchte man schließen, dass es im Grunde genommen nur *eine* bestlesbare Schrift, also sozusagen einen Archetyp von Textschriften geben könnte und dass für die Zukunft die Gefahr besteht, ein uniformer Schriftprototyp könnte als alleiniges «Verkehrsmittel» zwischen den Menschen funktionieren.

«Schrift» ist wohl auch ein Zweckmittel, wie «Nahrung», «Kleidung» oder «Wohnung». Der Reiz aber wird immer im Wechsel des Stils liegen. Es ist anzunehmen, dass der Leser die Silben- und Wortsilhouetten in einer Art Skelettform in sich trägt und dass die Details, die den Schriftstil bestimmen, eher als «Klang» mit aufgenommen werden und den Leseprozess an sich nicht stören, insofern die Schrift im Gesamten, den Grundregeln entsprechend, konzipiert ist. Um den skelетthaften Grundstrich eines Buchstabens herum wird der eigentliche Charakter modelliert. In der Klangzone der Schrift kommt das Künstlerische, das, was man als «Stil» bezeichnet, zum Ausdruck.

Eine erfolgreiche Schrift wird von Millionen von Menschen gelesen. Sie beeinflusst das Skelettschema in jedem Leser. Wenn zu starke Formerneuerungen oder Qualitätsmängel darin vorkommen, stößt die Schrift beim Leser auf einen gewissen Widerstand, der Leseprozess wird gehemmt. Zur Demonstration dieser These versehen wir einige Buchstaben der meistgelesenen Schriften der Welt mit einem rotierenden Linienraster. Beim Übereinanderlegen gleicher Lettern in acht verschiedenen Stilen tritt die erwähnte Skelettform im Zentrum des Strichablaufs als dunkelste Grundform klar in Erscheinung.

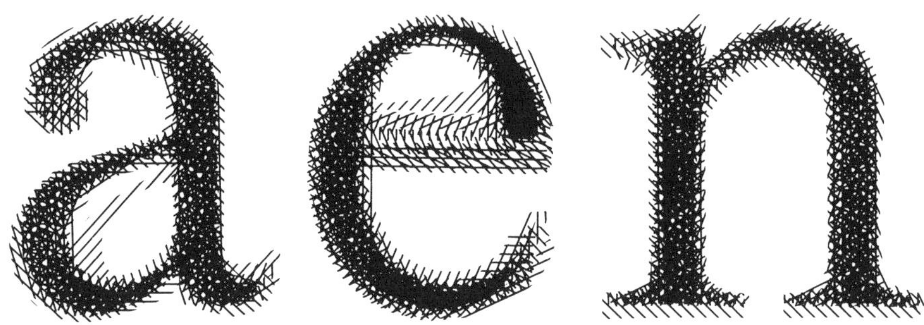

Garamond, Baskerville, Bodoni, Excelsior, Times, Palatino, Optima, Helvetica

Im Diagramm «a» erscheint in der unteren Schlaufe die Garamond-Silhouette, die in ihrem «Old-Style»-Aspekt eben auch vom Leser als außergewöhnlich reizvoll, in großen Textmengen jedoch erschwerend gewertet wird. Das gleiche Phänomen ist in der oberen Schlaufe beim «e» ersichtlich, wo die Garamond-Form den höchst angesetzten Horizontalstrich aufweist. Man erkennt an diesen beiden Beispielen von Buchstaben mit engen Punzen, wie sich vom Ursprung her kleine Innenformen durch den «Massengebrauch» in den modernen Schrift-Silhouetten zu großen Öffnungen normalisiert haben, wodurch beste Erkennbarkeit und sicherste Druckwiedergabe (Gefahr des Zuschmierens) gewährleistet sind.

Aus dem Diagramm «n» geht ebenfalls hervor, dass die Stärke der Serifen, ja sogar deren An- oder Abwesenheit einer Schrift für die Erkennbarkeit des Zeichens *nicht* ausschlaggebend ist und die Lesbarkeit dadurch nicht wesentlich beeinträchtigt wird. Es könnte allein betont werden, dass die Gegenwart von Serifen einerseits die Linienführung des schnell-lesenden Auges zu unterstützen vermag, und andererseits die Wortbilder etwas fester zusammenfügt. Gegen die Serifen wäre einzuwenden, dass sie nicht ein *form-unterscheidendes* Element bilden, sondern ein *form-angleichendes,* da alle Buchstaben, über das wesentliche Grundskelett hinaus, dieselben Serifen tragen.

Beim Betrachten der Diagramme erhält man den Eindruck, dass die reine Textschrift-Silhouette derjenigen am meisten entspricht, an die der Leser durch den Gebrauch in der Tagespresse (Excelsior – Caledonia) gewöhnt wurde. Die zweite meistverbreitete Silhouette ist die Groteskform (Helvetica, Univers etc.), die mit dem Grundriss in absoluter Übereinstimmung steht, mit der einzigen Abweichung der konstanten Strichstärke und der oben schon erwähnten Abwesenheit von Serifen.

Die Grundformen der Lesbarkeit gleichen einer Kristallisation, geformt durch jahrhundertelangen Gebrauch auserwählter, ausgeprägter Schrifttypen. Das Brauchbare, das sich auf Dauer bewährt hat, bleibt vielleicht für immer als ästhetisches Gesetz im Menschen erhalten.

Aus: Adrian Frutiger/Horst Heiderhoff (Textbearbeitung): *Der Mensch und seine Zeichen*, Bd. 1 und 2, Frankfurt am Main 1978 und 1979.

Kommentar: Andrea Wiegelmann

Walter Gropius (1883–1969), in Berlin geboren, arbeitete nach seinem Studium an den Technischen Hochschulen in Berlin und München im Büro von Peter Behrens. Als er 1919 nach Weimar kam, um die Leitung der zusammengeschlossenen Kunstgewerbeschule und der Hochschule für Bildende Kunst zu übernehmen, kam er mit der Absicht, die Schule von Grund auf zu reformieren, und prägte für diese den Begriff «Bauhaus». Der Universalkünstler des Mittelalters war das Ideal, der Begriff «Bauhaus» zitierte das Bild der mittelalterlichen Bauhütte, der Unterricht vereinte entsprechend Theorie und handwerkliche Ausbildung in den Werkstätten. Gropius holte dazu die führenden Künstler, Designer und Architekten seiner Zeit nach Weimar. Sein hier wiedergegebener Text von 1922 ist der Versuch, die Gründerjahre des Bauhauses im Hinblick auf die zukünftige Entwicklung einzuordnen und zu rechtfertigen. Das Bild des rationalen Künstlers und Architekten, das Gropius zeichnet, ist seine Reaktion auf die Weltabgewandtheit, die Johannes Itten praktizierte. Als Gropius in der Folge seine Ideen für eine Neuausrichtung des Bauhauses formulierte (1923), indem er die Zusammenarbeit zwischen Bauhauswerkstätten und Industriebetrieben forderte, führte dies zum Rücktritt Ittens.

Wie wohl kaum eine andere Schule hat sich das Bauhaus in einer von extremen Wechseln und Unsicherheiten geprägten Zeit mit der Frage nach der Steuerbarkeit von Modernisierungsprozessen durch die Gestaltung befasst. Gropius tritt dabei in die Fußstapfen seines einstigen Lehrers Peter Behrens. In seiner Vorstellung des verantwortungsbewusst handelnden Architekten, der sich die technischen Möglichkeiten der industriellen Produktion zunutze macht, entwirft er das Bild eines visionären und verantwortungsbewussten Gestalters. Architektur und Design sind für ihn der Motor einer Veränderung hin zu einer besseren Welt. Er formuliert damit einen Anspruch, dessen Aktualität ungebrochen ist: verantwortungsbewusst zu gestalten und weiterzudenken, technische Möglichkeiten zu nutzen, ohne ihrer Faszination zu erliegen.

Andrea Wiegelmann ist Architektin und war von 2002 bis 2007 Redakteurin der Architekturzeitschrift DETAIL. *Sie arbeitet als Editor im Bereich Architektur und Design für den Birkhäuser Verlag und schreibt als freie Journalistin und Autorin für zahlreiche Magazine (u. a.* archithese, Bauwelt, form, tec21, architektur aktuell*).*

Walter Gropius

DIE TRAGFÄHIGKEIT DER BAUHAUS-IDEE (1922)

Die Meinungsverschiedenheiten, die die Meister in letzter Zeit über entscheidende Probleme im Bauhaus beschäftigt haben, veranlassen mich als Urheber des Bauhauses, die ideellen und praktischen Grundlagen zunächst vor mir selbst zu revidieren. [...]

Wir sind uns alle darüber klar, daß die alte Auffassung von l'art pour l'art überholt ist und daß alle Dinge, mit denen wir uns heute beschäftigen, nicht für sich selbst bestehen können, sondern in unserer sich entwickelnden Weltanschauung verankert liegen [müssen]. Die Basis, auf der unsere Arbeit aufgebaut ist, kann deshalb nicht breit genug sein, sie ist heute eher zu eng als zu weit. Das bestätigen die Erzählungen über die parallelen russischen Versuche, bei denen auch Musik, Literatur und Wissenschaft als aus *einer* Quelle kommend mit einbezogen wurden. [...]

Meister Itten stellte neulich unter uns die Forderung, man müsse sich entscheiden, entweder in vollkommenem Gegensatz zur wirtschaftlichen Außenwelt individuelle Einzelarbeit zu leisten oder die Fühlung mit der Industrie zu suchen. Ich glaube, daß in dieser Fragestellung das große «X» liegt, das der Lösung bedarf. Um es gleich vorauszuschicken: Ich suche die Einheit in der *Verbindung,* nicht in der Trennung dieser Lebensformen. Wie kommt es, daß wir ebensowohl ein gut gebautes Automobil, ein Flugzeug, eine moderne Maschine in ihrer Form bejahen können wie ein von schöpferischer Hand schön geformtes Einzelkunstwerk? Wir sind durchaus nicht so geartet, daß wir entweder das eine oder das andere ablehnen, sondern es handelt sich offenbar um zwei ganz getrennt nebeneinander her gehende Gestaltungsvorgänge, von denen nicht etwa der eine veraltet und der andere modern ist. [...] Die Industrie bemüht sich seit einiger Zeit, schöpferische Kräfte [...] zu gewinnen, die die Formen ihrer Erzeugnisse entwickeln sollen (Deutscher Werkbund). Auf der anderen Seite beginnt die Auseinandersetzung der jungen Künstler mit den Erscheinungen der Industrie und der Maschine. Sie gehen auf die Gestaltung – ich möchte sagen: – der «zwecklosen» Maschine aus (Arbeiten von Picasso, Braque, Ozenfant, Jeanneret, die neuen Russen und Ungarn, Schlemmer, Muche, Klee, usw.); also eine Annäherung jener beiden Gestaltungsvorgänge!

[...] Die Auseinandersetzung mit der Realität braucht durchaus keine Kompromisse zur Folge zu haben. Entscheidend bleibt, ob das Ziel klar bleibt und reichlich verfochten wird [...] Das Bauhaus hat den Anfang gemacht, mit der bisher üblichen akademischen Erziehung zum kleinen Raffael und zur Entwurfsarbeit zu brechen und die aus dem gestaltenden Werkleben des Volkes zu dessen und ihrem Schaden entflohenen schöpferischen Begabungen wieder dahin zurückzuleiten. Es ging bewußt darauf aus, anstelle des Prinzips der Arbeitsteilung wieder auf eine Einheitsarbeit hinzustreben, die den schöpferischen Gestaltungsvorgang als unteilbares Ganzes auffaßt. Dazu war es notwendig, in Brunnentiefe vollkommen neu aufzubauen, um einige Aussicht zu haben, der jetzigen Generation das richtige Gefühl einer miteinander verwobenen Werk- und Formarbeit wiedergeben zu können. Auch das richtige Handwerk mußte erst wieder geboren werden, um an ihm den Jungen den ganzen Entwicklungs-Ablauf der wesentlichen Gestaltungstätigkeit begreiflich machen zu können. Aber eine Ablehnung der Maschine und der Industrie ist damit keineswegs verknüpft. Ein grundsätzlicher Gegensatz liegt nur in der Arbeitsteilung bei der einen, der Arbeitseinheit auf der anderen Seite. [...] Stünde dem schöpferisch Begabten eine Fabrik mit allen ihren Maschinen zur Verfügung, so würde er neue Gebilde schaffen können, die andere wären als die im Handwerk entstandenen. [...]

Das Bauhaus könnte zu einer Insel der Eigenbrötler werden, wenn es den Kontakt mit der Arbeit der übrigen Welt und ihrer Arbeitsart verlöre. Seine Verantwortung besteht darin, Menschen zu erziehen, die die Welt, in der sie leben, in ihrem Grundcharakter klar erkennen [können] und aus der Verbindung ihrer Erkenntnisse mit ihren Phantasien typische, ihre Welt versinnbildlichende Formen zu schaffen vermögen. Also auf die Verbindung der schöpferischen Tätigkeit der einzelnen mit der breiten Werkarbeit der Welt käme es an! Lehnten wir die Umwelt völlig ab, so bliebe als Ausweg nur die romantische Insel. Eine Gefahr für unsere Jugend sehe ich in Anzeichen einer verstiegenen Romantik, die aus einer begreiflichen Reaktion gegen den herrschenden Geisteszustand – Zahl und Macht – und aus dem Fiasko der Staaten erwächst. Manche Bauhäusler huldigen einer mißverstandenen Rousseau'schen Rückkehr zur Natur. Es wäre konsequent, wenn einer, der diese ganze Welt [verneint], sich auf eine Insel zurückzöge. Bleibt er aber in dieser Welt, so werden die Formen seiner Werke umso mehr ihren Rhythmus tragen, je stärker er sich mit ihr auseinandersetzt. [...]

Die gesamte «Architektur» und das «Kunstgewerbe» der letzten Generationen [...] ist bis auf verschwindende Ausnahmen eine Lüge. In allen diesen Erzeugnissen liegt eine falsche, krampfhafte Absicht, «Kunst zu machen», sie stehen der Entfaltung einer echten Lust am «Bauen» geradezu im Wege. Der Architekt von heute hat seine Lebensberechtigung verscherzt. [...] Dagegen kam der Ingenieur, unbeschwert von ästhetischen und historischen Hemmungen, zu klaren organischen Formen. Er scheint das Erbe des einstigen Architekten, der aus dem Handwerk kam, allmählich zu übernehmen.

Wie die noch breite Kluft zwischen der Tätigkeit, wie wir sie in unseren Werkstätten üben, und dem gegenwärtigen Stand der Industrie und des Handwerks draußen sich einmal schließen wird, das ist das unbekannte X. [...] Der Kontakt mit der Industrie und der Werkarbeit der Welt kann nur allmählich gefunden werden. Es wäre denkbar, daß die Arbeit in den Werkstätten des Bauhauses mehr und mehr zur Schaffung typischer Einzelstücke führen wird, [die dem Handwerk und der Industrie als Leitbilder dienen werden]. Schüler, die durch das Bauhaus hindurch gegangen sind, werden mit dem Können, das sie dort erworben haben, in der Lage sein, entscheidenden Einfluß auf bestehende handwerkliche [Betriebe] und industrielle Werke zu nehmen, wenn sie nur den Entschluß fassen, in diese hinein zu gehen und aus ihnen heraus zu wirken. Die große Umstellung von analytischer auf synthetische Arbeit vollzieht sich auf allen Gebieten, auch die Industrie wird sich darauf einstellen. Man wird Leute suchen, die eine umfassende Durchbildung erfahren haben, wie wir sie im Bauhaus zu geben versuchen, und diese Menschen werden die Maschine von ihrem [Ungeist] erlösen! Der freie Künstler, der voraustastend nach der «zwecklosen» Maschine sucht, orientiert sich bereits nach diesem Zukunftskompaß. Er ist kein Gegner der Maschine – er will ihren Dämon bezwingen. [...]

In diesem Brennpunkt treffen sich auch die Begriffe des Sakralen und des Profanen, die in dem heutigen Chaos ungeordneter Empfindungen fortwährend miteinander vertauscht werden. Die sterbenden Religionen haben ebenso eine Profanierung des Sakralen heraufbeschworen wie einen wahren Kult des Profanen. Gegen diese Manie gibt es das [eine] Mittel: Die Worte «Kunst» und «Religion» mit Schweigen zu beantworten – [dann werden sie sich vielleicht wieder mit Substanz erfüllen].

Notizen vom 3. Februar 1922 zu einem Rundschreiben an die Bauhaus-Meister.
Aus: Hans Maria Wingler: *Das Bauhaus 1919–1933. Weimar Dessau Berlin und die Nachfolge in Chicago seit 1937*, Köln 1962, S. 62–63 (gekürzte Fassung).

Kommentar: Heinz Wagner

Ferdinand Kramer (1898–1985) nahm 1919 das Studium der Architektur an der Technischen Universität in München auf. Im selben Jahr wechselte er an das kurz zuvor gegründete Bauhaus in Weimar, verließ die neue Ausbildungsstätte aber schon nach wenigen Monaten wieder – das Studium erschien ihm zu unstrukturiert, das technische Niveau als zu mangelhaft. Walter Gropius schrieb Kramer damals einen Brief, um ihn zum Bleiben zu animieren – vergeblich. 1922 beendete er das Studium an der TU München als diplomierter Architekt. Weitere Stationen in seinem Leben waren: von 1925 bis 1930 die Mitarbeit im Frankfurter Hochbauamt, anschließend arbeitete Kramer bis zur Emigration in die USA im Jahre 1938 als selbstständiger Architekt und Designer. 1952 kehrte er nach Frankfurt zurück und arbeitete bis zu seiner Pensionierung als Universitätsbaudirektor.

Ferdinand Kramer war Architekt, Designer und vor allem auch ein eigenwilliger, unnachgiebiger Denker, der sich mit den jeweiligen gesellschaftlichen Bedingungen intensiv und kritisch auseinandergesetzt hat. So befasste er sich im Hochbauamt von Frankfurt mit der Typisierung von Wohnungen und Einrichtungsgegenständen. Mit der Realisierung von Arbeitersiedlungen und begleitend dazu den entsprechenden Möbelentwürfen leistete er einen wesentlichen Beitrag zur Linderung der damaligen Wohnungsnot. Auch in seiner amerikanischen Zeit gelang es Kramer, adäquat auf den gesellschaftlichen Kontext im neuen Lebensumfeld zu reagieren. Dabei entstanden Produkte und Möbel, die sich durch ihre Ästhetik, Funktion und den optimierten Materialeinsatz auszeichneten.

Der hier folgende Text, verfasst 1928, kann als Kramers Manifest für ein typisierendes Gestalten gelesen werden: «Die Wirtschaftlichkeit, die Zweckdienlichkeit, die zeit- und arbeitssparenden Methoden bestimmen die Ausgestaltung der Wohnungen.» Was er hier grundlegend und unmissverständlich formulierte, ist den Gebäuden und Möbeln, die er in den folgenden Jahrzehnten entwerfen sollte, als gestalterische Haltung eingeschrieben.

Heinz Wagner studierte Ökonomie, Soziologie und Recht (lic. rer. pol.) an der Universität Basel. Lehre als Möbelschreiner und Nachdiplomstudium in Architektur an der ETH Zürich. Leiter des Masterstudiengangs «Masterstudio Design» und Mitarbeit im Stab der Hochschule für Gestaltung und Kunst FHNW in Basel.

Ferdinand Kramer

INDIVIDUELLE ODER TYPISIERTE MÖBEL? (1928)

Die Ansprüche, die wir heute an unsere Wohnungen und ihre Einrichtungen stellen, haben sich grundlegend geändert, weil die allgemeine Entwicklung der Wirtschaft und der Technik anders geworden ist. Während zur Zeit der Naturalwirtschaft, die in agrarischen Ländern noch kaum beendigt ist, die Produktion der Lebensmittel und der Bekleidung von der Hausfrau und dem Gesinde im Hause selbst erledigt wurde, herrscht heute ausschließlich der Konsum von Fertigwaren vor. Die Produktion ist in Fabriken und ganzen Industrien konzentriert. Die Verteilung an den einzelnen Konsumenten beschäftigt viele Handelszweige. Das Warenhaus ist der moderne Typ des Großdetailgeschäftes. Die Markenware ist der moderne Gebrauchsartikel. Diese Entwicklung hatte selbstredend für das gesamte Leben des modernen Menschen eine tiefschneidende Bedeutung, besonders da auch noch die Seßhaftigkeit immer mehr verloren ging. Der Akzent des Wohnens verschob sich von den Wirtschaftsräumen nach den eigentlichen Wohnräumen. Die Küche und ihre Nebenräume wurden ein Appendix an die Schlaf-, Eß- und Wohnräume. Die Frage «Einzelwirtschaft» oder «Gemeinwirtschaft» ist akut geworden.»

Es liegt auf der Hand, daß damit auch die Grundrißgestaltung andern Bedingungen unterliegt. Die Entwicklung, die hier etwa bei dem Typ der Großstadtwohnung angelangt war (Gründerzeit), ging aber folgerichtig weiter. Die Frau wurde in das Arbeitsleben des Zivilisationszeitalters mit einbezogen. Sie steht nur noch mit einem Bruchteil ihrer Kräfte dem Haushalt zur Verfügung. Dieselbe wirtschaftliche Not, die sie aus dem Haushalte herausriß, versagte dem Arbeiter und dem Kleinbürgerstand den Luxus der sogenannten guten Stube. Die Wirtschaftlichkeit, die Zweckdienlichkeit, die zeit- und arbeitsparenden Methoden bestimmen die Ausgestaltung der Wohnungen. Ihre Anwendung bringt die Zentralheizung, Gas und Elektrizität in den Haushalt. Die Technik hat die Möglichkeit zur Entlastung der Hausfrau gegeben, und sie mußte aus der wirtschaftlichen Situation heraus auch entlastet werden. Das Problem betrifft aber die hauswirtschaftlichen Hilfsmittel ebenso wie die eigentlichen Gegenstände unseres Wohnens: die Möbel. Sie dürfen nur noch billig sein. Sie müssen in ihrer Form und ihrem Zweck sich den an Raumzahl und Grundrißfläche reduzierten Wohnungen anpassen. Ihre Instandhaltung darf keine unnötige Zeit in Anspruch nehmen. Der Typenwohnung entsprechen Typenmöbel aus rationalen und ästhetischen Gründen.

Die Entwicklung der Typenwohnung, die zweckmäßigerweise wiederum in großen Siedlungskomplexen entsteht, weil nur so grundlegende Vereinfachungen und Verbilligungen wirtschaftlicher Art möglich werden, schafft aber erst die Basis für eine ausgedehnte Nachfrage nach Typenmöbeln, die ihre Produktion rentabel erscheinen läßt. Die ökonomischen und technischen Voraussetzungen greifen hier wie die Zahnräder zweier Getriebe ineinander. Die Städte werden das Bauen nicht mehr der Laune irgendwelcher Architekten und ihrer mehr oder minder snobistischen Auftraggeber überlassen, da der Grund und Boden zu teuer, der planmäßige Aufbau, der Verkehr und die ökonomische Struktur einer Landschaft zu wichtig geworden sind. Damit herrscht aber auch die Typenwohnung vor, die wiederum nach Typenmöbeln verlangt, wenigstens für die große Masse, auf deren Lebensbedingungen es in erster Linie ankommt.

Es ist daher kein Zufall und kein Erfolg irgend eines rührigen Reklametrommlers, wenn sich die Bauindustrie dieses Problems nach dem Kriege bemächtigt hat. Sie hat natürlich nur ihren privatwirtschaftlichen Gewinn im Auge, aber die Entwicklung kommt ihr entgegen. Sie stellt einen neuen Markt von großen Dimensionen in Aussicht. Die Industrie sieht hier die Möglichkeit, Massenartikel herzustellen und den berechtigten Forderungen breiter Massen zu entsprechen. Sie macht erst die Typenmöbel durch rationelle Arbeitsmethoden, die eine große Absatzbasis zur Voraussetzung haben, der Allgemeinheit zugänglich. Die Vorarbeit erstreckt sich zunächst nur auf die dem individuellen Geschmack schon längst entzogenen Gebrauchsmöbel, deren zweckmäßige Gestaltung allgemein anerkannt war: hygienisch sanitäre Möbel, Küchenmöbel, Büromöbel, Eisenmöbel. Die Industrien dieser Möbel stellen ihre Waren schon seit Jahrzehnten serienweise her.

Der Haupteinwand, der gegen die Übertragung solcher Fabrikationsmethoden auf den übrigen «Hausrat» (wie es noch immer charakteristischerweise heißt – vergl. «Hausratgesellschaften») erhoben wurde, war ein ästhetischer, besser gesagt ein persönlicher. Jeder soll zu Hause seine Individualität haben, seinem «Heim» den Stempel seiner Persönlichkeit aufprägen können. Man darf aber wohl mit gutem Recht fragen, ob die Möbel unserer Väter überhaupt in diesem Sinne individuell waren. Was drückten sie zunächst aus? Wiederholungen entliehener historischer Stilelemente. War das die Individualität der letzten Generation oder die ihrer Ahnen? Diese zeitliche Unstimmigkeit zeigt auch die Unsicherheit, mit der die Stile nachgeahmt und «persönlich» zur Wohnung zusammengestellt wurden. Der Zwang der Billigkeit führte zudem zur Talmikunst, die etwas an Qualität und persönlichem Geschmack vorgab, was gar nicht bestand. Der Individualismus der bürgerlichen Wohnung war ein Scheinindividualismus. Was darüber hinaus an persönlichem Gepräge vorhanden war, hatte meist mit der Auswahl und Zusammenstellung dieser ornamentierten Möbel gar nichts mehr zu tun.

Es ist ein reaktionäres Märchen, das Formproblem der Typisierung als reinen Schematismus und als Verarmung zu bezeichnen, wobei jede persönliche Note von vornherein ausgeschlossen wäre. Die Qualität der Materialien und ihre zweckdienliche Zusammenstellung schaffen erst überhaupt die Voraussetzung zu einem neuen Stil, der den ganzen Entstehungsbedingungen nach auch unserer Zeit entspricht. Jede Zeit, der wir einen Stil zusprechen, war im Grunde einfach. Sie baute aus den Elementen auf, die ihr zur Verfügung standen und war daher im Grunde in allen ihren Lebensäußerungen einheitlich. Sie wahrte das Gesicht, weil sie sich beschränkte. Sie experimentierte nicht in tausend Stilen und Lebensformen. Die Anarchie der freien Willkür ist dagegen ohne Zeitgepräge. Möbel und Geräte, die nur einer Person entsprechen (und das allein darf individuell genannt werden), gibt es nicht! Es gibt nur ein modernes Stilproblem, das den modernen ökonomischen Voraussetzungen entspricht, oder ein Chaos historischer Art.

Außerdem ist es heute nicht mehr festzustellen, welchen Anteil der Werkstattarbeiter an der Herstellung irgendeines Möbels hat. Maschinen und Handarbeit liefern äußerlich gleichwertige Produkte. Der Handarbeiter kann nur noch flüchtig arbeiten, um die Konkurrenz der Maschine, die das Ausmaß und das Tempo der Fabrikation bestimmt, auszuhalten. Unsere Zeit verlangt, dem Entwurfsmodell, das der Maschine zugeführt wird, die größte Sorgfalt entgegenzubringen, da, sobald diese erst einmal läuft, sie ihren Standard einhält und billig, sauber und präzise produziert. Der Kontakt zwischen dem Werkstück und dem Handarbeiter ist durch das Aufkommen der Maschine ohnehin ein für allemal aufgehoben.

Soziale, wirtschaftliche, technische und ästhetische Gründe vereinigen sich also, um der Produktion von Typenmöbeln das Wort zu reden. Was hier nur unter allgemeinen Gesichtspunkten angeführt wurde, läßt sich selbstredend auch im Detail belegen. Besonders die Umgestaltung und Anpassung aller Materialien an die modernen Erfordernisse (statt Massivholz: Sperrholz) ist charakteristisch und interessant. Die Darstellung dieser Dinge bedarf aber mindestens eines weiteren Aufsatzes.

Aus: *Das neue Frankfurt* 1/1928, S. 8–11.

Kommentar: Klaus Thomas Edelmann

1951, auf der Höhe des beruflichen Erfolgs, veröffentlichte der Selfmademan Raymond Loewy (1893–1986) seinen Weltbestseller *Never Leave Well Enough Alone*, der auf Deutsch zwei Jahre später mit dem eingängigen Titel *Hässlichkeit verkauft sich schlecht* erschien. Loewy, der 1919 aus Frankreich nach Amerika emigrierte, hatte zunächst erfolgreich als Modezeichner gearbeitet, bis er 1929 erste Aufträge als Gestalter von Produkten erhielt. Sein Buch vermischt Biografisches mit pragmatischen Aussagen über den Beruf des Industriedesigners, den er für Amerika, zeitweise aber auch für die gesamte westliche Welt geradezu prototypisch verkörperte. Mit seinem Buch wirkte er bis weit hinein in die Welt der Verkäufer, Techniker und Firmenlenker, die seine Ideen teilweise begeistert aufnahmen, weil sie einfach wie überzeugend klangen und von einem der ihren, einem erfahrenen Businessman stammten. Mit Sätzen wie: «Die schönste Kurve ist eine ansteigende Verkaufskurve» oder «Industrial Design macht den Verbraucher glücklich, den Produzenten wohlhabend und den Designer beschäftigt» entsprach er einem optimistischen Weltbild grenzenlosen Wachstums und permanenter Erneuerung, wie es zwischen dem Ende des Korea-Krieges und dem Ende des Vietnam-Krieges in Amerika und auch diesseits des Atlantiks populär war. Wie später Luigi Colani oder Philippe Starck, verbreitete Loewy seine persönliche Strategie als Leitbild des gesamten Berufes, was mitunter auf Kritik stieß. «Nicht mehr bastelnde Ingenieure, tüftelnde Handwerker oder unausgelastete Künstler bestimmten fortan das Klischee vom Designer,» schrieb der Designhistoriker Jörg Stürzebecher über Loewy, «sondern der immer lachende, immer erfolgreiche Selfmademan mit Welterfahrung.»

Für die Beachtung einer MAYA-Schwelle durch den «gewitzten Formgestalter» spricht auch heute noch einiges. So berief sich der ehemalige Renault-Designchef Patrick Le Quément ausdrücklich auf Loewy. Die Beachtung soziologischer, genderbezogener und regionaler Prägungen ist noch immer relevant. Wichtig für das Design dürfte heute sein, sich wieder mit Selbstbewusstsein und eigenem Know-how dem Marketing zu nähern und es weder pauschal zu verteufeln noch sich als Erfüllungsgehilfe zu verstehen. Insofern wäre von Raymond Loewy noch immer zu lernen.

Klaus Thomas Edelmann ist Designkritiker und freier Journalist. Er war Mitbegründer und Chefredakteur der Zeitschrift Design Report *(1996 bis 2001), ist Gründungsmitglied der Deutschen Gesellschaft für Designtheorie und -Forschung (DGTF) und gehört dem Bord of International Research in Design (BIRD) an.*

Raymond Loewy

DIE MAYA-SCHWELLE (1951)

Als Gestaltungsberater für 150 große Gesellschaften haben wir ständig die Hand am Puls der Verbraucher und konnten deshalb eine Art von sechsten Sinn für die Aufnahmefähigkeit des Publikums entwickeln, ob sie nun der Form einer Heizungsanlage, der Auslage eines Schaufensters, der Verpackung einer Seife, dem Stil eines Wagens oder der Farbe eines Schleppbootes gilt. Das ist die Seite unseres Berufes, die mich immer unendlich fasziniert. Wir haben natürlich den Wunsch, dem Verbraucher ein Erzeugnis in die Hand zu geben, das nur immer von der modernsten Forschung entwickelt und von höchster Technik gefertigt werden kann. Unglücklicherweise hat es sich immer und immer wieder gezeigt, daß ein solches Industrieprodukt keineswegs in jedem Falle gut zu verkaufen ist. Für jedes einzelne Industrieerzeugnis (jede Anlage, jeden Laden, jede Verpackung usw.) scheint es eine kritische Zone zu geben – ich nenne sie die Schockzone –, in der der Wunsch des Verbrauchers nach Neuartigkeit seine Grenze findet. An diesem Punkt erreicht die Kauflust ihr Maximum und schlägt gelegentlich sogar in Kaufwiderstand um. Es ist so etwas wie ein Tauziehen zwischen dem Drang, etwas Neuartiges zu erwerben, und der Abwehrstellung gegen alles Unbekannte. Der Geschmack der Erwachsenen ist durchaus nicht immer bereit, die logisch richtigen Lösungen für ihre Bedürfnisse zu akzeptieren, wenn damit ein zu weites Abweichen vom Gewohnten verbunden ist. An diesem Punkt geht der Käufer nicht mehr mit. Ein gewitzter Formgestalter hat deshalb einen Instinkt dafür, wo im Einzelfall die kritische Zone beginnt. Hier hat ein Entwurf die Grenze erreicht, wo er am fortschrittlichsten und doch noch annehmbar ist. Wir bezeichnen sie als MAYA- (Most Advanced Yet Acceptable) Schwelle.

Wie weit kann der Gestalter dem Stil der Zeit vorauseilen? Diese Frage ist das alles überragende Problem, der Schlüssel zum Erfolg oder Fehlschlag eines Produkts. Wenn man sie zufriedenstellend lösen will, muß man den Geschmack des Verbrauchers kennen.

Formgestalter sind Realisten; wir halten uns an die Tatsachen. Hier aber gibt es keine Wegezeichen, keine Möglichkeit, eine Kurve für die Reaktion der Öffentlichkeit auf fortschrittliche Gestaltungsformen zu entwerfen. Unter den vielen veränderlichen Faktoren gibt es aber immerhin einige, die als im Wesentlichen konstant angesehen werden dürfen. Sie können uns bei unseren Überlegungen weiterhelfen. Mit der Systematik des Technikers habe ich versucht, einige Ordnung in die Wirrnis des menschlichen Verhaltens bei ästhetischen Entscheidungen zu bringen oder anders ausgedrückt, die Aufnahmebereitschaft für neue Gestaltungsformen unter die Lupe zu nehmen.

Die Gedanken, die sich R. L. A. [Raymond Loewy Associates]über das Problem gemacht hat, sind natürlich nur ein erster tastender Versuch. Vor allem ist zu bedenken, daß es sich um rein empirische Feststellungen handelt und daß diese Erkenntnisse zwar allgemeingültig formuliert werden, aber doch ganz besonders für die Gestaltung von Automobilen gelten.

1. Die Massenproduktion eines erfolgreichen Erzeugnisses durch ein großes und einflußreiches Unternehmen führt, wenn sie lange Zeit hindurch fortgesetzt wird, dazu, daß das Aussehen dieses Erzeugnisses als Norm wirkt.

2. Alle Gestaltungsentwürfe, die schroff von dieser Norm abweichen, bedeuten für den Hersteller ein beträchtliches Risiko, was positive und negative Seiten hat.

3. Für große Herstellerfirmen nimmt das Risiko im Quadrat der Diskrepanz zwischen Norm und fortschrittlicher Form zu.

4. Für kleinere Herstellerfirmen oder nicht kartellgebundene Automobilproduzenten nimmt das Risiko mit der dritten Potenz der Gestaltänderung zu. (Diesen Produzenten fällt es schwerer, normenbildend zu wirken, weil sie das ganze Land nicht einfach mit Erzeugnissen ihres Gestaltungsschemas zudecken können.)

5. Gelingt es dem kleinen Fabrikanten oder unabhängigen Automobilproduzenten, aus eigener Kraft eine neue Norm durchzusetzen, veranlaßt er unter Umständen Großunternehmen, die Formverschiedenheit zwischen deren jüngstem und dem nächsten Modell so zu akzentuieren, daß sich damit wieder eine andere Norm herausbildet. Oder umgekehrt verringert der Großproduzent diesen Unterschied, um die Gültigkeit seiner eigenen bisherigen Norm stärker zu betonen und dadurch alle von der Konkurrenz eingeführten Abweichungen zu diskreditieren. (In solchem Fall sagen die Händler bei der Kundenwerbung: «So etwas würde ich nicht kaufen; es ist zu ausgefallen.») Das Großunternehmen setzt sich mit dem Gewicht seiner Massenproduktion dabei gewöhnlich durch.

6. Der Käufer wird bei seiner Wahl von zwei einander entgegen gesetzten Gesichtspunkten beeinflußt:
a) von der Anziehung durch das Neue und
b) vom Widerstand gegen das Ungewohnte.
«Die Menschen sind für alles Neue sehr aufgeschlossen, solange es genau so aussieht wie das Alte.» (Charles F. Kettering)

7. Wenn der Widerstand gegen das Ungewohnte die kritische Zone berührt und Kaufunlust einsetzt, hat das fragliche Erzeugnis die MAYA-Schwelle erreicht, an der es so neuartig wie möglich gestaltet ist und doch noch gekauft wird.

8. Man kann sagen, daß das Erzeugnis an dieser Grenze angelangt ist, wenn (um eine willkürliche Zahl zu nehmen) dreißig oder mehr Prozent der Käufer auf die Ware negativ reagieren.

9. Wenn eine Form dem Verbraucher zu radikal vorkommt, wehrt er sich selbst dann dagegen, wenn es sich um ein Meisterwerk handelt. Der immanente Wert einer Form vermag also an der kritischen Grenze den Widerstand gegen ihre Neuartigkeit nicht zu kompensieren. Es gibt bei diesem Problem einige ziemlich konstante Faktoren.
a) Jugendliche bis zu zwanzig Jahren sind für avantgardistische Ideen besonders aufgeschlossen.
b) Wenn zwei ledige Leute, die beide eine sehr große Aufnahmefähigkeit für fortschrittliche Gestaltung haben, miteinander die Ehe eingehen, wird künftig die kritische Grenze schon eher erreicht. (Ihr gemeinsamer Geschmack wird orthodoxer. Ihre Kaufgewohnheiten werden hausbackener und konservativer.)
c) Die älteren Jahrgänge lassen sich in zunehmendem Maße vom Formgeschmack der Jugendlichen beeinflussen. Das Tempo dieser Entwicklung wächst zusehends.
d) Beim Kauf ist die Ehefrau meist der entscheidende Faktor. Ihr Einfluß scheint proportional der Dauer der Ehe zuzunehmen, erreicht mit der Zeit ein Höchstmaß und geht in späteren Jahren wieder zurück.
e) Die kritische Grenze ist nach geographischer Lage, Klima, Jahreszeit, Einkommenshöhe usw. verschieden. Beispielsweise verkauft sich ein avantgardistisches Muster in

Texas besser als in North Dakota. Dunkle Farben sind in Pennsylvania beliebter als in Texas. Eine radikale Neuerung wird in größeren Städten, Universitätsstädten, Badeorten in der Regel gut aufgenommen; umso schlechter in Bergbaudistrikten und auf dem Lande.

Jede fortschrittliche Formgestaltung ist also für den Unternehmer mit Risiko verbunden. Nach meiner Ansicht gibt es keine Alternative zwischen der Übernahme dieses Risikos in gewissen Grenzen oder dem langsamen aber sicheren Untergang des Unternehmens. Der wirklich tüchtige Unternehmer ist bereit, das zu übernehmen, was General Eisenhower das «kalkulierte Risiko» nennt. Von dem Wesen dieses Risikos haben wir etwa die folgenden Vorstellungen:

1. Ein großes und erfolgreiches Unternehmen kann Jahr um Jahr mit einem Minimum von «kalkuliertem Risiko» weiterkommen. Die von ihm selbst geschaffene Norm wirkt als Schwungrad. Dieser Gleichgewichtszustand läßt sich so lange behaupten, bis ein gleich einflußreiches Unternehmen eine ganz andere Norm durchzusetzen vermag.

2. Ein kleiner oder unabhängiger Unternehmer kann sich lange Zeit mit einem möglichst kleinen Risiko behaupten, solange er sich eng an die von dem führenden Produzenten aufgestellte Norm der Form hält. Sein Unternehmen wird dabei stagnieren und nicht recht weiterkommen. Eine perniziöse Anämie der Umsätze setzt ein, die in absehbarer Zeit zum Ruin führt.

3. Bei richtiger Qualität, Konstruktion und Preisgestaltung ist das kalkulierte Risiko für den kleineren Unternehmer der beste Weg, sein Geschäft zu verbessern. Es ist der Schlüssel zu erfolgreichem Geschäftsgang und zum Aufstieg.

4. Von verzweifelten Fällen abgesehen, sollte das kalkulierte Risiko nie dahin führen, daß die Formgestaltung über die kritische Schwelle hinausgeht. Diese verzweifelten Fälle sind Kommandoaktionen in der Gestaltung und ähneln Operationen, bei denen vom Chirurgen auf eine Karte gesetzt [wird] und dem hoffnungslos an Krebs Erkrankten enorme Gewebsteile entfernt werden.

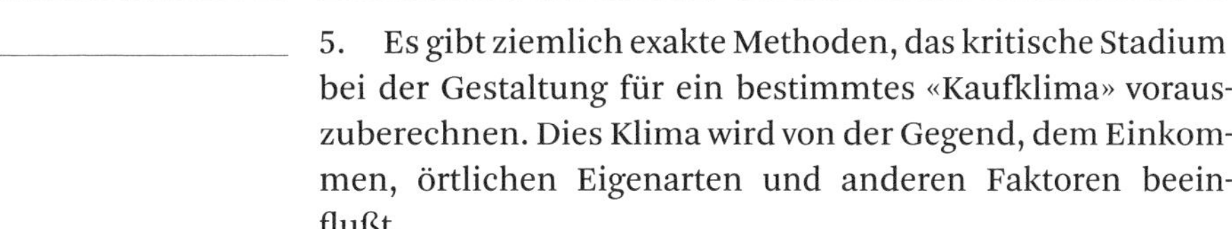

5. Es gibt ziemlich exakte Methoden, das kritische Stadium bei der Gestaltung für ein bestimmtes «Kaufklima» vorauszuberechnen. Dies Klima wird von der Gegend, dem Einkommen, örtlichen Eigenarten und anderen Faktoren beeinflußt.

Die oben erläuterte Theorie ist zwar nur ein Versuch, hat sich aber doch als wertvoll erwiesen. Wie haben sie bei der Formgestaltung für Tausende von Industrieerzeugnissen gut anwenden können. Natürlich haben wir als Gestalter nicht nur die Aufgabe, unsere Kunden in den jungfräulichen Dschungel avantgardistischer Formen zu führen. Wenn beispielsweise ein neues Erzeugnis fertig entwickelt und für die Massenproduktion reif ist, bieten wir unseren ganzen Ideenreichtum auf, um schon im voraus alle Eigenheiten zu entdecken, die mißverstanden oder zum Gegenstand des Spottes gemacht werden könnten. Einmal haben wir im letzten Augenblick eine Form für ein Haushaltsgerät zurückgezogen, weil sie unter bestimmten Lichtverhältnissen an den Kopf eines Frosches erinnerte. Oder ein Kühlschrank, der mit seinem vergitterten Fach leicht einem Haifisch ähnelte. Allgemein bekannt ist die Sache mit dem Auto einer bekannten Marke, das ganz ausgezeichnet war, aber vom Volksmund unglücklicherweise «Schwangere Wanze» getauft wurde, was den Absatz des Wagens alles andere als günstig beeinflußte.

Bei der Altersschichtung des Käuferpublikums steht einwandfrei fest, daß die Jugendlichen für fortschrittliche Formen weit aufgeschlossener sind als schon die nächste Gruppe von zwanzig bis vierzig Jahren. Nach Vierzig nimmt der Widerstand schnell zu. Der muntere Formgestalter könnte also davon träumen, nur für den Geschmack der Jugendlichen zu arbeiten, wenn die Fabrikanten sich nicht allzu klar darüber wären, daß die Jugendlichen meist wenig oder gar kein Geld haben, und das ist wirklich schade. [...] Auf jedem Fall darf behauptet werden, daß die amerikanischen «Teenagers» auf vielen Gebieten der Wirtschaft einen sehr wichtigen Aktivposten darstellen, weil sie das moderne Denken und Sehen ankurbeln. Ihr Einfluß reicht bei weitem über ihre begrenzte Kaufkraft hinaus. Ich habe eine tiefe Zuneigung zu diesen Jungen und Mädchen und alle Achtung vor ihrem Geschmack. Grundsätzlich treffen sie damit absolut das Richtige, wenn sie auch gelegentlich auf Albernheiten hereinfallen, die niemanden wehtun. Mehr Macht der jungen Generation, könnte man wünschen, sie ist das Nervenzentrum der Nation.

Aus: Raymond Loewy: *Hässlichkeit verkauft sich schlecht. Die Erlebnisse des erfolgreichsten Formgestalters unserer Zeit,* Düsseldorf 1953, Kapitel XIX, Die MAYA-Schwelle, ins Deutsche übertragen von Hans Achim Weseloh (gekürzte Fassung). Amerikanische Originalausgabe: *Never leave well enough alone*, New York 1951.

Kommentar: Annette Tietenberg

Adolf Loos (1870–1933) machte um 1900 in Wien weniger als Architekt denn als Kritiker auf sich aufmerksam. Wie Karl Kraus, der *Die Fackel* herausgab, rief er eine Zeitschrift ins Leben, die seinem Widerspruchsgeist ein Forum bot: *Das Andere* (1903). Loos, in Brünn geboren, studierte in Dresden Architektur. Ein dreijähriger Aufenthalt in den Vereinigten Staaten (1893–96) erwies sich als prägend. Seither ein enthusiastischer Anhänger von Louis Henry Sullivans Devise «form follows function», hielt er Ingenieure für «die Griechen unserer Zeit». Von den Vorzügen der industriellen Produktion überzeugt, warnte er das schockierte Münchner, Berliner und Wiener Publikum auf einer Vortragsreise (1908–10) vor der Ansteckungsgefahr durch die staatlich subventionierte «Ornamentseuche». Der drastisch formulierte Aufruf, dem «Drang zum Ornamentieren» nicht nachzugeben, wurde später in progressiver Kleinschreibung unter dem Titel *Ornament und Verbrechen* publiziert. Vor dem Hintergrund von Psychoanalyse und Evolutionstheorie entwirft Loos das Bild einer sich ökonomisch, ökologisch und ästhetisch zunehmend vervollkommnenden Gesellschaft. Dem Fortschritt stehe allerdings, so Loos, das unzeitgemäße Maschinenornament im Wege. Um einer Nostalgie willen, die dem Bildungsstand des Bürgertums nicht angemessen sei, würden Arbeitskraft und Material verschwendet.

Der Essay markiert einen historischen Wendepunkt, da Loos von produktionsästhetischen und ökonomischen Gegebenheiten moralisch-ethische Grundsätze ableitet. Insofern gilt er als Vorkämpfer für Bauhaus und funktionalistische Moderne sowie als Referenzfigur im Ringen um die «Gute Form». Seine Überlegungen sind noch heute im Rahmen der Muster- und Ornamentforschung von Bedeutung, darüber hinaus im Kontext von Debatten um Design und Moral. Im Rahmen der Gender Studies wird seine Zuordnung des «Weiblichen» zum Bereich der Kunst, der Erotik und der Ornamentik kritisch reflektiert, für die Postcolonial Studies bieten seine Perspektiven auf «fremde Kulturen» und Tattoos Anknüpfungspunkte. Abschließend sei erwähnt, dass Loos in der Praxis weit weniger puristisch und streng war als in der Theorie. Etwa sein Entwurf für die Chicago Tribune (1923) zeugt von einer Vorliebe für kostbare Baumaterialien, Einzelanfertigungen und antikisierende Säulen.

Annette Tietenberg ist Professorin für Kunstwissenschaft mit dem Schwerpunkt Kunst der Gegenwart an der Hochschule für Bildende Künste (HBK) Braunschweig. Mitherausgeberin des Bandes Patterns. Muster in Design, Kunst und Architektur, *Basel 2005.*
hbk-bs.de

Adolf Loos

ORNAMENT UND VERBRECHEN (1908)

Der menschliche embryo macht im mutterleib alle entwicklungen des tierreiches durch. Wenn der mensch geboren wird, sind seine sinneseindrücke gleich denen eines neugeborenen hundes. Seine kindheit durchläuft alle wandlungen, die der geschichte der menschheit entsprechen. Mit zwei jahren sieht er wie ein papua, mit vier jahren wie ein germane, mit sechs jahren wie Sokrates, mit acht jahren wie Voltaire. Wenn er acht jahre alt ist, kommt ihm das violett zum bewußtsein, die farbe, die das achtzehnte jahrhundert entdeckt hat, denn vorher waren das veilchen blau und die purpurschnecke rot. Der physiker zeigt heute auf farben im sonnenspektrum, die bereits einen namen haben, deren erkenntnis aber dem kommenden menschen vorbehalten ist.

Das kind ist amoralisch. Der papua ist es für uns auch. Der papua schlachtet seine feinde ab und verzehrt sie. Er ist kein verbrecher. Wenn aber der moderne mensch jemanden abschlachtet und verzehrt, so ist er ein verbrecher oder ein degenerierter. Der papua tätowiert seine haut, sein boot, seine ruder, kurz alles, was ihm erreichbar ist. Er ist kein verbrecher. Der moderne mensch, der sich tätowiert, ist ein verbrecher oder ein degenerierter. Es gibt gefängnisse, in denen achtzig prozent der häftlinge tätowierungen aufweisen. Die tätowierten, die nicht in haft sind, sind latente verbrecher oder degenerierte aristokraten. Wenn ein tätowierter in freiheit stirbt, so ist er eben einige jahre, bevor er einen mord verübt hat, gestorben.

Der drang, sein gesicht und alles, was einem erreichbar ist, zu ornamentieren, ist der uranfang der bildenden kunst. Es ist das lallen der malerei. Alle kunst ist erotisch.

Das erste ornament, das geboren wurde, das kreuz, war erotischen ursprungs. Das erste kunstwerk, die erste künstlerische tat, die der erste künstler, um seine überschüssigkeiten los zu werden, an die wand schmierte. Ein horizontaler strich: das liegende weib. Ein vertikaler strich: der sie durchdringende mann. Der mann, der es schuf, empfand denselben drang wie Beethoven, er war in demselben himmel, in dem Beethoven die neunte schuf.

Aber der mensch unserer zeit, der aus innerem drange die wände mit erotischen symbolen beschmiert, ist ein verbrecher oder ein degenerierter. Es ist selbstverständlich, daß dieser drang menschen mit solchen degenerationserscheinungen in den anstandsorten am heftigsten überfällt. Man kann die kultur eines landes an dem grade messen, in dem die abortwände beschmiert sind. Beim kinde ist es eine natürliche erscheinung: seine erste kunstäußerung ist das bekritzeln der wände mit erotischen symbolen. Was aber beim papua und beim kinde natürlich ist, ist beim modernen menschen eine degenerationserscheinung. Ich habe folgende erkenntnis gefunden und der welt geschenkt: *evolution der kultur ist gleichbedeutend mit dem entfernen des ornaments aus dem gebrauchsgegenstande.* Ich glaubte damit neue freude in die welt zu bringen, sie hat es mir nicht gedankt. Man war traurig und ließ die köpfe hängen. Was einen drückte, war die erkenntnis, daß man kein neues ornament hervorbringen könne. Wie, was jeder neger kann, was alle völker und zeiten vor uns gekonnt haben, das sollten allein wir, die menschen des neunzehnten jahrhunderts, nicht vermögen? Was die menschheit in früheren jahrtausenden ohne ornament geschaffen hatte, wurde achtlos verworfen und der vernichtung preisgegeben. Wir besitzen keine hobelbänke aus der karolingerzeit, aber jeder schmarren, der auch nur das kleinste ornament aufwies, wurde gesammelt, gereinigt, und prunkpaläste wurden zu seiner beherbergung gebaut. Traurig gingen die menschen dann zwischen den vitrinen umher und schämten sich ihrer impotenz. Jede zeit hatte ihren stil und nur unserer zeit soll ein stil versagt bleiben? Mit stil meinte man das ornament. Da sagte ich: Weinet nicht! Seht, das macht ja die größe unserer zeit aus, daß sie nicht imstande ist, ein neues ornament hervorzubringen. Wir haben das ornament überwunden, wir haben uns zur ornamentlosigkeit durchgerungen. Seht, die zeit ist nahe, die erfüllung wartet unser. Bald werden die straßen der städte wie weiße mauern glänzen. Wie Zion, die heilige stadt, die hauptstadt des himmels. Dann ist die erfüllung da.

Aber es gibt schwarzalben, die das nicht dulden wollten. Die menschheit sollte weiter in der sklaverei des ornaments keuchen. Die menschen waren weit genug, daß das ornament ihnen keine lustgefühle mehr erzeugte, weit genug, daß ein tätowiertes antlitz nicht wie bei den papuas das ästhetische empfinden erhöhte, sondern es verminderte. Weit genug, um freude an einer glatten zigarettendose zu empfinden, während eine ornamentierte, selbst bei gleichem preise, von ihnen nicht gekauft wurde. Sie waren glücklich in ihren kleidern und waren froh, daß sie nicht in roten samthosen mit goldlitzen wie die jahrmarktsaffen herumziehen mußten. Und ich sagte: Seht. Goethes sterbezimmer ist herrlicher als aller renaissanceprunk und ein glattes möbel schöner als alle eingelegten und geschnitzten museumsstücke. Die sprache Goethes ist schöner als alle ornamente der Pegnitzschäfer.

Das hörten die schwarzalben mit mißvergnügen, und der staat, dessen aufgabe es ist, die völker in ihrer kulturellen entwicklung aufzuhalten, machte die frage nach der entwicklung und wiederaufnahme des ornamentes zu der seinen. Wehe dem staate, dessen revolutionen die hofräte besorgen! Bald sah man im wiener kunstgewerbemuseum ein büffet, das «der reiche fischzug» hieß, bald gab es schränke, die den namen «die verwunschene prinzessin» oder einen ähnlichen trugen, der sich auf das ornament bezog, mit welchem diese unglücksmöbel bedeckt waren. Der österreichische staat nimmt seine aufgabe so genau, daß er dafür sorgt, daß die fußlappen aus den grenzen der österreichisch-ungarischen monarchie nicht verschwinden. Er zwingt jeden kultivierten zwanzigjährigen mann, drei jahre lang an stelle der gewirkten fußbekleidung fußlappen zu tragen. Denn schließlich geht eben jeder staat von der voraussetzung aus, daß ein niedrig stehendes volk leichter zu regieren ist.

Nun gut, die ornament-seuche ist staatlich anerkannt und wird mit staatsgeldern subventioniert. Ich aber erblicke darin einen rückschritt. Ich lasse den einwand nicht gelten, daß das ornament die lebensfreude eines kultivierten menschen erhöht, lasse den einwand nicht gelten, der sich in die worte kleidet: «wenn aber das ornament schön ist ...!» Mir, und mit mir allen kultivierten menschen, erhöht das ornament die lebensfreude nicht. Wenn ich ein stück pfefferkuchen essen will, so wähle ich mir eines, das ganz glatt ist und nicht ein stück, das ein herz oder ein wickelkind oder einen reiter darstellt, der über und über mit ornamenten bedeckt ist. Der mann aus dem fünfzehnten jahrhundert wird mich nicht verstehen. Aber alle modernen menschen werden es. Der vertreter des ornamentes glaubt, daß mein drang nach einfachheit einer kasteiung gleichkommt. Nein, verehrter herr professor aus der kunstgewerbeschule, ich kasteie mich nicht! Mir schmeckt es so besser. Die schaugerichte vergangener jahrhunderte, die alle ornamente aufweisen, um die pfauen, fasane und hummern schmackhafter erscheinen zu lassen, erzeugen bei mir den gegenteiligen effekt. Mit grauen gehe ich durch eine kochkunstausstellung, wenn ich daran denke, ich sollte diese ausgestopften tierleichen essen. Ich esse roastbeef.

Der ungeheure schaden und die verwüstungen, die die neuerweckung des ornamentes in der ästhetischen entwicklung anrichtet, könnten leicht verschmerzt werden, denn niemand, auch keine staatsgewalt, kann die evolution der menschheit aufhalten. Man kann sie nur verzögern. Wir können warten. Aber es ist ein verbrechen an der volkswirtschaft, daß dadurch menschliche arbeit, geld und material zugrunde gerichtet werden. Diesen schaden kann die zeit nicht ausgleichen.

Das tempo der kulturellen entwicklung leidet unter den nachzüglern. Ich lebe vielleicht im jahre 1908, mein nachbar aber lebt um 1900 und der dort im jahre 1880. Es ist ein unglück für einen staat, wenn sich die kultur seiner einwohner auf einen so großen zeitraum verteilt. Der kalser bauer lebt im zwölften jahrhundert. Und im jubiläumsfestzuge gingen völkerschaften mit, die selbst während der völkerwanderung als rückständig empfunden worden wären. Glücklich das land, das solche nachzügler und marodeure nicht hat. Glückliches Amerika! Bei uns gibt es selbst in den Städten unmoderne menschen, nachzügler aus dem achtzehnten jahrhundert, die sich über ein bild mit violetten schatten entsetzen, weil sie das violett noch nicht sehen können. Ihnen schmeckt der fasan besser, an dem der koch tagelang arbeitet, und die zigarettendose mit renaissance-ornamenten gefällt ihnen besser als die glatte. Und wie stehts auf dem lande? Kleider und hausrat gehören durchwegs früheren jahrhunderten an. Der bauer ist kein christ, er ist noch ein heide.

Die nachzügler verlangsamen die kulturelle entwicklung der völker und der menschheit, denn das ornament wird nicht nur von verbrechern erzeugt, es begeht ein verbrechen, dadurch, daß es den menschen schwer an der gesundheit, am nationalvermögen und also in seiner kulturellen entwicklung schädigt. Wenn zwei menschen nebeneinander wohnen, die bei gleichen bedürfnissen, bei denselben ansprüchen an das leben und demselben einkommen verschiedenen kulturen angehören, kann man, volkswirtschaftlich betrachtet, folgenden vorgang wahrnehmen: der mann des zwanzigsten jahrhunderts wird immer reicher, der mann des achtzehnten jahrhunderts immer ärmer. Ich nehme an, daß beide ihren neigungen leben. Der mann des zwanzigsten jahrhunderts kann seine bedürfnisse mit einem viel geringeren kapital decken und daher ersparnisse machen. gemüse, das ihm mundet, ist einfach in wasser gekocht und mit etwas butter übergossen. Dem anderen mann schmeckt es erst dann gleich gut, wenn honig und nüsse dabei sind und wenn ein mensch stundenlang daran gekocht hat. Ornamentierte teller sind sehr teuer, während das weiße geschirr, aus dem es dem modernen menschen schmeckt, billig ist. Der eine macht ersparnisse, der andere schulden. So ist es mit ganzen nationen. Wehe, wenn ein volk in der kulturellen entwicklung zurückbleibt! Die engländer werden reicher und wir ärmer. [...]

Noch viel größer ist der schaden, den das produzierende volk durch das ornament erleidet. Da das ornament nicht mehr ein natürliches produkt unserer kultur ist, also entweder eine rückständigkeit oder eine degenerationserscheinung darstellt, wird die arbeit des ornamentikers nicht mehr nach gebühr bezahlt.

Die verhältnisse in den gewerben der holzbildhauer und drechsler, die verbrecherisch niedrigen preise, die den stickerinnen und spitzenklöpplerinnen bezahlt werden, sind bekannt. Der ornamentiker muß zwanzig stunden arbeiten, um das einkommen eines modernen arbeiters zu erreichen, der acht stunden arbeitet. Das ornament verteuert in der regel den gegenstand, trotzdem kommt es vor, daß ein ornamentierter gegenstand bei gleichem materialpreis und nachweislich dreimal längerer arbeitszeit um den halben preis angeboten wird, den ein glatter gegenstand kostet. Das fehlen des ornamentes hat eine verkürzung der arbeitszeit und eine erhöhung des lohnes zur folge. Der chinesische schnitzer arbeitet sechzehn stunden, der amerikanische arbeiter acht. Wenn ich für eine glatte dose so viel zahle wie für eine ornamentierte, gehört die differenz an arbeitszeit dem arbeiter. Und gäbe es überhaupt kein ornament – ein zustand, der vielleicht in jahrtausenden eintreten wird –, brauchte der mensch statt acht stunden nur vier zu arbeiten, denn die hälfte der arbeit entfällt heute noch auf ornamente.

ornament ist vergeudete arbeitskraft und dadurch vergeudete gesundheit. So war es immer. Heute bedeutet es aber auch vergeudetes material, und beides bedeutet vergeudetes kapital.

Da das ornament nicht mehr organisch mit unserer kultur zusammenhängt, ist es auch nicht mehr der ausdruck unserer kultur. Das ornament, das heute geschaffen wird, hat keinen zusammenhang mit uns, hat überhaupt keine menschlichen zusammenhänge, keinen zusammenhang mit der weltordnung. Es ist nicht entwicklungsfähig. Was geschah mit der ornamentik Otto Eckmanns, was mit der Van de Veldes? Stets stand der künstler voll kraft und gesundheit an der spitze der menschheit. Der moderne ornamentiker aber ist ein nachzügler oder eine pathologische erscheinung. Seine produkte werden schon nach drei jahren von ihm selbst verleugnet. Kultivierten menschen sind sie sofort unerträglich, den anderen wird diese unerträglichkeit erst nach jahren bewußt. Wo sind heute die arbeiten Otto Eckmanns? Wo werden die arbeiten Olbrichs nach zehn jahren sein? Das moderne ornament hat keine eltern und keine nachkommen, hat keine vergangenheit und keine zukunft. Es wird von unkultivierten menschen, denen die größe unserer zeit ein buch mit sieben siegeln ist, mit freuden begrüßt und nach kurzer zeit verleugnet.

Die menschheit ist heute gesünder denn je, krank sind nur einige wenige. Diese wenigen aber tyrannisieren den arbeiter, der so gesund ist, daß er kein ornament erfinden kann. Sie zwingen ihn, die von ihnen erfundenen ornamente in den verschiedensten materialien auszuführen.

Der Wechsel der ornamente hat eine frühzeitige entwertung des arbeitsproduktes zur folge. Die zeit des arbeiters, das verwertete material sind kapitalien, die verschwendet werden. Ich habe den satz aufgestellt: Die form eines gegenstandes halte so lange, das heißt, sie sei so lange erträglich, so lange der gegenstand physisch hält. Ich will das zu erklären suchen: ein anzug wird seine form häufiger wechseln als ein wertvoller pelz. Die balltoilette der frau, nur für eine nacht bestimmt, wird ihre form rascher wechseln als ein schreibtisch. Wehe aber, wenn man den schreibtisch so rasch wechseln muß wie eine balltoilette, weil einem die alte form unerträglich geworden ist, dann hat man das für den schreibtisch verwendete geld verloren.

Das ist dem ornamentiker wohlbekannt, und die österreichischen ornamentiker suchen diesem mangel die besten seiten abzugewinnen. Sie sagen: «ein konsument, der eine einrichtung hat, die ihm schon nach zehn Jahren unerträglich wird, und der daher gezwungen ist, sich alle zehn jahre einrichten zu lassen, ist uns lieber als einer, der sich einen gegenstand erst dann kauft, wenn der alte aufgebraucht ist. Die industrie verlangt das. Millionen werden durch den raschen wechsel beschäftigt.» Es scheint dies das geheimnis der österreichischen nationalökonomie zu sein; wie oft hört man beim ausbruch eines brandes die worte: «Gott sei dank, jetzt haben die leute wieder etwas zu tun.» Da weiß ich ein gutes mittel: Man zünde eine stadt an, man zünde das reich an, und alles schwimmt in geld und wohlstand. Man verfertigte möbel, mit denen man nach drei jahren einheizen kann, beschläge, die man nach vier jahren einschmelzen muß, weil man selbst im versteigerungsamt nicht den zehnten teil des arbeits- und materialpreises erzielen kann, und wir werden reicher und reicher.

Der verlust trifft nicht nur den konsumenten, er trifft vor allem den produzenten. Heute bedeutet das ornament an dingen, die sich dank der entwicklung dem ornamentiertwerden entzogen haben, vergeudete arbeitskraft und geschändetes material. Wenn alle gegenstände ästhetisch so lange halten würden, wie sie es physisch tun, könnte der konsument einen preis dafür entrichten, der es dem arbeiter ermöglichen würde, mehr geld zu verdienen und weniger lang arbeiten zu müssen. Für einen gegenstand, bei dem ich sicher bin, daß ich ihn voll ausnützen und aufbrauchen kann, zahle ich gerne viermal so viel wie für einen in form oder material minderwertigen. Ich zahle für meine stiefel gerne vierzig kronen, obwohl ich in einem anderen geschäft stiefel um zehn kronen bekommen würde. Aber in jenen gewerben, die unter der tyrannei der ornamentiker schmachten, wird gute oder schlechte arbeit nicht gewertet. Die arbeit leidet, weil niemand gewillt ist, ihren wahren wert zu bezahlen.

Und das ist gut so, denn diese ornamentierten dinge wirken nur in der schäbigsten ausführung erträglich. Ich komme über eine feuersbrunst leichter hinweg, wenn ich höre, daß nur wertloser tand verbrannt ist. Ich kann mich über den gschnas im künstlerhaus freuen, weiß ich doch, daß er in wenigen tagen aufgestellt, in einem tage abgerissen wird. Aber das werfen mit goldstücken statt mit kieselsteinen, das anzünden einer zigarette mit einer banknote, das pulverisieren und trinken einer perle wirkt unästhetisch.

Wahrhaft unästhetisch wirken die ornamentierten dinge erst, wenn sie im besten material, mit der höchsten sorgfalt ausgeführt wurden und lange arbeitszeit beansprucht haben. Ich kann mich nicht davon frei sprechen, qualitätsarbeit zuerst gefordert zu haben, aber freilich nicht für dergleichen.

Der moderne mensch, der das ornament als zeichen der künstlerischen überschüssigkeit vergangener epochen heilig hält, wird das gequälte, mühselig abgerungene und krankhafte der modernen ornamente sofort erkennen. Kein ornament kann heute mehr geschaffen werden von einem, der auf unserer kulturstufe lebt.

Anders ist es mit den menschen und völkern, die diese stufe noch nicht erreicht haben.

Ich predige den aristokraten, ich meine den menschen, der an der spitze der menschheit steht und doch das tiefste verständnis für das drängen und die not der untenstehenden hat. Den kaffer, der ornamente nach einem bestimmten rhythmus in die gewebe einwirkt, die nur zum vorschein kommen, wenn man sie auftrennt, den perser, der seinen teppich knüpft, die slowakische bäuerin, die ihre spitze stickt, die alte dame, die wunderbare dinge in glasperlen und seide häkelt, die versteht es sehr wohl. Der aristokrat läßt sie gewähren, er weiß, daß es ihre heiligen stunden sind, in denen sie arbeiten. Der revolutionär würde hingehen und sagen: «es ist alles unsinn». Wie er auch das alte weiblein vom bildstock reißen würde und sagen würde: «es gibt keinen gott». Der atheist unter den aristokraten aber lüftet seinen hut, wenn er bei einer kirche vorbeigeht.

Meine schuhe sind über und über mit ornamenten bedeckt, die von zacken und löchern herrühren. Arbeit, die der schuster geleistet hat, die ihm nicht bezahlt wurde. Ich gehe zum schuster und sage: «Sie verlangen für ein paar schuhe dreißig kronen. Ich werde ihnen vierzig kronen zahlen.» Damit habe ich diesen mann auf eine selige höhe gehoben, die er mir danken wird durch arbeit und material, die an güte in gar keinem verhältnis zum mehrbetrag stehen. Er ist glücklich. Selten kommt das glück in sein haus. Hier steht ein mann vor ihm, der ihn versteht, der seine arbeit würdigt und nicht an seiner ehrlichkeit zweifelt. In gedanken sieht er schon die fertigen schuhe vor sich. Er weiß, wo gegenwärtig das beste leder zu finden ist, er weiß, welchem arbeiter er die schuhe anvertrauen wird, und die schuhe werden zacken und punkte aufweisen, so viele, als nur auf einem eleganten schuh platz haben. Und nun sage ich: «Aber eine bedingung stelle ich. Der schuh muß ganz glatt sein.» Da habe ich ihn aus den seligsten höhen in den Tartarus gestürzt. Er hat weniger arbeit, aber ich habe ihm alle freude genommen.

Ich predige den aristokraten. Ich ertrage ornamente am eigenen körper, wenn sie die freude meiner mitmenschen ausmachen. Sie sind dann auch meine freude. Ich ertrage die ornamente des kaffern, des persers, der slowakischen bäuerin, die ornamente meines schusters, denn sie alle haben kein anderes mittel, um zu den höhepunkten ihres daseins zu kommen. Wir haben die kunst, die das ornament abgelöst hat. Wir gehen nach des tages last und mühen zu Beethoven oder in den Tristan. Das kann mein schuster nicht. Ich darf ihm seine freude nicht nehmen, da ich nichts anderes an ihre stelle zu setzen habe. Wer aber zur neunten symphonie geht und sich dann hinsetzt, um ein tapetenmuster zu zeichnen, ist entweder ein hochstapler oder ein degenerierter.

Das fehlen des ornamentes hat die übrigen künste zu ungeahnter höhe gebracht. Die symphonien Beethovens wären nie von einem manne geschrieben worden, der in seide, samt und spitzen daher gehen mußte. Wer heute im samtrock herumläuft, ist kein künstler, sondern ein hanswurst oder ein anstreicher. Wir sind feiner, subtiler geworden. Die herdenmenschen mußten sich durch verschiedene farben unterscheiden, der moderne mensch braucht sein kleid als maske. So ungeheuer stark ist seine individualität, daß sie sich nicht mehr in kleidungsstücken ausdrücken läßt. ornamentlosigkeit ist ein zeichen geistiger kraft. Der moderne mensch verwendet die ornamente früherer und fremder kulturen nach seinem gutdünken. Seine eigene erfindung konzentriert er auf andere dinge.

Aus: Adolf Loos: *Sämtliche Schriften*, Bd. 1, Wien, München 1962 (gekürzte Fassung). Erstveröffentlichung in: *Trotzdem 1900–1930.* Innsbruck 1931, S. 78–88.

Kommentar: René Spitz

Der Argentinier Tomás Maldonado, geboren 1922, machte durch seine frühen Arbeiten zu Max Bill auf sich aufmerksam. Bill berief ihn 1954 an die junge HfG Ulm. Maldonado gehörte bis 1966 ihrem Lehrkörper (und auch rasch ihrer Leitung im Rektoratskollegium) an, von 1964 bis 1966 war er der Nachfolger Otl Aichers als ihr Rektor. An der HfG, die zeitweise in die Lager der (wissenschaftlichen) Theoretiker und der (gestalterischen) Praktiker zerfiel, wurde er dem wissenschaftlichen Feld zugerechnet. Dennoch unterstützte er Otl Aicher in seinem Kampf gegen die, wie dieser es empfunden hatte, Dominanz der Naturwissenschaftler um Horst Rittel, der bis zum Verfassungsputsch 1962[1], zur Degradierung der Theoretiker und zum Rektorat Aichers führte.
Nach seiner Ulmer Zeit unterrichtete Maldonado in Princeton, Bologna und Mailand. Er wurde und wird für seine weitsichtigen, energischen und mahnenden Lehren geschätzt, in denen er sich nie in Details verzettelt, sondern stets die großen Zusammenhänge luzide erläutert. Seine Argumentation kreist um die gesellschaftliche Verantwortung des Gestalters für das Zusammenleben der Menschen und den Erhalt einer lebenswerten Umwelt. Diese Themen sind zeitlos. Deshalb lohnt sich die Lektüre seiner Schriften, wenngleich diese nach seiner Ulmer Zeit meist nur auf Italienisch veröffentlicht wurden. Umso dankenswerter, dass Gui Bonsiepe unlängst eine kommentierte Auswahl wichtiger Beiträge in deutscher Übersetzung vorlegte.[2]

Der Aufsatz Maldonados erschien in der Zeitschrift *ulm*, mit der die HfG sich um eine bessere Wahrnehmung in der Öffentlichkeit bemühte. Der Text ist programmatisch wie kaum ein zweiter für das Selbstverständnis der HfG in seiner differenzierten Bezugnahme auf das und kritischen Distanz zum Bauhaus. Die HfG-Gründer hatten ihre Initiative anfangs als Bauhaus-Nachfolge dargestellt, um unkundige Politiker davon zu überzeugen. Rasch stellte sich dieses Etikett jedoch als Belastung heraus, weil es die Eigenständigkeit der HfG Ulm überdeckte.

René Spitz, Unternehmensberater, hat seit 1994 mehr als 150 Designkritiken veröffentlicht, meist im WDR-Radio. Dissertation 1997 über die politische Geschichte der HfG Ulm. Lehraufträge zu Designgeschichte, -theorie und -kritik. 2003 bis 2007 Mitglied im Fachbeirat des Internationalen Forums für Gestaltung (IFG) Ulm, 2004 bis 2007 dessen Vorsitzender.

Tomás Maldonado

IST DAS BAUHAUS AKTUELL? (1963)

Die Frage: «Ist das Bauhaus aktuell?» haben wir in der Vergangenheit manchmal negativ, manchmal ausweichend beantwortet. Es war für uns selbstverständlich, dass Gestalten und Erziehen zum Gestalten heute nicht dasselbe sind und nicht dasselbe sein können wie in den 20er Jahren. Indessen wurde unsere negative bzw. ausweichende Antwort nicht allein durch diese heute noch gültige Überlegung bestimmt.

Indem wir die Aktualität des Bauhauses bestritten oder in Zweifel stellten, glaubten wir, unsere eigene Aktualität, unsere eigene Originalität zu bestätigen. Wir anerkannten eine alte Prämisse der romantischen Geschichtsphilosophie: Sein heißt immer Im-Konflikt-Sein mit den Vorgängern. So glaubten wir, unsere Existenzberechtigung nachzuweisen. Die Tatsachen haben uns gezeigt, dass die Entwicklung der Ideen sich nicht in solche einfachen Schemata pressen lässt, auf keinen Fall in ein lineares und unumkehrbares Schema. Die Urteile über die Aktualität (oder Unaktualität) kultureller Erscheinungen sind nicht von Dauer und fruchtlos. Bekanntlich wird das, was wir heute als aktuell beurteilen, morgen unausbleiblich es nicht mehr sein; aber es kann auch das, was uns gestern unaktuell erschien, heute aus verschiedenen Gründen seine verlorene Aktualität wiedergewinnen.

Das ist letztlich dem Bauhaus widerfahren. Die Frage: «Ist das Bauhaus aktuell?» bejahen wir heute, wenn auch mit einer Einschränkung. Unter Bauhaus verstehen wir hier nicht, was man gemeinhin mit diesem Namen verbindet: eine pädagogische Institution oder eine Kunst- oder Architekturbewegung der 20er Jahre. Wenn wir sagen, dass das Bauhaus heute erneut aktuell ist, denken wir an ein anderes Bauhaus. Und zwar an ein Bauhaus, das oftmals proklamiert, aber kaum realisiert wurde; das sich nicht entfalten konnte; das sich seinerzeit vorgenommen hatte, wenngleich ohne Erfolg, eine humanistische Sicht auf die technische Zivilisation freizulegen, d. h. die menschliche Umwelt als ein neues «konkretes Entwurfsfeld» zu betrachten. An ein Bauhaus, das seinerzeit versuchte, wenngleich ebenso ohne Erfolg, Deutschland an einer offenen und nach vorn gerichteten Kultur zu orientieren.

Dieses Bauhaus, genau dieses Bauhaus, ist heute für uns wieder aktuell. Aktuell nicht etwa, weil die Bedingungen heute günstig wären, sondern im Gegenteil, weil man erkannt hat, dass die Bedingungen nicht günstig sind und vielleicht nie waren. Aktuell nicht etwa, weil es eine assimilierte, anerkannte und institutionalisierte Tradition ist, sondern im Gegenteil, weil es sich um eine Tradition handelt,

1 Ausführlich dazu http//www.wortbild.de/index.php?id=54 [zuletzt abgerufen am 20.7.2010] und René Spitz: *hfg ulm: der blick hinter den vordergrund*, Stuttgart, London 2002, S. 306 f.

2 Tomás Maldonado: *Digitale Welt und Gestaltung. Ausgewählte Schriften zur Gestaltung*, Basel, Boston, Berlin 2007.

deren Lebendigkeit man plötzlich entdeckt, um eine Tradition, die sich unversehens herauskehrt in Form eines noch zu realisierenden Programmes.

Überall gewahren wir heute das Fehlen einer überzeugenden humanistischen Sicht der technischen Zivilisation. Überall sehen wir den Ansatz zu einer neuen Weltorientierung ernstlich bedroht. Dennoch müssen wir zugeben, dass nirgendwo das Bauhaus aktueller ist (im oben erwähnten Sinn) als im heutigen Deutschland. Darin, dass wir glaubten, das Nachkriegsdeutschland würde sich bald für eine offene und nach vorn gerichtete Kultur entscheiden, haben wir uns getäuscht. Die in den vergangenen Monaten gegen die HfG gestartete Diffamierungskampagne beweist das zur Genüge. Leider müssen wir feststellen: jene Kräfte, die in den 20er Jahren das Bauhaus bekämpften bis zu seiner völligen Aufhebung (und das sind nicht allein die Nazis gewesen!), erscheinen wieder auf der Bühne. Die Namen sind nicht mehr dieselben, aber das Wesen ist das gleiche.

Leicht erkennt man sie: die gleiche Intoleranz des überheblichen Philisters, der schnell bereit ist, das als vogelfrei zu brandmarken, was jenseits seines Zaunes liegt; der immer bereit ist, Menschen und Institutionen nur durch die Brille des Richters, des Zensors oder des Steuerzahlers zu sehen. Das gleiche aggressive Misstrauen gegen alles, was den schmalen Horizont seiner nationalen, regionalen oder einfach lokalen Traditionen übersteigt.

Gibt es genügend Gründe, sich darüber zu beunruhigen? Ohne Zweifel: ja. Weniger bestürzt es einen, dass sie wieder da sind – im Grunde sind sie immer da gewesen –, als dass sie in diesem Land in der letzten Zeit Macht und Einfluss gewinnen konnten. Weniger bestürzt es einen, dass sie die fortschrittlichen kulturellen Institutionen diffamieren – im Grunde haben sie das immer getan –, als dass sie, wie man im Fall der HfG gesehen hat, in der Lage sind, die öffentliche Meinung (und die öffentlichen Instanzen) zu überreden, solche Institutionen seien unerwünscht.

Die Geschichte wiederholt sich. Wenn das Bauhaus von 1923 mit denselben Persönlichkeiten und mit denselben Ideen von damals verpflanzt würde in das Deutschland von 1963, dann würde es heute sicher angegriffen werden mit denselben Argumenten, die vor 40 Jahren gegen das Bauhaus und vor wenigen Monaten gegen die HfG gebraucht wurden. Man wird sagen, das sei nicht wahr. Man wird anführen, dass nirgendwo die Bauhaus-Tradition so gepflegt würde wie hier. Man wird daran erinnern, dass Walter Gropius endgültig in den Olymp der Großen der gegenwärtigen deutschen Kultur aufgenommen worden ist; dass man den pädagogischen Einfluss des Bauhauses, vor allem seines Vorkurses, sehen kann in allen wichtigen Kunst-, Architektur- und Kunstgewerbeschulen dieses Landes; dass die Bauhäusler hier die einflussreichsten Stellungen im kulturellen und akademischen Leben einnehmen; dass die Feuilletons der großen deutschen Zeitungen, fast ohne Unterlass, Artikel veröffentlichen über das Bauhaus oder über die kritische Einschätzung der Werke jener, die in Weimar, Dessau oder Berlin Meister oder Studenten waren. Alles dies darf uns jedoch nicht täuschen.

Das Bauhaus wird nur im oberflächlich restaurativen Sinne akzeptiert. Das Verständnis der eigentlichen Bedeutung des Bauhauses, vor allem die Beziehung zu unseren gegenwärtigen Problemen, gibt es nicht. Im Grunde handelt es sich nur um eine Scheinblüte, um den Versuch, das Bauhaus zu kanonisieren oder besser noch, zu archäologisieren, das Bauhaus in eine Reliquie zu verwandeln, die nur bei feierlichen Anlässen hervorgeholt wird. In ein Kultobjekt, das bisweilen die Funktionen des Totems erfüllt, bisweilen die eines Tabus. Auf diese Weise wird das Bauhaus endgültig außer Spiel gesetzt und seine Nicht-Aktualität beschlossen; genau das Gegenteil dessen, was heute nottäte.

Es wäre nötig, dringend nötig, dass Deutschland einmal eine unerschrockene historische Gegenüberstellung mit dem Bauhaus, seinem Bauhaus hinnähme: eine schonungslose Gewissensprüfung jener Gründe, die dazu geführt haben, dass diese Institution zwischen 1919 und 1933 drei Mal geschlossen worden ist und dass sie während der 14 Jahre ihres Bestehens nie günstige Bedingungen hatte finden können für eine ungehinderte und fruchtbare Entwicklung; eine schonungslose Gewissensprüfung, auf Grund derer man feststellen könnte, wie sich vermeiden ließe, dass dieselben Ursachen und dieselben Folgen sich in Deutschland wiederholten.

Das umfangreiche Werk, das Hans Maria Wingler veröffentlicht hat über das Bauhaus (*Das Bauhaus 1919–1933, Weimar, Dessau, Berlin.* Verlag Gebr. Rasch & Co, Bramsche, und M. DuMont Schauberg, Köln 1962), ist dazu besonders geeignet. Im Vergleich zu den früheren Werken zu demselben Thema besteht seine Originalität darin, das erste Werk zu sein, das versucht, eine vollständige, d.h. nicht fragmentarische Geschichte des Bauhauses zu geben. Darin z.B. unterscheidet es sich wesentlich von dem Buch von Herbert Bayer, Walter und Ilse Gropius (*Bauhaus 1919–1928.* The Museum of Modern Art, New York 1938), das nur eine wichtige Phase des Bauhauses dokumentieren sollte. Ebenso unterscheidet es sich darin von dem Buch Giulio Carlo Argans (*Walter Gropius e la Bauhaus.* Giulio Einaudi editore, Torino 1954), das soziologisch nur die Ursprünge der pädagogischen und künstlerischen Philosophie von Gropius bzw. des Bauhauses interpretieren will sowie die historische Bedeutung dieser Philosophie im Rahmen der «fragile democrazia tedesca» (gebrechlichen deutschen Demokratie) der Weimarer Republik.

Andererseits muss man die Originalität des Werkes von Wingler gerade in seinem Charakter als Anthologie von Dokumenten sehen. In dieser Anthologie hat zum ersten Male ein breites Publikum die Gelegenheit, sich direkt mit den Dokumenten auseinanderzusetzen. Zum ersten Male kann es sich ein Urteil bilden über Tatsachen und Ideen, und nicht, wie bisher, über Meinungen über Tatsachen und Ideen. Zu sagen indessen, dass dieses Buch das am besten dokumentierte von allen bis heute über dieses Thema erschienenen Bücher ist, bedeutet nicht, dass es ein überzeugend dokumentiertes Buch ist. Ebensowenig, dass es betrachtet werden kann als ein quasi definitives Buch über das Bauhaus. Jede Anthologie von Dokumenten ist notwendig unvollständig. Man kann nicht alle vorhandenen Dokumente veröffentlichen. Und sie ist subjektiv. Es lässt sich nicht vermeiden, dass die Auswahl den Standpunkt des Kompilators widerspiegelt. Indessen ist sie bei Wingler besonders unvollständig und subjektiv. In diesem Buch sind einige der klassischen Interpretationsfehler glücklicherweise z.T. oder völlig revidiert worden. Andere dagegen wurden beibehalten und sogar vergrößert.

Um das zu illustrieren, hier einige Beispiele. Die Persönlichkeit und das Werk von Hannes Meyer – bis heute zu einem Schattendasein in der «Zone des Schweigens» verdammt – scheinen in diesem Buch mit überraschender Ausführlichkeit behandelt. Indessen, trotz dieses lobenswerten Bemühens um Objektivität, gelingt es Wingler nicht, das Netz von zufälligen Anekdoten politischer oder persönlicher Art aufzulösen, das seit Jahren eine sachgerechte Abschätzung des Beitrages von Meyer zum Bauhaus verhindert. Mehr noch, durch die Art der Dokumente, die Wingler ausgewählt hat, um das Denken von Meyer darzulegen, wird dieses Netz noch dichter geknüpft. Folgende Texte wurden veröffentlicht: 1) ‹Ansprache an die Studierendenvertreter› (1928); 2) ‹Bauen› (1928); 3) der offene Brief an den Oberbürgermeister Hesse ‹Mein Hinauswurf aus dem Bauhaus› (1930). Der erste Text ist sehr geeignet, die pädagogischen Intentionen Meyers zwei Monate vor seiner offiziellen Übernahme der Leitung des Bauhauses zu verstehen, aber nicht mehr als das. Der zweite, eines der wichtigsten Manifeste des modernen Funktionalismus, trägt die Nachteile aller Manifeste dieser Epoche in sich: die Formulierungen sind apodiktisch und polemisch; die Art, Probleme zu steilen, ist aus unserer heutigen Sicht manchmal zu wenig differenziert und bisweilen naiv. Der Dritte ist zweifelsohne ein ebenso wichtiger Text von Meyer; aber man gewahrt darin zu sehr die überlasteten Gefühle, die in jenen dramatischen Tagen des Sommers 1930 ihn beherrschten.

Diese letzten beiden Texte jedoch tragen dazu bei, wenigstens zum Teil, die heute am weitesten verbreitete Vorstellung über Meyer zu verstärken: die eines aggressiven, dogmatischen und subjektiven Menschen, eines irrationalen Rationalisten, eines Egozentrikers. Gesetzt den Fall, es wäre wirklich so, könnte diese Tatsache heute nur jene interessieren, die zu verschiedenen Zeiten Meyers Freundschaft oder Feindschaft ertragen bzw. nicht ertragen mussten. Für uns, die ihn nicht gekannt haben, interessiert einzig zu wissen, welches seine Ideen waren, und inwieweit einige seiner Ideen auch heute noch fruchtbar sind. Unsere vorurteilsfreie Wißbegier wäre eher befriedigt, wenn der Autor außer den oben erwähnten Texten einen vierten Text uns geboten hätte: ‹Bauhaus Dessau 1927–1930. Erfahrungen einer polytechnischen Erziehung›, erschienen in der mexikanischen Zeitschrift *Edificación* (Nr. 34, Juli–September 1940). In diesem Artikel, mit Objektivität und Distanz geschrieben, gibt Meyer seine Version der Geschichte der Bauhaus-Ideen und seinen speziellen Beitrag zu dieser Geschichte.

Schade ist es, dass Wingler nicht Gebrauch gemacht hat von allen Vorteilen seiner Stellung als unabhängiger Chronist, d.h. der beneidenswerten Stellung dessen, der ein historisches Phänomen studiert, ohne Akteur oder Zuschauer dieses Phänomens gewesen zu sein. In manchen Fällen wird Wingler in der Tat parteiisch, ohne dafür einen als Rechtfertigung dienenden Grund zu haben. Befremdlicherweise nimmt er z.B. Partei, wenn er den Antiformalismus von Meyer als das Ressentiment «eines aus kleinbürgerlichen Verhältnissen Kommenden gegen die neue kosmopolitische Umgebung» interpretiert. Das ist reine Animosität gegen Meyer, und schlimmer noch, eine geborgte Animosität.

Ein anderer Fall, sicherlich nicht so extrem, aber nicht weniger bezeichnend, ist die Art, in der Wingler einen weiteren kritischen Punkt der Bauhausgeschichte behandelt: den Einfluss von Theo van Doesburg. Abgesehen von dem aufschlussreichen Brief von Lyonel an Julia Feininger (7. September 1922), hat sich Wingler keine Mühe gegeben, neue Dokumente ausfindig zu machen, die Licht hätten werfen können auf diesen diskutierten Fall.

Dies erklärt sich vielleicht daraus, dass es sich für Wingler um einen Punkt handelt, demgegenüber er von vornherein Stellung bezogen hat. Die wenigen Zeilen, die er diesem Thema in dem Einleitungstext widmet, dienen offen dazu, den Einfluss von van Doesburg auf das Bauhaus zu relativieren. In einem Dokumentenbuch über das Bauhaus sind, entgegen dem, was man erwarten dürfte, einige Punkte weniger ausführlich behandelt und dokumentiert als in anderen Publikationen, die sich nur indirekt mit dem Thema beschäftigt haben. Typisch hierfür ist das Buch von Bruno Zevi *Poetica dell' architettura neoplastica* (Editrice Politecnica Tamburini, Milano 1953), in welchem der Einfluß von van Doesburg auf das Bauhaus eingehend geschildert wird. Der instruktive Brief von Walter Gropius im Anhang dieses Buches oder ähnliches Material fehlen beispielsweise bei Wingler.

Weiterhin befremdend wirkt es, dass Wingler nicht einmal den möglichen, direkten oder indirekten Einfluss der russischen Bewegungen erwähnt. Man kann nicht leugnen, dass auf Grund der Initiative von Moholy Nagy, bekanntlich ein Bewunderer der Werke von Malewitsch, Tatlin, Rodschenko, El Lissitzky, Gabo und Pevsner, dieser Einfluss dazu führte, eine wichtige Rolle in der Entwicklung der Bauhausdidaktik zu spielen, vor allem nach dem Weggang Ittens. Außerdem zu beklagen an dem Buch von Wingler ist die schematische und unzureichende Darstellung der Leistung von Josef Albers. Zur Klärung der immer wieder umstrittenen Frage, wem die damalige und heutige Bedeutung der Bauhausdidaktik – gemeint ist hier hauptsächlich der Vorkurs (Werklehre und Formlehre) – zugeschrieben werden kann, steuert das Buch von Wingler wenig bei. Itten als Initiator der Bauhausdidaktik wird von Wingler überschätzt, Moholy Nagy als unermüdlicher Anreger richtig eingeschätzt, aber Albers völlig unterschätzt. (Allein mit einer lobenden Erwähnung der «historisch fruchtbarsten Leistung des Bauhauses» wie auf Seite 498 kann man dem Beitrag von Albers nicht gerecht werden.) Wingler scheint übersehen zu haben, dass in der Entwicklung der Bauhausdidaktik Albers die vielleicht schwierigste Aufgabe übernahm und glänzend löste, nämlich die verschiedenen und zum Teil widerspruchsvollen Komponenten (pädagogischer Aktivismus, mystischer Expressionismus und überspitzter Konstruktivismus) in einen systematischen, kohärenten und operablen Lehrstoff umzuwandeln. Das eben erschienene Buch von Albers *Interaction of Color* (Yale University Press, New Haven and London 1963) zeigt nur auf einem Gebiet, dem Gebiet der Farbe, wie hoch die Verdienste seiner langjährigen Tätigkeit zu bewerten sind.

Man darf hoffen, dass diese wenigen, wenngleich wichtigen hier vermerkten Mängel in zukünftigen Veröffentlichungen, die Wingler oder andere herausbringen, behoben werden.

Ein Teil des Buches indessen muss als gelungen angesehen werden. Und zwar jener Teil, der die Missgeschicke darstellt, denen das Bauhaus im politischen, sozialen und wirtschaftlichen Zusammenhang ausgesetzt war. Das gezeigte Material lässt deutlich erkennen, wie sehr das Schicksal des Bauhauses von Anfang an verknüpft war mit dem Schicksal der Demokratie in Deutschland. Die Geschichte des Bauhauses ist ein Drama in drei Akten, genauso wie die Geschichte Deutschlands von der Unterzeichnung des Versailler Vertrages bis zur Ernennung Hitlers zum Reichskanzler ein Drama in drei Akten gewesen ist. Der Parallelismus ist erstaunlich, und schwer nur kann man der Versuchung widerstehen, eine kausale Beziehung zwischen diesen beiden Entwicklungen herzustellen.

Die drei Phasen des Bauhauses: 1919–1924/25, Weimar, Aera Gropius, die verspätete expressionistische Hoffnung und ihr Konflikt mit dem aufkeimenden Rationalismus. 1925–1930, Dessau, Aera Gropius und Meyer, die rationalistische Hoffnung und ihr Konflikt mit den Überbleibseln der vorhergehenden Phase. 1930–1933, Dessau/Berlin, Aera Mies van der Rohe, die rationalistische selbst entfremdete Hoffnung und ihr Konflikt mit dem aufkeimenden Irrationalismus. Die drei Phasen Deutschlands: 1919–1924, das Chaos, die Arbeitslosigkeit, der politische Mord. 1925–1929/30, die trügerische Prosperität des Dawes-Planes, der internationalen Kredite und der industriellen Rationalisierung. 1930–1933, wiederum das Chaos, die Arbeitslosigkeit und der politische Mord. Aber das Bauhaus begnügte sich nicht damit, das Hin und Her der Welt widerzuspiegeln; es versuchte auch, diese Welt zu verändern. Als man das Chaos verewigen wollte, forderte das Bauhaus die Ordnung (Gropius). Als man später die beklemmende und schwankende Ordnung der industriellen Rationalisierung zu verewigen suchte, forderte das Bauhaus, dieser Rationalisierung einen sozialen Inhalt zu geben (Meyer). Das Bauhaus befand sich immer in Gegenrichtung, weil es auf die Zukunft ausgerichtet war. Daher der Hass auf das Bauhaus. Wingler hat es verstanden, jene Dokumente zu suchen, zu finden und auszuwählen, die ein Beispiel für das Ausmaß und die Verbissenheit dieses Hasses geben.

Dokumente über das Bauhaus, aber ebenso über das Deutschland von damals. «Das Bauhausschaffen trägt die Zeichen tiefster geistiger Entrücktheit und Zersetzung an sich», schrieb Herr K. Nonn in einem Artikel mit der Überschrift ‹Staatliche Müllzufuhr. Das staatliche Bauhaus in Weimar› (24. April 1924). Dokumente ebenso über die ersten Reaktionen der Bauhäusler, in denen noch das geschlagene und verletzte Bewusstsein protestiert, beschämt über die Brutalität und die Dummheit der sozialen Umgebung. Zitieren wir hier die Worte von Gropius in seinem Brief an den Generalleutnant Hasse, Militärbefehlshaber in Thüringen, nach der Hausdurchsuchung auf der Jagd nach belastendem Material: «... schäme ich mich für mein Land, Ew. Exzellenz, dass ich trotz der Leistungen, die hinter mir liegen, in meinem eigenen Land scheinbar schutzlos bin ...» (24. November 1923). Und spätere Dokumente, in denen das Bewusstsein nicht mehr protestiert, sondern nur noch sich erhebt und resigniert. Erinnern wir uns der Worte von Meyer in seinem Brief an den Oberbürgermeister Hesse (16. August 1930): «ich durchschaue alles, aber ich verstehe nichts.»

Aus: *ulm* 8/9, September 1963, S. 5–13.

Kommentar: Gerrit Terstiege

Dieter Rams, 1932 in Wiesbaden geboren, gilt als der bedeutendste deutsche Industriedesigner der zweiten Hälfte des 20. Jahrhunderts. Sein Name ist synonym geworden mit dem Unternehmen, für das er rund vierzig Jahre tätig war: Braun. 1955 wurde der studierte Architekt bei dem damals in Frankfurt ansässigen Unternehmen eingestellt, zunächst als Innenarchitekt. Doch schon bald sollte Rams wichtige Impulse für das Produktdesign von Braun geben. Zusammen mit dem Ulmer Dozenten Hans Gugelot entwirft er 1956 den «Schneewittchensarg» *SK4*, eine Ikone des deutschen Design. 1961 wird Rams Chefdesigner und prägt in den folgenden Jahrzehnten mit Produkten wie dem Weltempfänger *T1000*, dem Tischfeuerzeug *Cylindric* oder den HiFi-Baureihen *audio*, *regie* und *atelier* das Gesicht des Kronberger Unternehmens. Den Systemgedanken, der auf Gugelot zurückgeht, setzt Rams auch in seinen Möbelentwürfen für die Firma Vitsoe fort. 1981 wird er als Professor für Industriedesign an die Hochschule für Bildende Künste Hamburg berufen. Heute genießt Rams, dessen Lebenswerk in zahlreichen Ausstellung gewürdigt wurde und wird, weltweite Anerkennung. Richard Hamilton, Vater der Pop-Art, ehrte Rams mit seiner Bilderserie *The critic laughs*. Jonathan Ive, Chefdesigner bei Apple, gestaltete das *iPhone*-Interface der Funktion «Calculator» als Hommage an den Braun-Taschenrechner (Design: Rams/Lubs).

Mit dem hier folgenden Text «Ramsifikationen», erschienen 1987 in der Zeitschrift *Designer*, umschreibt Rams präzise seine Haltung als Industriedesigner. In Analogie zu den biblischen Zehn Geboten stellt er Begriffe wie «Ehrlichkeit», «Nützlichkeit» und «Konsequenz» ins Zentrum seines gestalterischen Denkens und Handelns, selbst auf die Gefahr hin, als Moralist wahrgenommen zu werden. Dieser Text ist in der Tat eine Art Glaubensbekenntnis. Rams' Kollege Ettore Sottsass wies einmal verschmitzt in einem Fernsehinterview darauf hin, dass seine eigene Arbeit mit dem lustvollen Formenreichtum der katholischen Kirche vergleichbar wäre, während die von Rams ganz und gar protestantisch geprägt sei. Wie wahr!

Gerrit Terstiege ist seit 2006 Chefredakteur der Zeitschrift form. *Im Birkhäuser Verlag gab er bereits die Bücher* Drei D – Grafische Räume *(2008),* The Making of Design *(2009) und* Mike Meiré – Editorial Design *(2010) heraus. Er war Dozent an der HfG Karlsruhe, der ZHdK, Vertretungsprofessor an der FH Mainz und lehrt derzeit am Masterstudio Design der Hochschule für Gestaltung und Kunst FHNW in Basel.*

Dieter Rams

RAMSIFIKATIONEN (1987)

In was für einer Welt leben wir heute? Irgend jemand hat einmal vorgeschlagen, sie mit den Augen eines objektiven, unvoreingenommenen Beobachters von einem anderen Planeten zu betrachten. Dieser Außerirdische würde zweifellos schnell feststellen, daß die Menschen auf der Erde in einer unglaublich vielgestaltigen Umgebung leben. Eine undurchschaubare Konfusion von Formen, Farben und Geräuschen. Ihre Städte, ihre Häuser, ihre Kleidung, ihre Zeitungen und Zeitschriften, ihre Kaufhäuser und Geschäfte, ihre Fernsehstationen: fast alles um sie herum ist knallig, laut und verwirrend.

Und der Außerirdische würde auf seinem Planeten folgendes berichten: «Die Menschen auf der Erde sind offensichtlich süchtig nach optischen Reizen. Sie suchen ständig neue, noch stärkere visuelle Anreize. Ihre Kultur, die sie selbst nach ihren intellektuellen und moralischen Möglichkeiten geformt haben, ist weit entfernt von der Natur, die sich über Milliarden von Jahren auf ihrem Planeten entwickelt hat.»

Die meisten Architekten, Designer, Modemacher und Graphiker, die die Umwelt schaffen, in der die Menschen leben, versuchen, sich gegenseitig zu übertrumpfen, indem sie sich fortwährend neue Formen und Gestaltungsmöglichkeiten ausdenken. Sie veranstalten eine weltweite Schau permanenter Design-Sensationen. Man sollte meinen, daß dieses Chaos die darin lebenden Menschen vollkommen verwirrt.

Als Designer habe auch ich dazu beigetragen, unsere Umwelt zu gestalten. Mehrere Millionen Menschen benutzen heute die Braun-Produkte, die ich zusammen mit meinem Team entwickelt habe. Ich habe außerdem verschiedene Möbelsysteme für Wiese Vitsoe entworfen. Vor kurzem hat das Design-Team von Braun begonnen, auch für andere Unternehmen Design-Lösungen zu erarbeiten. Eines unserer größeren Projekte, an dem wir derzeit arbeiten, ist ein neues Geschirr für die Lufthansa. Mit anderen Worten: Ich glaube, einen Teil der Verantwortung dafür zu tragen, wie unsere Umwelt aussieht. Ist es mir gelungen, einiges zu verbessern? Im Vergleich zu vorher zu verbessern? Besser gemacht zu haben als andere? Ist mein Design gutes Design?

Das ist für mich die wichtigste Frage. Es ist eine Frage, die ich oft stelle, nicht nur in gelegentlichen Momenten der Selbstreflexion. Die Frage nach der Qualität und Legitimation des von mir geschaffenen Design beherrscht meine alltägliche Arbeit. Mir geht es nicht um meinen Ruf als «guter» Designer. Es geht mir um meine Verantwortung gegenüber den Menschen, die die von mir gestalteten Produkte kaufen und benutzen – indem ich ihnen gutes Design anbiete.

Warum brauchen wir gutes Design? Obwohl gutes Design immer noch äußerst selten ist, gewinnt es mehr und mehr an Bedeutung. Unsere Arbeit hat Resonanz gefunden. Aber wir sind immer noch ziemlich allein. Wir haben den Eindruck, daß nur einige wenige Firmen ernsthaft entschlossen sind, sich an gutem Design zu versuchen. In den meisten Unternehmen wird Design nicht die ihm zustehende Priorität eingeräumt. Und die meisten der Menschen, die die Produkte kaufen und benutzen, haben noch keinen Blick für Design-Qualität. Sie haben noch nicht begriffen, daß gutes Design etwas ist, worauf sie ein Recht haben.

Es ist wahr: Gutes Design ist ein Grundrecht. Es ist kein angenehmer zusätzlicher Vorteil eines Produktes, der einfach weggelassen werden kann. Ich bin überzeugt, daß Bemühungen um gutes Design von kultureller und sozialer Bedeutung sind. Ich glaube, daß hier nur dann mit Fortschritten gerechnet werden kann, wenn sich Formen und Designer selbst ernst nehmen und die Tatsache akzeptieren, daß sie zur Wirtschaft, Zivilisation und folglich zu unserer Kultur einen Beitrag leisten müssen.

In unserer Kultur sind wir wortwörtlich zu Hause. Insbesondere in der Alltagskultur, die in den Gegenständen zum Ausdruck kommt, für die ich, der Designer, verantwortlich bin. Wenn wir uns in dieser «alltäglichen» Kultur mehr zu Hause fühlen würden, wäre viel erreicht. Wenn die Entfremdung, Verwirrung und Überfrachtung geringer wären.

Was ist gutes Design? Ich habe bis jetzt darüber geschrieben, als sei es selbstverständlich. Das ist es nicht. Die Qualität von Design kann nicht meßbar bestimmt und beurteilt werden wie die Straßenlage eines Autos oder die Stärke der Verbindung zwischen zwei Komponenten.

Nichtsdestoweniger habe ich eine sehr konkrete Vorstellung von dem, was gutes Design ist. Daran messe ich meine Arbeit. Daran messe ich auch die Arbeit von anderen. Ich möchte die zehn wichtigsten Merkmale von dem, was ich mir unter gutem Design vorstelle, so kurz und einfach wie möglich darstellen.

Gutes Design ist innovativ.

Wenn wir an einem neuen Produkt arbeiten, fragen wir uns ständig: Enthält unsere Lösung neue Aspekte? Gibt es ähnlich gestaltete Produkte, die sich bewährt haben und mit denen man vertraut ist? Wenn das Design des Produktes nur der Verschiedenheit wegen anders ist, wird es kaum gutes Design sein. Und wenn dieses Design nicht einmal anders ist, sondern nur eine weitere «me-too»-Variation bestehender Produkte, würde ich behaupten, daß dies Design diskreditiert. Wenn ich von innovativen Produkten spreche, denke ich nicht an Science-fiction-Produkte mit einer vollkommen neuen Technologie, sondern an Produkte, mit denen wir alle vertraut sind. Es gibt immer noch viel Raum für innovative Produktideen. Wir haben noch längst nicht alle technischen und damit Design-Möglichkeiten ausgeschöpft. Es gibt heute nach wie vor reichlich Gelegenheit für bestimmte Weiterentwicklungen auf vielen Gebieten.

Gutes Design trägt zur Nützlichkeit des Produktes bei.

Jedes Industrieprodukt dient einem bestimmten Zweck. Man kauft es nicht, um es nur anzusehen. Man benutzt es und tut bestimmte Dinge damit. Ein Gerät ist gut gestaltet, wenn es optimal verwendbar ist. Wenn seine verschiedenen Funktionen dem Verbraucher eine optimale Handhabung ermöglichen. Aber wenn man sich umsieht, entdeckt man viele Produkte, deren Design nicht auf notwendiger Funktionalität basiert. Manchmal muß man froh sein, wenn das Design eines Produktes seinen Gebrauch nicht beeinträchtigt. Der Designer, der ein wirklich funktionales Produkt entwickeln will, muß sich in die Rolle der Benutzer hineindenken und -versetzen und ihre Bedürfnisse und Wünsche verstehen. Der Designer ist der Anwalt der Gebraucher. Der strikte Funktionalismus der Vergangenheit ist in den letzten Jahren etwas in Verruf geraten. Vielleicht zu Recht. Denn die Definition der Funktion des Produktes war oft zu begrenzt und puritanisch, und darüber vergaß man psychologische und andere Funktionen. Das Spektrum der Bedürfnisse der Menschen ist oft größer, als die Designer zugeben wollen oder können. Funktionalismus mag ein Begriff sein, der verschiedenste Definitionen zuläßt. Aber es gibt keine Alternative dazu.

Gutes Design ist ästhetisches Design.

Die ästhetische Qualität eines Produktes ist Teil seiner Nützlichkeit. Es ist zweifellos ärgerlich, mit Dingen leben zu müssen, die stören, die einem auf die Nerven gehen, zu denen man keinen Bezug hat. Obwohl uns ästhetische Qualität so viel bedeutet, ist sie ein Aspekt, über den wir nicht gerne reden. Dafür, meine ich, gibt es zwei Gründe. Der erste ist, daß es um unsere Betrachtungsweise geht – eine abstrakte Vorstellung, die kaum mit Worten zu beschreiben ist: Für jeden hat sie eine andere Bedeutung. Der zweite Grund ist der, daß das Reden über ästhetische Qualität Reden über Nuancen bedeutet; manchmal Bruchteile eines Millimeters, feinste Abstufungen, oder die Harmonie und Balance verschiedener visueller Elemente untereinander (einschließlich feiner Farbnuancen). Nur derjenige, dessen Auge durch langjährige Erfahrung geschult ist, kann ein gültiges Urteil abgeben.

Gutes Design macht ein Produkt leicht verständlich.

Das Design eines Produktes sollte dazu beitragen, daß sich das Produkt von selbst erklärt. Das Design sollte das Produkt zum Sprechen bringen. Der Benutzer sollte erkennen können, was das Produkt macht, wie es zu bedienen und zu benutzen ist, wie es funktioniert und schließlich, was es wert ist. Bei innovativen Produkten ist dies besonders wichtig. Eigentlich ist die kommunikative Funktion von Design immer noch unzureichend. Es gibt Produkte, die mehr oder weniger «Design-Rätsel» sind, die ohne frustrierendes Studium der Gebrauchsanweisung kaum zu lösen sind.

Gutes Design ist unauffällig.

Meiner Meinung nach sind Produkte keine Lebewesen und noch nicht einmal Kunstwerke, obwohl manche Leute sie gerne dazu machen möchten. Design sollte Produkten den richtigen Platz in unserem Leben zuweisen. Aber in einem sehr tiefgreifenden und weitreichenden Sinn ist gutes Design menschlich. Es manifestiert sich in Produkten, die der Benutzer einfach und natürlich akzeptieren und mit denen er lange befreundet sein kann – ohne daß sie Illusionen erzeugen, bombastisch oder verlockend sind. Sie sollten so neutral und zurückhaltend wie möglich sein und dem Benutzer Raum lassen, sich selbst auszudrücken.

Gutes Design ist ehrlich.

«So aussehen als ob» scheint für viele Produkte das wichtigste Design-Ziel zu sein. Durch die Inszenierung aller Designtricks läßt man ein Produkt innovativer, überzeugender und wertvoller erscheinen, als es eigentlich ist. Mit wenigen künstlichen, «billigen» Design-Klischees kann einem Produkt ein bestimmtes Aussehen verliehen werden. Diese Unehrlichkeit beinhaltet immer ein Element des Betrugs – oder verleitet den Käufer und Benutzer des Produktes zum Selbstbetrug. Es ist eine Frage der Selbstachtung und der Achtung vor dem Käufer und Benutzer eines Produktes, jeglichen Täuschungsversuchen entschieden zu widerstehen. Kaum eine menschliche Schwäche ist so weitverbreitet wie der Hang zum Selbstbetrug – um Erkenntnissen so lang und so gut wie möglich auszuweichen. Leider warten wir sehr oft auf Zusammenbrüche, Fehlschläge und Katastrophen, die uns die Augen öffnen und uns zu einem Richtungswechsel zwingen.

Gutes Design ist langlebig.

Das Schlüsselwort ist «eingebaute Kurzlebigkeit». Ein Produkt mit sehr modischem Design verliert schnell seine Anziehungskraft und veraltet. Ich bin überzeugt, daß Design heute bewußt dazu beitragen muß, die Kreisläufe der Produkterneuerung und unsere Wegwerfgewohnheiten zu verlangsamen. Die Ära der Üppigkeit und Verschwendung ist zu Ende. Wir benötigen unsere Ressourcen für weit wichtigere Aufgaben. Modische, kurzlebige Produkte haben keine Rechtfertigung mehr.

Gutes Design ist konsequent – bis ins kleinste Detail.

Ein wirklich abgerundetes Produkt muß in all seinen verschiedenen Aspekten gut sein und eine vollständige und überzeugende Einheit darstellen. Oberflächlichkeit und Schlampigkeit im Detail sind ein Zeichen dafür, daß der Designer das Produkt, seine Funktion und diejenigen, die es benutzen, nicht respektiert. Mittelmäßige Arbeit ist um so ärgerlicher und frustrierender, je länger und intensiver man das Produkt benutzt und gebraucht. Deshalb sind wir bestrebt, sehr viel Sorgfalt für das Detail aufzuwenden, was viele Leute leider noch nicht einmal zur Kenntnis nehmen.

Gutes Design ist ökologisch.

Ein Designer kann zur Einsparung von Rohmaterial und Energie während des Herstellungsprozesses eines Produktes beitragen. Zum Beispiel, indem er die Materialien bewußt wählt. Er kann auch seinen Teil dazu beitragen, daß bei der Benutzung des Produktes Energie gespart wird. Er kann ebenfalls dafür sorgen, daß das Produkt benutzt wird. Er kann weiter dafür sorgen, daß das Produkt das Gleichgewicht unserer Umwelt nicht stört. Und das meine ich im materiellen Sinne – zum Beispiel, indem gewährleistet wird, daß ein Produkt nicht so leicht verschmutzt und nicht mit Hilfe von vielen Reinigungsmitteln gesäubert werden muß. Aber ich meine auch visuellen Umweltschutz. Nach meiner Erfahrung verursacht visuelle Umweltverschmutzung eine ähnliche Belastung unserer Lebensqualität wie die Verschmutzung der Luft, des Bodens oder des Wassers.

Gutes Design ist so wenig Design wie möglich.

Unsere einzige Chance besteht darin, zur Einfachheit zurückzukehren. Eines der wichtigsten Prinzipien für mich ist, das Unwichtige wegzulassen, um das Wichtige zu betonen. Reduzierung in jeder Hinsicht. Eine der wichtigsten – für die Gesellschaft vielleicht die wichtigste – Aufgaben des Designers heute ist die, mit dazu beizutragen, das Chaos, in dem wir leben, zu lichten. Jetzt ist es an der Zeit, daß wir unsere Umwelt aufs neue entdecken und zu den einfacheren, grundlegenderen Aspekten des Lebens zurückkehren. Seit Jahrzehnten schon sind wir bei Braun um eine sensible, geordnete Einfachheit und Beschränkung beim Design bemüht. Eine einfache Form ist im allgemeinen schwieriger zu entwickeln, und Design auf das Wesentliche zu beschränken, bedeutet oft höhere Herstellungskosten. Aber die Mühe lohnt sich. Formen werden verständlich und langlebig.

Gemäß den soeben beschriebenen zehn Merkmalen passen gut gestaltete, unaufdringliche Produkte nicht in eine Welt, die voll von Vandalismus, Aggression und Zynismus ist. Man könnte sogar sagen, nichts paßt in eine solche Welt. Sicher, dieser Vandalismus ist weder zufällig noch ein vorübergehendes Phänomen. Ich betrachte ihn als ein Zeichen dafür, daß unsere Ära der gegenständlichen Kultur zu Ende geht. Die Industrie, und ich fürchte, auch wir Designer, haben zu dieser Entwicklung beigetragen. Vor uns liegt der lange und sicherlich auch schmerzvolle Prozeß des Überdenkens und der Neuorientierung, womit wir erst begonnen haben.

Aus: Dieter Rams, Designer: *Die leise Ordnung der Dinge,* hrsg. vom iF Hannover, Göttingen 1990, S. 155–159, Übersetzung aus dem Englischen von Jeremy Gaines (gekürzte Fassung).
Zuerst abgedruckt in: *Designer,* April 1987, S. 24–25.

Kommentar: Klaus Thomas Edelmann

Wenn Richard Sapper über Design spricht, sind das meist kurzweilige Reden. Stets wirbt er für die Idee eines Design, das die Funktionalität, das Funktionieren eines Produktes beachtet und es zugleich mit unterhaltenden, kommunikativen Aspekten, kurz: mit einem Moment der Freude anreichert. Die verspürt unwillkürlich, wer einen von Sapper entworfenen Gegenstand benutzt. Das gilt gleichermaßen für Leuchten, Kochgeschirr oder Personal Computer. Zugleich entmystifiziert er die gestalterische Tätigkeit: Der Design-Prozess sei im Grunde «der gleiche Vorgang wie einen Koffer zu packen [...]. Das, was mich bei allem, was ich entwerfe, antreibt, ist das Bestreben ein Problem zu lösen, das mir aufgefallen ist.» Sapper, 1932 in München als Sohn eines Malers geboren, studierte in seiner Heimatstadt Philosophie, Anatomie, Grafik und Maschinenbau, absolvierte ein Studium der Betriebswirtschaft. Seine erste Anstellung führte ihn 1956 in die Styling-Abteilung von Mercedes-Benz, wo er rasch bemerkte, dass er als angestellter Designer in einem Großunternehmen zu wenig Spielraum hat. 1958 verließ er Deutschland und siedelte nach Mailand über, damals Schauplatz eines spezifischen Wirtschaftswunders, das der gestalterischen Erneuerung einen festen Platz im Alltag einräumte. Zu Sappers bekanntesten Entwürfen dürfte die Tischleuchte *Tizio* (1971) gehören. Seit 1980 berät er IBM – und nach dem Wechsel der Computer-Sparte zu Lenovo auch dieses Unternehmen – bei der Gestaltung all ihrer Produkte. Neben der eigenen Entwurfstätigkeit spielt für Sapper auch die Ausbildung von Designern eine große Rolle. Er lehrt unter anderem an der Yale University, 1986 bis 1998 hatte er den Lehrstuhl für Industriedesign an der Staatlichen Akademie der Bildenden Künste in Stuttgart inne. Sapper spricht immer wieder von der Unmöglichkeit, Design zu vermitteln und gilt zugleich als einer der besten Lehrer. «Ich habe meinen Studenten nie gesagt, was sie machen sollen. Ich habe sie hinterfragt und etwas provoziert.»

Der Religionsphilosoph und Theologe Romano Guardini (1885–1968) hatte übrigens weitergehenden Einfluss auf das Design. 1946 gehörte er zu den Mentoren der Ulmer Volkshochschule, einer Vorläuferorganisation der HfG Ulm, die von Inge Scholl und Otl Aicher mitbegründet wurde.

Klaus Thomas Edelmann ist Designkritiker und freier Journalist. Er war Mitbegründer und Chefredakteur der Zeitschrift Design Report *(1996 bis 2001), ist Gründungsmitglied der Deutschen Gesellschaft für Designtheorie und -Forschung (DGTF) und gehört dem Bord of International Research in Design (BIRD) an.*

Richard Sapper

GUARDINIS VASE (2000)

Ich werde oft gefragt, wie man Design lehren könne, und meine Antwort ist, daß man es letzten Endes, genau wie jede andere kreative Tätigkeit, überhaupt nicht lehren kann. Das fängt schon damit an, daß man es nicht messen kann. Wie man eine mathematische Gleichung löst oder eine Brücke berechnet, kann man lehren, indem man es vormacht, die Logik, die Hintergründe und den Mechanismus erklärt und hinterher anhand einer Übung feststellt, ob der Schüler die Brücke jetzt richtig berechnet. Wenn er das tut, hat er es gelernt.

Nun versuchen Sie mal, diese Technik beim Malen eines Bildes oder bei der Komposition einer Sonate oder auch bei so etwas Irdischem wie beim Braten einer Ente. Hat der Schüler die Ente jetzt richtig gebraten? Vorausgesetzt, die Ente ist nicht verkohlt, erhebt sich die Frage: War sie gut? Wie gut? 64,5 oder 65 gut?

Sie sehen, wir befinden uns in Gefilden, die der Macht der Zahl entfliehen. Jetzt kann man natürlich sagen, und viele Leute tun das auch, was nicht in Zahlen zu messen ist, sei subjektiv, sei kein wirklicher Wert, sondern Geschmacksache. So einfach ist die Sache aber nicht. Man kann wohl kaum im Ernst behaupten, daß es nichts als eine Frage des persönlichen Geschmackes sei, wenn mir das Parthenon besser gefiele als die Autobahnraststätte Pratteln, und es muß ja vielleicht doch ein Körnchen Wahrheit in der Tatsache verborgen sein, daß das Restaurant Stucchi ein kleines bißchen mehr für sein Menu verlangen kann als ein McDonald's.

Ich muß bei solchen Überlegungen immer an eine Hypothese denken, die ich vor Jahren las und die das Alphabet betrifft. Sie besagt, daß der Lauf unserer Geschichte manchmal bestimmt wird von einzelnen Erfindungen: zum Beispiel von der Erfindung des Steigbügels. Auch vor dieser Erfindung saß man zu Pferd, sehr gut sogar, wie die Hunnen uns bewiesen haben, aber mit dem Steigbügel hatte man zum erstenmal sozusagen eine feste Plattform, wie ein Fundament, und darauf konnte man bauen, und den Reiter in eine Eisenrüstung stecken und ihm eine lange und schwere Lanze geben, mit der er seinen Gegner aus sicherer Entfernung aus dem Sattel heben konnte ohne selbst vom Pferd zu fallen: ein früher Tank sozusagen, und damit war der Ritter geboren, und die Hunnen hatten ausgespielt.

Eine ebensolche, aber noch viel wichtigere Erfindung war das Alphabet. Dies war ein Baukasten, mit dem man Wörter auseinandernehmen und wieder zusammenbauen konnte. Das müssen Sie sich einmal vorstellen. Mit fünfundzwanzig Bausteinen kann man dasselbe erreichen wie die Chinesen mit dreitausendfünfhundert Kojizeichen, ja noch viel mehr, denn dreitausendfünfhundert Zeichen genügen ja nur, um gerade auf die Universität zu kommen, ein Gelehrter braucht noch viel mehr. Um diesen wunderbaren Baukasten benützen zu können, muß man lernen, jedes Wort zu demontieren.

Auf diese Weise hat die Erfindung des Alphabets die Denkweise der westlichen Welt insofern verändert, als von nun an jeder Begriff, jeder Gedanke zerlegt und dann wieder in der richtigen Reihenfolge zusammengebaut werden mußte, um gelesen und verstanden werden zu können; diese Schule des folgerichtigen und monodimensionalen Denkens hat zwar der westlichen Zivilisation zur Weltherrschaft verholfen, trachtet aber auch in unserer Denkweise alles auszuschalten, was eben nicht mit Buchstaben oder Ziffern eindeutig definiert, addiert und allgemeingültig dargestellt werden kann. Dies erklärt mir, warum ich immer auszureißen trachte, wenn jemand von mir verlangt, ich solle meine Arbeit erklären. Da gibt es nichts zu erklären. Wenn man zeichnet, denkt man nicht in Worten, sondern in dreidimensionalen Vorstellungen, die ich in die Hand nehmen kann und ihre Oberfläche fühlen. Und dies bringt uns zurück zu der gebratenen Ente oder der Kreativität. Hier kann man mit der Logik nicht viel anfangen und mit Worten auch nicht. Kunst hat viel mit praktischen Dingen zu tun, und die kann man an einer Schule natürlich sehr schön lernen. Mein Vater, der Maler war, antwortete auf die Frage, was man auf der Kunstakademie lernt: Bleistiftspitzen und Pinselwaschen. Das ist nicht zu unterschätzen, denn ohne das geht es nicht, und ohne all das andere technische Rüstzeug, Computer eingeschlossen, geht es eben zumindest heute auch nicht, und bei weitem nicht alle Absolventen einer Kunstschule können einen Bleistift spitzen, Pinsel waschen, oder im Falle eines Produktdesigners etwa eine technische Zeichnung erstellen.

Ich kann davon selbst ein Lied singen. Als ich nach zwei Jahren in meiner ersten Arbeitsstelle im Stylingbüro von Mercedes feststellte, daß ich trotz der außerordentlich interessanten Arbeit vielleicht doch nicht der richtige Mensch wäre, um in einer Riesenfirma zu arbeiten, darin unter anderem durch die Feststellung meines Chefs bestärkt, der zu mir sagte: Ihre Vorschläge sind außerordentlich interessant, aber solche Autos wird Mercedes natürlich nie bauen. Ich beschloß, mein Glück in Italien zu versuchen und ging nach Mailand, dem Mekka der Designer, um Arbeit zu suchen. Giò Ponti, damals eine Art Fürst der Mailänder Architekten, der gerade das Pirellihochhaus baute, schaute sich meine Arbeiten an, sagte aha und fragte, ob ich die technische Zeichnung für den tiefgezogenen Blechrahmen eines Mopeds machen könnte. Ich hatte zwei Jahre lang Autokarosserien gezeichnet, damals natürlich noch ohne Computer – sagte ja und hatte meinen ersten Job in Mailand, beileibe nicht wegen irgendwelcher genialer Ideen, sondern weil ich eine Art technische Zeichnung machen konnte, die Ponti gerade brauchte, und die andere junge Designer nicht beherrschten. Aber all dieses Handwerk ist nichts als ein Fundament, sagen wir mal ein Steigbügel. Was dazu kommen muß, um uns zu bewegen, in allen Sparten der Kunst, hat etwas mit Metaphysik zu tun, alles technisch logisch praktisch Perfekte bleibt langweilig, wenn die zündende Idee fehlt. Der große mexikanische Architekt Louis Barragán hat das so ausgedrückt: ... wenn es viele technisch gleichwertige Lösungen für ein Problem gibt, dann ist die, die dem Benützer eine Botschaft von Schönheit oder Emotion bietet, die ist Architektur. Und der große amerikanische Graphiker Paul Rand: Design macht Poesie aus Prosa.

Poesie besteht aus Ideen. Und wie kommt man zu einer Idee? Indem man sich von der Muse küssen läßt, wie allgemein bekannt ist. Der Beruf des Lehrers eines kreativen Berufes wie dem des Designers konzentriert sich also letzten Endes auf die Vermittlung dieses Liebesdienstes.

Zwei Dinge spielen in der Designausbildung eine große Rolle: das Beispiel des Lehrers und die Qualität der Gemeinschaft, die ihrerseits wieder vom Beispiel des Lehrers beeinflußt wird. Hier stellt sich die Frage: Wozu brauche ich eigentlich gutes Design, es geht doch auch mit schlechtem, sogar miserablem, wie wir jeden Tag vielfach feststellen können. Die meisten Designer werden sich diese Frage irgendwann einmal stellen. Ich selbst tat es auch, als ich noch sehr jung war, und ich wußte keine Antwort darauf. Als ich vor über 40 Jahren Philosophie studierte und irgendwann von diesem seltsamen Beruf des Designers hörte, dachte ich mir: Das wäre das Richtige für dich. Aber ich wußte fast nichts von diesem Beruf und war mir sehr unsicher. Ich wollte meinen Professor um Rat fragen. Mein Professor war Romano Guardini, und ich bat ihn um ein Gespräch. Er lud mich zu sich nach Haus ein, und ich erzählte ihm von diesem Beruf des Designers und fragte ihn, ob er das für eine nützliche Beschäftigung hielte. Guardini nahm eine Venini Blumenvase in die Hand, die auf einem Tischchen stand, und sagte:

«Schauen Sie, wie schön diese Vase ist. Jedesmal, wenn ich sie anschaue, gibt sie mir Freude. Natürlich ist das ein nützlicher Beruf. Ob Sie dem Ihr ganzes Leben widmen wollen, müssen Sie selbst wissen.»

Eine ziemlich präzise Auskunft, würde ich sagen, und meine Antwort darauf wußte ich, und habe sie seitdem nicht bereut. [...]

Aus: *Lesebuch für Designer. Zweiundzwanzig Design-Erkundungen*, Stuttgart, Leipzig 2000, S. 58–62 (gekürzte Fassung).

Kommentar: Andreas Dorschel

Das Schreiben stammt vom Zeichnen ab. Und auch in der Moderne, in der jenes sich im Allgemeinen so weit von diesem entfernt hat, begegnet einem zuweilen ein Schreiben, das Züge gekonnten Zeichnens wahrt: Balance, durchdachter Aufbau, genaue Linienführung, Anschaulichkeit. Von dieser Art ist die Prosa Gottfried Sempers (1803–1897). Unter den großen deutschen Baumeistern des 19. Jahrhunderts war Semper in besonderem Maße Europäer, auch wenn er es eher aus Not geworden sein mag: das Königreich Sachsen und die Stadt Dresden, in der er seit 1834 Professor war, musste Semper nach seiner Beteiligung am Maiaufstand 1849 fliehen; seitdem lebte er in Paris, London, Zürich und Wien, gestorben ist er in Rom. Zu seinen bedeutendsten Bauten zählen Synagoge (1838–40) und Hoftheater (1838–41) in Dresden, Zürichs Polytechnikum (1858–64), das Stadthaus von Winterthur (1864–69), die Dresdner Oper (1870–78) und das Wiener Burgtheater (1870–88). Europäisch wie sein Leben war, ist auch Sempers Denken; er wusste, was in England und Frankreich debattiert wurde, und zehrte davon in seinen theoretischen Anstrengungen.

Theorie ist für viele Gestalter von Rang – und gerade für die erfolgreichen, mit großen Aufträgen bedachten Gestalter, zu denen ja auch Semper zählte – eher Beiwerk, der Seufzer vor oder nach der Tat, Apologie oder Polemik. Daran ist nichts Ehrenrühriges. Doch Sempers Denken würde eine solche Charakterisierung verfehlen. Bei ihm ist der theoretische Antrieb ein genuiner. Zwar wird dieser stets gefördert von praktischer Erfahrung. Nie aber erschöpfen sich Sempers theoretische Interessen in ihrer Funktion für die jeweils anstehenden gestalterischen Aufgaben. Darum verfaßte er auch nicht bloß Manifeste, sondern angesichts der industriell gewordenen Technik vor allem, als theoretisches Hauptwerk, ein monumentales System der Gestaltung, das wohl bedeutendste in deutscher Sprache im 19. Jahrhundert: *Der Stil in den technischen und tektonischen Künsten oder Praktische Aesthetik* (1860–63). Als Anlassschrift unterscheidet sich Sempers *Wissenschaft, Industrie und Kunst* (1852) markant vom Hauptwerk: *Vorschläge zur Anregung nationalen Kunstgefühles bei dem Schlusse der Londoner Industrie-Ausstellung* heißt die Studie im Untertitel. Mit seinen Reflexionen bei Gelegenheit der ersten Weltausstellung wurde Semper später vom Funktionalismus als Vorläufer vereinnahmt. Einstweilen sind wir hellhörig geworden für diejenigen Töne Sempers, welche zur funktionalistischen Doktrin dissonieren: «Kunstgefühl», «Veredelung», «Geschmack», «Geheimnis des Schönen», «Stilschönheit». Sempers Kritik des Historismus hat man vernommen; ihm wäre indes auch eine Kritik des modernen Funktionalismus zu entnehmen, die differenzierter ausfiele, als sich die Postmoderne je träumen ließ.

Andreas Dorschel ist seit 2002 Professor für Ästhetik an der Kunstuniversität Graz. Zuvor unterrichtete er an Universitäten in England, Deutschland und der Schweiz, wo er 2002 an der Universität Bern für das Fach Philosophie habilitiert wurde. Er veröffentlichte u. a. Gestaltung – Zur Ästhetik des Brauchbaren *(Heidelberg 2003).*

Gottfried Semper

WISSENSCHAFT, INDUSTRIE UND KUNST (1852)

Hätten einzelne Tatsachen Beweiseskraft, so würde der anerkannte Sieg, den die halbbarbarischen Völker, vor allem die Inder, in einigen Punkten mit ihrer herrlichen Kunstindustrie über uns davontrugen, genügen, um darzutun, daß wir mit unserer Wissenschaft in diesen Punkten bis jetzt noch nicht viel ausgerichtet haben.

Dieselbe beschämende Wahrheit drängt sich auf, wenn wir unsere Erzeugnisse mit denjenigen unserer Vorfahren vergleichen. Bei so manchen technischen Fortschritten sind wir im Formellen, ja selbst im Angemessenen und Zweckgemäßen weit hinter ihnen zurückgeblieben. Unsere besten Sachen sind mehr oder weniger getreue Reminiszenzen; andere zeigen ein löbliches Bestreben, die Formen von der Natur unmittelbar zu entlehnen; aber wie selten sind wir glücklich darin gewesen! Das meiste ist verworrenes Formengemisch oder kindische Tändelei. Höchstens an Gegenständen, bei denen der Ernst des Gebrauches nichts Unnützes gestattet, als bei Wagen, Waffen, musikalischen Instrumenten und dergleichen, zeigt sich zuweilen mehr Gesundheit in der Ausstattung und Veredelung der durch ihre Bestimmung streng vorgezeichneten Formen.

Tatsachen sind, wie gesagt, keine Argumente; sie können sogar in Abrede gestellt werden. Es ist aber leicht, den Beweis zu führen, daß die Verhältnisse der Gegenwart für die Kunstindustrie gefährlich, für die traditionelle höhere Kunst entschieden verderblich sind.

Der *Überfluß an Mitteln* ist die erste große Gefahr, mit welcher die Kunst zu ringen hat. Dieser Ausdruck ist zwar unlogisch (es gibt keinen Überfluß an Mitteln, wohl aber einen Mangel an Vermögen, ihrer sich zu bemeistern), er rechtfertigt sich aber, insofern er das Verkehrte unserer Verhältnisse richtig bezeichnet.

Die Praxis müht sich vergeblich ab, Herr ihres Stoffes zu werden, vornehmlich in geistiger Beziehung. – Sie erhält ihn zu beliebiger weiterer Verwertung von der Wissenschaft ausgeliefert, ohne daß durch vielhundertjährigen Volksgebrauch sein Stil sich entwickeln konnte. So vom Bieneninstinkt des Volkes gleichsam vorher durchknetet, überkamen die einstigen Begründer blühender Kunst ihren Stoff, und indem sie das naturwüchsige Motiv zu höherer Bedeutung ausbildeten und plastisch verarbeiteten, erhielten ihre Schöpfungen zugleich das Gepräge strenger Notwendigkeit und geistiger Freiheit und wurden der allgemeinverständliche Ausdruck einer wahren Idee, die in ihnen historisch fortlebt, solange Spur und Kunde von ihnen bleibt. –

Welch eine herrliche Erfindung ist die Gasbeleuchtung! Mit welchen Mitteln bereichert sie (abgesehen von deren unendlicher Wichtigkeit für den Bedarf des Lebens) unsere Festlichkeiten! Dennoch sucht man in den Salons die Mündungen der Gasröhren so zu verstecken, daß sie als Kerzen oder Öllampen erscheinen; bei

Illuminationen dagegen leitet man die mit vielen fortlaufenden kleinen Öffnungen versehenen Röhren so, daß allerhand Sterne, Feuerräder, Pyramiden, Wappenschilder, Inschriften und dergleichen mehr vor den Wänden der Häuser, wie durch unsichtbare Hand gehalten, schwebend in der Luft stehen.

Diese schwebende Ruhe des lebendigsten aller Elemente ist zwar effektvoll (die Sonne, der Mond und die Sterne geben davon die blendendsten Beispiele), aber wer kann leugnen, daß durch diese Neuerung das volkstümliche Motiv des *Beleuchtens* der Häuser zum Beweise spezieller Teilnahme der Hausgenossen an der öffentlichen Freude verwischt worden ist? Einstmals besetzte man die Simse und Fensterbretter mit Fettlampen und hob dadurch die gewohnten Massen und Gliederungen des Hauses nur glänzender hervor; jetzt blendet man die Augen mit dem Glanze jener Feuererscheinungen und macht die Fassaden hinter ihnen unsichtbar.

Wer Illuminationen in London beigewohnt hat und sich ähnlicher Festlichkeiten im alten Stile in Rom erinnert, der wird gestehen, daß die Beleuchtungskunst durch diese *Improvements* einen argen Stoß erlitten hat.

Dieses Doppelbeispiel zeigt die beiden Hauptgefahren, die Skylla und die Charybdis, durch welche man durchzusteuern hat, um Neues für die Kunst zu gewinnen.

Die Erfindung ist vortrefflich, aber sie wird in dem einen Falle der hergebrachten Form geopfert, in dem zweiten wird das Grundmotiv durch ihre falsche Anwendung vollständig verwischt, da doch alle Mittel vorhanden waren, es glänzender herauszuheben und es zugleich mit einer neuen Idee (der eines stetigen Feuerwerkes) zu bereichern.

Es bedarf also eines tüchtigen Steuermannes, um diese Gefahren zu vermeiden, und sein Pfad ist um so schwieriger, weil er sich auf unbekanntem Fahrwasser ganz ohne Seekarte und Bussole befindet. – Denn unter der Masse von artistischen und technischen Schriften fehlt es noch gänzlich an einer praktischen Hereutik, welche die Klippen und Sandbänke bezeichnet, denen man auszuweichen hat, und die auf feste Richtungspunkte hinweist. – Wäre die Geschmackslehre (Ästhetik) eine vollendete Wissenschaft, wäre sie nicht neben ihrer Unvollständigkeit mit unbestimmten, oft irrigen Vorstellungen in Ermangelung klarer Begriffe angefüllt, besonders in ihrer Anwendung auf die Baukunst und allgemeine Tektonik, so würde sie gerade in diese Lücken treten; aber in ihrem jetzigen Zustande wird sie mit Recht von den begabteren Männern der Praxis kaum berücksichtigt. Ihre schwankenden Vorschriften und Grundsätze finden nur Anklang bei den sogenannten Kunstverständigen, die nach ihnen den Wert eines Werkes bemessen, weil sie keinen inneren eigenen Maßstab dafür haben und das Geheimnis des Schönen in einem Dutzend Vorschriften erfaßt zu haben glauben, während sich doch die unendlichen Variationen der Formenwelt gerade erst in dem Verleugnen des Schemas zu charakteristischer Bedeutung und individueller Schönheit gestalten.

Unter den Begriffen, welche die Geschmackslehre festzustellen sich abmühte, spielt der Stil in der Kunst eine Hauptrolle. Dieser Ausdruck ist bekanntlich einer von denen, die einer so vielfachen Interpretation unterlagen, daß manche Zweifler ihm deshalb eine klare Begriffsbasis überhaupt absprechen möchten. Dennoch fühlt jeder Künstler und wahre Kenner, was alles in ihm liegt, mag es auch schwer sein, es in Worten auszudrücken.

Vielleicht kann man sagen:

Wie die Natur bei ihrer Mannigfaltigkeit in ihren Motiven doch nur einfach und sparsam ist, wie sich in ihr eine stete Wiedererneuerung derselben Formen zeigt, die nach dem Stufengange der Ausbildung und nach den verschiedenen Daseinsbedingungen der Geschöpfe tausendfältig modifiziert, in Teilen anders ausgebildet, in Teilen verkürzt und verlängert erscheinen, ebenso liegen auch den technischen Künsten gewisse Urformen zum Grunde, die, durch eine ursprüngliche Idee bedungen, in steter Wiedererscheinung doch eine durch näher bestimmende Umstände bedungene unendliche Mannigfaltigkeit gestatten.

So geschieht es, daß Teile, die als wesentlich bei der einen Kombination hervortreten, bei einer verwandten anderen nur als Andeutungen erscheinen; Teile, deren Spur und Keim in der ersten Kombination kaum kenntlich waren, treten vielleicht bei der letzteren sprechend und überwiegend hervor.

Die Grundform, als einfachster Ausdruck der Idee, modifiziert sich besonders nach den *Stoffen,* die bei der Weiterbildung der Form in Anwendung kommen, sowie nach den *Instrumenten,* die dabei benutzt werden. Letztens gibt es noch eine Menge von außerhalb des Werkes liegenden Einflüssen, die als wichtige Faktoren bei seiner Gestaltung mitwirken, zum Beispiel Ort, Klima, Zeit, Sitte, Eigentümlichkeit, Rang und Stellung desjenigen, für den das Werk bestimmt ist, und dergleichen mehr. Man kann, ohne zu große Willkür und dem Vorausgeschickten konform, die Doktrin vom Stile füglich in drei getrennte Teile fassen.

Die Lehre von den Urmotiven und den aus ihnen abgeleiteten früheren Formen mag den ersten kunstgeschichtlichen Teil der Stillehre bilden.

Ohne Zweifel befriedigt es das Gefühl, wenn bei einem Werke, sei es auch noch so weit von seiner Entstehungsquelle entfernt, das Urmotiv als Grundton seiner Komposition durchgeht, und es ist gewiß bei künstlerischem Wirken Klarheit und Frische in der Auffassung desselben sehr wünschenswert, denn man gewinnt dadurch einen Anhalt gegen Willkür und Bedeutungslosigkeit und sogar positive Anleitung im Erfinden. Das Neue wird an das Alte geknüpft, ohne Kopie zu sein, und von der Abhängigkeit leerer Modeeinflüsse befreit.

Es sei gestattet, zur Deutlichkeit ein Beispiel von dem durchgreifenden Einflusse einer ursprünglichen Form auf die Entwicklung der Künste zu geben.

Die Matte und der daraus sich entfaltende gewirkte, später gestickte Teppich sind die ursprünglichen Raumesabteilungen und als solche das Grundmotiv aller späteren Wanddekoration und mancher anderen verwandten Zweige der Industrie und Baukunst. Die Technik, die bei ihnen in Anwendung kommt, mag die verschiedensten Richtungen nehmen, immer dürfen sie die Gemeinschaft ihres Ursprunges in ihrem Stile zur Schau tragen. Auch sehen wir wirklich, daß bei den Alten – von den Assyriern bis zu den Römern – und später im Mittelalter die Feldereinteilung der Wände, die Ornamentik derselben, das Prinzip ihrer Färbung, ja selbst die historische Malerei und Skulptur an ihnen, die Glasmalerei, die Fußbodenverzierung, kurz alles dahin Bezügliche in unbewußt traditioneller oder bewußter Weise von dem Urmotive abhängig blieb.

Glücklicherweise ist dieser historische Teil der Stillehre selbst durch unsere verworrenen Verhältnisse klar durchzuführen. Wie reichen Stoff zu dessen Vervollständigung, zum Vergleichen und Nachdenken, boten auf der Londoner Ausstellung wieder jene bereits angeführten Werke der auf ursprünglicheren Kulturstufen befindlichen Völker!

Der zweite Teil der Doktrin vom Stile, der da lehren sollte, wie mit unseren Mitteln sich die Formen aus den Motiven anders zu gestalten haben und wie das Stoffliche bei unserer fortgeschrittenen Technik nach Stilgrundsätzen zu behandeln sei, ist leider um so dunkler. Ein Beispiel mag auch hier kommen, um die Schwierigkeiten in der Durchführung der Grundsätze der technischen Stillehre zu zeigen.

Die Granit- und Porphyrmonumente Ägyptens üben eine unglaubliche Macht über jedes Gemüt. Worin besteht dieser Zauber? Zum Teil gewiß darin, daß sie der neutrale Boden sind, wo sich der harte, widerstrebende Stoff und die weiche Hand des Menschen mit seinen einfachen Werkzeugen (dem Hammer und dem Meißel) begegnen und Pakt miteinander schließen. «Bis dahin und nicht weiter, so und nicht anders!» Das ist ihre stumme Sprache seit Jahrtausenden. – Ihre großartige Ruhe und Massenhaftigkeit, die etwas eckige und flache Feinheit ihrer Lineamente, die Mäßigung in der Behandlung des schwierigen Stoffes, die sich an ihnen kundgibt, ihr ganzer Habitus, sind Stilschönheiten, die jetzt, da wir die härtesten Steine wie Käse und Brot schneiden können, zum Teil keine Notwendigkeit mehr haben. Wie sollen wir nun den Granit behandeln? Schwer ist es, darauf eine genügende Antwort zu geben! Das nächste wird wohl sein, daß wir ihn nur da anwenden müssen, wo seine Dauerhaftigkeit in Anspruch genommen wird, und aus dieser letzteren Bedingung die Regeln für seine stilistische Behandlung entnehmen. Wie wenig darauf in unserer Zeit Rücksicht genommen wird, das beweisen gewisse Extravaganzen, in denen sich die großen Granit- und Porphyrmanufakturen in Schweden und Rußland hervortaten.

Das angeführte Beispiel führt zu einer allgemeineren Frage, die für sich allein hinreichenden Stoff zu einem großen Kapitel abgäbe, wäre es gestattet, diesen Versuch zu einem Buche auszudehnen. – Wohin führt die Entwertung der Materie durch ihre Behandlung mit der Maschine, durch Surrogate für sie und durch so viele neue Erfindungen? Wohin die Entwertung der Arbeit, der malerischen, bildnerischen oder sonstigen Ausstattung, veranlaßt durch die nämlichen Ursachen? Ich meine natürlich nicht ihre Entwertung im Preise, sondern in der Bedeutung, in der Idee. Ist das neue Parlamentshaus in London nicht durch die Maschine ungenießbar gemacht worden? Wie wird die Zeit oder die Wissenschaft in diese bis jetzt verworrenen Zustände Gesetz und Ordnung bringen, wie verhindern, daß sich die allgemeine Entwertung auch auf das wirklich nach alter Weise von Händen ausgeführte Werk erstrecke, und man anderes nicht darin sehe als Affektation, Altertümelei, apartes Wesen und Eigensinn?

Aus: Gottfried Semper: *Wissenschaft, Industrie und Kunst und andere Schriften über Architektur, Kunsthandwerk und Kunstunterricht*, ausgew. u. red. von Hans M. Wingler, Mainz und Berlin 1966.
Erstveröffentlichung: Gottfried Semper: *Wissenschaft, Industrie und Kunst. Vorschläge zur Anregung nationalen Kunstgefühls*, Braunschweig 1852.

Kommentar: Hans Höger

Seinen ersten Text veröffentlichte Ettore Sottsass 1937, zwanzigjährig, unter dem Pseudonym Giovanni Zeta. Seinen letzten 2007, wenige Wochen vor seinem Tod. Schreiben hat Sottsass sein gesamtes Leben lang begleitet. Genauso wie die Fotografie, das freie Zeichnen, die Keramik. Sein schriftstellerisches Œuvre umfasst an die 300 publizierte Texte, die Gründung und Realisierung mehrerer Zeitschriften sowie circa vierzig Bücher (Interviews sowie Übersetzungen in andere Sprachen nicht eingerechnet). Die Themen dieses in der Gestaltungsgeschichte recht einzigartigen publizistischen Werkes konzentrieren sich nur marginal auf das eigene Entwurfsschaffen im Sinne von Projektbeschreibungen. Der Schwerpunkt liegt vielmehr bei den Voraussetzungen und Umständen persönlicher wie öffentlicher Natur, die das Arbeiten von Sottsass in all diesen Jahren begleitet und geprägt haben. Im Stil beeinflusst von Schriftstellern wie Fernanda Pivano (*1917) und Cesare Pavese (1908–1950), erzählen die meisten der Texte von Erfahrungen und Beobachtungen, die Sottsass im Alltagsleben macht, bei der Begegnung mit anderen Menschen, auf Reisen oder wenn er nachdenkt über Sinn und Wesen gestalterischen Schaffens, über die vielzähligen Dynamiken der Wahrnehmung, Benutzung und Weiterentwicklung, die ein Entwurf durchläuft, nachdem er das Büro des Gestalters und die Fabrikhallen des Herstellers verlassen hat.

Vermutlich ist dies das Kernthema der Texte von Sottsass: Was passiert mit einem Entwurf draußen in der Welt? Und wie wirkt dieses wechselhafte Schicksal zurück auf die Arbeit eines Gestalters? Was lernt er daraus? Was macht er das nächste Mal anders? Von hohem und in vielen Fällen einzigartigem Wert sind diese Texte für die Architektur- und Designtheorie, für Studierende, für alle Angehörigen gestalterischer Schaffensgebiete. Denn hier werden Prozesse des Denkens und Fühlens beschrieben, die die Relevanz jener modellhaften Designprozesse, wie sie so oft in einschlägigen Lehr- und Handbüchern analysiert und aufgefächert werden, weit übersteigen. Sottsass erzählt, pointiert ausgedrückt, nicht von grauer Theorie, sondern vom wirklichen Leben, in diesem Fall von Küchen – von wirklicher Praxis. Diese Erzählungen lesen sich mit Genuss und Gewinn gleichermaßen.

Hans Höger (Ph. D.) lehrt Theorie und Geschichte der Gestaltung und der Kommunikation an der Freien Universität Bozen. Mit Ettore Sottsass jun. – Designer, Artist, Architect *veröffentlichte er 1993 bei Wasmuth (Tübingen/Berlin) die erste wissenschaftliche Untersuchung zu Kontinuität und Methode im Schaffen von Ettore Sottsass.*

Ettore Sottsass

ÜBER KÜCHEN (1992)

Wenn ich in Häuser gehe, wo diese Versammlungen von Menschen stattfinden, die sich «Parties» nennen, mit sehr wichtigen Damen und Herren oder auch weniger wichtigen oder auch vollkommen unwichtigen (als ob sie erregte Jungen und Mädchen wären), verschwinde ich früher oder später im Bad oder in der Toilette, weil es da drinnen immer irgendetwas gibt, um die Bewohner zu verstehen, was mir vorher entgangen sein könnte.

Neben dem allgemeinen Zustand der Dekoration (Fliesen, Mosaike, Fresken, goldene Wasserhähne mit Delphinen wie in Pompeji oder gewöhnliche, einfache, verchromte Wasserhähne usw.) und neben den allgemeinen Gegenständen (Handtücher, Vorleger, Gardinen, Spiegel, Spiegelchen, Behälter für gebrauchte Kleenextücher usw.), und zwar neben allen sicher wichtigen Spuren und Fundstücken, um sich die Situation vorzustellen, konzentriere ich mich vor allem auf Zahnbürsten, Zahnpastatuben, Seifen und verschiedene Fläschchen.

Ich habe Bäder gefunden, in denen es zwanzig oder dreißig benutzte und seit Generationen aufbewahrte Zahnbürsten gab, alle kaputt, alt und grau von Staub (es ist schwierig, eine Zahnbürste zu entstauben), als ob die Bewohner in permanenter Angst leben würden, ohne Zahnbürste dazustehen, oder als ob hingegen die Bewohner die Zahnbürste, die, sagen wir einmal, Diener der Familie geworden ist, nicht entlassen wollten.

Diese Aufbewahrung von gebrauchten Dingen betrifft häufig auch Zahnpastatuben, die leer oder halb leer liegengelassen, zerdrückt, vergewaltigt und verdreht wurden, und es betrifft – seltener – Seifenstücke, aufgehoben, dünn, trocken und hart, vielleicht wegen ihrer Farbschönheit.

Wenn dann zu den Bewohnern, wie es normalerweise vorkommt, Frauen oder Mädchen gehören, kann man die Anzahl an aufgehobenen Flaschen und Fläschchen in allen Formen und mit mehr oder weniger dicklichen Flüssigkeiten und in allen Farben, aufgereiht auf allen verfügbaren Flächen und Regalen, nicht mehr zählen, weil die Verfolgung der Schönheit, wie alle wissen, nicht aufzuhalten ist.

In diesem Bereich haben Industrielle, Chemiker, Psychologen, Werbefachleute, Grafiker und Designer und auch Händler ihren Garten Eden gefunden.

Aus der Marke der Fläschchen kann man leicht eine Menge interessanter Informationen ziehen und auch aus den verwendeten Flüssigkeiten, Cremes, Pasten usw.

Manchmal habe ich, an die Tür gehängt, den Schlafanzug gefunden (wenn nicht sogar das Nachthemd) der Dame des Hauses oder den Schlafanzug des Hausherrn; aber dies nur in außergewöhnlichen Fällen von Festen in mehr oder weniger außerhalb liegenden Wohnungen.

Ich betrachte die Bäder jedoch nicht nach einem streng anthropologischen Standpunkt; ich betrachte sie in Eile, mehr oder weniger oberflächlich, ich betrachte sie, weil man manchmal auch komische Lebenssituationen sucht; vielleicht will jemand ein bißchen Klatsch für sich selbst suchen. Ich stelle mir den Hausherren oder die Dame des Hauses halb bekleidet vor, in Slips, Hemden, die herunterhängen, geöffneten Krawatten, halb schlafend, die sich die Zähne putzen, die reden, während sie auf Godot warten, sie mit den Fläschchen, um die Zukunft im Spiegel zu erforschen, und auch er, ohne Fläschchen, um die Zukunft durch den Spiegel und den Rasierschaum zu erforschen ...

Mit den Küchen hat es eine andere Bewandtnis, eine ganz andere.

Wenn ich bei meinen Freunden zum Abendessen eingeladen bin oder in Häusern der Gesellschaft oder auch in Restaurants, gehe ich, sowie ich kann, wenn ich kann, falls ich kann, mir die Küche ansehen.

Ich sehe mir die Küche nicht aus Klatschsucht an oder um mir ein bißchen komische oder ein bißchen traurige Vorstellungen zu machen (weil die Badezimmer der Häuser immer ein bißchen komisch sind, aber auch ein bißchen traurig mit der Toilette und dem Bidet in einer Ecke), ich sehe mir die Küchen an, weil ich mir Küchen wie die Korridore und die Orte hinter der Bühne vorstelle, an denen man mit Ruhe, mit Furcht, mit Fröhlichkeit (manchmal), mit Einbildung, mit Spannung das Schauspiel vorbereitet; das Schauspiel, das immer wunderbar sein muß, das Schauspiel, das immer ein Stück des Lebens nachzeichnen muß, vielleicht das ganze Leben, das Schauspiel mit seinem schönen Licht, seinen schönen Worten, seinen schönen Liedern, mit den schönen Gesten, seiner fremdartigen Magie, die sich in der fernen, abstrakten, staubigen Luft jenes leeren Kubus ausbreitet, der die Bühne ist.

Ich sehe die Küche als den ein bißchen geheimnisvollen Ort, an dem man tatsächlich die Zutaten für eine Art heiliger Vorstellung vorbereitet, für ein Ritual, das sich jeden Tag wiederholt, und das die Kontinuität und zusammengenommen den Konsum der Existenz betrifft, das die kontinuierliche Wiedergeburt der Existenz und zusammengenommen die kontinuierliche Bestätigung seiner Unzulänglichkeit, seiner Ungewißheit betrifft.

Ich will damit sagen, daß sich an den Tisch setzen, um zu essen, ich will damit sagen, daß sich zum Essen zu setzen, ich will sagen, daß «essen können», auch auf der Erde sitzend, auch auf der Bank im Bahnhof, auch im Auto an der Autobahn mit dem Essen, das durch ein kleines Fenster geliefert wird, auch in den dümmsten Lagen immer eine Art von Wunder, immer ein kurzes oder langes Ereignis ist, das uns und unsere Geschichten umfaßt und die Geschichten der Menschen um uns herum, alle unserer einsamen Zerbrechlichkeit überlassen und unserer Zerbrechlichkeit auf dem Planeten, verlassen inmitten anderer Tiere, im Himmel, und auf der Erde und unter Wasser, inmitten von Gras, Blättern, Gemüsen, Pilzen, Flechten und Moos, inmitten von Schroffheit und Sanftheit, inmitten von Fleisch, Eingeweiden, Schleim, Gelatine, Blut, Salzen, Zucker, Drogen, Geschmäckern, Gerüchen, Düften, Säuren ... Ich denke immer, daß die Küche der Ort ist, an dem diese unendliche Enzyklopädie von Substanzen, planetarischen Zuständen gesammelt wird, sich vereinigt und sich dann zusammenfügt, sich organisiert, katalogisiert, proportioniert, Form annimmt, einen wiedererkennbaren Sinn annimmt, sich in etwas Verwendbares transformiert, um dann jenes Ritual zu entwerfen, welches das tägliche Ritual des Essens darstellt.

Deshalb gehe ich, sobald dies möglich ist, um mir die Küche anzusehen, um zu sehen, was geschieht, um das Geheimnis des Schauspiels, das geschehen wird, zu entdecken; ich tue dies, als ob man einen Maler in seinem Studio besucht, als ob man seine Biographie liest, als ob man seine Entwürfe, seine Notizen durchforscht, um – wie man sagt – seine Kunst zu begreifen.

Man versucht immer – wenn möglich – die Bereiche zu erforschen, in denen das Leben, die Ereignisse beginnen, unerklärbar zu werden und um auch zu verstehen, wo und wie sich die abgegrenzten Bereiche der Heiligkeit bestimmen; diese abgegrenzten Bereiche, mit denen man immer auf irgendeine Weise versucht, das unerträgliche Eindringen des Geheimnisvollen einzudämmen.

Die Stunden zwischen Leben und Tod hat Jesus Christus mit seinen Freunden und Kameraden beim Abendmahl verbracht. Er hat sie nicht mit einem letzten Tanz oder einem letzten Lied verbracht und auch nicht mit einer letzten Einsamkeit, und er hat auch nicht eine endgültig letzte Versammlung abgehalten. Er hat diese Stunden mit einem letzten Abendmahl verbracht, indem er den Freunden Brot und Wein anbot, sein Fleisch und sein Blut: mit Brot und Wein sollten seine Freunde zu leben beginnen. Er hatte, indem er Fleisch und Blut anbot, bereits sein Leben beendet, hatte bereits begonnen zu sterben.

So hat Jesus Christus die Grenzen der Heiligkeit bestimmt. Man weiß nicht, wer jenes Brot gebacken hat und wo der Ofen hierfür war, man weiß nicht, von wem und wo jener Wein gemacht wurde, und man kennt auch nicht den Gasthof, in dem das Abendmahl stattfand: das Schauspiel war zu angespannt, die Heiligkeit zu schwerwiegend.

Auch Buddha ist einige Jahrhunderte vorher beim Essen gestorben. Es wird gesagt, daß er wegen Unverträglichkeit von Schweinefleisch während eines Abendmahles im Hause einer Prostituierten gestorben sei. Es muß ein wunderschönes Abendmahl gewesen sein – stelle ich mir vor – eine wunderschöne Prostituierte, ausgezeichnetes Schweinefleisch, passende Beleuchtung, die Luft voller Düfte und der alte großartige Fürst, der alte Buddha, Feind der Lüste, war so erregt vom Leben, daß er unvorhergesehen den Tod nahen fühlte. Es gab keine andere Lösung.

Auch bei diesem Abendmahl kennt man nicht den Namen des Gastgebers, auch nicht die Liste der Gerichte, und noch weniger kennt man den Namen des Kochs und auch nicht den Ort der Küche. Das Schauspiel war zu intensiv, die Mauern um die Heiligkeit des Ereignisses waren zu hoch.

Gandhi benutzte, um die Engländer zu verwirren, das Essen; benutzte das Nicht-Essen; mit dem Nicht-Essen erschreckte er sie; den Engländern zeichnete er unter ihren Augen den Tod vor, vom Schädel bis zu den Fußknochen. Essen bedeutete Leben, Nicht-Essen bedeutete Tod ...

Bali

Auf Bali fand dann ein großes Bankett im Hause von antiken Königen statt, um die zweite Beisetzung einer Tante zu feiern, eine Beisetzung, die einige Monate nach der Einäscherung des schwarzen Leichnams mit einer ersten großen Beisetzung stattfand, um endgültig auch den «Körper der Gedanken und Gefühle» einzuäschern.

Da waren die schönen heiratsfähigen Prinzessinnen mit ihren zarten Figuren, mit einer breiten Stoffschärpe um die Taille, den kleinen frischen Brüsten im Gewand verborgen, mit Haaren wie große Kissen aus schwarzer Seide, wie runde, dunkle Gebirge, durchdrungen von Gardenienwäldern. Da war auch ein weißgekleideter Priester, zusammengekauert auf der Erde in einem winzigen Hof voll grünem Moschus und eingerahmt von Bronzegefäßen voll mit reinem Wasser, eingerahmt mit vergossenem Wasser und von roten, gelben und orangefarbenen Blumenblättern. Der Priester murmelte mit verhaltener Stimme Gebete, und ab und zu ertönte eine feine Glocke, vielleicht, um alle Geister im Himmel darauf hinzuweisen, daß sie bereit sind, jene Tante in Frieden zu empfangen.

Dann war da das große Bankett mit Schalen mit heiligem Reis auf großen Blättern, mit Hühnern und Hühnerlebern und mit zierlichen kleinen Gemüsen und mit Wasser zum Trinken.

Niemand sprach. Es war ein großes herrschaftliches Bankett, eine verblüffende Zeremonie, eine schöne Zeremonie voller Gewürze, Düfte und Farben, aber einer der Gäste war der Tod.

Da war himmlische Musik von einem Gamelan-Orchester, das in den Höhen, in den Kronen des Bambuswaldes erstarb.

Auch als meine Mutter, eine Österreicherin, im schmucklosen Bett ihres weißen, geordneten Zimmers, mit Geranien auf dem Balkon, starb, gab es ein großes Bankett mit allen Verwandten, nachdem wir sie langsam in die Erde heruntergelassen hatten.

Es war ein großes, phantastisches, lärmendes Bankett im Hause eines der erwachsenen Enkel. Da waren junge und nicht mehr so junge Mütter mit schönen prallen Brüsten und verzückte Kinder und Töchter, Jungfrauen, und da waren kräftige und schwere Ehemänner, einige bleich und zerschlissen, einige alt, und drei oder vier alte Tanten, alte Jungfern, sehr katholisch, wahrscheinlich auch sie Jungfrauen, hingegeben der Sinnlichkeit, das Essen zuzubereiten und es den anderen aufzutragen und sie beim Essen zu beobachten; Tanten mit glatten, rosa Wangen, ganz den unerforschten Techniken zur Annäherung an die Zeugung hingegeben, die durch den Magen gehen; Tanten – man muß sich das richtig vorstellen –, die den Koitus, den sie nie über die normalen Kanäle erlebt haben, mit einem anderen wohlschmeckenden Koitus ersetzten, der durch die erogenen Zonen der Zunge, durch die erogenen Zonen der Nase, durch die Speiseröhre, den Magen geschieht und sich glücklich in den unendlichen Darmwindungen erschöpft.

Während dieses phantastischen, lauten Banketts habe ich Schweißtropfen über erhitzte Wangen laufen sehen, habe tiefe Seufzer und Schreie und Gemurmel gehört, habe «noch einmal! noch einmal!» sagen gehört, habe «Nein. Nein. Ich sterbe!» sagen hören, habe Orgasmusgeräusche gehört und schließlich das betäubende Rauschen der befriedigten Lust zusammen mit einem alten Vagantenlied, zusammen mit Lachen, Zigaretten, Zigarren und Pfeifen.

Nachdem wir meiner Mutter das letzte Geleit gegeben haben, weil sie zu dieser unbekannten Reise aufbrach, gab es dieses große, wunderbare Bankett wie eine große, wunderbare Umarmung mit dem Leben.

Damals habe auch ich, versunken in Traurigkeit, und auch ich zu abgelenkt von dem Wunsch, mich drinnen und draußen einzuschmieren mit Proteinen, Vitaminen, Zucker, Kohlehydraten und Fetten, vergessen, die Küche zu besichtigen, da aber alle aktiven Tanten in irgendeiner Weise von der Schwester meines Vaters oder ihres Ehemannes, Onkel Camillo, abstammten, konnte ich mir vorstellen, wie die Küche war.

Mein Onkel Camillo lebte in einem in den Schatten der alpinen Bergwelt versunkenen Dorf und hatte ein großes Gasthaus mit Fremdenzimmern geerbt, wo in früherer Zeit die von Pferden gezogenen Postkutschen hielten, die aus anderen Tälern und Dörfern kamen. Nicht weit vom Gasthaus entfernt waren natürlich Ställe, und unter dem Gasthaus war ein enormer Torweg mit einem riesigen Gewölbe aus schwarzem Stein, wo die Kutschen abgestellt wurden. Heute würde man Garage sagen. In diesem Torweg, weil er nun einmal da war, schlachtete mein Onkel Schweine, um Schinken, Würste, Mettwürste und Blutwürste herzustellen, die er an Durchreisende verkaufte, und er schlachtete auch Kälber und Kühe, um verschiedene Fleischsorten und Kutteln und Lebern und andre Innereien für das Gasthaus zu haben.

Als ich noch Kind war, ungefähr 1922 oder '23, nahmen die Pferdekutschen schon ab, und Automobile begannen vorbeizukommen; dennoch hielt das Gasthaus durch, und mein Onkel installierte eine Zapfsäule, um Benzin zu verkaufen.

Ich erinnere mich nicht sehr an seine Geschäfte; ich erinnere mich an die durchdringenden Schreie der Schweine, die getötet und zerlegt werden sollten, und ich erinnere mich daran, wie Kühe und Kälber zerlegt wurden. Ich erinnere mich an Schüsseln voller Blut und an große stinkende Haufen mit gerade abgezogenen, im Dunkel des Torwegs liegengebliebenen Häuten. Aber vor allem erinnere ich mich an die Küche.

Die Küche war ein rosiger Raum, gewaltig, quadratisch mit einem großen Ofen wie ein gigantischer schwarzer Altar, den ganzen Tag über mit riesigen Aluminiumtöpfen bedeckt, die ununterbrochen weißen, duftenden Dampf von sich gaben und Geräusche von kochendem Wasser und brodelndem Sud, und ich erinnere mich an zwei oder drei mehr oder weniger schwarz gekleidete Frauen, die sich um diesen Altar herumbewegten mit großen unproportionierten Löffeln, langen Gabeln und erschreckenden Messern in den Händen. Ab und zu hoben die Frauen die Deckel der Töpfe und Pfannen und rührten etwas, was darin war, um, und ab und zu zogen sie mit den Gabeln einige riesige Stücke gekochten Fleisches, ganze gekochte Kalbsköpfe mit Ohren daran und vom kochenden Wasser weiß gewordenen Augen und ganze hängende Ochsenzungen heraus; und manchmal schöpften sie mit großen Schöpflöffeln Suppe mit Gemüsen in allen Farben daraus und füllten damit Suppenschüsseln aus weißer Keramik.

Gäste, Freunde oder Verwandte, ganze Familien mit Kindern, auch den allerkleinsten, aßen an einem riesigen schweren Holztisch, der mitten im Raum stand; an diesem Tisch konnten auch 15 oder 20 Gäste sitzen und konnten zu jeder Stunde des Tages essen und trinken, von 6 Uhr morgens bis 10 Uhr abends, und tatsächlich saßen einige stundenlang an diesem Tisch, um ganz langsam zu essen und Wein zu trinken; einige Gruppen von Männern mit dem Hut auf dem Kopf spielten an der Ecke des Tisches in der stillen Leere des Nachmittags Karten, und sie schienen wie die von Cézanne.

Unbekannte Reisende oder Pensionsgäste, die einen ein bißchen feineren Eindruck machten, hatten einen kleinen Extrasaal, ein bißchen kalt und feucht, aber mit weißen Tischdecken.

Es gab keine Speisekarte. Die Gäste gingen um den großen Ofen-Altar herum, und die Frauen, die kochten, hoben die Deckel von Töpfen, Kesseln, Pfannen und Pfännchen. Es gab darin alles: Suppen, Nudelsuppen, Gemüse, Sauerkraut, Bohnen, Kartoffeln, Spinat, Pilze, Fleisch, Würste, Gulasch, Leber, Ragout, Koteletts, Braten, Polenta und einfach alles.

Jeder Gast konnte persönlich den Zustand der Dinge kontrollieren; konnte den Mechanismen des Rituals bis auf den Grund gehen; einige, wie ich, hatten das schreckliche hohe Wehgeschrei des Schweins gehört oder hatten die Panik in den aufgerissenen Augen des Kalbs und das zerrissene Fleisch und das Blut mit seinem erschreckenden, sehr süßen Geruch herausschießen sehen, und einige konnten auch Berge von in Stücke geteiltem Gemüse, Zucchini, Möhren, Auberginen, Kartoffeln, roter Bete, Tomaten, grünen Bohnen, Fenchel gesehen haben und Berge von grünem Salat und entnervende Düfte von Thymian, Basilikum, Majoran, Rosmarin, Salbei, Minze und Kümmel eingesogen haben und Düfte von Brot, Milch, Käse und Quark.

Das Ritual kannten schließlich alle, sie lebten danach in seiner gesamten Geschichte, experimentierten mit dessen dunklen Augenblicken, mit dessen abgeriegelten Bereichen, experimentierten mit seinen geheimen Techniken, beschleunigten oder verlangsamten Vorgängen, mit Pausen, Warten, mit genauem Takt. Alles geschah in dieser riesigen Küche, an diesem geschützten Ort, auf diesem Platz, an dem man sich trifft, in dieser Karawanserei, in diesem vollständigen Theater, in dem man schließlich am dampfenden Tisch alle möglichen Persönlichkeiten mit allen ihren Geschichten und denen anderer von Leben und Tod vorträgt, die Geschichten, die geschahen und die geschehen sollten und die geschehen würden, in allen diesen dunklen Tälern inmitten der dunklen Berge und auch weiter fort in der Welt.

Es gab Tage, an denen an diesen dampfenden Tellern und diesem geopferten Fleisch, an diesem fetten, süchtig machenden Sud, an diesen kleinen Gläsern immer voller Wein das existenzielle Bewußtsein, ein romantischer Patriotismus und die metaphysische Erfahrung der unsicheren Erde, der Wälder, des Wassers, des Regens, des Schnees, der verborgenen Pilze, der Alpenveilchen im Schatten und der erstickten Begierde und der Drohung vergangener Kriege und derer, die noch kommen und der Erwartung von Hochzeiten und zu gebärenden Kindern und der Zeichen des Alters, das Hände, Haare und die Art sich zu drehen und auch die Art, Frauen und Kinder zu betrachten, verändert, dies alles und vieles mehr in einer derartigen Intensität in der allgemeinen Emotion hochstieg, daß weder die Stille noch das Wort mehr ausreichten; Lieder begannen die Küche zu füllen, ohne ein Lächeln gesungene Lieder, gesungen mit leeren Augen, um die normalen Alltagsgeschichten zu verfolgen, Geschichten von Verrat, von Liebe, von Krankheit, von heroischen Taten, Geschichten über im Krieg gefallene Söhne, von schwangeren Mädchen ohne Ehemann, «einen Mann habe ich nicht», von im Blut gewachsenen Blumen, von Schändungen, Abschieden mit dem Taschentuch, von Wiedersehen, Erotik, ausgezogenen Hemden, von Betten aus Rosenblättern, Kissen mit Stacheln, vorgetäuschter oder verteidigter Jungfräulichkeit, Sonnenuntergängen, Monden, Dämmerungen auf dem Meer.

So war die Küche meines Onkels Camillo: eine wohl proportionierte Bühne für eine große allgemeine Vorstellung über das Leben; so wie die noch älteren Küchen, die ich gesehen habe, mit einem schwarzen Topf, der von der Mitte der Decke herabhing, schwarz von Ruß, und die oben ein Loch hatte, damit Rauch, Dampf, Gerüche und Dasein nicht die Verbindung mit dem geheimnisvollen bewohnten Himmel verlören, und vielleicht auch, damit der hohe geheimnisvolle Beschützer heruntersteigen kann in das dunkle Gewölbe von Küche-Zimmer-Haus. Dann hat man ganz langsam, vielleicht über den Sozialismus, der das System gefunden zu haben schien, «alles zu rationalisieren», auch die Art, Polenta zu kochen, oder vielleicht, wie die Kapitalisten sagen, «wegen der überhöhten Kosten für Grund und Boden», oder vielleicht, weil es ganz allgemein die Zivilisation der Maschinen, die Zivilisation der Industrie und diese wichtigen Dinge gab – das weiß ich nicht – eines schönen Tages die Vorstellung von der «Minimum-Existenz» erfunden, mit der kleinsten Wohnung der Welt, der kleinsten Küche der Welt, alles auf Armlänge berechnet und auf die Schritte, die man machen muß, um den Topf mit Wasser zu füllen, den Gashahn aufzudrehen, das Gas anzuzünden, das Wasser kochen zu lassen, um die Dose mit Trockengemüse in die Hand zu nehmen, sie zu öffnen, um das Trockengemüse ins (vorher gesalzene) Wasser zu werfen, um «x» Minuten zu warten, wie es auf der Dose steht, um die Suppe aufzufüllen, sie auf den Tisch zu bringen (so nahe wie möglich), zu essen, mit Tellern und Löffeln zurückzugehen, sie in den Geschirrspüler zu stellen, den Schalter zu drehen, das kochende Wasser rauschen zu hören, das Geschirr herauszunehmen und an seinen Platz zurückzustellen.

Diese kleinste Küche der Welt ist so klein, daß man praktisch in der Mitte der Küche stehen und unglaublich schnell und ohne Mühe eine Art von «very, very fast food» im Hause kochen kann, zum Beispiel auch ein «very fast TV-dinner», ein so schnelles Essen, daß man es nicht einmal sehen kann, und man es jedenfalls nicht sieht, weil man währenddessen fernsieht.

Diese von Amerika so geliebte Vorstellung, daß «man das Essen nicht sehen darf, daß man nicht sehen darf, was man ißt», muß eine Vorstellung von denen sein, die so puritanisch sind (wie es sie überall auf der Welt gibt) wie die Quäker oder Calvinisten oder Shaker oder vielleicht die Puritaner der Juden, ich weiß es nicht, aber ich weiß, daß alle diese Menschen dort, wenn sie jede Freude, jeden schmutzigen Genuß, jedes saftige, glückliche, herrliche Ereignis im Leben hätten beseitigen können oder es beseitigen könnten, dieses getan hätten oder es sofort tun würden; es gibt die Amish, die, wie man sagt, sogar den Orgasmus abgeschafft haben, wenn sie Liebe machen, jedenfalls hat jetzt irgendjemand angefangen, Sandwiches zu erfinden, bei denen der gute eßbare Teil sich inmitten von zwei weißen salzlosen Brotplatten befindet, und so sieht man den guten Teil nicht, und dann hat man die Hamburger erfunden, bei denen man dem Hackfleisch ohne Salz und Öl und Butter mit Ketchup und Zwiebeln oder Käse nachhelfen mußte, aber in jedem Fall hat man alles zwischen zwei Brotkissen verborgen.

Nur die Afroamerikaner der Peripherie von Los Angeles, diese Südländer nahe bei Mexiko, große, schöne Menschen (vielleicht korrumpiert von dieser Art katholischen Erinnerungen, wie es sie in der Karibik gibt), die diese Art von Plätzen besitzen, die Fatburger heißen, machen die Hamburger schön fett mit rotem Ketchup und gelbem Senf und Zwiebeln, die von allen Seiten herunterfallen, auch auf die Hände, auch auf das Hemd. Oh, oh! (Glücklicherweise hat man es noch nicht erreicht, dieses System, das sündige Zeug mitten im heiligen Brot einzuquetschen, auf die Pizza anzuwenden. Bis jetzt läßt die Pizza noch alles sehen, was drauf ist.)

Auch in den Restaurants in Amerika sieht man nicht, was man ißt. Die Restaurants sind so dunkel wie möglich, so daß man absolut nichts sieht – ein Packen gefrorener Finsternis –, auch wenn man auf die Tische einige Kerzen stellt, weil die Frauen das mögen. Mit den angezündeten Kerzen kann das Ritual ablaufen, die Frauen sind schön, ihre weiße Haut schimmert, der heilige Boden ist umzäunt, und die Frau und ihr Mann, und der Mann und seine Frau können sich mehr oder weniger vorstellen, wo sie sind: aber Essen gibt es nicht, man weiß es nicht. Das Essen muß vollständig versteckt sein, verneint werden.

Ich habe geglaubt, daß auch in Amerika das Eis, die Gebirge aus Eis, das Gefrorene, das rauchende Gefrorene erfunden wurde, um die Sünde zu verbergen (um den Teufel zu schocken, der sich, wie man weiß, in der Wärme wohlfühlt), um den Geschmack zu beseitigen, den unaussprechlichen Geschmack der Sinne, um die Zunge zu verbrennen, sie zu lähmen, um die Düfte daran zu hindern, sich in der Luft zu verbreiten, wie sie es müßten, wie Weihrauchwolken in den vergoldeten Räumen der Inder ...

Jetzt kam mir die Idee, daß dies alles vielleicht wenig mit der Geschichte der «minimum existence» zu tun hat, mit der kleinsten Küche der Welt, aber vielleicht hat es doch damit zu tun, weil das Fernhalten des sündigen Leibes vom Essen, das Verbergen des «schönen zerstörerischen» Essens auch bedeutet, die Küche zu verbergen, sie zu vergessen, den großen Ritus, der in der Küche beginnt, in einen anderen Teil zu verlegen, vielleicht bedeutet es, andere Rituale zu erfinden, andere Rituale zu pflegen, vielleicht bedeutet es, die Küche in einen Ort reiner und simpler Produktion zu transformieren, in eine kleine Fabrik, die kleinste Fabrik der Welt, die kleinste Fabrik, vollkommen schön, gut organisiert, eine Mini-Metapher der grandiosen Anwendung von rationaler Logik.

In der kleinsten Fabrik der Welt, vollkommen schön und sauber, vollkommen weiß mit schönen Türen aus Plastikfolien, die nichts erkennen lassen, mit all den schön aufgereihten, schön gelackten, schön verchromten Küchenmaschinen, werden in rationaler Ordnung die Vorräte gelagert, mit allen Rohstoffen, sogar mit Halbfertigprodukten, vorgekochten, tiefgefrorenen, gefriergetrockneten, sorgfältig aufgestapelten Produkten, alles in rationaler Ordnung gelagert, mit allen Dosen, allen Büchsen und Pappschachteln, mit Flaschen, Gläsern, Vakuumpakkungen, Plastiktellern, Plastikgläsern, Tütchen, Mineralwasser, Milchtüten, gut verpacktem Fleisch, Stücken von ausgeblutetem Hühnerfleisch, gut geschnittenem, gut gesäubertem Gemüse, mit vollkommen ebenmäßigen Erbsen, dem bereits gebratenen Schollenfilet, den bereits zur Suppe verarbeiteten Muscheln und dann auch den Senfsorten, Mayonnaisen, der Foie gras, den in Stanniol verpackten Käsen, den Käsen in Holz, den Essigsorten, Ölsorten, Buttersorten, den pulverisierten Gewürzen, den Bohnen in Wasser, den vorgekochten Krabben, den Artischocken ohne Dornen ... alles ist schon schön und fertig, es gibt kein Resteproblem, man berührt nichts, man öffnet nur Dosen oder man schüttelt Flaschen, man gibt Pülverchen bei; man berührt nie etwas mit den Händen, auf diese Weise ist alles sehr hygienisch, und es gibt auch keine Gerüche, weil die Tröpfchen von duftendem Fett tiefgefroren, weggewaschen sind.

Tatsächlich ist alles weggewaschen worden, im Grunde genommen ist auch das Essen weggewaschen worden, und schließlich besteht das, was nachgeblieben ist, aus vielen Schachteln, Dosen, Milchtüten, Gläsern, Flaschen, Fläschchen, alle mit glänzenden Etiketten, mit Verpackungsschichten, Stanniol, Kartons, Papier, Seidenpapier, Zellophan, und schließlich das Kunstdruckpapier mit den Farbfotos dessen, was darin ist, wunderschöne Fotos, in der richtigen Beleuchtung, Licht der Frühlingssonne beim Aufgehen, Licht, das auch die Tautropfen auf Pflaumen, Pfirsichen und Weintrauben sehen läßt und anderes spezielles Licht, das das Fleisch röter, den Kohl grüner, die Oliven dicker, die Bohnen glänzender, heiler erscheinen läßt.

Dosen und Schachteln sind wunderschöne, Orgasmen erregende Objekte; wie die Schweizer Tabak- und Schokoladengeschäfte; die Schrift wird von «Graphikern», die alles über Schriften wissen, umgebrochen, die Farben der Abbildungen sind außergewöhnlich, manchmal phosphoreszierend, manchmal sind die Abbildungen in Singapur auf riesigen Rotationsmaschinen gedruckt, die in verrückter Schnelligkeit absolut klar und perfekt drucken. In der kleinsten Küche der Welt wird alles ordentlich nach wohlüberlegten Codes gestapelt, als wenn es der kleinste Supermarkt der Welt sei ...

Ohne daß irgendjemand ermüdet, ohne daß irgendjemand lange Reisen unternimmt, ohne daß irgendjemand sich stark abmüht, sogar ganz ohne jegliche Mühe, kommt in die kleinste Küche der Welt versteckt eine wunderschöne, phantastische Welt, in der es weder Armut, noch Angst, noch Irrtümer, noch Krankheiten, noch Entstellungen, noch Durcheinander gibt, in der die Salate nicht einmal ein faules Blatt, die Kirschen keine Würmer haben, in der die Orangen alle innen und außen vollkommen ebenmäßig, schön, rund und glänzend sind, in der keine einzige Orange innen ganz rot ist und die anderen hingegen von bläßlichem gelborange, in der die Zitronen keine schwarzen Flecken haben, in der bei den Artischocken nichts mehr weggeworfen werden muß, in der alles größer, saftiger, süßer, proportionierter, glücklicher, schöner, farbiger als auf einem Fernsehschirm ist, wie die Mädchen in der Vogue, die nie ihre Menstruation haben, nie Zahnschmerzen, die nie von ihrem Verlobten verlassen wurden, wie die Frühlingsträume, wie jener phantastische Garten Eden, wie er von dem Zöllner Rousseau gemalt wurde, wo die Tiger brav sind und sich setzen, um sich fotografieren zu lassen und die grüne Mamba vom Baum hängt und dir zublinzelt.

In der kleinsten Küche der Welt entknoten sich die neuen Rituale jenseits von betäubendem Lärm, jenseits von der stickigen Luft des Lebens.

Die neuen Rituale gleiten über die fotografierten Etiketten, gleiten schnell über den Glanz des Seidenpapiers, über die Tautropfen, zensieren das Unglücklichsein, zensieren den Zweifel, zensieren die Doppelsinnigkeit, zensieren das Erstaunen, zensieren die Unsicherheit. Deshalb wird die Welt immer wunderschön und alle werden glücklich sein. Wir reisen immer in einem langsamen dauerhaften Regen aus wunderschönen Etiketten, einem so schweren, so dichten Regen, daß wir durch alle diese Etiketten hindurch nicht einmal sehen können, was, vielleicht, jenseits davon ist; vielmehr wollen wir alles, was vielleicht jenseits davon ist, gar nicht sehen, weil wir über das, was hier ist, sehr glücklich sind.

Zum Beispiel sind Begräbnisse bereits zensiert worden – wer sieht noch ein Begräbnis? – und der Tod ist nur dann in Ordnung, wenn es sich um ein großes Massaker handelt, irgendein einfaches und schnelles Massaker mit viel schön leuchtendem Blut, mit Nebel umgeben, nie gesehenen Wäldern und irgendeinem Sondereffekt, so daß er uns nichts angeht, weil wir den langsamen und trüben Tod im Krankenhaus mit Plastikschläuchen, die aus der Nase kommen, zensiert haben. Jetzt wird zum Beispiel auch der Krieg zensiert. Man sieht nur wie Rambo gekleidete Soldaten, die essen oder zusammen mit weiblichen Soldaten Rock aus dem Radio hören.

Die Zensur der Dinge, die nicht funktionieren, wächst, es wächst die Mauer der Etiketten.

Nur die Sonntage verbringt man am Barbecue. Auf dem Rasen vor dem Haus kann man wie auf einer organisierten Reise in den Urwald richtigen Rauch sehen und den wahren Geruch von Beefsteak einatmen, von richtigem Fleisch, das verbrennt. Gewöhnlicherweise sind es der Mann, der Ehegatte, der Verlobte, der Freund, die soviel wagen; sie binden sich die Schürze um und nehmen richtiges Ochsenfleisch in die Hand. Die alten Küchen, die alten Rituale, sind Erinnerungen, die manchmal sonntags zurückkommen.

Die Bühne ist der Rasen am Haus, der mehr oder weniger frische Düfte ausstrahlt, umgeben von Bäumchen und Blumen, die mehr Nippes als Vegetation sind, mit Hunden, die herumlaufen, lieb, mehr Nippes als «Haustier», vielleicht mit einem tiefblauen Pool daneben, mehr Wasser in der Dose als Teich.

Die neuen Rituale haben mehr oder weniger diese Art von Bühne: die orangefarbenen Sitze des Fast Food, Stapelstühle des Selfservice, die fernen Küchen, Landschaften aus rostfreiem Stahl, die Tische der Autobahnen zwischen zwei Geschäften, die kleinen Küchen in den Häusern, die kleinen Küchen in rustikalem Stil aus Massivholz, die großen Cowboy-Küchen mit aufgehängten Töpfen, die Küchen als Lager von Erinnerungen an Küchen ...

Aber sind wir nicht alle furchtbar glücklich? Befinden wir uns vielleicht nicht alle unvermeidlich auf dem Wege des Fortschritts?

Aus: Ettore Sottsass: *Adesso però. Reiseerinnerungen*. Publikation zur Ausstellung in den Deichtorhallen Hamburg (3. September – 24. Oktober 1993), Übersetzungen aus dem Italienischen ins Deutsche von Brigitte Berger-Göken und Giannino Gagliardi, S. 134–148.

Kommentar: Martino Stierli

Robert Venturi (*1925) und Denise Scott Brown (*1931) gehören zu den wichtigsten Vordenkern der postmodernen Architektur, auch wenn sie sich stets gegen die Vereinnahmung von dieser Seite gewehrt haben. Neben einem umfangreichen gebauten Werk sind ihre beiden grundlegenden theoretischen Schriften von herausragender Bedeutung, haben sie doch die Entwicklung der Architektur im letzten Drittel des 20. Jahrhunderts maßgeblich bestimmt: Venturis Traktat *Complexity and Contradiction in Architecture* (1966) sowie die von den beiden gemeinsam mit Steven Izenour (1940–2001) verfasste Studie *Learning from Las Vegas* (1972). *Complexity and Contradiction* war ein intellektuelles Kondensat jener Eindrücke, die Venturi anlässlich eines prägenden Rom-Aufenthalts von 1954 bis 1956 gesammelt hatte, und setzte seinen Autor sogleich an die Speerspitze einer Gruppe jüngerer Architekten (der sogenannten Grays), die sich gegen die spätmoderne und brutalistische Architektur der Nachkriegszeit auflehnten. Mit einprägsamen Sentenzen setzte sich Venturi gegen den architektonischen Purismus zur Wehr und plädierte stattdessen für Komplexität, Mehrdeutigkeit und Widersprüchlichkeit, wobei er sich auf literarische Vorbilder berief. Hatte Mies van der Rohes Credo «Less is more» gelautet, so antwortete Venturi mit «Less is a bore». Mit seiner Rehabilitation der verpönten kommerziellen amerikanischen Alltagsarchitektur («Is not Main Street almost all right?») verwies das Buch auf das zentrale Thema von *Learning from Las Vegas*: die Ästhetik und Symbolik der am Auto orientierten, alltäglichen amerikanischen Stadt. Die Studie erfuhr eine äußerst kontroverse Aufnahme. *Learning from Las Vegas* führte Kategorien des Hässlichen, Gewöhnlichen und Vulgären, aber auch des Sozialen in den Architekturdiskurs ein und trug entscheidend zu dessen Öffnung bei. Das erklärte Ziel der Autoren war es, die architektonische Populärkultur Amerikas als Quelle für den architektonischen Entwurf ernst zu nehmen, wobei sie sich auf Methoden der Pop-Art beriefen. Richtungweisend war aber auch, Forschung und Entwurf miteinander zu verknüpfen und sich dabei auf visuelle Medien wie Fotografie und Film zu stützen. Zum architektonischen Gemeingut geworden ist das in *Learning from Las Vegas* entwickelte Begriffspaar «Ente» und «dekorierter Schuppen». Während bei der «Ente» (benannt nach einer Imbissbude in Form einer Ente) die äußere Gebäudehülle die Zweckbestimmung skulptural zum Ausdruck bringt, besteht der dekorierte Schuppen aus einer einfachen Zweckarchitektur, deren Funktion mit applizierten Elementen wie Schriftzeichen und Symbolen kommuniziert wird.

Martino Stierli ist Kunst- und Architekturhistoriker und arbeitet als wissenschaftlicher Mitarbeiter am Nationalen Forschungsschwerpunkt Bildkritik (Eikones) an der Universität Basel. Er unterrichtet an der ETH Zürich und ist Kokurator der internationalen Wanderausstellung «Las Vegas Studio: Bilder aus dem Archiv von Robert Venturi und Denise Scott Brown».

Robert Venturi, Denise Scott Brown, Steven Izenour

EINIGE KLÄRUNGEN ZUM GEBRAUCH DER VERGLEICHENDEN METHODE (1978)

«Nicht Neuerung um jeden Preis, sondern Achtung für das Althergebrachte.»
Herman Melville

«Ruheloses Neubeginnen endet in Sterilität.»
Wallace Stevens

«Ich mag langweilige Dinge.»
Andy Warhol

Um die Fluchtpunkte möglicher Entwicklungen hin zu einer neuen und doch so alten Architektur besser bestimmen zu können, werden wir einige vielleicht etwas unfaire Vergleiche anstellen; wir können so leichter verdeutlichen, wofür und wogegen wir eigentlich sind, letztlich auch unsere eigene Architektur so besser rechtfertigen. Wenn sich Architekten zu Worte melden, sich an ihre Schreibmaschine setzen und grundsätzlich-allgemeine Positionen beziehen, kann man sicher sein, daß sie dann nur ihre eigenen Werke verteidigen wollen. Das Folgende macht davon keine Ausnahme. Gerade weil unser Standpunkt bis hart an die Grenze der Banalität einfach ist, sind wir auf diese Vergleiche angewiesen. Unsere Position gewinnt ihre Konturen erst in dieser Gegenüberstellung. Dazu bedienen wir uns der Werke führender Architekten unserer Zeit – zugegebenermaßen eine vielleicht etwas gewagte Wahl – als Kontrastfolie und zur Verdeutlichung des jeweiligen Problemkontextes.

Die Betonung liegt dabei auf ‹Image› – nicht auf Prozessen oder Form; wir sind der festen Überzeugung, daß die Wahrnehmung und ebenso der Entwurf von Architektur auf vorhergegangene Erfahrung und daraus gespeiste Assoziationen angewiesen sind, ferner, daß diese symbolischen, Anderes repräsentierenden Elemente oftmals der Form, Konstruktion und Nutzung widersprechen, mit denen sie am gleichen Gebäude zusammentreffen. Wir werden diesen Widersprüchen in den beiden wichtigsten Erscheinungsformen nachgehen:

1. Da, wo die architektonischen Dimensionen von Raum, Konstruktion und Nutzung durch eine alles zudeckende symbolische Gestalt in ihrer Eigenständigkeit aufgelöst und bis zur Unkenntlichkeit verändert werden. Diese Art eines zur Skulptur werdenden Hauses werden wir *«Ente»* nennen – zu Ehren des entenförmigen Auto-Restaurants «The Long Island

Duckling», das Peter Blake in seinem Buch *«God's Own Junkyard»*[1] abbildet.

2. Da, wo Raum und Struktur direkt in den Dienst der Nutzung gestellt und Verzierungen ganz unabhängig davon nur noch äußerlich angefügt werden. In diesem Fall sprechen wir von einem *«dekorierten Schuppen»*.

Die Ente ist ein Bau spezifischer Nutzung, der als Ganzes Symbol *ist;* der dekorierte Schuppen ist ein normales, schützendes Gehäuse, das Symbole *verwendet.* Wir betonen, daß selbstverständlich beide Typen ihre volle Berechtigung haben – die Kathedrale von Chartres ist eine Ente (obwohl natürlich auch dekorierter Schuppen), und der Palazzo Farnese ist ein dekorierter Schuppen –, glauben jedoch, daß die Ente heute eine seltene Ausnahme bleiben muß, obwohl sie in der Architektur der Moderne immer wieder vorkommt.

Wir werden darlegen, wie wir von einer total auf das Auto bezogenen, kommerziellen Interessen untergeordneten Architektur der Streu-Städte wieder zu einer Sinngehalte transportierenden Architektur kommen können, die auf unsere aktuellen Probleme antwortet und für die Innenstädte und die Vororte gleichermaßen taugt. Eine solche Neuorientierung wäre vergleichbar mit der vor 40 Jahren, als die Formensprache des ingenieurmäßigen Industriebaus der Jahrhundertwende von der Avantgarde der Moderne für die technologisch anspruchsvolle Architektur eines «fließenden Raumes» fruchtbar gemacht wurde. Wir werden zeigen, wie die ikonographischen Sinngehalte historischer Epochen – nicht aber die wörtlichen Formen ihrer Räume und Plätze – in Symbolen verdichtet enthalten sind und assoziativ freigesetzt werden können, eben dadurch dann auch den Hintergrund für ein Studium der Integrationsleistungen kommerzieller Gebrauchskunst und der Architektur des Strip abgeben.

Schließlich werden wir uns noch mit dem Symbolismus häßlicher und alltäglicher Architektur befassen; insbesondere mit dem dekorierten Schuppen mit seiner geschwätzigen Fassade und seiner nichtssagenden Rückseite, kurzum, mit der Architektur als einer regendichten Behausung samt einigen applizierten Symbolen.

Die Ente und der dekorierte Schuppen

Wir wollen uns nun im Detail dem dekorierten Schuppen zuwenden und dazu Paul Rudolphs «Crawford Manor» mit unserem «Guild House» (in Zusammenarbeit mit

1 Peter Blake, *God's Own Junkyard: The Planned Deterioration of America's Landscape*. New York 1964, S. 101; vgl. auch Denise Scott Brown und Robert Venturi, «On Ducks and Decoration», in: *Architecture Canada*, Oktober 1968

Cope und Lippincott) vergleichen. Die beiden Gebäude dienen ähnlichen Zwecken, haben ähnliche Größe und Konstruktionsmerkmale. Beide sind vielstöckige Appartement-Häuser für ältere Bewohner mit rund 90 Wohneinheiten, die in der Mitte der sechziger Jahre erbaut wurden. In der Lage unterscheiden sie sich jedoch: Guild House ist eine freistehende, sechsgeschossige, palazzoähnliche Anlage, die in Material und Bauweise den umgebenden Bauten angepaßt und durch Formgebung und Position in die Blockrandbebauung des Straßenrasters von Philadelphia integriert ist. Crawford Manor dagegen ist ganz eindeutig ein aus seiner Umgebung herausstechender Turm, einzigartig in der modernen Ville-Radieuse-Welt längs des nur für den Anliegerverkehr freien Zubringers, «Oak Street», nach New Haven.

Uns ist es jedoch vor allem um die Unterschiede zwischen den *Images* dieser beiden Gebäude zu tun, genauer: wie diese Images jeweils erzeugt worden sind. Konstruktion und Raumprogramm von Guild House sind einfach, konventionell: das ist von außen auch zu sehen. Bei Crawford Manor sind Konstruktion und Raumprogramm ebenfalls einfach und konventionell, zu sehen ist das aber nicht. Zwischendurch soll noch kurz gesagt sein, daß die Wahl für diesen Vergleich nicht deshalb auf Crawford Manor gefallen ist, weil wir eine besondere Abneigung gegen dieses Gebäude hätten. Crawford Manor ist unbestreitbar der gekonnte Bau eines fähigen Architekten. Es wäre einfach gewesen, ein weit extremeres Beispiel der Architektur zu finden, die wir hier kritisieren wollen. Crawford Manor haben wir im wesentlichen deshalb gewählt, weil es die gegenwärtig dominierende Strömung der Architektur repräsentiert (genauer, es repräsentiert die große Mehrheit dessen, was man heute in Architekturzeitschriften vorgestellt findet) und im übrigen mit Guild House einige grundlegende Voraussetzungen gemeinsam hat. Andererseits hat auch die Wahl von Guild House einen großen Nachteil: Der Bau ist nun schon fünf Jahre alt, und einige unserer späteren Arbeiten wären vielleicht besser geeignet, unsere heutigen Vorstellungen genauer und eindringlicher vorzuführen. Schließlich und endlich wollen wir noch einem möglichen Mißverständnis von vornherein die Grundlage entziehen. Es besteht sowohl die Gefahr, daß unsere Beschränkung auf die Analyse hauptsächlich des Images von Gebäuden falsch verstanden wird. Wir haben diesen Ausschnitt gewählt, weil der Zusammenhang zwischen dem Erscheinungsbild und den dadurch evozierten Assoziationen unserem Erkenntnisinteresse entgegenkommt, nicht aber deshalb, weil wir kein Interesse etwa an den Entscheidungsprozessen über die Projekte, über die Raumprogramme und die Konstruktionen hätten oder diesen Prozessen und den sozialen Aspekten der Architektur bzw. der beiden Bauten keine Bedeutung beimessen würden. Wie die meisten anderen Architekten auch, verbringen wir 90 Prozent unserer Arbeitszeit damit, genau für diese Fragen Lösungen zu finden, und weniger als vielleicht 10 Prozent mit dem Komplex, um den wir uns hier bemühen wollen. Nutzungsprogramme und Konstruktionsprobleme sind eben nur nicht direkt Gegenstand der Untersuchung hier.

Wir wollen nun aber mit dem Vergleich der beiden Gebäude fortfahren. Guild House ist ein Skelettbau aus Ortbeton mit Curtain Walls, die die Räume nach außen schließen, aber von zweigeteilten Schiebefenstern durchbrochen werden. Die dabei verwandten Steine sind ganz normale Ziegel, von etwas dunklerer Farbe, um den Farbton der rauchgeschwärzten Ziegel der umgebenden Bauten zu treffen. Die technische Ausstattung wird am Äußeren von Guild House nirgendwo sichtbar. Ein typischer Geschoßgrundriß zeigt die ganze Breite unterschiedlicher Wohneinheiten – wie ein Appartement-Haus aus den zwanziger Jahren – zur Abdeckung unterschiedlichster Bedürfnisse, im Hinblick auf Anzahl und Größe der Räume, Orientierung, Aufmachung. Dafür wurde teilweise ein Abweichen von der optimalen Integration der Installationskerne in Kauf genommen. Die Konstruktion von Crawford Manor, eine Kombination aus Ortbetonbau und außen vorgesetzten, streifenförmig geriefelten Beton-Elementen, ist im Grunde gleichfalls eine konventionelle Skelettkonstruktion mit statisch nicht beanspruchten Ausfachungen. Nur ist das von außen nicht zu erkennen. Crawford Manor vermittelt den Eindruck anspruchsvoller Konstruktion, modernster Raumorganisation. Es sieht aus, als ob sein tragendes System aus räumlichen, eventuell auch die Versorgungstechnik bergenden Hohl-Zylindern bestünde, die nahtlos aus einem plastischen Material gegossen sind. Die streifenförmigen Oberflächenstrukturen suggerieren die verbleibenden Spuren eines gewaltsam-heroischen Produktionsaktes, erinnern an die Formen des *beton brut.* Sie formulieren den Anspruch eines innen «fließenden Raumes» und sind in ihrem konstruktiven Purismus niemals durch Fensteröffnungen oder Variationen zwischen den Geschossen in Frage gestellt. Der harte Kontrast zwischen den undurchdringlichen Wänden und den frei auskragenden Lichtschleusen der Balkone läßt die Lichtverhältnisse des Inneren extrem «moduliert» erscheinen.

In Guild House sind es einfach nur die Fenster, die den Räumen das nötige Licht vermitteln. Wir vertrauten auf die herkömmliche Form der Belichtung eines Gebäudes, auf die Anlage von Fenstern. Das von außen kommende Licht zu filtern, kam uns während der gesamten Planung gar nicht in den Sinn: wir machten, was alle anderen vor uns bisher auch gemacht hatten. Die Fenster sehen ganz vertraut aus; sie *sehen aus wie* und sie *sind* Fenster; insofern ist die Verwendung solcher Fenster explizit symbolisch. Aber wie alle symbolisch wirksamen Formen sollen sie gleichzeitig vertraut und fremd erscheinen. Sie sind gewöhnliche Bauelemente, die in gewisser Hinsicht ungewöhnlich verwendet werden. Wie die Objekte der Pop-Art sind sie alltägliche Dinge, die durch leichte Veränderungen in der Größe und den Proportionen (sie sind weitaus größer, als es geteilte Schiebefenster üblicherweise sind) sowie durch die Veränderung des gesamten Kontextes (ganz übliche Schiebefenster in einem betont gestalteten Gebäude) verfremdet werden.

Guild House trägt Schmuckelemente, Crawford Manor nicht. Die Schmuckformen an Guild House sind als solche auch sofort erkenntlich. Sie betonen und widersprechen den Formen des Gebäudes, das sie schmücken. Bis zu einem bestimmten Grad sind sie auch symbolisch. Der durchlaufende Streifen weiß lasierter Steine hoch an der Fassade teilt zusammen mit der ebenfalls weiß lasierten Fläche unten das Bauwerk in drei ungleiche Schichten: Sockel, Obergeschosse und Attika. Diese Teilung widerspricht dem Maßstab der eigentlich gleichbleibenden sechs Geschosse, die sie überlagert, und erinnert an die Fassadenteilung eines Renaissance-Palastes. Die mittlere weiße Zone lenkt die Aufmerksamkeit bevorzugt auf den Eingang und unterstreicht damit dessen Bedeutung. Sie erweitert das Erdgeschoß optisch bis zur Höhe der Balkonbrüstung des ersten Obergeschosses in gleicher Weise und aus den gleichen Gründen, wie das analog durch die besondere Bearbeitung und den vergrößerten Maßstab an Portalen der Renaissance und der Gotik geschieht. Die gänzlich unerwartete, dickleibige Säule in einer ansonsten völlig flachen Wand zentriert die Aufmerksamkeit des Betrachters wiederum auf den Eingangsbereich; der dabei verwendete kostbare Granit und die glänzend lasierten Ziegel verbreiten dort außerdem eine Aura der Gediegenheit, wie das ganz ähnlich oft auch Siedlungs- und Entwicklungsgesellschaften versuchen, wenn sie die Bürgersteige vor ihren Objekten mit geädertem Marmor pflastern, um dem Eingang eine klassische Note und damit dem ganzen Objekt einen höheren Wert zu verleihen. Umgekehrt wiederum mindert die zentrale Anordnung der Säule im Eingang ihre eigene Bedeutung.

Die Bogenformen des großen Fensters von Guild House ist nicht konstruktiv bestimmt. Anders als die rein ornamentalen Elemente an diesem Bau bezieht sich dieser Bogen auf eine bestimmte innere Funktion des «Schuppens», genauer auf die Aktivitäten und Veranstaltungen der Haus-Gemeinschaft im obersten Stockwerk. Allerdings nimmt auch der große Gemeinschaftsraum selbst eine Sonderstellung gegenüber den sonstigen Räumen ein. Im Aufriß der Vorderfront krönt der Bogen den zentralen senkrechten Streifen der Balkonöffnungen, dessen Basis wiederum der ornamental hervorgehobene Eingang ist. In ihrem Zusammenspiel vereinheitlichen Bogen, Balkone und Eingang die Fassade und relativieren, ganz wie eine Kolossalordnung (man vergleiche etwa die klassische Schaufront einer Musikbox), die Aufteilung in die sechs gleichen Geschosse, um so die gesamte Front in monumentalerem Maßstab erscheinen zu lassen.

Die Megaform der Kolossalordnung wiederum wird übertrumpft durch eine unvermittelt aufgesetzte, die [Fassadenmitte akzentuierende] Fernseh-Antenne aus golden eloxiertem Aluminium. Sie ist sowohl die Kopie einer abstrakten Lippold-Plastik als auch ein Symbol für den dominierenden Lebensinhalt unserer Alten. Eine grell bunte Gips-Madonna mit weit geöffneten Armen würde in dieser exponierten Position sicherlich noch mehr Vorstellungen evozieren, wäre allerdings bei einer Einrichtung der Quäker, die alle Äußerlichkeiten verabscheuen, undenkbar – ebenso undenkbar wie bei Crawford Manor und dem größten Teil der modernen Architektur, die sich Form als ornamentale Form, Form als Auslöser von Assoziationen vollständig verbietet.

Explizite und implizite Assoziationen

Schmuckelemente gleich welcher Art, ob eine bedeutungsschwere Skulptur auf einem Dach, ein schön geschnittenes Fenster oder andere witzige oder rhetorisch gemeinte Gebilde, sind undenkbar für Crawford Manor. Auch Verkleidungen aus kostbaren Materialien, etwa an einem der aufsteigenden Zylinder, oder weiße Streifen oder eine Wandverkleidung in Anlehnung an Vorbilder der Renaissance wären nicht zugelassen. Die auskragenden Balkone beispielsweise sind in Crawford Manor «konstruktiv eingebunden»; ihre Oberfläche hat die gleiche Materialstruktur wie der ganze Bau, und auch sonst unterbleibt die Verwendung jeder ornamentalen Form. Die Balkone von Guild House dagegen erwecken nicht den Eindruck einer Zugehörigkeit zum konstruktiven Gerüst, ihre Geländer fungieren auch als Verzierung, sie erinnern außerdem – trotz der Vergrößerung des Maßstabs – an die Formen ganz normaler Lochbleche.

Der Symbolismus von Guild House bedient sich ornamentaler Formen und bedarf mehr oder weniger expliziter Assoziationen, um wirken zu können. Sein Bild ist nicht nur Resultat dessen, was faktisch zu sehen ist, sondern ersteht auch unter Beteiligung der dadurch angesprochenen Erinnerungen. Ganz anders die architektonischen Elemente von Crawford Manor, die zwar auch Assoziationen freisetzen, freilich solche ganz anderer, weniger expliziter Art. Die puristisch reinen Architekturformen von Crawford Manor befördern einen Symbolismus, der von dem zusätzlich aufgewandter Schmuckformen von Guild House, mit ihren expliziten, fast plastischen Hinweisen und Assoziationen, vollständig verschieden ist. Der implizite Symbolismus von Crawford Manor ist das notwendige Ergebnis der völligen Schmucklosigkeit dieses Baues, der der Projektion unserer assoziierten, aus der Vergangenheit gespeisten Erfahrungen auf diesen Bau keinerlei bestimmte Korrektur entgegensetzen läßt. Jenseits der «abstrakt expressionistischen» Botschaft, wie sie sich über genuin physiognomische Charakteristika von Formen – Größe, Oberflächenbeschaffenheit, Farbe usw. – vermittelt, kann sich eine Vielzahl von Bedeutungsschichten übereinanderlagern. Diese Bedeutungen entstammen unserem technischen Wissen, den Werken und den Schriften der Wegbereiter moderner Form, dem Formenvokabular der ingenieurmäßigen Industriearchitektur und anderen Quellen. So haben z. B. die senkrecht aufschießenden Zylinder an Crawford Manor das Aussehen konstruktiver Stützen (tatsächlich haben sie keinerlei statische Funktion) aus «bewehrtem Beton» mit geriffelter Oberflächenstruktur (und Mörtelverbindungen), die Nebenräume und technischen Systeme enthalten (tatsächlich Küchen); sie scheinen in die Silhouette großer Entsorgungssysteme zu münden (gebräuchlich bei industriellen Produktionsstätten), bedingen die Art der Lichtregulation durch «Wandlöcher» (anstatt durch gerahmte Fenster), erzeugen einen fließenden Raum (begrenzt durch die rationellste Aufteilung der Geschoßebenen in Appartements, andererseits erweitert durch die allseitig vorgehängten Balkone, die wieder eine Aufteilung in kleine Appartements vermuten lassen) und sind die Formhülle spezifischer Nutzungen, die aus einem bestimmten Empfinden heraus (oder etwa aus Gründen einer expressiven Wirkung) von den Ecken des Planes aus in den Raum hinausstehen sollen.

Heroisch und originell oder häßlich und gewöhnlich

Die faktische Botschaft des impliziten Symbolismus von Crawford Manor ist die heroische, die gesuchte Geste. Trotz seiner konventionellen Konstruktion, der ganz normalen bautechnischen Problemlösungen, gibt sich der Bau eine heroische Miene und behauptet, einzigartig zu sein. Dagegen ist der Gehalt des expliziten Symbolismus von Guild House im Bereich dessen angesiedelt, was gemeinhin als «häßlich und gewöhnlich» abgetan wird. Das technisch anspruchslose Ziegelmauerwerk, die altmodisch geteilten Schiebefenster, die gefälligen Materialien rund um den Eingangsbereich und schließlich die häßliche Antenne, die eben nicht im Blickschatten jenseits der Brüstung versteckt ist wie sonst üblich, das alles ist einfach und wirkt auch so, gewöhnlich, ja, sogar häßlich. (Die unvermeidlichen Plastikblumen in den Fenstern der Appartements sind ebenso hübsch wie gewöhnlich; keineswegs aber verkitschen sie das Bild dieser Architektur, wie sie im anderen Fall das Bild der prätentiösen Lichtöffnungen von Crawford Manor verkitschen würden).

Bei Guild House hat die Symbolik des Gewöhnlichen aber noch weitere Dimensionen. Dort vermitteln die Anklänge einer «Kolossalordnung» der Vorderfront, die symmetrische, palazzoähnliche Zusammenfassung zu einem dreiteiligen Aufbau (zusammen mit den unterlegten sechs realen Geschossen), ihre Überhöhung durch eine Skulptur – oder zumindest etwas Skulpturähnliches – auch den Eindruck des Heroischen und Originellen. Sicherlich ist dieser Eindruck hier ironisch relativiert, es ist aber gerade diese unmittelbare Gleichzeitigkeit einander widersprechender Symbole – die Applikation eines Symbolsystems auf ein anderes –, die für uns die Definition des dekorierten Schuppens ausmacht. Erst dieser Tatbestand macht Guild House zum geplanten dekorierten Schuppen, zur künstlerischen Leistung von Architekten, unterscheidet es von «Architektur ohne Architekten».

Die reinste Form des dekorierten Schuppens entstünde dann, wenn ein konventioneller Bau «von der Stange», der nur den funktionellen Erfordernissen von Raum, Konstruktion und Nutzungsprogramm angepaßt, also lediglich schützendes Gehäuse, Kontrastfolie, eventuell auch – wenn es die Umstände gestatten – widersprechende Schicht ist, von ornamentalen Elementen überzogen würde. Bei Guild House sind diese ornamental-symbolischen Elemente mehr oder weniger zitathafte Zusätze: Die Flächen und Streifen weiß lasierter Ziegel sind Applikationen, und die der Straße zugewandte Vorderfront setzt sich mittels der schmalen Einschnitte an beiden oberen Ecken von der dahinterliegenden Baumasse ab. (Diese Ablösung der Frontfassade von der Masse des Gebäudes stellt auch eine Art Fortsetzung der Bauflucht der beiderseits in Reihe gebauten, nicht freistehenden älteren Gebäude dar, reiht Guild House gewissermaßen wieder in den Blockverband ein.) Die der symbolischen Überhöhung dienenden, ornamentalen Formen sind oft gewöhnlich, häßlich, dabei aber mit einem Einschlag ins Heroische und Gesuchte; der hinten anschließende Schuppen selbst ist fast unverblümt häßlich, obwohl mit seinem Ziegelmauerwerk und den Fenstern auch hier symbolische Elemente verwendet werden. Obwohl es natürlich eine ungeheure Fülle historischer Vorläufer des dekorierten Schuppens gibt, war doch die zeitgenössische, rein kommerziellen Zwecken dienende Architektur längs unserer Straßen – die 10000 $-Imbißstube mit dem 100000 $-Reklamezeichen – das unmittelbare Vorbild unseres dekorierten Schuppens. Nicht zuletzt wird der Schriftzug «Guild House» zur reinsten Verkörperung der Wesensmerkmale eines dekorierten Schuppens und dabei auch zur schlagendsten Verdeutlichung der Unterschiede zu Crawford Manor.

Das Ornament: Zeichen und Symbol, Kennzeichnung und Anspielung, emblematische und physiognomische Qualitäten, Sinnhaftigkeit und Expressivität

Ein Zeichen an einem Gebäude vermittelt mit der Botschaft seiner Buchstaben und Worte einen kennzeichnenden Bedeutungskomplex. Es steht dadurch in einem gewissen Gegensatz zu den anderen, eher architektonischen Elementen des Gebäudes, die nicht bezeichnen, sondern mit-bezeichnen, beiläufig Anspielungen vermitteln. Ein großes Zeichen, wie das über dem Eingang von Guild House, groß genug, um auch von den auf der Spring Garden Street vorbeifahrenden Wagen aus wahrgenommen werden zu können, erinnert natürlich sofort an kommerzielle Reklame und wird deshalb zumindest teilweise als gewöhnlich und häßlich empfunden. Es kann nicht überraschen, daß das entsprechende Hinweisschild von Crawford Manor vergleichsweise zurückhaltend, geschmackvoll, eben nicht kommerziell geartet ist. Es ist viel zu klein, um von den auf Oak Street schnell vorbeifahrenden Wagen aus überhaupt wahrgenommen, geschweige denn gelesen werden zu können. Explizite Symbolzeichen, insbesondere große, reklamehafte Zeichen sind einer Architektur wie Crawford Manor ein Greuel. Diese Art Architektur behauptet ihre Identität nicht durch eine explizite Mitteilung, nicht durch die wörtliche Botschaft «Ich bin Guild House», sondern durch mitschwingende, in der bloßen physiognomischen Form ihrer Architektur enthaltene Nebenbedeutungen; Crawford Manor versucht seine Funktion als Alten-Wohnheim bis zu einem gewissen Grad zwar mitzuteilen, bedient sich dabei aber eben nur reiner Form.

Wir haben die einfache sprachliche Unterscheidung zwischen einem «kennzeichnenden» und einem «andeutenden» Ausdrucksgehalt hier für unsere Zwecke eingeführt und sie einerseits auf das heraldisch-emblematische, andererseits das physiognomische Element in der Architektur projiziert. Wir wollen diesen Sachverhalt noch weiter zu klären versuchen: Ein Zeichen, das «Guild House» verkündet, *kennzeichnet* seine Botschaft durch Worte; insoweit ist es das heraldische Element *par excellence.* Die bestimmte Form der Buchstaben jedoch, ihre graphische Gestaltung, vermittelt gleichzeitig eine Andeutung, eine sekundäre Botschaft, über die Seriosität dieser Einrichtung, der wiederum durch das Format dieser Lettern widersprochen wird: Lettern dieser Größe finden sich sonst nur bei Reklamezeichen. Die Position des Zeichens enthält außerdem noch einen *Hinweis* auf den Eingang. Die weiß lasierten Ziegel *kennzeichnen* in ihrem Kontrast zu den sonst verwendeten roten Ziegeln diesen Schmuck als ungewöhnliche und bereichernde Zugabe. Mit der Verteilung der Streifen und der abgesetzten Flächen haben wir *andeutungsweise* das Bild einer Geschoßordnung zu erzeugen versucht, die an Palazzi bzw. an Maßstab und Monumentalität von Palazzi erinnern kann. Die geteilten Schiebefenster *kennzeichnen* ihre Funktion, ihre gruppenweise Zusammenfassung *deutet* Häuslichkeit und die gänzlich alltägliche Art ihrer Benutzung an.

Kennzeichnung führt zu scharf umrissenen Bedeutungen; Andeutungen, Anspielungen, Verweise können nur allgemeinere Bedeutungen ins Spiel bringen. Ein und dasselbe Element kann dabei kennzeichnen und andeuten, wobei sich die beiden Botschaften auch noch wechselseitig widersprechen können. Allgemein läßt sich zumindest soviel sagen, daß ein architektonisches Element um so mehr von seinen heraldisch-emblematischen Qualitäten leben muß, je mehr es vor allem kennzeichnet, also klar definierte Bedeutungen transportiert; je mehr es andererseits weitere Bedeutungen mitschwingen läßt, beruht seine Wirksamkeit auf der Charakteristik physiognomischer Eigenschaften. Die moderne Architektur (und Crawford Manor als ihr stellvertretendes Beispiel) neigte dazu, die heraldisch-emblematisch-kennzeichnende Dimension der Architektur zu verdrängen, ihre physiognomisch-andeutenden Züge dagegen zu übertreiben. Sie gebraucht wohl expressiv-ornamentale Formen, vermeidet jedoch direkt symbolischen Schmuck.

Wir wollen zusammenfassen: Guild House und Crawford Manor wurden in einem Vergleich einander gegenübergestellt und bezüglich ihres Gesamteindrucks, bezüglich ihrer jeweiligen Wege in der Produktion dieses Eindruckes untersucht. Eine Übersicht über diese aneinander kontrastierten Methoden findet sich in Tabelle 1.

Tabelle 1: Vergleich von Guild House und Crawford Manor

Guild House	Crawford Manor
Eine Architektur der Bedeutung	Eine Architektur des Expressiven
Explizit «kennzeichnender» Symbolismus	Implizit «andeutender» Symbolismus
Symbolischer Schmuck	Expressiver Schmuck
Applizierter Schmuck	Integrierter Schmuck
Gleichzeitige Verwendung mehrerer Medien	Reine Architektur
Dekoration durch die Montage flächiger Elemente	Uneingestandene Dekoration durch die gesuchte Formung integrierter Elemente
Symbolismus	Abstraktion
Gegenständliche Kunst	«Abstrakter Expressionismus»
Zitierende Architektur	Innovative Architektur
Gesellschaftsbezogener Mitteilungsgehalt	Architektonischer Gehalt
Propaganda	Architektonisches Selbstgespräch
Kunst und Gebrauchskunst	Kunst
Evolutionär, an historische Vorläufer anschließend	Revolutionär, progressiv, anti-traditionell
Konventionell	Kreativ, einzigartig, eigenständig
Alte Worte mit neuer Bedeutung	Neue Worte
Gewöhnlich	Außergewöhnlich
Praktisch	Heroisch
Vorderfront aufwendig	Rundum aufwendig
Inkonsistent	Konsistent
Bewährte Konstruktion	Fortschrittlichste konstruktive Technologie
Tendenz zu gewachsenen Stadtstrukturen	Tendenz zu Megastrukturen
Akzeptiert die Werteordnung des Auftraggebers	Versucht die Werteordnung des Auftraggebers idealistisch neu zu ordnen/dementsprechend die zur Verfügung stehenden Mittel bevorzugt für Kunst und «Höheres» einzusetzen
Macht einen billigen Eindruck	Sieht teuer aus
«Langweilig»	«Interessant»

Kann eine alltägliche Architektur interessant sein?

Ist Guild House in all seiner Alltäglichkeit langweilig? Ist Crawford Manor mit seinen dramatisch vorkragenden Balkonen interessant? Verhält es sich nicht genau umgekehrt? Unsere Kritik an Crawford Manor und den Bauten, die es beispielhaft vertritt, hat keinen moralischen Unterton, hat nichts zu tun mit der sogenannten Ehrlichkeit in der Architektur, nichts auch mit einer Art *prinzipiellen* Mangels an Übereinstimmung zwischen Form und Inhalt. Crawford Manor *ist* häßlich und gewöhnlich, gerade weil es sich in einer gewollt heroischen Pose gibt. Unsere Kritik läßt sich nicht in den Vorwurf ummünzen, daß Crawford Manor «unehrlich» sei, sondern gipfelt in der Einschätzung dieses Baues als irrelevant, nichtssagend. Am Resultat ebenso wie am Entwurfsprozeß, am Inhalt wie an seinen Erscheinungsformen werden wir zu zeigen versuchen, wie Crawford Manor selbstverschuldet verarmt durch die Zurückweisung aller direkt kennzeichnenden Schmuckformen, damit auch der ganzen reichen ikonographischen Tradition historischer Architektur, verarmt durch die Mißachtung – bzw. die Unbewußtheit in der Art der Benutzung – der Nebenbedeutungen des Expressiven, das es an die Stelle von Schmuckformen gesetzt hat. Mit der Austreibung des Eklektizismus hat die Architektur der Moderne auch das Symbolische überhaupt ausgetrieben. Stattdessen befördert sie einen Expressionismus, der rein durch den genuinen Mitteilungsgehalt der architektonischen Formen und Elemente selbst wirksam werden wollte, legitimiert nur als Ausdruck von Konstruktion und Funktion.

Sie versprach, durch eine bestimmte Erscheinungsform, die Verfolgung reformistisch-progressiver sozialer und technischer Ziele, was sie dann aber real kaum durchhalten konnte. Durch seine Selbstbeschränkung auf unmittelbar evidente Formen rein architektonischer Elemente, das Denken nur in den Kategorien von Raum, Konstruktion und Nutzung, wurde dieser Expressionismus der modernen Architektur immer trockener, inhaltsleerer und langweiliger – schließlich beliebig, gleichgültig. Ironischerweise hat die moderne Architektur gerade durch die Austreibung alles direkt Symbolischen, aller frech und großspurig schmückenden Beigaben das gesamte Gebäude in ein einziges Ornament verwandelt. Mit der Ablösung der Dekoration durch immanente «Artikulation» wird der ganze Bau zur Ente.

Aus: *Lernen von Las Vegas. Zur Ikonographie und Architektursymbolik der Geschäftsstadt*, S. 104–122, aus dem Amerikanischen von Heinz Schollwöck, 2. Aufl., Gütersloh, Berlin, Basel u. a. 2001. (Bauwelt-Fundamente 53)

Amerikanische Originalausgabe: *Learning from Las Vegas*, Cambridge, Mass. 1978.

Kommentar: Beate Manske

Wilhelm Wagenfeld, 1900 in Bremen geboren und 1990 in Stuttgart gestorben, gilt als der einflussreichste Pionier moderner Produktgestaltung in Deutschland. Als erstem und einzigem Schüler des Weimarer Bauhauses gelang es ihm seit 1931, die noch praxisfern formulierten Grundsätze dieser Schule, die auf die Schaffung einer modernen, demokratischen Industriekultur zielten, in der konkreten Zusammenarbeit mit der modernen Großindustrie zu überprüfen und weiterzuentwickeln. Von Anfang an verstand sich Wagenfeld als gleichberechtigter Partner in einem Team mit den Ingenieuren und Kaufleuten; durch diese Anerkennung aller technischen und ökonomischen Sachzwänge gelang es ihm, seinerseits als «künstlerischer Mitarbeiter» seine kulturellen und gesellschaftlichen Anliegen durchzusetzen. Für seine Partnerfirmen entwarf er beispiellos erfolgreiche Produktpaletten, die sich über Jahrzehnte auf dem Markt behaupteten und teilweise noch heute hergestellt werden.

Mit Aufsätzen, Denkschriften, Briefen und Vorträgen suchte Wagenfeld zeitlebens Bündnispartner in allen gesellschaftlichen Bereichen zu gewinnen und Einfluss auf die Ausbildung junger Gestalter zu nehmen, wobei er seine Konzeption stets mit Hinweis auf die Erfahrungen aus seinen eigenen Arbeiten nachvollziehbar belegte.

1958, als er die Hochschulausbildung zunehmend auf bloßes «Formgestalten» reduziert sieht, zieht Wagenfeld nochmals die Bilanz seiner Erfahrungen. Gegen die von ihm wahrgenommene Einengung des komplexen Begriffes der «guten Form» auf eine Stilhaltung setzt er die «geistige Beherrschung der industriellen Möglichkeiten», jenseits eines eindimensionalen «form follows function»-Prinzips. Wagenfeld trägt eine überzeugende Theorie des «Brauchens» vor, die gerade heute, in Zeiten der Globalisierung, wieder von bestechender Aktualität ist: die Produkte sollten nicht aus der scheinbaren Logik der Firmenproduktion entwickelt werden, sondern sich an den zeitgemäßen Bedürfnissen und Wünschen der Käufer orientieren und durch ihre überragende Gebrauchsfreundlichkeit, ihre Herstellungsqualität und unterschwellige Schönheit langfristig überzeugen.

Beate Manske M.A., Kunsthistorikerin, Schwerpunkt öffentliche Kunst und Design, seit 1993 Geschäftsführerin und fachliche Leiterin der Wilhelm Wagenfeld Stiftung in Bremen. Beate Manske veröffentlichte zahlreiche Bücher, vor allem über Leben und Werk von Wilhelm Wagenfeld.

Wilhelm Wagenfeld

INDUSTRIELLE FORMGEBUNG (1958)

Künstlerische Mitarbeit in den Fabriken heißt, dort mittun, mitdenken und mitverantworten. Ob dabei die Tätigkeit an leitender Stelle ist, auf ein einziges Industrie-Unternehmen konzentriert, ob sie sich auf freiberufliche Bindungen beschränkt, vielleicht nur einem Teil der Produktion in den Fabriken verbunden oder auf einzelne Erzeugnisse begrenzt ist, bleibt im Grunde einerlei. Im Großen wie im Kleinen, im Umfänglichen wie im Einzelnen ist die Aufgabe jedes Mal gleichbedeutend, erfordert sie das gleiche Wissen und Können. Denn der Erfolg unseres Beitrags hängt vom überzeugenden Mitwirken ab, von einem Tun und Raten, das auf den wirtschaftlichen und gesellschaftlichen Nutzen der Fabrikarbeit gerichtet ist. In Fabriken künstlerisch mitarbeiten heißt, zwar von anderen beruflichen Voraussetzungen, von anderer Sicht der Zusammenhänge auszugehen als Kaufmann und Techniker, aber mit dem gleichen wirtschaftlichen Ziel, mit der gleichen Einfügung in die Gegebenheiten der Fabrikation.

Ich verwende mit dem Künstlerischen ein Wort, das falsch verstanden werden kann, um damit eine bestimmte industrielle Tätigkeit in ihrer ganzen Tragweite zu bezeichnen, erst recht aber, um sie von jenem Oberflächlichen abzuheben, das gemeinhin «Formgestaltung» genannt wird. Wohl sind die Gebrauchsgüter keine Kunstgegenstände, sie werden auch nicht für Ausstellungen und Museen gemacht, sondern für den praktischen Nutzen. Sie sollen uns dienen. Das sagt aber nicht, daß sie nur Zweck und Funktion erfüllen müssen. Brauchen ist mehr als ein Zweckgeschehen, mehr als ein intellektueller Vorgang. Durch das Brauchen von Dingen verbinden wir uns mit ihnen, ergänzen sie uns in unserem Wohnen und Leben, werden sie Teil von uns selbst.

Noch sind die besten Industrieerzeugnisse eher in Museen und Ausstellungen zu finden als in den Handelsgeschäften. Daran ist in erheblichem Maß die Indolenz des Handels schuld, zum Teil aber auch die Inkonsequenz der Hersteller, das mehrgesichtige Niveau ihrer Produktion. Zum eisernen Bestand von Vorbildausstellungen gehört darum manches Erzeugnis, das aus Fabriken stammt, die in den Geschäften nur durch Waren bekannt sind, welche besser niemals gemacht würden. Wirtschaftliche Erfolge von Industrieerzeugnissen hängen nicht unbedingt von ihrer Qualität ab. Häufig öffnet sich ihnen schnell und überall der Markt, nur weil sie grad vom Ansehen her irgendwelchen Massenerwartungen entsprechen. Umgekehrt kommt es vor, daß Neues und Überragendes jahrelang nicht durchzusetzen ist, bis Nachahmungen und Anlehnungen ihm den Weg bereitet haben. Ideelle Erfolge, Auszeichnungen durch Presse und Ausstellungen, setzen allerdings wohl ausnahmslos Qualitätsleistungen voraus. Einschränkend ist hier jedoch zu sagen, daß in bezug auf die Werksqualität der Erzeugnisse mitunter allzuviel Toleranz herrscht, erst recht, wenn die Objekte mit den ästhetischen

Vorurteilen der Auswähler übereinstimmen. Solche Vorurteile sind nicht jedesmal von sicherem Empfinden und Wissen geleitet, sie können aber von einer puritanischen Observanz sein, die manchen calvinistischen Bilderstürmer in den Schatten stellt. Solche Einseitigkeit vereinfacht zwar die Wahl und verringert die Gefahr, das Falsche zu wählen. Nur wird dabei allzuoft übersehen, daß Einfaches nicht primitiv sein darf, daß auch zum Weglassen Geist gehört. Unseren Juroren möchte ich deshalb empfehlen, doch öfter im Kleist zu lesen, in seinem Marionettentheater und den Briefen für die Abendzeitung. In Wahrheit ist nichts bedenklicher, als daß wir uns beengen. Die prinzipielle Enge, die in Ausstellungen vorbildlicher Hausgeräte spürbar ist, in der das Glatte zur glatten Langeweile wird, die Materialgerechtigkeit zu einer Phantasiearmut, Kahlheit mit Einfachheit verwechselt wird, drängt uns am Ende in eine Monotonie, die bestimmt nicht geeignet ist, den konventionellen Plunder der Industrie zu verdrängen. – Erst kürzlich sagte mir in solchem Gespräch eine reizende Puritanerin, lieber nähme sie ein schlecht gearbeitetes glattes Glas als ein geschliffenes, möge dieses auch noch so gut und noch so richtig sein. Ich hatte da leider keinen Burgunder zur Hand, glaube aber, daß sie im geschliffenen Glas den besseren Wein vermutet hätte. Wir trinken doch auch mit den Augen und schmecken nicht nur mit der Zunge. – Dabei sind Ausstellungen der Verbreitung und Förderung von Bestleistungen ungemein nützlich. Einseitigkeiten und subjektive Färbungen sind auch niemals ganz zu vermeiden. Wer mit der Industrie zusammenarbeitet, der kommt auch dort bekanntlich nicht jedes Mal gleich ans Ziel. Ich selbst weiß von meinem Tun, daß mitunter Jahre vergehen, ehe das von mir Gedachte meinen Vorstellungen entsprechend realisiert werden kann. Widerstände, so störend sie sind, machen auch jedesmal selbstkritisch. Und das ist gut für die Sache. Unsere Mitarbeit in der Industrie verlangt viel Beweglichkeit und zähe Geduld. Sie setzt eine sichere Konzeption voraus. Unser Beitrag ist Teil zum Ganzen, nicht mehr und nicht weniger. Fabriken sind Arbeitsgemeinschaften. Jedes Persönliche muß darin aufgehen. Voran steht die Sache, um die es geht: die Produktion. – Wie auch nach außen hin das persönliche Zutun dafür zurücktreten muß, mögen ein paar Beispiele aus eigenem Erleben illustrieren:

Als mich im Anfang meiner Industriearbeit ein Glaswerk zur Mitarbeit herangezogen hatte, wollte der Leiter des Unternehmens diese neuen Erzeugnisse in einer mit meinem Namen verbundenen Sondergruppe zusammenfassen und bekanntgeben. Ich riet aus ideellen und praktischen Gründen davon ab und empfahl, auch den Familiennamen des Unternehmens aus der Fabrikmarke zu entfernen. Der Käufer sollte sich das mit dem Stadtnamen berühmt gewordene Glas noch einfacher merken, um desto leichter dann darüber zu sprechen. Werbung muß auf Wesentliches konzentriert bleiben, sie darf nicht ablenken, erst recht nicht das Gedächtnis überfordern. Man folgte meinen Vorschlag. Graphisch von Moholy-Nagy vorzüglich und unauffällig verändert, trug die neue Fabrikmarke nur noch den in der Glasgeschichte bedeutenden Namen der Stadt. Die Marke war jetzt einprägsamer zum Vorteil des Fabrikats.

Jahre später, im westlichen Deutschland, waren Fabrikanten mit mir zusammengekommen, um ihren Erzeugnissen ein weniger technisches Aussehen zu geben. Unsere Zusammenarbeit führte zu wasserdichten Leuchten, die weit mehr dem Werkstoff entsprachen, ihn besser zur Geltung brachten, zugleich aber weniger technisch aussahen. Allerdings mußten dafür in der Fabrik neue Herstellungsverfahren erfunden werden, wie überhaupt nur das enge Zusammenspiel uns Schritt für Schritt weiter brachte.

Die Fabrik, auf ihrem Gebiet im Handel bekannt, rückte anfangs in der Werbung meinen Namen viel zu sehr in den Vordergrund. Ich schlug dagegen vor, den Namen der Firma mit den neuen Erzeugnissen eng zu verbinden und meinen Namen als den des Urhebers am Rande zu vermerken. Man folgte meinem Rat, bekannte sich damit entschiedener für den neuen Weg und erreichte, daß mit dem Firmennamen verbunden die neuen Erzeugnisse zum Handelsbegriff und auch in Verbraucherkreisen bekannt wurden.

Derart ist unser Mitwirken in der industriellen Produktion keineswegs auf das Formfinden beschränkt. Es ist den Fabriken erst dann von rechtem Nutzen, wenn wir den kaufmännischen Belangen und auch den fabrikatorischen in allen wichtigen Fragen zu folgen wissen. Unsere Vorstellungen vom Besseren und Richtigeren haben in der realen Welt von Wirtschaft und Industrie einer dauernden Zerreißprobe standzuhalten. Wohl ist der eigentliche künstlerische Beitrag nicht meßbar, bleibt er weitgehend unkontrollierbar, sobald es um das Formfinden selbst geht. Aber auch dafür sind die Auseinandersetzungen mit den praktischen Erfordernissen fruchtbar. So etwa, wenn es gilt, ein neues Hotelgeschirr aus Metall zu entwickeln, Kaffeekannen, Teekannen, Schüsseln, Saucieren, Gießer, Zuckerschalen, Platten und dergleichen mehr. Jedes ist hier der rauesten Behandlung durch Spülmaschinen und hastige Menschen ausgesetzt. Die spanlose Verformung der dickwandigen Metalle muß ganz darauf eingestellt sein. Zu berücksichtigen ist dabei das Transportieren der leeren Geschirre, Stapeln, Spülen, Trocknen und Lagern, das Auffüllen in den Küchen, das Hantieren der servierenden Kellner und nicht zuletzt das gewollte Wohlbehagen der Gäste, dem das Geschirr doch dienen soll. Die Aufgabe, hier das Rechte zu finden, ist langwierig, braucht Jahre, ehe sie abgeschlossen sein kann. Viele der entscheidenden Anregungen dazu sind ohne die dauernde und innige Beschäftigung mit der ganzen Materie gar nicht denkbar. Manchen Einfall für die rechte Metallverformung kann ich hierbei auf anhaltende Naturerlebnisse zurückführen: Zeichnungen, Aufzeichnungen, richtiger gesagt Betrachtungen und Beobachtungen auf Wanderungen und Spaziergängen. Auch hatte ich vor Jahren monatelang Griff-Experimente gemacht, wobei es mir darauf ankam, mit geringstem Kräfteaufwand von Zeigefinger und Daumen eine Schüssel bei äußerster Belastung leicht zu halten. Nicht den schönen Griff wollte ich finden, sondern das leichte Haltenkönnen. Die Experimente waren mir nunmehr von Nutzen. Alle Schüsseln und Kannen, die wir nach langen Versuchsreihen gelten ließen, entsprachen solchen Anforderungen. Zugleich hatten die

Griffe auf die Art eine leicht erscheinende Form bekommen. Vieles trugen dazu die Bedingungen bei: die große mechanische Festigkeit, die gefordert wurde, und die spanlose Verformung des Metalls. Ein Hotelgeschirr aus Metall muß, um rechten Umsatz zu finden, in verschiedenartigsten Gaststätten am Platz sein. Es darf nicht sonderlich auffallen, soll selbstverständlich wirken und in allen Einzelheiten überzeugen. Der hohe Anschaffungspreis erfordert, daß es sich jahrzehntelang bewähren kann und ebenso lange fabriziert wird, weil anders die hohen Werkzeugkosten keine rentable Produktion ermöglichen.

Neuerdings versucht die Industrie auf verschiedenen Gebieten, den Zeitwert unserer Gebrauchsgüter durch modische Abhängigkeit zu begrenzen. Mir scheint, daß sie damit allzu egoistisch handelt. Wir brauchen in unserer häuslichen Umwelt Beständigkeit, brauchen Halt für Ruhe und Besinnung. Auch entwerten wir die Arbeit in den Fabriken, machen wir sie zu einem leeren Erwerbstreiben. Hinzu kommt, daß solche Bestrebungen das Qualitätsverlangen der Käufer untergraben und in den Fabriken selbst den Qualitätssinn der Arbeiter und Angestellten abstumpfen.

Wir dürfen niemals erwarten, daß überall in der Industrie nur das Beste produziert wird. Die industrielle Formgebung ist zwar sehr populär geworden, man klagt sogar über den Mangel an künstlerischen Kräften, aber der Mangel an befähigten Fabrikleitern und Fabrikanten ist gewiß nicht geringer. Diese wissen zwar allgemein, wie man produziert und verkauft, beurteilen aber den Wert ihrer Ware für den Braucher noch allzuoft nur nach dem Umsatz. Wie solche Vorstellungen von Wert und Qualität der Industrieerzeugnisse sich auswirken, sehen wir auf Messen und in den Schaufenstern der Geschäftsstraßen. Uns wird zwar gesagt, daß hier der Publikumsgeschmack diktiere, aber das ist eine bequeme Fiktion. In Wahrheit diktiert auf dem Markt nicht der Publikumsgeschmack, sondern das Angebot der Industrie. Wo Hersteller bei der Fabrikation von hohen Ansprüchen ausgehen, da ist die Ware auch immer verkäuflich. An künstlerischen Mitarbeitern dafür wird es dann bestimmt nicht fehlen. Wie ein vorzügliches Bauwerk nur werden kann, wo Architekt und Bauherr übereinstimmen, ist aber auch in der Industrie das Zusammenspiel von künstlerischem Mitarbeiter und Fabrikanten entscheidend.

Desto törichter ist es, wenn in Schulen und an anderen verantwortlichen Stellen ständig vom Formgestalter schlechthin die Rede ist, sobald an eine künstlerische Mitarbeit in den Fabriken gedacht ist. Was gemeinhin Formgestaltung genannt wird, ist nichts als Fassaden- und Hüllenmacherei. Die industrielle Gütererzeugung interessiert heute allgemein, weil wir darauf angewiesen sind, jeder auf Gedeih und Verderb abhängig ist von dem, was die Fabriken produzieren. Das Aussehen industrieller Erzeugnisse wird seither allgemein diskutiert, die industrielle Formgebung ist sogar museumsreif wie Malerei und Plastik. Man juriert sie, schreibt über sie, veranstaltet Kongresse und Tagungen und hat seine Probleme um Formgestalter-Nachwuchs. Werden doch Zeichner, Entwerfer, Modelleure und

Mustermacher, die in Fabriken und für Fabriken tätig sind, jetzt als Formgestalter bezeichnet. Die Schulen, vordem für die Weiterbildung von Zeichnen, Modellieren und anderen Handwerken gegründet, schreiben jetzt die industrielle Formgebung oder Gestaltung von Serien-Erzeugnissen auf ihre Lehrpläne. Ob mit solchem Bastelunterricht der Industrie und erst recht der Gesellschaft ein Dienst erwiesen wird, bleibt sehr zu fragen. Aufwendige Bezeichnungen machen skeptisch. Wichtiger als weitgesteckte künstlerische Ziele sind doch für jede Nachwuchsbildung die handwerklichen Grundlagen selbst.

Die künstlerische Mitarbeit in der Industrie braucht eine umfänglichere Vorbildung als allgemein angenommen wird. Einen langen Weg durch Fabriken, Werkstätten und Schulen. Von Station zu Station sollte der Weg sein, um nicht zu enttäuschen. Die heute übliche und wenig exakte Vorstellung von der künstlerischen Mitarbeit in Fabriken und die notwendige Schulung hierfür haben bei jungen Menschen mancherlei wirtschaftswunderliche Erwartungen gezeitigt. Aus eigenen Begegnungen könnte ich vieles darüber berichten, müsste aber auch von Jungen erzählen, die weniger materiell und begeistert von den Wirkungsmöglichkeiten selbst den längsten Weg dafür nicht scheuen. Ich müsste von Abiturienten erzählen, die in Fabriken lernen, um später in einer TH zu studieren und dann nach Ulm wollen oder in eine Akademie, von jungen Menschen also, die stark genug sind, sich nicht in ein Fach zu drängen, kein schnelles Berufsziel wollen, sondern nur aufnehmen, sehen und lernen. Aber auch in der Industrie erfahren wir seltsame Vorstellungen über das Formgestalten. Mitunter erwarten Fabrikanten daraus bequeme Patentlösungen für das Gesicht ihrer Produktion. Manche glauben, wenn sie Designer oder Formgestalter als Formspezialisten heranziehen, ihren längst veralteten, nicht mehr konkurrenzfähigen Maschinen und Apparaten durch attraktive Ummantelungen ein neues Aussehen geben zu können. Andere versuchen ebenso täuschend, die schlechte Qualität ihrer Erzeugnisse durch eine flüchtige Modernität zu verdecken. Darum darf es uns nicht wundern, daß nach wie vor die Auslagen in den Geschäften unserer Städte mit einem nichtssagenden Kram überfüllt sind. Nur hat jetzt ein Mischmasch von Asymmetrie, Kurvengebiege und Farbkleckserei das vertraute Industrie-Barock und sogenannte Chippendale abgelöst.

In Fabriken der technischen Industrie sollten Techniker und Konstrukteure die Gestaltenden sein. Wo man von der Konstruktion abweicht, vom zwangsläufigen Formbilden, Karosserien und Gehäuse sogenannten Formgestaltern oder Verschönerern überläßt, sind nur stromlinige Küchenmaschinen und motorisierte Straßenbüfette zu erwarten. Wenn wir dafür unseren Rennwagen mit den gewohnten Personenwagen vergleichen, wird das Dilemma deutlich. Die Rennwagen haben Form, die anderen sind formgestaltete Modeartikel. Wer in technischen Bereichen gestalten will, der muß konstruktiv vorgehen bis in die letzten Einzelheiten und dafür Gefüge und Funktion der Apparate und Maschinen mit aller Liebe durchdenken.

Unserem Leben sind Produktionsgüter und Gebrauchsgüter, der fabrikatorische und der häusliche Bedarf gleichbedeutend, eines kann nicht sein ohne das andere. Um so mehr sollte unsere Industrie darauf bedacht sein, in beiden Bereichen mit gleicher Gründlichkeit und gleicher Umsicht zu wirken. Es ist doch widersinnig, wenn wir Maschinen, die Werkzeuge für unsere industrielle Produktion, mit unendlicher Sorgfalt bis zur letzten Vollkommenheit durchbilden, um am Ende nichts als einen schlechten Kram damit zu produzieren. Schlechte Industriewaren tragen ebensoviel zur Vermassung der Menschen bei, zu seiner Abstumpfung und Leerheit, wie schlechte Zeitungen und Filme. Danach ist auch zu verstehen, wenn mehr Produktionsmaschinen als Gebrauchsgüter exportiert werden.

Wie bei Maschinen und Apparaten ist bei Möbeln und Geräten, wo Neues entstehen soll, im Anfang nicht die vorgestellte Form, sondern die Idee von der richtigen Sinn- und Zweckerfüllung des gewollten Gegenstandes. Denken wir an das Flugzeug. Träume um den Vogelflug gaben die Idee vom Fliegen. Erst sie führte zu Überlegungen um die mögliche Art des Fliegens, um die Art des Flugkörpers. Jeder weiteren Entwicklung im Flugzeugbau gehen neue Ideen um das Fliegen voran. Ebenso führt uns jedesmal die neue Idee vom Brauchen zu neuen Gebrauchsgütern. Nicht vom Stuhl ist also auszugehen, sondern vom Sitzen, nicht vom Glas, sondern vom Trinken, nicht von der Kanne, sondern vom Halten und Gießen. Nicht von der Lampe, sondern vom Licht und vom Leuchten! Wie sitzen, wie trinken, wie halten und gießen? Wie beleuchten? Wo? Wann? In welcher Umgebung? Zu welchen Anlässen? – ist dann zu fragen bei weiteren Überlegungen um Zweck und Sinn der Dinge.

Überlegungen um das Gebrauchtwerden und unsere Vorstellungen davon ergeben die ersten Anhalte für Form und Aussehen der neugeplanten Erzeugnisse. Wir denken dabei an Sinn und Zweck, die zu erfüllen sind, an den Platz, die Umwelt des Geplanten, auch an den möglichen Bedarf und die sich daraus anzeichnenden Herstellungsverfahren und kommen so zu dem Gegenstand selbst. Eines folgt aus dem anderen, bis am Ende das Ganze wie ein festes Gefüge den Raum umschließt, aus dem das Neue hervorgehen soll. Formsuchen ist so gesehen ein systematisches Einschränken der Gestaltungsfreiheit. Dabei kann das Formsuchen zu Problemen führen, die wie Forschungsaufgaben gelöst werden müssen. Gleiches Eindringen in die Materie ist da vonnöten, gleiches Suchen und Tasten in langen Entwicklungsreihen und zuletzt das ebenso sorgfältige Überprüfen und Verändern in Gedanken an eine rationelle Fertigung, die industrielle Verwirklichung des einmal Gefundenen. Viele Erwägungen, eine der anderen folgend, gehen so dem Formgeben selbst voraus. Unzählige Fragen über den möglichen Bedarf und die Herstellung des Neuen kommen hinzu, die in allen Einzelheiten völlig geklärt sein müssen, damit sie zuletzt die Form des Neuen wie ein festes Gefüge umstellen, sie schon eng umschließen und erkennbar werden lassen. Erst dann ist dem Formwerden ein rechter Halt gegeben, der Formvorstellung ein geordneter Raum. Den Skizzen und Plänen, die daraus entstehen, folgen die Reihen der Modellvariationen und praktischen Versuche. Oft wird alles Begonnene durch überraschende Fehlschläge zurückgeworfen, auch durch unerwartete Lösungen, die sich abzeichnen, auf neue Wege geführt. Zugleich aber trägt alles dazu bei, den Nahbeteiligten jenen Abstand vom Geplanten und Werdenden zu geben, der nachher das Fertige wie ein Eigenlebiges von uns ablöst.

Industrieerzeugnisse sind Massenerzeugnisse. Im Lauf weniger Jahrzehnte hat ihre Entwicklung, auch da, wo sie von handwerklichen Vorbildern kam, zu Formbildungen geführt, die in unserer Zeit erst denkbar sind. Kein Stilwollen führte dahin, sondern die geistige Beherrschung der industriellen Möglichkeiten. Diese neuen Industrieerzeugnisse sind von vornherein anders gewollt und damit unter anderen Voraussetzungen entstanden als die durchschnittlichen, mehr oder weniger konventionellen. Die an der Herstellung Beteiligten fragten weniger nach den Bedürfnissen des Handels als nach dem wirklichen Bedarf der Käufer und Braucher. Es ging ihnen nicht um Handelsartikel, sondern um praktische Gebrauchsgegenstände. Danach war es naheliegend, daß die Produktion nicht auf bestimmte Abnehmerschichten, sondern auf die breiteste Umsatzbasis eingestellt wurde.

Unsere Einstellung zur Massenproduktion der Industrie ist längst eine andere geworden. Wir bejahen das Massenerzeugnis der Industrie, bejahen damit das zahllos Gleiche. Wir wissen zwar, daß es, ob Besteck, Stuhl, Geschirr oder kompliziertes Gerät, weit um uns her verbreitet ist, sehen aber in dieser industriellen Wandlung einen wesentlichen Fortschritt unserer Zeit. Wir lieben das Neue, das so aus den Fabriken kommt, weil die spürbare Sorgfalt, mit der jedes gemacht ist, anders nicht möglich wäre. Wissen wir doch, daß die Herstellung einer Schreibmaschine für den privaten Gebrauch nicht mehr als 14 Arbeitsstunden kostet, ein Besteck nur wenige Minuten, ein Glas und ein Kunststoffteiler noch weniger. Wenn ein tüchtiger Mechaniker die Maschine allein machen wollte, würde sie niemand erwerben können. Das Besteck von Silberschmieden gearbeitet, wäre nur in wenigen Haushalten zu finden. So dienen Industrie und Wirtschaft dem allgemeinen Wohl und ist der technische Fortschritt ein wunderbares Geschehen.

Daran in den Fabriken künstlerisch mitarbeiten und beraten, heißt aber bei allen Überlegungen vom massenhaften Bestehenkönnen der Industrieerzeugnisse ausgehen, von dem Nebeneinander-Sein-Können unzählig gleicher Gegenstände, die uns überall begegnen. Solche Massenerzeugnisse können schön sein durch ihre unauffällige Vollkommenheit. Unsere häusliche Welt wird nicht ärmer durch sie und unser individuelles Dasein nicht bedroht. Nur sollte eine so umfängliche industrielle Produktion jedes Mal ein sehr verantwortlicher und überlegener Geist beseelen. [...]

Aus einem Vortrag beim Deutschen Werkbund, München. Erschienen in: *form* 4/1958, S. 2–4 (gekürzte Fassung).

Theoretiker über Gestaltung

Kommentar: Alois Martin Müller

Der deutsche Philosoph Theodor W. Adorno (1903–1969) hat sich zeitlebens mit Kulturphilosophie und Ästhetik im Zusammenhang mit gesellschaftlichen und politischen Fragen beschäftigt. 1938 muss er in die USA emigrieren und 1949 kehrt er wieder nach Frankfurt zurück. Er ist, zusammen mit Max Horkheimer, die herausragende Figur am Frankfurter Institut für Sozialforschung, welches bereits 1933 von den Nationalsozialisten in die Emigration gezwungen wird, in New York weitergeführt wird und 1950 wieder an die Goethe-Universität Frankfurt zurückkehrt.

Seinen Text «Funktionalismus heute» hat Adorno bei der Werkbundtagung in Berlin 1965 vorgetragen. Das Referat gehört zur massiven Kritik an der planlosen, euphorischen Wiederaufbauphase und am kapitalistischen Bauwirtschaftsfunktionalismus, welche in den 1960er-Jahren in Deutschland wirkungsmächtig zu werden begann. Angeprangert wurde auch der Verrat an den Idealen der «guten», klassischen Vorkriegsmoderne.

In den USA hatte Adorno zusammen mit Max Horkheimer die *Dialektik der Aufklärung* verfasst. Beide unterziehen die Aufklärung einer schonungslosen Kritik. Die Denkfigur geht so: Am Ursprung der Menschwerdung steht ein veritabler Ur-Sprung. Der Mensch ist den Naturgewalten hilflos ausgeliefert, deshalb muss er die Natur beherrschen. Mit der Naturbeherrschung muss der Mensch aber auch sich selbst beherrschen lernen, das heißt, seine innere Natur. Was als Naturbeherrschung und Befreiung begann und in Emanzipation münden sollte, endet in Zwangsstrukturen. Statt Fortschritt Verwüstung, statt Freiheit Zwänge: Funktionalismus auf allen Ebenen – gesellschaftlich, politisch, subjektiv, seelisch. Funktionalismus muss Adorno deswegen ein Gräuel sein; in ihm müssten sich auch eine falsche Rationalität, die zum Mythos verkommen ist, und eine falsche Gefühls-Industrie ausdrücken. Deshalb spielt er hier auch anhand der Themen Ornament, Kunstgewerbereligion, Materialität, Geschichtlichkeit, Technik und Handwerk, Phantasie und Nützlichkeit den Funktionalismus durch. Sein Fazit: Die Moderne nach dem Zweiten Weltkrieg ist eine Symbolkrise und leidet unter einem gewaltigen Symbolverlust.

Alois Martin Müller, Studium der Philosophie, Kunst- und Architekturgeschichte und der Anthropologischen Psychologie sowie Assistenz am Philosophischen Institut der Universität Zürich; Publizist und Lehrbeauftragter; Konservator am Museum für Gestaltung Zürich; bis 2009 Direktor der Hochschule für Gestaltung und Kunst und aktuell Fellow am Institut für Design- und Kunstforschung der HGK Basel.

Theodor W. Adorno

FUNKTIONALISMUS HEUTE (1965)

So dankbar ich bin für das Vertrauen, das Adolf Arndt durch seine Einladung mir bewies, so ernst sind meine Zweifel daran, ob ich wirklich das Recht habe, bei Ihnen zu sprechen. Metier, Sachverständnis für die handwerklichen und technischen Fragen, gilt in Ihrem Kreis mit gutem Grund sehr viel. Gibt es eine Idee, die in der Werkbundbewegung sich durchhielt, dann ist es eben die sachlicher Zuständigkeit, im Gegensatz zu losgelassener, materialfremder Ästhetik. Mir ist vom eigenen Metier, der Musik her diese Forderung selbstverständlich, dank einer Schule, die sowohl zu Adolf Loos wie zum Bauhaus in nahen personellen Beziehungen stand und sich den Bestrebungen der Sachlichkeit geistig in vielem verwandt wußte. Aber ich kann nicht die mindeste Kompetenz in Dingen der Architektur beanspruchen. Wenn ich trotzdem der Lockung nicht widerstand und der Gefahr mich aussetzte, von Ihnen als Dilettant geduldet und beiseite geschoben zu werden, so kann ich, außer darauf, daß es mir Freude macht, einige Überlegungen gerade Ihnen vorzutragen, mich allenfalls auf die Ansicht von Adolf Loos berufen, ein Kunstwerk habe niemandem zu gefallen, das Haus aber sei einem jeden verantwortlich.[1] Ich weiß nicht, ob der Satz zutrifft, brauche indessen kaum päpstlicher zu sein als der Papst. Das Unbehagen, das mich beim deutschen Wiederaufbaustil befällt und das gewiß viele von Ihnen teilen, bewegt mich, der dem Anblick derartiger Bauten nicht weniger ausgesetzt ist als ein Fachmann, nach dem Grund zu fragen. Das Gemeinsame von Architektur und Musik hat man längst in einer bis zum Überdruß wiederholten Pointe ausgesprochen. Indem ich, was ich sehe, zusammenbringe mit dem, was ich von den Schwierigkeiten der Musik weiß, verhalte ich mich vielleicht doch nicht ganz so unverbindlich, wie nach den Regeln der Arbeitsteilung zu erwarten wäre. Dabei muß ich eine größere Distanz einnehmen, als Sie mit Fug erwarten. Doch scheint es mir nicht außerhalb jeder Möglichkeit, daß es zuzeiten – in latenten Krisensituationen – einiges Gute hat, von den Phänomenen weiter sich zu entfernen, als es das Pathos technischer Zuständigkeit dulden möchte. Materialgerechtigkeit hat Arbeitsteilung zur Grundlage; damit aber empfiehlt sich auch für den Sachverständigen gelegentliche Rechenschaft darüber, wie weit sein Sachverständnis unter der Arbeitsteilung leidet, wieweit die künstlerische Naivität, deren es bedarf, zu ihrer eigenen Schranke werden kann.

Lassen Sie mich davon ausgehen, daß die anti-ornamentale Bewegung auch die zweckfreien Künste betroffen hat. In Kunstwerken nach dem ihnen Notwendigen zu fragen und gegen das Überflüssige sich spröde zu machen, liegt in ihnen selbst. Nachdem die Tradition den Künsten keinen Kanon des Richtigen und

1 Vgl. Adolf Loos, *Sämtliche Schriften* I, hrsg. von Franz Glück, Wien-München 1962, S. 314 f.

Falschen mehr bestellt, wird jedem Werk solche Reflexion aufgebürdet; ein jedes muß sich auf seine immanente Logik überprüfen, gleichgültig, ob diese von einem äußeren Zweck in Bewegung gebracht wird oder nicht. Das ist keineswegs neu; Mozart, wahrhaft doch Träger und kritischer Vollstrecker einer großen Tradition, antwortete auf den leisen Tadel eines Potentaten, nach der Premiere der «Entführung»: «Aber sehr viele Noten, lieber Mozart»: «Nicht eine mehr, Majestät, als notwendig ist.» Mit der Formel von der Zweckmäßigkeit ohne Zweck als einem Moment des Geschmacksurteils hat Kant in der Kritik der Urteilskraft jene Norm philosophisch niedergelegt. Nur birgt sie eine geschichtliche Dynamik; was, in der vorgegebenen Sprache eines Materialbereichs, noch als notwendig sich auswies, wird überflüssig, tatsächlich schlecht ornamental, sobald es in jener Sprache, dem, was man gemeinhin Stil nennt, nicht mehr sich legitimiert. Was gestern funktional war, kann zum Gegenteil werden; diese geschichtliche Dynamik im Begriff des Ornaments hat Loos durchaus gewahrt. Noch das Repräsentative, Luxurierende, Üppige, in gewissem Sinn Aufgeklatschte mag in manchen Kunsttypen aus ihrem eigenen Prinzip heraus notwendig, nicht aufgeklatscht sein; den Barock deswegen zu verdammen, wäre banausisch. Kritik des Ornaments ist soviel wie Kritik an dem, was seinen funktionalen und symbolischen Sinn verloren hat und als verwesend Organisches, Giftiges übrig ist. Dem opponiert alle neue Kunst: dem Fiktiven der heruntergekommenen Romantik, dem Ornament, das sich nur noch beschämend ohnmächtig beschwört. Derlei Ornamente sind in der rein nach Ausdruck und Konstruktion organisierten neuen Musik nicht minder rigoros ausgemerzt worden als in der Architektur; die kompositorischen Neuerungen Schönbergs, der literarische Kampf von Karl Kraus gegen die Zeitungsphrase und die Denunziation des Ornaments durch Loos stehen keineswegs in vager geistesgeschichtlicher Analogie, sondern sind unmittelbar dessen Sinnes. Das veranlaßt zu einer Korrektur der Loos'schen These, der der Generöse nicht sich verweigert hätte: daß die Frage des Funktionalismus nicht zusammenfällt mit der nach der praktischen Funktion. Die zweckfreien und die zweckgebundenen Künste bilden nicht den radikalen Gegensatz, den er unterstellte. Der Unterschied zwischen Notwendigem und Überflüssigem wohnt den Gebilden inne, erschöpft sich nicht in ihrer Bezogenheit auf ein ihnen Auswendiges, oder deren Abwesenheit.

Bei Loos und in der Frühzeit des Funktionalismus sind das Zweckgebundene und das ästhetisch Autonome durch Machtspruch voneinander getrennt. Diese Trennung, an der die Reflexion erneut einsetzen muß, hatte ihren polemischen Angriffspunkt im Kunstgewerbe. In dessen Ära entsprang Loos; ihm entrang er sich, historisch gleichsam zwischen Peter Altenberg und Le Corbusier lokalisiert. Die Bewegung, die seit Ruskin und Morris sich aufbäumte gegen die Ungestalt massenproduzierter und zugleich pseudo-individualisierter Formen, zeitigte Begriffe wie Stilwille, Stilisierung, Gestaltung; die Idee, man solle Kunst ins Leben bringen, um es zu heilen, Kunst anwenden, und wie sonst die einschlägigen Parolen lauteten. Loos spürte früh das Fragwürdige solcher Bestrebungen: den Gebrauchsdingen widerfährt Unrecht, sobald man sie mit dem versetzt, was nicht von ihrem Gebrauch gefordert ist; der Kunst, dem unbeirrten Protest gegen die Herrschaft der Zwecke über die Menschen, wenn sie auf eben jene Praxis heruntergebracht wird, gegen die sie Einspruch erhebt nach dem Wort Hölderlins: «Denn nimmer von nun an/taugt zum Gebrauche das Heil'ge.» Kunstfremde Verkunstung der praktischen Dinge war so abscheulich wie die Orientierung der zweckfreien Kunst an einer Praxis, die sie schließlich doch der Allherrschaft des Profits eingeordnet hätte, gegen welche die kunstgewerblichen Bestrebungen zumindest in ihrem Anfang sich aufgelehnt hatten. Loos predigte demgegenüber Rückkehr zu einem anständigen Handwerk, das sich der technischen Neuerungen bedient, ohne seine Formen von der Kunst sich auszuborgen. Seine Forderungen, deren restauratives Element unterdessen kaum weniger offenbar ward als zuvor das kunstgewerblicher Individualisierung, kranken an der allzu schlichten Antithese; die Diskussionen über die Sachlichkeit schleppen sie bis heute mit.

Zweckfreies und Zweckhaftes in den Gebilden sind darum nicht absolut voneinander zu trennen, weil sie geschichtlich ineinander waren. Sind doch, wie bekannt, die Ornamente, die Loos mit einer Berserkerwut ächtete, die sonderbar absticht von seiner Humanität, vielfach Narben überholter Produktionsweisen an den Dingen. Umgekehrt sind noch in die zweckfreie Kunst Zwecke wie die von Geselligkeit, Tanz, Unterhaltung eingewandert, um schließlich in ihrem Formgesetz zu verschwinden. Die Zweckmäßigkeit ohne Zweck ist die Sublimierung von Zwecken. Es gibt kein Ästhetisches an sich, sondern lediglich als Spannungsfeld solcher Sublimierung. Deshalb aber auch keine chemisch reine Zweckmäßigkeit als Gegenteil des Ästhetischen. Selbst die reinsten Zweckformen zehren von Vorstellungen wie der formaler Durchsichtigkeit und Faßlichkeit, die aus künstlerischer Erfahrung stammen; keine Form ist gänzlich aus ihrem Zweck geschöpft. Nicht entbehrt es der Ironie, daß in einem der revolutionären Werke Schönbergs, dem Loos die einsichtigsten Worte widmete, der Ersten Kammersymphonie, ein Thema ornamentalen Charakters auftritt, mit einem Doppelschlag, der an eines der Hauptmotive der «Götterdämmerung» und ein Thema des ersten Satzes der Siebenten Symphonie von Brückner erinnert. Das Ornament ist der tragende Einfall, wenn man will, sachlich seinerseits. Gerade dies Überleitungsthema wird Modell einer kanonischen Durchführung im vierfachen Kontrapunkt, des ersten extrem konstruktivistischen Komplexes in der neuen Musik. Der Glaube an ein Material als solches ward seinerseits aus der Kunstgewerbereligion der vorgeblich edlen Stoffe übernommen; stets noch geistert er in der autonomen Kunst. An ihn schloß sich die Idee materialgerechter Konstruktion an. Ihm korrespondiert ein undialektischer Schönheitsbegriff, der die autonome Kunst als Naturschutzpark einfriedet. Wäre der Haß von Loos aufs Ornament folgerecht, er müßte auf die gesamte Kunst sich übertragen. Ist diese einmal zur Autonomie gediehen, so kann sie ornamentaler Einschläge darum nicht vollends sich entäußern, weil ihr eigenes Dasein, nach den Kriterien der praktischen Welt, Ornament wäre. Vor dieser Konsequenz schrickt, zu seiner

Ehre, Loos zurück, ähnlich übrigens wie die Positivisten, die zwar aus der Philosophie verdrängen möchten, was ihnen darin Dichtung dünkt, nicht jedoch Dichtung an sich als Beeinträchtigung ihrer Art Positivität empfinden, sondern sie in ihrem Spezialbereich neutralisiert, doch unangefochten dulden, weil sie die Idee objektiver Wahrheit überhaupt aufgeweicht haben.

Daß Material seine adäquate Form in sich trage, setzt voraus, daß es als solches bereits mit Sinn investiert ward wie einst von der symbolistischen Ästhetik. Der Widerstand gegen kunstgewerbliche Unwesen gebührt längst nicht nur den erborgten Formen; eher dem Kultus der Materialien, der eine Aura des Wesenhaften um sie legt. Das hat Loos in seiner Kritik an den Batikstoffen ausgedrückt. Die unterdessen erfundenen Kunststoffe – Material industriellen Ursprungs – lassen das archaistische Vertrauen auf ihre eingeborene Schönheit, Rudiment der Magie edler Steine, nicht mehr zu. Nicht zuletzt zeigt die Krisis der jüngsten Entwicklungen der autonomen Kunst, wie wenig aus dem Material an sich sinnvolle Organisation sich herausholen läßt; wie leicht diese der leeren Bastelei sich annähert; die Vorstellungen vom Materialgerechten in der Zweckkunst bleiben gegen solche kritischen Erfahrungen nicht gleichgültig. Das illusionäre Moment an der Zweckmäßigkeit als Selbstzweck enthüllt sich der einfachsten gesellschaftlichen Reflexion. Zweckmäßig jetzt und hier wäre nur, was es in der gegenwärtigen Gesellschaft ist. Dieser aber sind Irrationalitäten wesentlich, das, was Marx ihre «faux frais» nannte, denn der gesellschaftliche Prozeß verläuft in seinem Innersten, trotz aller partikularen Planung, nach wie vor planlos, irrational. Solche Irrationalität prägt sämtlichen Zwecken sich auf und dadurch auch der Rationalität der Mittel, die jene Zwecke erreichen sollen. So spottet die allgegenwärtige Reklame, zweckmäßig für den Profit, doch aller Zweckmäßigkeit nach dem Maß des Materialgerechten. Wäre sie funktionell, ohne ornamentalen Überschuß, so erfüllte sie ihren Zweck als Reklame nicht länger. Gewiß ist der Horror vor der Technik muffig und reaktionär. Aber er ist es nicht nur. Er ist zugleich der Schauder vor der Gewalt, die eine irrationale Gesellschaft ihren Zwangsmitgliedern antut und allem, was ist. In ihm zittert eine Kindererfahrung nach, die Loos, sonst mit frühen Erfahrungen gesättigt, fremd gewesen zu sein scheint: Sehnsucht nach dem Schloß mit langen Zimmerfluchten und seidenen Tapeten, der Utopie des Entronnenseins. Etwas von dieser Utopie lebt im Ekel vor der Lauftreppe, vor der von Loos gefeierten Küche, vorm Fabrikschornstein, vor der schäbigen Seite der antagonistischen Gesellschaft. Sie wird vom Schein verklärt. Seine Demontage aber, die der Zinnen falscher Ritterburgen, die Thorstein Veblen verhöhnte, und noch des gestanzten Ornaments auf den Schuhen, hat über das Erniedrigte der Sphäre, in der immer noch Praxis sich zuträgt, keine Gewalt, sondern verstärkt womöglich das Grauen. Das hat Konsequenz auch für die Welt der Bilder. Positivistische Kunst, eine Kultur des bloß Seienden wurde verwechselt mit der ästhetischen Wahrheit. Absehbar ist der Prospekt einer Neo-Ackerstraße.

Die Grenze des Funktionalismus bis heute ist die von Bürgerlichkeit als praktischem Sinn. Man trifft bei Loos, dem geschworenen Feind der Wiener Backhendlkultur, auf erstaunlich Bürgerliches. In seiner Stadt durchsetzte noch so viel von feudal-absolutistischen Formen das bürgerliche Gefüge, daß er mit dessen rigorosem Prinzip sich verbünden mochte, um vom altertümlichen Formelwesen sich zu emanzipieren; seine Schriften enthalten Angriffe auf die umständlich kuriale Wiener Höflichkeit. Darüber hinaus jedoch hat seine Polemik eigentümlich puritanische Färbung; sie ist dem Obsessiven gesellt. Wie in vieler bürgerlicher Kulturkritik überschneidet bei Loos sich die Erkenntnis, daß diese Kultur noch keine sei, die ihn vorab in seinem Verhältnis zum Einheimischen geleitete, mit einem Moment von Kulturfeindschaft, das mit dem Schein am liebsten auch das Sanfte, Glättende der Hand verbieten möchte, unbekümmert darum, daß in Kultur weder die ungehobelte Natur ihre Stätte hat noch deren unbarmherzige Beherrschung. Die Zukunft von Sachlichkeit ist nur dann eine der Freiheit, wenn sie des barbarischen Zugriffs sich entledigt: nicht länger den Menschen, deren Bedürfnis sie zu ihrem Maßstab erklärt, durch spitze Kanten, karg kalkulierte Zimmer, Treppen und Ähnliches sadistische Stöße versetzt. Fast jeder Verbraucher wird das Unpraktische des erbarmungslos Praktischen an seinem Leib schmerzhaft gespürt haben; daher der Argwohn, was dem Stil absagt, sei bewußtlos selber einer. Loos führt die Ornamente auf erotische Symbole zurück. Die Forderung, diese abzuschaffen, paart sich mit seinem Widerwillen gegen erotische Symbolik; unerfaßte Natur ist ihm rückständig und peinlich in eins. Der Ton, in dem er das Ornament verurteilt, hat etwas von der – vielfach projektiven – Empörung über Sittlichkeitsverbrecher: «Aber der mensch unserer zeit, der aus innerem dränge die wände mit erotischen Symbolen beschmiert, ist ein verbrecher oder ein degenerierter.»[2] Durchs Schimpfwort Degeneration gerät Loos in Zusammenhänge, die ihm unlieb gewesen wären. «Man kann», meint er, «die kultur eines landes an dem grade messen, in dem die abortwände beschmiert sind.»[3] Aber in südlichen, überhaupt in romanischen Ländern wird man viel dergleichen finden; die Surrealisten haben solchen unbewußten Handlungen manches abgewonnen, und Loos hätte doch wohl gezögert, jene Gegenden eines Mangels an Kultur zu bezichtigen. Sein Haß aufs Ornament wäre nicht verständlich, fühlte er nicht darin den der rationalen Vergegenständlichung konträren mimetischen Impuls; den Ausdruck, noch als Trauer und Klage verwandt dem Lustprinzip, das deren Ausdruck verneint. Nur schematisch kann das Ausdrucksmoment in die Kunst relegiert und von den Dingen des Gebrauchs abgespalten werden; selbst wo es diesen fehlt, zollen sie ihm Tribut durch die Anstrengung, es zu vermeiden. Veraltete Gebrauchsdinge vollends werden zum Ausdruck, zum kollektiven Bild der Epoche. Kaum eine praktische Form, die nicht, neben ihrer Angemessenheit an den Gebrauch, auch Symbol wäre; die Psychoanalyse hat das

2 a.a.O., S. 277.
3 a.a.O.

zumal an den archaischen Bildern des Unbewußten dargetan, unter denen das Haus obenan figuriert, und die symbolische Intention heftet sich nach Freuds Einsicht hurtig an technische Formen wie das Luftschiff; in der gegenwärtigen Massenpsychologie, nach amerikanischen Forschungen, insbesondere ans Auto. Zweckformen sind die Sprache ihres eigenen Zwecks. Kraft des mimetischen Impulses macht das Lebendige dem, was es umgibt, sich gleich, längst ehe Künstler nachzuahmen beginnen; was Symbol, dann Ornament, endlich überflüssig erscheint, hat seinen Ursprung in Naturgestalten, denen die Menschen durch ihre Artefakte sich anpassen. Das Innere, das sie in jenem Impuls ausdrücken, war einmal ein Äußeres, zwangvoll Objektives. Das dürfte die seit Loos bekannte Tatsache erklären, daß Ornamente, und darüber hinaus künstlerische Formen überhaupt, nicht erfunden werden können. Die Leistung jeden Künstlers, nicht nur des an Zwecke gebundenen, reduziert sich auf ein unvergleichlich viel Bescheideneres, als die Kunstreligion des neunzehnten und frühen zwanzigsten Jahrhunderts Wort haben wollte. Nicht jedoch ist damit die Frage erledigt, wie Kunst irgend noch möglich sei, der keine Ornamente mehr substantiell sind und die keine erfinden kann.

Die Not, in die Sachlichkeit geriet, ist kein Verschulden, nichts, was beliebig zu korrigieren wäre. Sie folgt aus dem geschichtlichen Zug der Sache. Im Gebrauch, der doch weit unmittelbarer mit dem Lustprinzip verwandt ist als die bloß dem eigenen Formgesetz verantwortlichen Gebilde, wird versagt: es soll nicht sein. Lust erscheint, nach der bürgerlichen Arbeitsmoral, als vergeudete Energie. Jene Einschätzung hat Loos sich zu eigen gemacht. An seiner Formulierung ist abzulesen, wie sehr der frühe Kulturkritiker mit der Ordnung verschworen war, deren Manifestationen er schalt, wo sie mit ihrem eigenen Prinzip noch nicht recht mitgekommen waren: «Ornament ist vergeudete arbeitskraft und dadurch vergeudete gesundheit. So war es immer. Heute bedeutet es aber auch vergeudetes material, und beides bedeutet vergeudetes kapital.»[4] Miteinander unversöhnliche Motive durchkreuzen sich darin: Sparsamkeit – denn wo anders als in den Normen der Rentabilität steht geschrieben, daß nichts vergeudet werden soll – und der Traum einer technifizierten Welt, die von der Schmach der Arbeit befreit wäre. Das zweite Motiv weist über die Nutzwelt hinaus. Bei Loos erscheint es deutlich in der Erkenntnis, daß die vielbejammerte Ohnmacht zum Ornament, das sogenannte Erlöschen der stilbildenden Kraft, das er als Erfindung von Kunsthistorikern durchschaute, ein Besseres; daß das nach bürgerlichen Denkgewohnheiten Negative der industriellen Gesellschaft ihr Positives sei: «Mit stil meinte man das ornament. Da sagte ich: Weinet nicht! Seht, das macht ja die größe unserer zeit aus, daß sie nicht imstande ist, ein neues ornament hervorzubringen. Wir haben das ornament überwunden, wir haben uns zur ornamentlosigkeit durchgerungen. Seht, die zeit ist nahe, die erfüllung wartet unser. Bald werden die straßen der städte wie weiße

4 a.a.O., S. 282 f.

mauern glänzen. Wie Zion, die heilige stadt, die hauptstadt des himmels. Dann ist die erfüllung da.»[5] Der ornamentlose Zustand wäre danach eins mit der Utopie, leibhaft erfüllte Gegenwart, keines Symbols mehr bedürftig. Alle Wahrheit des Sachlichen haftet an dieser Utopie. Verbürgt ist sie für Loos durch kritische Erfahrung am Jugendstil: «Der einzelne mensch ist unfähig, eine form zu schaffen, also auch der architekt. Der architekt versucht aber dieses unmögliche immer und immer wieder – und immer mit negativem erfolg. Form oder ornament sind das resultat unbewußter gesamtarbeit der menschen eines ganzen kulturkreises. Alles andere ist kunst. Kunst ist der eigenwille des genius. Gott gab ihm den auftrag dazu.»[6] Seitdem trägt nicht länger das Axiom, daß der Künstler im Auftrag Gottes handle. Die Entzauberung, die in der Gebrauchssphäre begann, hat auf die Kunst übergegriffen. Nicht zuletzt hat der absolute Unterschied des unerbittlich Zweckhaften und des Autonomen und Freien sich gemindert. Das Unzureichende der reinen Zweckform ist zutage gekommen, ein Eintöniges, Dürftiges, borniert Praktisches. Dem entragen einzelne große Leistungen, bei denen man sich einstweilen damit begnügt, sie der Genialität ihrer Urheber zuzuschreiben, ohne daß man des Objektiven sich versichert hätte, das ihre Leistung als genial autorisiert. Andererseits ist der Versuch, von außen her, als Korrektiv, Phantasie hinzutreten zu lassen, der Sache durch etwas aufzuhelfen, was nicht aus ihr stammt, vergeblich und dient der falschen Auferstehung des von der neuen Architektur Kritisierten, Schmückenden. Nichts Trostloseres als die gemäßigte Moderne des deutschen Wiederaufbaustils, dessen kritische Analyse durch einen wahrhaft Sachverständigen höchst aktuell wäre. Der Verdacht der «Minima Moralia», daß sich eigentlich gar nicht mehr wohnen lasse, bestätigt sich. Über der Form allen Wohnens lastet der schwere Schatten des Unsteten, jener Völkerwanderungen, die in den Umsiedlungen der Jahre Hitlers und seines Krieges ihr grausiges Präludium hatten. Jener Widerspruch ist in seiner Notwendigkeit vom Bewußtsein zu ergreifen, ohne daß es sich dabei beruhigen dürfte. Sonst schlägt es sich auf die Seite der weiter drohenden Katastrophe. Die jüngstvergangene, die Bombenangriffe, brachten die Architektur in eine Lage, aus der sie sich nicht herauszuarbeiten vermochte. Die Pole des Widerspruchs sind zwei Begriffe, die sich gegenseitig auszuschließen scheinen: Handwerk und Phantasie. Diese wird bei Loos für die Gebrauchswelt ausdrücklich abgelehnt: «An die stelle der phantasieformen vergangener jahrhunderte, an die stelle der blühenden ornamentik vergangener zeiten, hatte daher die reine, pure konstruktion zu treten. Gerade linien, rechtwinklige kanten: so arbeitet der handwerker, der nichts als den zweck vor augen und material und Werkzeug vor sich hat.»[7] Le Corbusier dagegen hat Phantasie in den theoretischen Schriften, wenn auch einigermaßen allgemein, sanktioniert: «Aufgabe des Architekten: Kenntnis des Menschen, schöpferische Phantasie, Schönheit, Freiheit der Wahl (geistiger

5 a.a.O., S. 278.
6 a.a.O., S. 393.
7 a.a.O., S. 345.

Mensch).»[8] Man wird nicht fehlgehen mit der Annahme, daß die fortgeschrittenen Architekten meist geneigt sind, dem Handwerk den Vorzug zu geben, während die zurückgebliebenen und phantasielosen mit Vorliebe Phantasie im Munde führen. Weder jedoch sollte man den Begriff des Handwerks noch den der Phantasie einfach so akzeptieren, wie sie in der Diskussion zerschlissen sind; nur dann gelangt man über die Alternative hinaus. Das Wort Handwerk, durchweg zunächst der Zustimmung sicher, deckt qualitativ Verschiedenes. Allein dilettantischer Unverstand und banausischer Idealismus werden sich dagegen sträuben, daß jede authentische, im weitesten Sinn künstlerische Aktivität genaueste Kenntnis der zur Verfügung stehenden Materialien und Verfahrungsweisen erheischt, und zwar jeweils auf dem fortgeschrittensten Stand. Nur wer nie der Disziplin eines Gebildes sich unterwarf und statt dessen seinen Ursprung intuitionistisch sich ausmalt, wird fürchten, daß Materialnähe und Kenntnis der Verfahrungsweisen den Künstler um sein Ursprüngliches brächten. Wer nicht lernt, was verfügbar ist, und es weitertreibt, fördert aus dem vermeintlichen Abgrund seiner Innerlichkeit bloß den Rückstand überholter Formeln zutage. Das Wort Handwerk appelliert an solche einfache Wahrheit. Aber in ihm schwingen ganz andere Töne mit. Die Silbe Hand verklärt Produktionsweisen der einfachen Warenwirtschaft, die durch die Technik dahin sind, erniedrigt zum Mummenschanz seit den Vorschlägen der englischen Vorreiter des modern style. Mit dem Handwerk assoziiert sich die Schürze des Hans Sachs, womöglich die große Weltchronik; ich kann mich zuweilen des Verdachts nicht erwehren, daß auch unter den jüngeren Adepten einer Handwerkerei, die Kunst verachten, Hemdsärmelarchaik überlebt; manche fühlen nur darum sich über der Kunst, weil ihnen die Erfahrung von Kunst vorenthalten blieb, die Loos veranlaßte, Kunst und ihre Anwendung mit soviel Pathos gegeneinander auszuspielen. Im musikalischen Bereich habe ich einen Advokaten des Handwerks, der freilich mit romantischer Antiromantik offen von Bauhüttengesinnung sprach, dabei erwischt, daß er bei Handwerk an stereotype Formeln oder, wie er es nannte, Praktiken dachte, welche die Kräfte der Komponisten schonen sollen, ohne daß er darauf verfallen wäre, daß heute die Spezifikation einer jeden konkret sich stellenden Aufgabe derlei Formelwesen ausschließt. Durch Menschen seiner Gesinnung wird Handwerklichkeit zu dem, wogegen sie sich pointiert, dieselbe tote, dinghafte Wiederholung, die mit Ornamenten betrieben ward. Ob in dem Begriff der Gestaltung als eines Losgelösten, unabhängig von der immanenten Forderung und Gesetzmäßigkeit dessen, was zu gestalten sei, etwas vom gleichen Ungeist am Werk ist, wage ich nicht zu entscheiden. Jedenfalls dürfte sich die retrospektive Liebe zum Handwerker, der gesellschaftlich zum Aussterben verurteilt ist, ganz gut vertragen mit dem schnöd auftrumpfenden Gestus seines Nachfolgers, des Fachmanns, der, unpoliert wie seine Tische und Stühle und stolz auf sein Sachverständ-

8 Le Corbusier: *Mein Werk*. Stuttgart 1960, S. 306.

nis, von eben der Reflexion sich entbindet, deren die Sache bedarf in einer Zeit, die nichts mehr besitzt, woran sie sich halten kann. So wenig der Fachmann zu entbehren ist, so wenig ein vorarbeitsteiliger Zustand in den Verfahrensweisen der Gebrauchssphäre sich wiederherstellen läßt, den die Gesellschaft unwiderruflich liquidierte, so wenig ist der Typus des Fachmanns Maß aller Dinge. Seine desillusionierte Moderne, die aller Ideologien sich entschlagen zu haben wähnt, eignet sich gut zur Maske kleinbürgerlicher Routine; Handwerk zur Handwerkerei. Gutes Handwerk heißt soviel wie die Angemessenheit von Mitteln an Zwecke. Von solcher Angemessenheit sind die Zwecke gewiß nicht unabhängig. Mittel haben eine eigene Logik, die über sie hinausweist. Wird aber die Angemessenheit der Mittel sich zum Selbstzweck, wird sie fetischisiert, so bewirkt handwerkliche Gesinnung das Gegenteil dessen, was gemeint war, als man sie gegen Samtjoppe und Barett mobilisierte. Sie hemmt die objektive Vernunft der Produktivkräfte, anstatt sie frei zu entfalten. Wann immer heute Handwerk als Norm aufgerichtet wird, ist das Gemeinte nah zu betrachten. Der Begriff des Handwerks als solcher steht im Funktionszusammenhang. Keineswegs sind seine Funktionen stets die erhellten und fortgeschrittenen.

Ebensowenig wie beim Begriff des Handwerks jedoch ist bei dem der Phantasie stehen zu bleiben. Die psychologische Trivialität, sie sei nichts als die Vorstellung von einem noch nicht Vorhandenen, reicht nicht an das heran, als was sie in den künstlerischen Prozessen – und wiederum möchte ich vermuten, auch in denen der zweckgebundenen Kunst – sich bestimmt. Walter Benjamin hat Phantasie einmal definiert als die Fähigkeit zur Interpolation im Kleinsten. Fraglos führt das weiter als die gängigen Ansichten, die geeignet sind, den Begriff sachfremd zu verhimmeln oder sachlich zu verdammen. Phantasie in der produktiven Arbeit am Gebilde ist nicht die Lust am unverbindlichen Dazuerfinden, an der creatio ex nihilo. Die gibt es in keiner Kunst, auch in der autonomen nicht, der Loos es zutraute. Jede eindringende Analyse autonomer Kunstwerke führt darauf, daß das vom Künstler Hinzuerfundene, den Stand der Materialien und Formen Überschreitende unendlich klein, ein Grenzwert ist. Andererseits widerstreitet es dem Begriff von Phantasie unmittelbar, wenn man ihn auf die vorwegnehmende Anpassung an Materialien oder Zwecke einengt; dann bliebe sie beim Immergleichen. Unmöglich, die mächtige Phantasieleistung Corbusiers zu umschreiben mit jenen Relationen der Architektur zum menschlichen Körper, auf die er literarisch sich bezog. Offenbar gibt es in den Materialien und Formen, die der Künstler empfängt und mit denen er arbeitet, so wenig sie noch sinnhaft sind, trotz allem etwas, was mehr ist als Material und Form. Phantasie heißt: dies Mehr innervieren. Das ist nicht so aberwitzig, wie es klingt. Denn die Formen, sogar die Materialien sind keineswegs die Naturgegebenheiten, als welche der unreflektierte Künstler sie leicht betrachtet. In ihnen hat Geschichte und, durch sie hindurch, auch Geist sich aufgespeichert. Was sie davon in sich enthalten, ist kein positives Gesetz, wird aber in ihnen zur scharf umrissenen Figur des Problems. Künstlerische Phantasie erweckt das

Aufgespeicherte, indem sie des Problems gewahr wird. Ihre Schritte, stets minimal, antworten auf die wortlose Frage, welche die Materialien und Formen in ihrer stummen Dingsprache an sie richten. Dabei schießen die getrennten Momente, auch Zweck und immanentes Formgesetz, zusammen. Zwischen den Zwecken, dem Raum und dem Material besteht Wechselwirkung; nichts davon ist ein Urphänomen, auf das zu reduzieren wäre. Die Einsicht der Philosophie, daß kein Gedanke auf das absolut Erste führt, daß ein solches seinerseits Abstraktionsprodukt ist, reicht in die Ästhetik hinein. So hat die Musik, die um das vermeintlich primäre Element des einzelnen Tons sich bemühte, mittlerweile lernen müssen, daß er keines ist. Einzig in den Funktionszusammenhängen des Gebildes erfüllt er sich mit Sinn; ohne sie wäre er ein bloß Physikalisches. Nur Aberglaube kann erhoffen, aus ihm eine latente ästhetische Struktur herauszupressen. Spricht man, wie es doch seinen Grund hat, in der Architektur von Raumgefühl, so ist dies Raumgefühl kein abstraktes An sich, kein Gefühl für den Raum schlechthin, der ja anders als an Räumlichem gar nicht sich vorstellen läßt. Raumgefühl ist ineinander gewachsen mit den Zwecken; wo es in der Architektur sich bewährt als ein die Zweckmäßigkeit Übersteigendes, ist es zugleich den Zwecken immanent. Ob solche Synthesis gelingt, ist wohl ein zentrales Kriterium großer Architektur. Diese fragt: wie kann ein bestimmter Zweck Raum werden, in welchen Formen und in welchem Material; alle Momente sind reziprok aufeinander bezogen. Architektonische Phantasie wäre demnach das Vermögen, durch die Zwecke den Raum zu artikulieren, sie Raum werden zu lassen; Formen nach Zwecken zu errichten. Umgekehrt kann der Raum und das Gefühl von ihm nur dann mehr sein als das arm Zweckmäßige, wo Phantasie in die Zweckmäßigkeit sich versenkt. Sie sprengt den immanenten Zweckzusammenhang, dem sie sich verdankt.

Ich bin mir dessen bewußt, wie leicht Begriffe wie Raumgefühl ins Phrasenhafte, am Ende abermals Kunstgewerbliche ausarten, und empfinde die Schranke des Nicht-Fachmanns, der es nicht vermag, derlei Begriffe, die in bedeutenden modernen Architekturen so eindringlich die Augen aufschlagen, hinlänglich zu präzisieren. Immerhin sei die Spekulation erlaubt, daß das Raumgefühl, zum Unterschied von der abstrakten Raumvorstellung, im visuellen Bereich dem korrespondieren muß, was im akustischen das Musikalische heißt. Musikalität ist nicht auf abstrakte Zeitvorstellung, etwa die gewiß hilfreiche Fähigkeit zu bringen, sich die Zeiteinheiten des Metronoms, ohne daß es tickte, genau vorzustellen. Ähnlich beschränkt Raumgefühl sich keineswegs auf räumliche Imagination, wenngleich diese dem Architekten unentbehrlich sein dürfte, der seine Grund- und Aufrisse muß lesen können wie der Musiker seine Partituren. Raumgefühl indessen scheint mehr zu verlangen: daß man etwas aus dem Raum heraus sich einfallen lasse; nicht etwas Beliebiges *im* Raum, das gegen diesen indifferent wäre. Analog muß der Musiker seine Melodien, und mittlerweile ganze musikalische Strukturen, aus der Zeit, dem Bedürfnis, sie zu organisieren, erfinden. Dabei genügen weder bloße Zeitrelationen, die gleichgültig sind gegen das, was konkret musikalisch geschieht, noch die Invention musikalischer Einzelereignisse oder Komplexe, deren Zeitstruktur und deren Zeitrelationen untereinander nicht mitgedacht wären. In produktivem Raumgefühl wird in weitem Maß der Zweck, gegenüber den Formkonstituentien, die der Architekt aus dem Raum schöpft, die Rolle des Inhalts übernehmen; durch den Zweck teilt die Spannung von Form und Inhalt, ohne die nichts Künstlerisches ist, gerade der zweckgebundenen Kunst sich mit. Soviel ist wahr an der neusachlichen Askese, daß unmittelbare subjektive Expression der Architektur inadäquat wäre; wird sie angestrebt, so resultiert nicht Architektur, sondern Filmkulisse, zuzeiten, wie in dem alten Golemfilm, sogar gute. Die Stelle des subjektiven Ausdrucks wird in der Architektur besetzt von der Funktion fürs Subjekt. Architektur dürfte desto höheren Ranges sein, je inniger sie die beiden Extreme, Formkonstruktion und Funktion, durcheinander vermittelt.

Die Funktion fürs Subjekt jedoch ist keine für einen allgemeinen, durch seine Physis ein für allemal bestimmten Menschen. Sie hat es auf die gesellschaftlich konkreten abgesehen. Wider die zurückgestauten Instinkte der empirischen Subjekte, die in der gegenwärtigen Gesellschaft immer noch nach dem Glück im Winkel und allem erdenklichen Muff begehren, vertritt funktionelle Architektur den intelligiblen Charakter, ein menschliches Potential, das vom fortgeschrittensten Bewußtsein gefaßt, aber in den bis in ihr Inneres hinein ohnmächtig gehaltenen Menschen erstickt wird. Menschenwürdige Architektur denkt besser von den Menschen, als sie sind; so, wie sie dem Stand ihrer eigenen, in der Technik verkörperten Produktivkräfte nach sein könnten. Dem Bedürfnis jetzt und hier widerspricht Architektur, sobald sie, ohne Ideologie zu verewigen, dem Bedürfnis dient; sie ist immer noch, wie der Buchtitel von Loos vor bald siebzig Jahren es beklagte, ins Leere gesprochen. Daß die großen Architekten von Loos bis Corbusier und Scharoun von ihrem Werk nur einen Bruchteil in Stein und Beton realisieren konnten, ist nicht einfach mit dem gewiß nicht zu unterschätzenden Unverstand von Bauherren und Verwaltungsgremien zu erklären. Bedingt ist es von einem sozialen Antagonismus, über den die stärkste Architektur keine Macht hat: daß die gleiche Gesellschaft, welche die menschlichen Produktivkräfte ins Unvorstellbare entwickelte, sie fesselt an die ihnen auferlegten Produktionsverhältnisse, und die Menschen, die in Wahrheit die Produktivkräfte sind, nach dem Maß der Verhältnisse deformiert. Dieser fundamentale Widerspruch erscheint in der Architektur. Sie kann ihn von sich aus so wenig wegnehmen wie die Konsumenten. Nicht alles Recht ist bei ihr und alles Unrecht bei den Menschen, denen ohnehin Unrecht dadurch widerfährt, daß ihr Bewußtsein und Unbewußtsein in einer Unmündigkeit gebannt bleiben, die sie an der Identifikation mit ihrer eigenen Sache hindert. Weil die Architektur tatsächlich nicht nur autonom, sondern zugleich zweckgebunden ist, kann sie die Menschen, wie sie sind, nicht einfach negieren, obwohl sie das, als autonome, ebenfalls muß. Überspränge sie die Menschen tel quel, so bequemte sie einer fragwürdigen Anthropologie und womöglich Ontologie sich an; nicht zufällig ersann Le Corbusier Menschenmodelle. Die lebendigen Menschen, noch die zurückgebliebensten und konventionell befangensten, haben ein Recht auf die Erfüllung ihrer sei's auch falschen Bedürfnisse. Setzt der Gedanke an das wahre, objektive Bedürfnis sich rücksichtslos über das subjektive hinweg, so schlägt er, wie von je die volonté générale gegen die volonté de tous, in brutale Unterdrückung um. Sogar im falschen Bedürfnis der Lebendigen regt sich etwas von Freiheit; das, was die ökonomische Theorie einmal Gebrauchswert gegenüber dem abstrakten Tauschwert nannte. Ihnen erscheint die legitime Architektur notwendig als ihr Feind, weil sie ihnen vorenthält, was sie, so und nicht anders beschaffen, wollen oder sogar brauchen.

Die Antinomie mag, über das Phänomen des cultural lag hinaus, in der Bewegung des Begriffs Kunst ihren Grund haben. Kunst muß, um es ganz zu werden, ihrem eigenen Formgesetze gemäß, autonom sich kristallisieren. Das macht ihren Wahrheitsgehalt aus; anders würde sie dem Untertan, was sie, durch ihre schiere Existenz, verneint. Aber als von Menschen Verfertigtes ist sie diesen nicht gänzlich entrückt; enthält konstitutiv in sich das, wogegen sie sich wehrt. Wo Kunst das Gedächtnis ihres Füranderesseins vollends ausmerzt, wird sie zum Fetisch, zu jenem selbstgemachten und dadurch bereits relativierten Absoluten, als welches der Jugendstil seine Schönheit erträumte. Gleichwohl ist Kunst zur Anstrengung des reinen Ansichseins gezwungen, wenn sie nicht Opfer des einmal als fragwürdig Durchschauten werden will. Ein quid pro quo folgt daraus. Was, als sein virtuelles Subjekt, einen befreiten, emanzipierten Typus des Menschen, der erst in einer veränderten Gesellschaft möglich wäre, visiert, erscheint in der gegenwärtigen wie Anpassung an die zum Selbstzweck ausgeartete Technik, wie die Apotheose von Verdinglichung, deren unversöhnlicher Gegensatz Kunst ist. Das jedoch ist nicht nur Schein: je folgerechter, unterm eigenen Formgesetz, Kunst, die autonome sowohl wie die sogenannte angewandte, den eigenen magischen und mythischen Ursprüngen absagt, desto bedrohlicher nähert sie sich einer solchen Anpassung, gegen die sie keine Weltformel besitzt. Die Aporie Thorstein Veblens wiederholt sich. Er forderte, vor 1900, von den Menschen, sie sollten, um der Lebenslüge ihrer Bilderwelt ledig zu werden, rein technologisch, kausal-mechanisch denken. Damit hat er die dinghaften Kategorien der gleichen Wirtschaftsweise sanktioniert, der seine ganze Kritik galt. Im Stande der Freiheit würden die Menschen sich nicht nach der Technik richten, die für sie da ist, sondern die Technik nach ihnen. In der gegenwärtigen Epoche jedoch sind die Menschen in die Technik eingegangen und, als hätten sie ihr besseres Teil an sie vererbt, gleich Hülsen hinter ihr zurückgeblieben. Ihr eigenes Bewußtsein ist angesichts der Technik verdinglicht und deshalb von dieser, der dinghaften her zu kritisieren. Jener plausible Satz, die Technik sei für die Menschen da, ist seinerseits in die platte Ideologie der Zurückgebliebenheit übergegangen; man mag das daran erkennen, daß man ihn nur nachzubeten braucht, um allenthalben mit begeistertem Einverständnis belohnt zu werden. In dem falschen Gesamtzustand schlichtet nichts den Widerspruch. Die frei jenseits der Zweckzusammenhänge des Bestehenden ersonnene Utopie wäre kraftlos, weil sie ihre Elemente und ihre Struktur doch dem Bestehenden entnehmen muß; unverbindliches Ornament. Was dagegen, wie unterm Bilderverbot, das utopische Moment mit dem Bann belegt, gerät in den Bann des Bestehenden unmittelbar.

Die Frage des Funktionalismus ist die nach der Subordination unter die Nützlichkeit. Fraglos ist das Unnütze angefressen. Der Entwicklungsgang hat seine immanente ästhetische Unzulänglichkeit zutage gefördert. Das bloß Nützliche dagegen ist verflochten in den Schuldzusammenhang, Mittel der Verödung der Welt, des Trostlosen, ohne daß doch die Menschen von sich aus eines Trostes mächtig wären, der sie nicht täuschte. Läßt schon der Widerspruch nicht sich wegschaffen, so wäre ein winziger Schritt dazu, ihn zu begreifen. Nützlichkeit hat in der bürgerlichen Gesellschaft ihre eigene Dialektik. Das Nützliche wäre ein Höchstes, das menschlich gewordene Ding, die Versöhnung mit den Objekten, die nicht länger gegen die Menschen sich vermauern und denen diese keine Schande mehr antun. Die Wahrnehmung technischer Dinge in der Kindheit, der sie als Bilder eines Nahen und Helfenden, rein vom Profitinteresse vor Augen stehen, verspricht einen solchen Zustand; seine Konzeption war den Sozialutopien nicht fremd. Als Fluchtpunkt der Entwicklung ließe sich denken, daß die ganz nützlich gewordenen Dinge ihre Kälte verlören. Nicht nur die Menschen müßten dann nicht länger leiden unter dem Dingcharakter der Welt: ebenso widerführe den Dingen das Ihre, sobald sie ganz ihren Zweck fänden, erlöst von der eigenen Dinglichkeit. Aber alles Nützliche ist in der Gesellschaft entstellt, verhext. Daß sie die Dinge erscheinen läßt, als wären sie um der Menschen willen da, ist die Lüge; sie werden produziert um des Profits willen, befriedigen die Bedürfnisse nur beiher, rufen diese nach Profitinteressen hervor und stutzen sie ihnen gemäß zurecht. Weil das Nützliche, den Menschen zugute Kommende, von ihrer Beherrschung und Ausbeutung Gereinigte das Richtige wäre, ist ästhetisch nichts unerträglicher als seine gegenwärtige Gestalt, unterjocht von ihrem Gegenteil und durch es deformiert bis ins Innerste. Die raison d'être aller autonomen Kunst seit der Frühzeit der bürgerlichen Ära ist, daß einzig das Unnütze einsteht für das, was einmal das Nützliche wäre, der glückliche Gebrauch, Kontakt mit den Dingen jenseits der Antithese von Nutzen und Nutzlosigkeit. Das läßt die Menschen, die es besser wollen, gegen das Praktische aufbegehren. Wenn sie es reaktiv, überwertig verkünden, so laufen sie zum Todfeind über. Man sagt, Arbeit schände nicht. Wie die meisten Sprichwörter überschreit das nur die umgekehrte Wahrheit; Tausch schändet die nützliche Arbeit selbst, und sein Fluch ereilt auch die autonome Kunst. In ihr ist das Unnütze, festgehalten in seiner beschränkten und partikularen Gestalt, der Kritik, die das Nützliche an ihr übt, hilflos preisgegeben, während im Nützlichen das, was nun einmal ist, gegen seine Möglichkeit sich absperrt. Das finstere Geheimnis der Kunst ist der Fetischcharakter der Ware. Aus ihrer Verstrickung möchte der Funktionalismus ausbrechen und zerrt vergebens an den Ketten, solange er der verstrickten Gesellschaft hörig bleibt.

Ich habe versucht, Ihnen Widersprüche bewußt zu machen, deren Lösung kein Nicht-Fachmann entwerfen kann; zu bezweifeln ist, ob sie heute irgend sich lösen lassen. Insofern habe ich selbst von Ihnen den Vorwurf des Unnützen zu gewärtigen. Dagegen hätte ich mich zu verteidigen eben durch die These, daß die Begriffe nützlich und unnütz nicht unbesehen hingenommen werden können. Die Zeit ist vorbei, da man sich verschließen, in die je eigene Aufgabe festmachen durfte. Die Sache verlangt die Reflexion, welche die Sachlichkeit sachfremd schalt. Wird dem Gedanken eilends die Legitimation abverlangt, wozu er nun gut sei, so stellt man ihn meist gerade an dem Punkt still, an dem er Einsichten zeitigt, die eines Tages, unvorhergesehen, auch einer besseren Praxis zugute kommen mögen. Der Gedanke hat nicht weniger seine eigene zwingende Bewegungskraft als die, welche Ihnen aus der Arbeit an Ihrem Material vertraut ist. Die Krise, die darin sich manifestiert, daß die konkrete Arbeit des Künstlers, er sei auf Zwecke geeicht oder nicht, kaum länger naiv, also in vorgezeichneter Bahn verlaufen kann, fordert vom Fachmann, er sei noch so handwerksstolz, daß er über sein Handwerk hinausblickt, um diesem zu genügen. Und zwar in doppelter Hinsicht. Einmal im Sinn der gesellschaftlichen Theorie. Er muß sich Rechenschaft ablegen vom Standort seiner Arbeit in der Gesellschaft und von den gesellschaftlichen Schranken, auf die er allerorten stößt. Drastisch wird das am Problem der Städteplanung, wo, keineswegs nur bei Aufgaben des Wiederaufbaus, architektonische Fragen und gesellschaftliche wie die nach der Existenz oder Nichtexistenz eines gesellschaftlichen Gesamtsubjekts kollidieren. Daß keine Städteplanung zureicht, die an partikularen Zwecken anstatt an einem gesamtgesellschaftlichen Zweck sich ausrichtet, bedarf kaum der Erläuterung. Die unmittelbaren praktischen Gesichtspunkte von Städteplanung fallen mit denen einer wahrhaft rationalen, von gesellschaftlichen Irrationalitäten freien keineswegs zusammen: es fehlt jenes gesellschaftliche Gesamtsubjekt, auf das Städteplanung es absehen müßte; nicht zuletzt darum droht sie entweder chaotisch auszuarten oder die produktive architektonische Einzelleistung zu hemmen.

Zum anderen jedoch, und das möchte ich in Ihrem Kreis mit einem gewissen Nachdruck sagen, verlangt die Architektur, und jede Zweckkunst, aufs neue nach der verfemten *ästhetischen* Reflexion. Ich weiß, wie verdächtig Ihnen das Wort Ästhetik klingt. Sie werden dabei an Professoren denken, die mit zum Himmel erhobenen Blick formalistische Gesetze ewiger und unvergänglicher Schönheit aushecken, die meist nichts sind als Rezepte für die Anfertigung von ephemerem klassizistischen Kitsch. Fällig wäre in der Ästhetik das Gegenteil; sie müßte eben die Einwände absorbieren, die sie allen Künstlern, die es sind, gründlich verekelte. Machte sie akademisch weiter ohne die rücksichtsloseste Selbstkritik, so wäre sie schon verurteilt. Aber wie Ästhetik, als integrales Moment der Philosophie, darauf wartet, von der denkenden Anstrengung weiter bewegt zu werden, so ist die jüngste künstlerische Praxis auf Ästhetik angewiesen. Trifft es zu, daß Begriffe wie die des Nützlichen und Unnützen in der Kunst, die Trennung der autonomen von der zweckgebundenen, die Phantasie, das Ornament abermals zur Diskussion stehen, ehe man, was man tut, zustimmend oder verneinend nach jenen Kategorien einrichtet, so wird Ästhetik zum praktischen Bedürfnis. Die über nächstliegende Aufgaben hinausgreifenden Erwägungen, zu denen Sie täglich sich gedrängt sehen, sind ästhetische, auch wenn Sie es nicht mögen; es geht Ihnen dabei wie Molières M. Jourdain, der im Rhetorikunterricht zu seinem Erstaunen lernt, daß er sein ganzes Leben lang Prosa gesprochen hat. Nötigt Sie indessen, was Sie tun, zu ästhetischen Überlegungen, so überantworten Sie sich ihrer Schwerkraft. Sie lassen sich nicht, aus purer fachlicher Gediegenheit, beliebig abbrechen und wieder herbeizitieren. Wer den ästhetischen Gedanken nicht energisch verfolgt, pflegt auf dilettantische Hilfshypothesen, tappende Rechtfertigungsversuche pro domo zu verfallen. Im musikalischen Bereich hat einer der technisch kompetentesten Komponisten der Gegenwart, der in einigen seiner Werke den Konstruktivismus zum Extrem trieb, Pierre Boulez, die Forderung nach Ästhetik emphatisch angemeldet. Eine solche Ästhetik würde sich nicht anmaßen, Grundsätze dessen auszuposaunen, was an sich schön, darum auch nicht, was an sich häßlich sei; allein durch solche Behutsamkeit schon würde das Problem des Ornaments in verändertes Licht gerückt. Schönheit heute hat kein anderes Maß als die Tiefe, in der die Gebilde die Widersprüche austragen, die sie durchfurchen und die sie bewältigen einzig, indem sie ihnen folgen, nicht, indem sie sie verdecken. Bloß formale Schönheit, was immer das sei, wäre leer und nichtig; die inhaltliche verlöre sich im vorkünstlerisch sinnlichen Vergnügen des Betrachters. Schönheit ist entweder als Resultante eines Kräfteparallelogramms oder sie ist gar nicht. Veränderte Ästhetik, deren Programm sich desto deutlicher umreißt, je dringender das Bedürfnis nach ihr zu spüren ist, betrachtete auch nicht mehr, wie die traditionelle, den Begriff der Kunst als ihr selbstverständliches Korrelat. Ästhetisches Denken heute müßte, indem es die Kunst denkt, über sie hinausgehen und damit auch über den geronnenen Gegensatz des Zweckvollen und Zweckfreien, an dem der Produzierende nicht weniger leidet als der Betrachter.

Vortrag auf der Tagung des Deutschen Werkbundes, Berlin, 23. Oktober 1965.
Aus: Theodor W. Adorno: *Gesammelte Schriften,* Band 10.1, S. 375–395.

Erstveröffentlichung: *Neue Rundschau,* 77. Jahrgang, 4. Heft, 1966.

Kommentar: Manfred Sack

Der englische Architekturkritiker Reyner Banham (1922–1988) hatte zeitlebens eine Lust, Grenzen und Gegensätze zu ignorieren und sich von seiner Wissbegier treiben zu lassen – mit erstaunlichem Erfolg. Er ist immer seinen Neugierden gefolgt, hatte als Lehrling angefangen, dann studiert und war Flugzeugingenieur im Zweiten Weltkrieg geworden, hatte sich danach als Kunstkritiker versucht und 1952 schließlich angefangen, beim berühmten Nikolaus Pevsner an der Londoner Universität Kunstgeschichte zu studieren. Promoviert wurde er mit einer Dissertation, die nach wie vor zur architektonischen Standardliteratur gehört und der hier sein Kapitel über «Die Werkästhetik» entnommen ist, über *Die Revolution der Architektur – Theorie und Gestaltung im Ersten Maschinenzeitalter.* Er hatte sein Metier gefunden: die inzwischen «klassisch» genannte Moderne. Was es mit ihr auf sich hat, hat der Autor gleichsam zusammengefasst in dem hier abgedruckten Kapitel. 1960 war seine Dissertation in London als Buch erschienen, vier Jahre darauf schon brachte sie der Rowohlt Verlag auf Deutsch heraus, 1990 wurde sie als Band 89 der nach wie vor gepflegten Reihe der «Bauwelt Fundamente» neu aufgelegt. Das Buch enthält eine der gescheitesten, erstaunlich gründlich recherchierten und durchdachten, zugleich eigenwilligsten Darstellungen dieser Architekturepoche, die mit Louis Sullivan in Chicago begonnen, dann in Europa vielerlei Wandlungen erfahren hatte – nicht nur durch die von Banham sogenannten «Zweckkunst-Klassizisten», sondern eher durch die Expressionisten, die Futuristen, durch Art Nouveau und De Stijl, nicht zuletzt durch Le Corbusier und Walter Gropius, mithin durch viele Denkweisen – ehe sie in den ersten Nachkriegsjahrzehnten banalisiert und oft brachial entstellt worden ist. Bei den besten Werken der Moderne konnte Banham übrigens keinen Bruch mit der Vergangenheit beobachten, stattdessen eine intelligente, vielgestaltige, gänzlich neuartige Fortsetzung, die bis in unsere Tage reicht. Es tut gut, ihn zu lesen.

Manfred Sack studierte Musikwissenschaft und Kunstgeschichte an der Freien Universität Berlin, ist Publizist und war rund vierzig Jahre Redakteur und Architekturkritiker der Hamburger Wochenzeitung DIE ZEIT.

Reyner Banham

DIE WERKSÄSTHETIK (1960)

Die ‹Faguswerke› in Alfeld, 1911 von Gropius und Meyer entworfen und bis 1913 im Bau, werden häufig als das erste mit vollem Recht so bezeichnete Bauwerk der Moderne angesehen, und sie bedeuten gleichzeitig das Ende der wegbereitenden Phase in der modernen Architektur. Ohne Zweifel verdanken sie diese hohe Wertschätzung zum Teil der Tatsache, daß Gropius selbst gute Kontakte zu den Historikern der Moderne hatte, und zum Teil auch der photographischen Auswahl – man kann nämlich durch eine böswillige Auswahl der Photos bewirken,[1] daß sie nicht ‹moderner› erscheinen als etwa Behrens' Eppenhausen-Projekt von 1907. Das Moderne dieser Gebäudegruppen ist tatsächlich nur an Teilstücken auf zwei Seiten erkennbar, dort nämlich, wo die Maschinenwerkstatt und das Kraftwerk mit Glaswänden nach Süden geöffnet sind. Diese beiden Blocks stehen in so starkem Gegensatz zu der konventionellen neoklassischen Regelmäßigkeit der restlichen Bauten dieses Komplexes, daß man vermuten könnte, sie hätten sich – ebenso wie die zwanglose Planung und die stark skulpierten Formen der Entstaubungsanlage – als nicht beabsichtigte, aber zwangsläufige Folge aus dem ‹innersten Wesen› des Funktionsplans ergeben. Die übrigen Gebäude liegen durchaus im Rahmen der damaligen Praxis und des damaligen Vorstellungsbereichs des Werkbundes; aber diese mit Glaswänden ausgestatteten Blocks mit ihren durch drei Stockwerke hindurch kontinuierlich aufsteigenden Fenstern, die an den Ecken des Gebäudes ohne Pfeilerunterstützung direkt aufeinandertreffen, heben sich als wesentliche Neuerungen heraus; allerdings sind sie wohl erst zu Beginn des Jahres 1913 entworfen worden, als Gropius und Meyer bereits am ‹Werkbund-Pavillon› für die 1914 in Köln geplante Ausstellung arbeiteten.

Sie konnten sich freilich damals im Hinblick auf die Ästhetik der Glasverschalung noch nicht auf irgendwelche in Werkbundkreisen gesammelte Erfahrungen stützen; man scheint erst zu Beginn der 20er Jahre gründliche visuelle Studien zu diesem Thema vorgenommen zu haben. Wenn es aber auch an praktischer Erfahrung fehlte, in seinen theoretischen Schriften war Muthesius seiner Zeit weit voraus. Schon früh hatte er begonnen, ein authentisches Verzeichnis der im 19. Jahrhundert entstandenen Meisterwerke aus Glas und Eisen zusammenzustellen, das dann von Meyer, J. A. Lux,[2] Lindner und Steinmetz erweitert werden und seine endgültige Fassung in Giedions 1928 erschienenem Buch ‹Bauen in Frankreich›

1 Eine solche böswillige Auswahl, aus polemischen Gründen gemacht, bei Bruno Zevi, *Poetica dell'Architettura Neo-Plastica*. Mailand 1953.

2 Meyers Buch ‹Eisenbauten›. Berlin 1908, sollte einen beträchtlichen unterschwelligen Einfluß gewinnen; soweit man feststellen kann, wurde es zwar von Architekten kaum gelesen, dafür von Historikern häufig benutzt. Die Wirkung von Lux, Ingenieurästhetik. Berlin 1913, scheint bedeutend geringer gewesen zu sein.

erhalten sollte. Bereits 1902 führt Muthesius in seinem Buch ‹Stilarchitektur und Baukunst› den ‹Kristallpalast› auf, ferner die beiden Bibliotheken von Labrouste, die ‹Galerie des Machines› sowie den Eiffelturm; er äußert sich auch kritisch darüber, daß es der Chicagoer Jahrhundertausstellung nicht gelang, den bei früheren Ausstellungen erreichten Standard aufrechtzuerhalten. Diesem ‹kanonischen› Verzeichnis anerkannter Meisterwerke ist eine ganz allgemeine Lobpreisung von Bahnhofsgebäuden, glasverkleideten Museumshöfen und Kaufhäusern beigefügt. Zwar behandelte er diese Liste nicht bis ins einzelne gehend, als er einen Artikel für eine Sammlung von Beiträgen zu dem Thema ‹Formgebung im Fabrikbau› im Werkbundjahrbuch 1913 schrieb, aber er unterzog sie einer Revision. «Ein großer Teil von Ingenieursbauten: Brücken, Bahnhofsgebäude, Leuchttürme und Getreidesilos sind ästhetisch durchaus ansprechend.» Diese Liste schließt zwar Bauwerke von massiver, plastischer Art ein, aber im Vorwort enthält sie eine im Sinne Lethabys gehaltene Untersuchung über die Formgebung im Maschinenbau, die mit Nachdruck in die entgegengesetzte Richtung weist. «Eine entgegengesetzte Auffassung macht sich in der Erfindung des Fahrrads bemerkbar mit seinen Drahtspeichen und luftgefüllten Reifen. Heute findet niemand mehr etwas Außergewöhnliches daran, und die leichte Struktur des Drahtspeichensystems mutet uns zierlich und elegant an.» Man könnte eigentlich erwarten, solche Ansichten bei dem Schöpfer der ‹transparenten› ‹Faguswerke› und des Kölner Pavillons wiederzufinden; aber soweit man in Gropius' vergeistigten und klugen Gedankengängen über die Formgebung im Fabrikbau überhaupt eine Vorliebe für bestimmte ästhetische Vorstellungen finden kann, widerspricht diese dem Wesen der von Muthesius vertretenen Ideen. «Im Vergleich mit den übrigen Ländern Europas scheint Deutschland auf dem Gebiete des künstlerischen Fabrikbaus einen Vorsprung gewonnen zu haben. Aber im Mutterlande der Industrie, in Amerika, sind industrielle Großbauten entstanden, deren unbekannte Majestät auch unsere besten deutschen Bauten dieser Gattung überragt. Die Getreidesilos von Kanada und Südamerika, die Kohlensilos der großen Eisenbahnlinien und die modernsten Werkhallen der nordamerikanischen Industrietrusts halten in ihrer monumentalen Gewalt des Eindrucks fast einen Vergleich mit den Bauten des alten Ägypten aus.» Er führt das Thema des ‹Monumentalen› fort, indem er die von Behrens für die AEG errichteten Gebäude als ‹Denkmäler von Adel und Kraft› lobend erwähnt. Hier handelt es sich offensichtlich nicht um die gleichen Eigenschaften, die Muthesius bemerkenswert fand, wenn er mit Anerkennung vom Eiffelturm, von Bahnhofsgebäuden oder Fahrrädern sprach. Muthesius' theoretischer Standpunkt war seiner Zeit weit voraus und fand noch keine Bekräftigung durch die Männer der Praxis.

Die Unterstützung, die er tatsächlich erhielt, kam nicht von den ‹Zweckkunst-Klassizisten›, die ihm an sich sehr nahe standen, sondern sie kam von den ‹Expressionisten› der Breslauer Gruppe und einem überlebenden Vertreter der ‹Art Nouveau›. Dieser Mann war August Endell; seine 1910 entstandene Haupttribüne für die Rennbahn in Berlin-Mariendorf kann man als ein spätes, selbstbewußtes, dabei vollkommen unter Kontrolle gehaltenes Überbleibsel der aus dem 19. Jahrhundert stammenden Vorliebe für Fachwerkbauten betrachten, bereichert durch die Experimente mit dreidimensionalen Arabeskenarbeiten, die charakteristisch für einige Gruppen der kontinentalen ‹Art Nouveau› gewesen sind (z.B. Horta, Haus an der Rue de Turin). Das Werk ist eine seltene und frühe Annäherung an eine echte ‹Raumschalen-Struktur›[3].

Die Breslauer Gruppe hatte den Vorteil, daß ihr eine Ausstellung Gelegenheit gab, ihr Talent zu beweisen. Bevor wir uns den zur Breslauer Jahrhundertfeier errichteten Gebäuden zuwenden, sollen zunächst zwei kleine Ausstellungsgebäude von Bruno Taut besprochen werden. Diese Gebäude waren beide Pavillons für Industrieverbände: einer für den Stahlwerksverband (Leipzig, 1913), der andere für die Glas-Industrie auf der Kölner Ausstellung 1914. Der erste, weniger interessante, besteht aus einer glasverschalten, stufenweise zurückgesetzten Pyramide in stählerner Pfeiler- und Querbalken-Konstruktion auf oktogonaler Basis und gipfelt in einer großen Kugel, die mit ihrem Durchmesser das oberste Achteck ausfüllt und durch den unmittelbar darunterliegenden Aufbau hindurch sichtbar wird. Der ‹Glaspavillon› zeigt mehr Originalität; der größere Teil seines Raumvolumens wird von einer hohen Kuppel von annähernd geodätischer Struktur mit stahlrippenumrandeten Glasflächen umschlossen. Die Kuppel selbst ruht auf einem regelmäßigen sechzehneckigen Unterbau, in dem zwischen lasierten Ziegelwänden Treppenanlagen kurvenförmig aufsteigen, bei denen die waagerechten und senkrechten Stufenflächen aus Glas sind. Das ist sowohl in struktureller wie auch in visueller Beziehung die hervorragendste Verbindung von Glas und Stahl, die jemals einem Architekten in den Jahren unmittelbar vor 1914 gelungen ist. Ganz abgesehen von der Möglichkeit, daß der Bau von Paul Scheerbarts im gleichen Jahr erschienenen Buch ‹Glasarchitektur›[4] hätte beeinflußt sein können, deuten seine ungewöhnlichen Qualitäten darauf hin, daß er von Taut in einem genialen schöpferischen Augenblick geschaffen wurde, der unwiederholbar war. Das gilt auch von Max Bergs ‹Jahrhunderthalle› in Breslau (1913). Kein anderes Werk, das in Bergs langer Karriere als Stadtarchitekt von Breslau und als unabhängiger Formgestalter entstand, läßt sich mit dieser Riesenkuppel vergleichen. Wie schon Tauts Glaskuppel muß man auch diese Stahlkonstruktion zu den Bauwerken zählen, bei denen das Material so hervorragend verarbeitet wurde wie von niemandem sonst in diesem Zeitraum (vielleicht mit Ausnahme einiger von Freyssinets frühen Gewölbekonstruktionen). Im Vergleich zu dem Gefühl für Plastizität und dreidimensionale Form, dem Verständnis für Beton als Material, das man gießen und formen kann, das in Bogen- und Gewölbeformen am eindrucksvollsten zur Geltung kommt, wie das Berg hier demonstriert, muß das zeitgenössische Werk von Perret als hölzern und intellektuell verbrämt erscheinen.

3 Endell war wie Muthesius ein Bewunderer solcher Bauten wie glasverkleideter Stationsgebäude.

4 Siehe Kapitel 19 [dieses Buches: Die Berliner Schule].

Nur hier, nirgendwo sonst in Deutschland oder irgendeinem anderen Land, gab es ein Bauwerk, das mit Muthesius' Kanon der Ausstellungsbauten des 19. Jahrhunderts in bezug auf den Maßstab, die Originalität und die Ausnützung des Materials wirklich einen Vergleich aushalten konnte. Die Art, wie man es trotzdem in den 20er Jahren vergaß und seine Lehren ignorierte (ähnlich wie man die aus Freyssinets Flugzeughallen gezogenen Lehren ignorierte, während man ihren Schöpfer noch mit einem Lippenbekenntnis pries), spricht dafür, daß man sich auch ohne die bestmögliche Ausnutzung des Materials mit Erfolg an ästhetische Normen halten konnte. Das geschah sogar bei Architekten, die Materialtreue als obersten Grundsatz für ihre formgestalterische Weltanschauung akzeptierten, und es spricht für die starke Überzeugungskraft, die den abstrakten Ästhetiklehren der künstlerischen Bewegungen in der unmittelbaren Nachkriegszeit innewohnte.

Die anderen Hauptgebäude für die Jahrhundertfeier waren das Werk von Hans Poelzig. Sie zeigen ihn nicht auf der Höhe seines Könnens bzw. seiner Erfindungskraft; ihre Einzelelemente sind in einer Art verschwommener griechischer Dorik ausgeführt, der Gesamtplan ist akademisch. Außerhalb solcher ‹Repräsentations›-Zusammenhänge wie im vorliegenden Fall war Poelzig jedoch der konsequenteste und überzeugendste schöpferische Formgestalter seiner Generation in Deutschland. Seine Industriebauten schufen in der Tat neue Formen für neue Bedürfnisse; sie waren die Hauptzierde des expressionistischen oder individualistischen Flügels im Werkbund und der hauptsächliche Inspirationsfaktor der kurzlebigen expressionistischen Phase in der deutschen Architektur nach 1918.

Die chemische Fabrik in Lubón bei Posen ist das bekannteste Bauwerk aus dieser seiner Schaffensperiode; die etwas merkwürdige Anbringung von romanischen Fenstern an sonst ungegliederten Fassaden hat zwar Anlaß zu Kritik gegeben, aber sie wurde mit Überzeugungskraft vollzogen und scheint in funktionellem Zusammenhang zum ‹innersten Wesen› des Gebäudezwecks zu stehen. Das Werk entstand im gleichen Jahr wie die ‹Faguswerke›, wurde aber schneller vollendet, und wir finden hier keine Unsicherheiten und mangelnden Zusammenhänge. Das Ganze wirkt wohlabgewogen und homogen, läßt allerdings wenig äußere Ähnlichkeit mit späteren Bauwerken der Moderne erkennen. Als Beispiel für einen schmucklosen, aber sorgfältig gegliederten Ziegelbau steht dieses Werk von Poelzig keinesfalls allein, denn eine ähnliche ästhetische Auffassung, obwohl in etwas strengerer Form, läßt sich an Stoffregens Fabrikbau für die Anker-Linoleum-Gesellschaft ablesen; dieses 1912 entstandene Werk stand bis kurz nach dem Krieg in hohem Ansehen, geriet aber in der Folge in Vergessenheit. Ebenso findet die plastische Behandlung der Außenfläche von Poelzigs 1910 entworfenem ‹Wasserturm› in Posen ihren Widerhall in dem kühn geformten Dach von Albert Marx' Siederei in Bad Nauheim, die wie die Ankerwerke 1912 entstand. In den letzten vier Jahren vor dem Weltkrieg kann man nun beobachten, wie sich um Poelzig und Berg eine Schule von Fabrikarchitekten aufzubauen beginnt.[5] Sie kommen unabhängig voneinander aus dem

Einflußbereich der *English Free Architecture,* bleiben von den klassizistischen Neigungen des Behrens-Flügels im Werkbund fast unbeeinflußt, meiden das Dekorative und behandeln plastische Formen mit großer Kühnheit – einer Kühnheit, die man in gleichem Maße nur bei den zeitgenössischen futuristischen Projekten findet. Unmittelbar nach dem Krieg schien es, als könnte diese Schule ihre Tätigkeit an dem Punkt wieder aufnehmen, an dem sie sie unterbrochen hatte. In einer allgemein expressionistischen Atmosphäre, die sogar auf Gropius und Mies van der Rohe nicht ohne Einfluß blieb, versprachen die frühen Werke von Erich Mendelsohn und Hugo Häring eine wirklich kontinuierliche Linie.[6] Aber diese Bewegung wurde sehr bald durch die oben erwähnten abstrakten Ästhetikbegriffe der Holländer und Russen daran gehindert, sich zu entfalten.

Den Vergleich mit den Futuristen kann man noch etwas weiterführen und nicht nur auf äußere formale Ähnlichkeiten beziehen, obwohl diese, wie einige von Poelzigs Projekten aus der unmittelbaren Nachkriegszeit zeigen, bemerkenswert groß waren – es existiert ein Entwurf für einen Fabrikspeicher, der ebensogut als Muster für das Trockenhaus in Mendelsohns Fabrik in Luckenwalde dienen könnte oder für einige von Sant'Elias ‹Dinamismo Archittetonico›-Entwürfen. Darüber hinaus scheint es klar, daß Poelzig etwas von dem Sinn der Futuristen für das Mechanische besaß, und zwar schon 1910, zu einem Zeitpunkt also, als er kaum irgendeines ihrer Manifeste gelesen haben konnte. Das Innere des Posener ‹Wasserturms› enthüllt mit seiner Betonung der mechanischen Ausrüstung und der metallischen Struktur über die bloße Erfüllung von Betriebsbedürfnissen hinaus einen starken Sinn für die dramatischen Möglichkeiten, die in diesen Faktoren liegen, und es zeigt die Schaffung von Formen und Räumen, in denen sie mit Nachdruck zur Geltung kommen.

Verglichen mit den ausgeführten Arbeiten und dem schöpferischen Programm dieses Werkbundflügels, müssen die Errungenschaften des anderen Flügels, der von Behrens, Gropius und Muthesius selbst repräsentiert wird, weniger zukunftsreich und schöpferisch erscheinen. Die Entstehung von Behrens' großen Werkhallen für die AEG läßt ein kontinuierliches Wachstum erkennen, fort von dem massiven Pseudo-Klassizismus der ‹Turbinenfabrik› von 1908/09, bei der die Behandlung der in massiven rohen Quadern bearbeiteten, sich nach oben verjüngenden Ecken im Widerspruch zu der als Rahmen und Füllung angelegten ‹Glas- und Stahl›-Konstruktion zu stehen scheint, und hin zu der Großmaschinenfabrik von 1911/12, wo er offenbar endlich erkennt, daß Wände und Dach, ganz gleich, ob massiv oder glasverkleidet, nur eine leichte Hülle sind, die man um ein riesiges, industriell nutzbares

5 Diese Richtung im Werkbund war im Jahrbuch für 1913 gut vertreten.

6 Mendelsohns Fabrik in Luckenwalde und Härings Bauten in Gut Garkau versprachen gleich zu Beginn der 20er Jahre die Entfaltung einer Architektur, die in ihrer Einstellung gegenüber Materialien und Planung ungewöhnlich aufgeschlossen war – der Gebrauch von Holz an Außenstrukturen von kühner plastischer Form und die Anwendung von offenliegenden Betonrahmen bei Innenportalen in diesen beiden Plänen, dazu der höchst bemerkenswerte hufeisenförmige Grundriß von Gut Garkau deuten auf eine Art der Formgebung hin, die die Architektur der 20er Jahre hätte sehr bereichern können.

Raumvolumen legt. Sogar die Ziegelflächen zwischen den Fenstern der Seitentrakte scheinen hier leicht und dünn zu sein, ganz im Gegensatz zu der massiven Ummauerung seiner früheren Industriebauten. Andererseits wirkt aber gerade dieser Block auch etwas billig und unfertig, als ob bei ihm finanzielle Beschränkungen eine größere Rolle gespielt hätten als zum Beispiel bei der ‹Turbinenfabrik›, die ganz offensichtlich als Prestigebau gedacht war. Welche wechselnden Einflüsse aber auch immer mitgespielt haben mögen, er hält im Grunde bei der Gestaltung der äußeren Hülle für all diese Fabrikräume an einem bestimmten Standardtyp fest – nämlich dem eines klassischen Tempels; natürlich berücksichtigt er dabei Veränderungen, die sich aus den Bedürfnissen der Industrie ergaben (z. B. die Notwendigkeit, genügend Raumhöhe für Kranportale und Verladebrücken zu schaffen), die gegen Dächer mit einfachem Dachfirst sprachen und ihn zu polygonalen Giebelformen führten. Die einzige wesentliche Ausnahme von dieser Giebelform finden wir bei der 1910 erbauten ‹Hochspannungsfabrik›, wo tief unten an der Hauptfassade klassische Frontgiebel paarweise auftreten, um das Vorhandensein zweier paralleler Werkshallen innerhalb des Gebäudes zu demonstrieren; allerdings hat man nicht den Eindruck, daß diese Hallen hier funktionell bis zu der Außenwand vordringen.

Merkwürdigerweise hinterließen diese kühneren Formgebungen von Behrens in den architektonischen Gedankengängen und Empfindungen der Folgezeit geringere Spuren als die ‹Turbinenfabrik›, die sogar als Vorbild für die expressionistische Nachkriegsarchitektur gedient zu haben scheint. Offensichtlich liegt aber die langanhaltende Bedeutung von Behrens' industrieller Vorkriegsarchitektur nicht allein in den Bauwerken selbst – dies war nur insofern der Fall, als sie seine Fähigkeiten demonstrierten, Bedürfnisse der Industrie in Formen zu kleiden, die seine Zeitgenossen als ‹architektonisch› in des Wortes normaler Bedeutung ansahen. Hierin kann man Behrens am besten mit Auguste Perret vergleichen; dieser hatte ein neues Material – den Beton – in den anerkannten Regelbereich architektonischer Gedankengänge gebracht[7], so wie Behrens eine neue Gruppe funktioneller Programme in den Bereich anerkannter formaler Disziplinen rückte. Dafür war die ‹Turbinenfabrik› der beste und beispielgebende Beweis. Sie veranschaulicht auch am besten die beispielhafte Art, in der Behrens Muthesius' Idealvorstellung von einem guten Formgestalter verkörpert. Er kam von der Malerei, gelangte auf dem Weg über graphische Entwürfe und Gewerbekunst zur Hausarchitektur und widmete sich dann im umfassendsten Sinne des Wortes der Formgebung auf dem industriellen Sektor; er machte sich vom Einfluß der ‹Art Nouveau› frei und erreichte in der Turbinenfabrik jene Schinkelsche Form, die dann Muthesius zwei Jahre später von den Formgestaltem des Werkbunds so wortreich fordern sollte.

Allerdings war sein ‹Schinkelismus› durchaus nicht konsequent. Zur gleichen Zeit wie das stark neo-klassische ‹Wiegandhaus› in Dahlem, 1911, errichtete sein

7 Siehe Kapitel 3 [dieses Buches: Die akademische Nachfolge: Garnier und Perret].

Architekturbüro auch die ‹Gaswerke in Frankfurt›, die in formaler Hinsicht wohl originellsten Industriegebäude seiner Vorkriegskarriere. Es mag auf seine eigene Unentschlossenheit oder auch auf die seiner Mitarbeiter zurückzuführen sein, daß er auf dem neo-klassischen Sektor nicht den gleichen bzw. gleich vorteilhaften Einfluß auf seine Schüler und Assistenten hatte. Mies van der Rohe akzeptierte diesen Stil ohne Einschränkung und konnte ihn – nach seinem ‹Kröller-Haus›-Projekt zu urteilen – sogar mit größerer Gewandtheit praktizieren als sein Meister. Le Corbusier verwarf ihn in der Praxis und in seinen Schriften; Gropius hat ihn anscheinend akzeptiert, aber keinen Nutzen für seine eigene Architektur daraus gezogen. [Kröller-Haus s. Pevsner a. a. O. Abb. 83]

Für das scheinbare Auseinandergehen der architektonischen Ziele mag ein grundlegender Zug in Gropius' Geisteshaltung die Ursache sein. Die Ausbildung, die er an der Charlottenburger Hochschule und in München erhielt, hatte aus anderen Persönlichkeiten (Poelzig, Berg, Mendelsohn) Formgestalter der expressionistischen Richtung gemacht; die glatten, einfachen, plastischen Formen seiner früheren Hausbauten in Jankow in Preußen (1906) deuten unter einer neo-klassischen Hülle eine plastische Auffassung bei der Formgebung an, die man mit Poelzig vergleichen könnte. In dem massiv ummauerten Lagerhaus-Block der ‹Faguswerke› scheint sich diese Tendenz fortzusetzen, während das angespannte Funktionsprogramm verhinderte, daß irgendeine der neo-klassischen Ideen, die er in der Zwischenzeit von Behrens übernommen hatte, in dem Plan verarbeitet wurde. Bei den Büros und der Fabrik, die er für die Kölner Werkbund-Ausstellung 1914 schuf, gab es keine durch ein industrielles Programm bedingte Disziplin; Gropius und Meyer hatten hier freie Hand, die Gebäudeelemente so zu arrangieren, wie sie es für zweckmäßig hielten. Der Vergleich des fertiggestellten Gebäudes mit dem im Jahrbuch von 1913 veröffentlichten Plan läßt eine weitgehende Umgruppierung der Teile erkennen, die wahrscheinlich mit der Funktionsänderung der einen Gebäudehälfte zusammenhing – der im Plan von 1913 als ‹Werkstätte› bezeichnete Teil wurde zu einer Ausstellungshalle für Werkzeugmaschinen usw. mit einem zusätzlichen Pavillon für die Deutz-Werke.

Der Plan, der schließlich verwirklicht wurde, ist ebenso stark akademisch wie der, den Poelzig bei seinen Gebäuden für die Breslauer Jahrhundertfeier benutzte, allerdings unter Hinzufügung einiger sehr französisch anmutenden Tendenzen. Der Büroblock ist axial um den Haupteingang angelegt, und die Achse verläuft nach rückwärts durch einen offenen Hof und durch das Zentrum der Maschinenhalle. Der Hofraum wird von einer *axe secondaire* überquert und hat – auf dem Papier, in der Wirklichkeit allerdings für das Auge nicht sichtbar – eine biaxiale Symmetrie. Die Verbindungspassagen zwischen den offenen Hallen, die den Hof und das Bürogebäude auf der einen, die Maschinenhalle auf der anderen Seite flankieren, waren so angelegt, daß die Mauervorsprünge auf beiden Seiten identische Muster ergaben, obwohl die Aufrißgliederung an den beiden gegenüberliegenden Teilen völlig verschieden war. Wie man das manchmal bei stärker ‹experimentellen›

Typen von *Beaux-Arts*-Plänen findet, gibt es auch hier ein asymmetrisches Element, den ‹Deutz-Pavillon›, der auf einer Achse dritter Ordnung am anderen Ende der Maschinenhalle liegt.

Stilistisch gesehen stellen die verschiedenen Elemente dieser Gebäudegruppe eine ziemlich vollständige Anthologie moderner eklektischer Quellen dar, aus denen ein mit der neuesten Entwicklung vertrauter Werkbund-Gestalter schöpfen konnte. Am besten mit den Zielen und der Auffassung des Werkbunds vereinbar erscheint die Maschinenhalle; sie besteht aus Reihenhallen mit Giebelwänden, so wie Muthesius sie stets bewundert hatte, einfach in der Form und durchaus überzeugend in der Gestaltung; so sind auch die offenen Hallen zu beiden Seiten des Hofraums, obwohl sie so aussehen, als seien sie zumindest Prototypen von Standardeinheiten aus der industriellen Produktion. Gleiche Sicherheit in der Gestaltung, aber bei weitem weniger kühne Formen zeigt der ‹Deutz-Pavillon›. Er hat in seinen Details, seiner Plangestaltung und seinen Konstruktionsmethoden offensichtlich verwandte Züge mit Tauts Stahlwerksverband-Pavillon vom vergangenen Jahr, steht aber in starkem Kontrast zu Tauts 1914 für die Glasindustrie errichtetem Ausstellungsgebäude. Wo aber dieses mit seiner geodätischen Kuppel etc. in struktureller und formaler Hinsicht einen kühnen Schritt vorwärts macht, geht der Gropius-Bau einen Schritt zurück in Richtung auf eine anerkannte klassizistische Form, den ‹Tholos› oder polygonalen Tempel; dieser Punkt wird noch dadurch unterstrichen, daß man eine Kopie des Parthenon-Hermes am Fundament des Pavillons am Ende des langen Wasserbeckens anbrachte, das sich an der Seite der Maschinenhalle entlangzog.

Der Büroblock ist, stilistisch gesehen, der komplizierteste Teil dieser ganzen Gruppe und in architektonischer Hinsicht auch der schwächste. Seine Gesamt-Silhouette kann man nur als palladianisch bezeichnen, in der Art von ‹Wilton-House›, mit einem langen zweistöckigen Zentralgebäude, einem schwachbetonten Mitteleingang und seitlich abschließenden Türmen. Die Lage dieser Türme ist vom architektonischen Standpunkt aus der anfechtbarste Teil der Gestaltung. Die Silhouette ebenso wie einige Details (z.B. die Rahmung des Eingangs) erinnern an Wright, und dies ist der erste deutliche Beweis für Wrights Einfluß auf die Werkbund-Kreise. Wrights Arbeiten waren 1913/14 ziemlich bekannt, und zwar nicht nur durch die Wasmuth-Publikationen, sondern auch durch die Tätigkeit von H.P. Berlage. Es besteht eine auffallende Ähnlichkeit zwischen der Blockform von Gropius' Gebäude und der von Wrights Bankgebäude in Mason City, Iowa, das ein Jahr früher vollendet wurde; das gilt besonders für die flankierenden Türme mit ihren weit überhängenden Gesimsen. Entwurfszeichnungen für dieses Gebäude, die Wasmuth in seinem ersten Band veröffentlichte, sind auch der Ursprung für die Verwendung von in engräumigem Rhythmus angeordneten Ziegelpfeilern mit schmalen schlitzartigen Zwischenfenstern und für viele weitere Details im Mauerwerk des gesamten Blocks.

Hätten Gropius und Meyer sich damit begnügt, diese Wrightsche Anregung bis zu ihrer natürlichen, formalen Schlußfolgerung konsequent durchzuführen, dann wäre wohl ein hervorragendes, wegbereitendes Werk herausgekommen, in einem Stil, der trotz seiner Anklänge an neo-klassische Gedankengänge für Europa neu war. Ihre neo-klassische Gesinnung scheint aber nicht so stark gewesen zu sein, daß sie der Versuchung hätten widerstehen können, das Bauwerk gleichzeitig zu einem ‹Manifest› von Muthesiusscher Transparenz und feingewebter Struktur zu machen. Auf der Hofseite sind das Wrightsche Erdgeschoß und die Wrightsche Dachgliederung durch ein völlig glasverkleidetes Stockwerk voneinander getrennt, das etwa einen Meter über die zurückliegende Strukturwand des Blockes hinausgeht und so eine überdachte Passage bildet, die die verschiedenen im ersten Stock gelegenen Büroräume mit den Treppenhäusern an den beiden Blockseiten verbindet. Diese Treppenhäuser befinden sich nicht, wie man vermuten könnte, innerhalb der Türme, sondern deutlich vor ihnen in der äußeren Fassade, und zwar in halbkreisförmigen Vorsprüngen nach Art des Abschlußpavillons von Hoffmanns ‹Villa Ast› (Wien 1909). Aber während Hoffmann eine massiv ummauerte Form mit zwei formbetonenden Gesimsen benutzt hatte, setzen Gropius und Meyer ihre Glasverkleidung um die Ecken des Gebäudes auf der Höhe des ersten Stockwerks fort und führen sie auch um die halbkreisförmigen Treppenhäuser herum; hier geht die Glasverkleidung dann bis zum Erdgeschoß hinunter und bildet glasverkleidete Halbtrommeln, die die volle Höhe der Hauptfassade erreichen. Die Treppenhäuser sind also von außen zu sehen, wie das auch bei der Ecktreppe der ‹Faguswerke› der Fall war. Diese technische Neuerung erfreut sich seither eines beträchtlichen *succès d'estime* (Achtungserfolgs) und hat Mendelsohn zu einigen seiner besonders charakteristischen Entwürfe inspiriert. Aber es ist schwierig, diese Neuerung auch als visuellen Erfolg zu werten. Die beiden der Sicht freigegebenen Treppenwindungen steigen unterschiedlich auf, weil sich in der oberen von ihnen ein Absatz befindet; das ist ein unbehaglicher Anblick, der besser verborgen geblieben wäre. Die Glasverkleidung der gesamten Gebäudeseite auf der Höhe des ersten Stocks läßt die Tatsache erkennen, daß die Türme nicht auf einer kontinuierlichen, bis zum Erdgeschoß hinreichenden Struktur beruhen – wie das beim Wrightschen Vorbild der Fall ist –, sondern nur auf der Höhe des Hauptdaches von der Innenstruktur des Gebäudes etwas vorspringen.

Diese Vorsprünge sind nur geringfügig, aber in diesem Zusammenhang höchst unglücklich. Man merkt dem Gebäude einen Mangel an Erfahrung und Umsicht an (wie Paul Scheerbart sie bereits besaß), mit denen man die sich aus der Glasverkleidung ergebenden visuellen Schwierigkeiten hätte meistern können. Der einfache, stark betonte Rhythmus der senkrechten Ordnung bei den Fenstern der ‹Faguswerke› wird durch eine unkontrollierte horizontale Ausdehnung ersetzt, die aber nicht den Anschein erweckt, als sei sie als das gedacht, was man später als ‹endlose Fassade› bezeichnet haben würde; auch die Wirkung der Transparenz scheint man nicht hinreichend studiert zu haben. Verglichen mit van de Veldes Theater auf der gleichen Ausstellung muß diese Art von Formgebung ziemlich ungeschickt erscheinen. Aber van de Veldes Bauwerk ist, obwohl stark verfeinert, doch in architektonischer Hinsicht ohne Neuerungen. Die Zukunft lag bei Gropius und seinen Gesinnungsgenossen. Was ihnen fehlte, das war eine ästhetische Disziplin, um Transparenzen, Mauervorsprüngen, Glasverkleidungen und anderen technischen Neuerungen den rechten Sinn zu geben.

Es hatte den Anschein, als sei keine der einzelnen Architekturschulen in der Lage gewesen, diese ästhetische Disziplin selbst zu finden. Die Lösung der Schwierigkeiten in der Architektur sollte schließlich aus dem Bereich der Malerei und der Skulptur kommen, nämlich von jener Entwicklung zur reinen abstrakten Kunst, die die Kubisten und Futuristen bereits eingeleitet hatten, die aber erst nach dem Krieg als brauchbare Disziplin zur Verfügung stand.

Aus: Reyner Banham: *Die Revolution der Architektur,* Braunschweig 1990, S. 60–69. (Bauwelt-Fundamente 89)

Englische Originalausgabe: *Theory and Design in the First Machine Age.* Oxford 1960.

Kommentar: Ralf Schlüter

Roland Barthes wurde 1915 im französischen Cherbourg geboren, er starb 1980 in Paris an den Folgen eines Autounfalls. Schon früh wandte sich der Philosoph und Semiotiker Phänomenen der Massenkultur zu: Er schrieb über Werbung und Pommes frites, über Modeschauen und japanische Städte – und das mit einer Leichtigkeit und Präzision, die ihn zum Idol aller Kulturtheoretiker und Feuilletonisten werden ließ. Barthes arbeitete in seinen Untersuchungen die zeichenhafte Struktur der Phänomene heraus; sein erweiterter Mythenbegriff hat Schule gemacht: Er begreift den Mythos nicht als unveränderliche Urerzählung, sondern als komplexes gesellschaftliches «Mitteilungssystem», in dem Botschaften übermittelt werden. Einige dieser Botschaften hat Barthes in kurzen, aktuell geschriebenen Texten analysiert, die 1957 in dem Sammelband *Mythologies* veröffentlicht wurden (1964 erschien unter dem Titel *Mythen des Alltags* eine Auswahl auf Deutsch, die kürzlich bei Suhrkamp in erweiterter Fassung wieder aufgelegt wurde). Neben Einsteins Gehirn, Greta Garbos Gesicht und dem französischen Reiseführer «Guide Bleu» ist ihm auch das Automodell *Citroën DS* eine Betrachtung wert. Nun war der Philosoph beileibe nicht der erste, dem die besondere Qualität dieser 1955 auf den Markt gekommenen Limousine aufgefallen wäre: Die markante Front mit den Doppelscheinwerfern, die aerodynamische, sportliche Form, vor allem aber die Eleganz und Perfektion jedes einzelnen Details wurden allenthalben gerühmt. Die damals neue Hydropneumatik verstärkte den Eindruck, das Auto fahre nicht, sondern schwebe – kein Wunder, dass sich auch der General de Gaulle in diesem Vehikel chauffieren ließ. Der Spitzname lag nahe: DS wird französisch wie «Déesse» ausgesprochen – Göttin. Mit Roland Barthes hatte diese Göttin quasi ihren Homer gefunden: Der Philosoph besingt das Modell emphatisch und liefert zugleich eine bis heute mustergültige Lektion in produktsemantischer Analyse. Nur in einem Punkt irrt Barthes: Das überirdische Auto war keineswegs «von unbekannten Künstlern erdacht» worden; sein Design gehört zu den Meisterwerken des italienischen Designers Flaminio Bertoni (1903–1964), dem wir auch den *Citroën 2 CV* verdanken – die «Ente».

Ralf Schlüter studierte Germanistik, Geschichte und Philosophie in Berlin, war Textchef der Zeitschrift form *und ist heute stellvertretender Chefredakteur des Kunstmagazins* art *in Hamburg.*

Roland Barthes

DER NEUE CITROËN (1957)

Ich glaube, daß das Auto heute das genaue Äquivalent der großen gotischen Kathedralen ist. Ich meine damit: eine große Schöpfung der Epoche, die mit Leidenschaft von unbekannten Künstlern erdacht wurde und die in ihrem Bild, wenn nicht überhaupt im Gebrauch von einem ganzen Volk benutzt wird, das sich in ihr ein magisches Objekt zurüstet und aneignet.

Der neue Citroën fällt ganz offenkundig insofern vom Himmel, als er sich zunächst als ein superlativisches *Objekt* darbietet. Man darf nicht vergessen, daß das Objekt der beste Bote der Obernatur ist: es gibt im Objekt zugleich eine Vollkommenheit und ein Fehlen des Ursprungs, etwas Abgeschlossenes und etwas Glänzendes, eine Umwandlung des Lebens in Materie (die Materie ist magischer als das Leben) und letztlich: ein Schweigen, das der Ordnung des Wunderbaren angehört. Die «Déesse»[1] hat alle Wesenszüge (wenigstens beginnt das Publikum sie ihr einmütig zuzuschreiben) eines jener Objekte, die aus einer anderen Welt herabgestiegen sind, von denen die Neomanie des 18. Jahrhunderts und die unserer Science-Fiction genährt wurden: die *Déesse* ist zunächst ein neuer *Nautilus.*

Deshalb interessiert man sich bei ihr weniger für die Substanz als für ihre Verbindungsstellen. Bekanntlich ist das Glatte immer ein Attribut der Perfektion, weil sein Gegenteil die technische und menschliche Operation der Bearbeitung verrät: Christi Gewand war ohne Naht, wie die Weltraumschiffe der Science-Fiction aus fugenlosem Metall sind. Die D.S. 19 erhebt keinen Anspruch auf eine völlig glatte Umhüllung, wenngleich ihre Gesamtform sehr eingehüllt ist, doch sind es die Übergangsstellen ihrer verschiedenen Flächen, die das Publikum am meisten interessieren. Es betastet voller Eifer die Einfassungen der Fenster, es streicht mit den Fingern [an] den breiten Gummirillen entlang, die die Rückscheibe mit ihrer verchromten Einfassung verbinden. In der D.S. steckt der Anfang einer neuen Phänomenologie der Zusammenpassung, als ob man von einer Welt der verschweißten Elemente zu einer solchen von nebeneinandergesetzten Elementen überginge, die allein durch die Kraft ihrer wunderbaren Form zusammenhalten, was die Vorstellung von einer weniger schwierig zu beherrschenden Natur erwecken soll.

Was die Materie selbst angeht, so steht fest, daß sie den Sinn für das Leichte im magischen Verstande unterstützt. Es liegt in der Form eine gewisse Rückkehr zur Aerodynamik, die jedoch insofern neu ist, als sie weniger massiv, weniger schnittig und gelassener ist als die aus der ersten Zeit dieser Mode. Die Geschwindigkeit drückt sich nun in minder aggressiven, minder sportlichen Zeichen aus, als ob sie von einer heroischen Form zu einer klassischen Form übergegangen

1 Die Buchstabenbezeichnung D.S. ergibt beim Aussprechen: Déesse, die «Göttin», eine Bezeichnung, die im übrigen durch den Umstand möglich wird, daß das Auto im Französischen weiblichen Geschlechts ist (Anm. d. Üb.).

wäre. Diese Vergeistigung erkennt man an der Bedeutung und der Materie der sorgfältig verglasten Flächen. Die «Déesse» ist deutlich sichtbar eine Preisung der Scheiben, das Blech liefert dafür nur die Partitur. Die Scheiben sind hier keine Fenster mehr, keine Öffnungen, die in die dunkle Karosserie gebrochen sind, sie sind große Flächen der Luft und der Leere und haben die gleißende Wölbung von Seifenblasen, die harte Dünnheit einer Substanz, die eher insektenhaft als mineralisch ist.

Es handelt sich also um eine humanisierte Kunst, und es ist möglich, daß die «Déesse» einen Wendepunkt in der Mythologie des Automobils bezeichnet. Bisher erinnerte das superlativische Auto eher an das Bestiarium der Kraft. Jetzt wird es zugleich vergeistigter und objektiver, und trotz manchen neuerungssüchtigen Selbstgefälligkeiten (das leere Lenkrad) ist es haushälterischer und jener Sublimation der Gerätschaften, die wir bei unseren zeitgenössischen Haushaltsgeräten finden, angemessener. Das Instrumentenbrett erinnert eher an die Schalterblende eines modernen Herdes als an die in einer Fabrikzentrale: die kleinen Klappen aus mattem, gewelltem Blech, die kleinen Schalter mit den weißen Knöpfen, die sehr einfachen Anzeiger, selbst die diskrete Verwendung des Nickels, all das bedeutet eine Art Kontrolle, unter der die Bewegung steht, die mehr als Komfort denn als Leistung aufgefaßt wird. Offensichtlich tritt an die Stelle der Alchimie der Geschwindigkeit ein anderes Prinzip: Fahren wird ausgekostet.

Es scheint, daß das Publikum die Neuigkeit der Themen, die man ihm anbietet, auf großartige Weise begriffen hat. Zunächst einmal empfänglich für den Neologismus (eine Pressekampagne hielt es seit Jahren in neugieriger Erwartung), ist es bemüht, sich sehr rasch ein Anpassungs- und Geräteverhalten zu eigen zu machen («Man muß sich daran gewöhnen»). In den Hallen wird der Ausstellungswagen mit liebevollem, intensivem Eifer besichtigt. Es ist die große Phase der tastenden Entdeckung, der Augenblick, da das wunderbare Visuelle den prüfenden Ansturm des Tastsinns erleidet (denn der Tastsinn ist unter allen Sinnen der am stärksten entmystifizierende, im Gegensatz zum Gesichtssinn, der der magischste ist); das Blech, die Verbindungsstellen werden berührt, die Polster befühlt, die Sitze ausprobiert, die Türen werden gestreichelt, die Lehnen beklopft. Das Objekt wird vollkommen prostituiert und in Besitz genommen; hervorgegangen aus dem Himmel von Metropolis, wird die «Déesse» binnen einer Viertelstunde mediatisiert und vollzieht in dieser Bannung die Bewegung der kleinbürgerlichen Beförderung.

Aus: Roland Barthes: *Mythen des Alltags.* Übersetzung aus dem Französischen von Helmut Scheffel. Frankfurt am Main 1964, S. 76–78.

Französische Originalausgabe: *Mythologies,* Paris 1957.

Kommentar: Gerrit Terstiege

Der französische Medientheoretiker, Soziologe und Kulturphilosoph Jean Baudrillard (1929–2007) promovierte bei Henri Lefevbre 1968 mit dem Text *Das System der Dinge*, in dem er sich kritisch mit der kapitalistischen Produkt- und Alltagskultur auseinandersetzt. Aus eben jenem Buch, das zu den Klassikern der postmodernen Theorie gehört, stammt der hier folgende Abschnitt «Vom Modell zur Serie». Unter anderem kommt darin – mit Blick auf Alltagsprodukte, ihren Entwurf wie auch ihre Produktion – ein recht pragmatischer, aber heikler Punkt zur Sprache: ihre Vergänglichkeit. Baudrillard: «Von allen Lasten, die dem Seriengegenstand auferlegt werden, sind jene die sichtbarsten, die seine Dauerhaftigkeit und technische Qualität betreffen. [...] Alle Neuerungen und modischen Errungenschaften machen es [das Objekt] zunächst fragiler und vergänglicher.» Er zitiert im Folgenden den amerikanischen Publizisten Vance Packard (1914–1996), dessen 1958 erschienenes Buch *The Hidden Persuaders* («Die geheimen Verführer») in den sechziger und siebziger Jahren auch in Europa rezipiert und heftig diskutiert wurde. Packard setzt sich darin kritisch mit den Strategien der Motiv- und Marktforschung auseinander. Eine zentrale Quelle, auf die Packard und auch Baudrillard immer wieder Bezug nehmen, sind die Erkenntnisse und Aufsätze des österreichisch-amerikanischen Psychologen Dr. Ernest Dichter, Direktor des New Yorker Instituts für Motivforschung, der die Marketingstrategien seiner Zeit publikumswirksam analysierte – und prägte. Baudrillard wiederum setzt, aufbauend auf Packard, kalkulierte Phänomene wie das der «künstlichen Produktalterung», der vorsätzlichen Konstruktion von Sollbruchstellen, in den Kontext einer «Gesellschaft mit monokapitalistischer Ordnung, wie in den USA». Heute, in Zeiten der Globalisierung, hat sich der Lauf der Dinge weitaus beschleunigt, und die Folgen immer kürzerer Produktzyklen sind allenthalben spürbar. Vor diesem Hintergrund sind Baudrillards Mahnungen von ungebrochener Relevanz.

Gerrit Terstiege ist seit 2006 Chefredakteur der Zeitschrift form. *Im Birkhäuser Verlag gab er bereits die Bücher* Drei D – Grafische Räume *(2008),* The Making of Design *(2009) und* Mike Meiré – Editorial Design *(2010) heraus. Er war Dozent an der HfG Karlsruhe, der ZHdK, Vertretungsprofessor an der FH Mainz und lehrt derzeit am Masterstudio Design der Hochschule für Gestaltung und Kunst FHNW in Basel.*

Jean Baudrillard

VOM MODELL ZUR SERIE (1968)

Das technische Defizit

Nach der Analyse des formellen Spiels der Differenzen, mittels derer sich die Gegenstände für ein Modell ausgegeben haben, soll nun die Betrachtung der tatsächlichen Unterschiede folgen, die zwischen dem Modell und der Serie bestehen. Denn das aufsteigende System der differentiellen Bewertungen im Vergleich mit dem idealen Modell verdeckt natürlich die entgegen gesetzte Wirklichkeit der massiven Entgliederung und Wertverminderung, die das Serienobjekt im Verhältnis zum realen Modell erfährt.

Von allen Lasten, die dem Seriengegenstand auferlegt werden, sind jene die sichtbarsten, die seine Dauerhaftigkeit und technische Qualität betreffen. Die personellen Wünsche ergeben zusammen mit den Erfordernissen der Produktion, daß die nebensächlichen Elemente in einem größeren Umfang verwendet werden, als es dem praktischen Bedarf des Objekts entspricht. Alle Neuerungen und modischen Errungenschaften machen es zunächst fragiler und vergänglicher. Auf diese Taktik hat Packard hingewiesen: «Man kann bewußt die Lebensdauer eines Gegenstandes verkürzen und ihn außer Gebrauch setzen, indem man wie folgt vorgeht. Man verbessert seine technologische Struktur, und damit werden die weniger leistungsfähigen Gegenstände überholt (Fortschritt). Man wirkt auf seine Qualität ein: Er bricht oder verdirbt innerhalb einer meist ziemlich kurzen Zeit. Man zielt auf seine Gefälligkeit ab: Kreation einer neuen Form, die alten Formen werden unmodern, obwohl sie noch gebrauchsfähig sind.»

Die letzten beiden Punkte dieser Taktik hängen miteinander zusammen: Die beschleunigte Erneuerung der Modelle genügt an sich schon, um die Qualität der Erzeugnisse zu beeinflussen. Strümpfe werden in allen möglichen Farben angeboten, aber ihre Qualität läßt nach (oder man macht Einsparungen in der technologischen Forschung, um den Werbeetat entsprechend aufzufüllen). Wenn aber der gelenkte Modewechsel nicht mehr ausreicht, um die Nachfrage zu beleben, dann hilft man sich mit einer künstlich herbeigeführten Unterfunktionalität: Es werden bewußt Konstruktionsfehler in das Objekt eingebaut. Brook-Stevens sagt: «Jeder weiß, daß wir die Lebensdauer aller aus den Fabriken kommenden Güter mit Absicht verkürzen, und diese Politik ist sogar die Grundlage unserer Wirtschaft.» Nach Olivier Wendell ist es aber gar nicht so absurd, «daß ein wunderbares Kabriolett dank einer wohl durchdachten Konstruktion an einem lange vorherbestimmten Tag plötzlich und ganz von selbst in seine Bestandteile zerfällt». Gewisse Konstruktionselemente der amerikanischen Wagen werden so hergestellt, daß sie eine

Betriebsdauer von 60.000 km nicht überleben können. Das geben diskret auch die Produzenten zu und daß die Mehrzahl der Seriengegenstände von viel höherer Qualität sein könnte, ohne mehr Kosten zu verursachen. Denn die Gestehungskosten der bewußt «fragilisierten» Bestandteile sind ebenso groß wie bei den «normalen». Der Gegenstand soll aber gar nicht dem Verderb und den Modeschwankungen entrinnen. Das ist nun das grundsätzliche Charakteristikum der Serie: Der Gegenstand wird hier dem organisierten Verschleiß unterworfen. In einer Welt des (relativen) Überflusses tritt an die Stelle des Mangels die Vergänglichkeit der Waren als Faktor der Nachfrage. Die Serie wird gewaltsam in einer verkürzten Synchronie gehalten, in einer vergänglichen Welt. Der Gegenstand darf eben nicht seinem Tode entgehen. Im normalen Gang des technischen Fortschrittes wird diese Vergänglichkeit des Gegenstandes hinausgezögert, die Strategie der Produktion dagegen geht geradeaus auf deren Beschleunigung. Eigentlich müßte diese Tendenz durch den Wettbewerb verhindert werden. Aber in einer Gesellschaft mit monopolkapitalistischer Ordnung, wie in den USA, besteht seit langem keine wirkliche Konkurrenz mehr. Auf dem Gebiet des Verkaufes spricht man von der «Strategie der Wünsche» (Dichter), im erwähnten Fall müßte man von der Strategie der Frustration sprechen: Die eine ergänzt die andere, um zusammen die ausschließlichen Interessen der Produktion zu gewährleisten. Diese erscheint heute als die transzendente Instanz, die über Leben und Tod der Gegenstände zu entscheiden berufen ist.

Allerdings muß man schon einräumen, daß für diese Verhältnisse nicht allein diese zynische Strategie die Verantwortung trägt; ebenso ist die psychologische Einstellung des Verbrauchers mitschuldig, denn er wäre entsetzt, seinen Wagen zwanzig oder dreißig Jahre lang fahren zu müssen, vorausgesetzt, daß er so lange betriebsfähig bleibt.

Anders ist es beim Modell: Es hat Anrecht auf Dauer (auf eine relative, denn es ist auf die gleiche Weise in den beschleunigten Zyklus der Gegenstände eingespannt). Es hat auch Anrecht auf Gediegenheit und Verlässlichkeit. Paradoxerweise behauptet es sich heute in jenem Sektor, der ursprünglich dem Seriengegenstand vorbehalten war, nämlich im täglichen Gebrauch. Diese qualitativen Vorzüge, verbunden mit der Mode und der technischen Verlässlichkeit, machen die höhere «Funktionalität» des Modells aus.

Der Stilmangel

Wenn man sich vom Modell aus der Serie zuwendet, wird offenbar, daß die sichtbaren Qualitäten des Gegenstandes parallel mit den technischen abnehmen, zum Beispiel im Material: Ein Fauteuil der Firma A ist aus Stahl und Leder, der Firma B dagegen aus Aluminium und Skai. Ein Schiebefenster ist in der Modelleinrichtung aus Glas, in der Serienausstattung aus Plastik. Die Möbel sind hier aus gediegenem

Holz, dort aus Faserplatten. Das Kleid aus reiner Schurwolle oder Naturseide wird in der Konfektion aus Mischwolle und Kunstfaser hergestellt. Wie mit dem Material, so verhält es sich auch mit den anderen Charakteristiken: Gewicht, Volumen, Widerstandsvermögen, Körnung und «Wärme», deren proportionale Abnahme zum Kennzeichen der Unterschiedlichkeit der Gegenstände wird. Die Werte des Kontaktes und des Griffes zeichnen vornehmlich die Güte des Modells aus, während die ins Auge fallenden Werte der Farben und der Formen den Seriengegenständen anhaften, weil sie sich besser für das Spiel der marginalen Differenzen eignen.

Selbstverständlich finden weder die Formen noch die Farben anstandslos Aufnahme in die Serie. Es fehlt ihnen hier der letzte Schliff, die Feinheit. Selbst in getreulicher Übertragung verlieren die Formen unauffällig ihre Originalität. Was in der Serie als Mangel auffällt, ist weniger der Stoff als jene gewisse Kohärenz zwischen Stoff und Form, die beim Modell das «Gekonnte» ausdrückt. Diese Kohärenz oder Einheitlichkeit der erforderten Beziehungen ist zugunsten des differentiellen Spiels der Formen, Farben und Zierrate zerstört. An die Stelle des Stils tritt eine Kombination. Auf dem Gebiet der Technik wird die Qualität vermindert, hier handelt es sich um eine Destrukturierung. Am Modellgegenstand gibt es keine Details, auch keine Kombination von Details: Rolls-Royce-Wagen sind alle schwarz (oder grau, was dem gleichen Paradigma entspricht). Dieses Objekt liegt außerhalb der Serie und des Spiels, es ist außer Konkurrenz. Mit dem «verpersönlichten» Gegenstand und je mehr er serienmäßigen Charakter hat, weitet sich das Kombinationsspiel aus, und man findet fünfzehn oder zwanzig verschiedene Farben bei derselben Marke – bis zu jenen Gegenständen, die reinen «Werkzeug»-Charakter haben und bei denen dieses Spiel aufhört: Beispielsweise hatten die 2-PS-Renaults sehr lange ein Grau, das gar keine Farbe mehr war. Das Modell hat Harmonie, Einheit, Homogenität und eine Kohärenz des Raumes, der Form, der Substanz, der Funktion – es ist eine Syntax. Der Seriengegenstand ist ein bloßes Nebeneinander, eine willkürliche Kombination, ein unartikuliertes Gerede. Enttotalisiert ist er nur die Summe von Einzelheiten, die mechanisch auf parallele Serien verteilt werden. Ein Fauteuil verdankt seine Eigenheit der Verbindung eines fahlroten Leders mit einem geschmiedeten Rahmen, einem ausgeprägten Profil und mit dem Raum, der ihn umgibt. Der Seriengegenstand hat demgegenüber einen Plastiküberzug anstatt des Leders, der fahlrote Ton ist verblaßt, das Eisengestell ist leichter oder galvanisiert, die Gestalt hat ein anderes Aussehen, die Linien sind gebrochen, und der Raum ist verengt. Nun zerfällt die Struktur des ganzen Objekts und schließt sich an die Serienstücke aus Simileder, die Farbe geht in Kastanienbraun über wie bei Tausenden anderen Sitzen, die Stuhlbeine gleichen jenen aller Rohrstühle und so fort. Der Gegenstand wird zu einer Kompilation von einzelnen Teilen und zu einer Kreuzung unterschiedlichster Serien. Ein anderes Beispiel ist der Luxuswagen in einer einzigartig roten Farbe. Diese «Einzigartigkeit» bezieht sich nicht bloß auf seine Farbe, sondern auch darauf, daß dieses Rot mit den übrigen Eigenschaften des Wagens eine unauflösliche Einheit bildet. Man kann von ihm nicht behaupten, daß er «außer anderem eine rote Farbe» habe. Aber es genügt, daß das Rot eines «gängigeren» Modells nicht mehr ganz das gleiche Rot ist, um auf einmal zur Farbe tausend anderer Wagen zu werden – dann aber wird diese Farbe zu einem Detail, zum Akzessoire, und dann hat der Wagen «außer anderem eine rote Farbe», wie er auch eine grüne oder schwarze haben könnte.

Der Klassenunterschied

Diese Feststellungen erlauben die nähere Beschreibung des Abstands zwischen Modell und Serie. Mehr als die Kohärenz ist es die Nuance, die das Modell auszeichnet. Heute ist man bestrebt, das Serienensemble zu stilisieren, den Geschmack der Massen zu heben. Im Allgemeinen führt das zur Monochronie und zu einem Monostil. «Richten Sie sich einen barocken Wohnraum ein, malen Sie Ihre Küche blau aus», und ähnliches. Was als Stil empfohlen wird, ist im Grunde nur ein Klischee, eine Generalisierung ohne Nuancen in den Einzelheiten oder in besonderen Aspekten. Denn die Nuance (in der Einheit) fällt dem Modell zu, die Differenz (in der Uniformität) der Serie. Die Nuancen sind unbegrenzt, sie sind die stets erneuerten Abwandlungen der Neubildung nach einer freien Syntax. Die Differenzen dagegen sind zahlenmäßig beschränkt und resultieren aus der systematischen Beugung eines Paradigmas. Man darf hier keinem Irrtum verfallen: Wenn die Nuance selten zu sein scheint und die marginalen Differenzen wegen ihrer großen Ausbreitung unübersehbar, dann ist in struktureller Hinsicht die Nuance unausschöpfbar (das Modell richtet sich hier nach dem Kunstwerk), und die serienmäßige Differenzierung endet in einer begrenzten Kombinatorik, in einer Tabulatur, die zweifelsohne mit der Mode ständig wechselt, die aber in jedem synchronischen Moment ihrer Ausprägung limitiert und mit der Herrschaft der Produktionsordnung verbunden ist. Alles in allem bietet man in den Serien einer riesigen Mehrheit eine beschränkte Möglichkeit der Auswahl und einer winzigen Minderheit die Möglichkeit der unbeschränkten Nuancierung der Modelle, der einen Gruppe eine Aufstellung fixer oder gefragter Elemente, der anderen eine Vielfalt von Chancen, der einen ein Verzeichnis angeführter Werte, der anderen stets neue Kreationen. Somit handelt es sich doch um einen Klassenstatus und um Klassendifferenzen.

Der Seriengegenstand macht durch die Vielfalt seiner sekundären Charakterzüge den Verlust seiner grundlegenden Eigenschaften wett: Farben, Kontraste, Linienführung werden übermäßig hervorgekehrt. Man betont das Moderne gerade in jenem Augenblick, in dem die Modelle sich von ihm abwenden. Während um das Modell ein Hauch weht, es von Diskretion umgeben und von etwas «Naturhaftem» begleitet wird, das den Schimmer der Kultur verrät, klebt der Seriengegenstand an seinem Anspruch auf Singularität. Er leidet an einer kulturellen Gezwungenheit, täuscht einen Optimismus billiger Art vor, stellt einen groben Humanismus dar. Der Seriengegenstand hat seine Klassenvorzeichen und seine

Klassensprache, wie das Modell seinen Ausdruck in einer Diskretion, in einer verhüllten Funktionalität, in einer Vollkommenheit und in einem Eklektizismus findet. (In einem solchen System können sich die beiden Ausdrucksformen nur gegenseitig bekräftigen und in eine Redundanz übergehen. Durch diese Redundanz und Überbetonung wird übrigens das System psychosoziologisch erlebt, das also nie ein reines System der strukturellen Opposition ist, wie man es auf Grund der Beschreibung annehmen könnte.)

Ein anderer Aspekt dieser Redundanz ist die Akkumulierung. Es gibt immer zu viele Gegenstände in den Serieneinrichtungen. Und das heißt auch: zuwenig Raum. Der Raummangel hat rückwirkend Vermischung und Übersättigung des Milieus zur Folge. Und die Quantität hält für den Verlust an Qualität der Gegenstände schadlos. Die bürgerliche Tradition war übrigens der Anhäufung von Objekten gegenüber günstig eingestellt. Heute verträgt die «funktionelle» Linienführung der zeitgemäßen Einrichtungen eine solche Akkumulation nicht mehr. Das Vollstopfen des Raumes im modernen Interieur ist daher eine noch größere Inkonsequenz, als es beim traditionellen Interieur bereits der Fall war. Das Modell dagegen hat seinen eigenen Raum, der weder zu eng noch zu weit ist und der eher die Tendenz zu einer umgekehrten Redundanz anzeigt: die Konnotation durch die Leere.

Das Privileg der Aktualität

Eine weitere Unterscheidung des Modells von der Serie ist die Zeit. Ich erklärte bereits, daß der Seriengegenstand dazu verdammt ist, keine Dauer zu haben. Wie in den «unterentwickelten» Gesellschaften die Menschen rasch dahinscheiden, so tun das in der Verbrauchsgesellschaft die Gegenstände, um den Nachfolgern Platz zu machen. Und wenn der Überfluß zunimmt, dann immer nur in den Grenzen eines berechneten Mangels. Hier liegt das Problem der technischen Dauer der Gegenstände. Eine andere Frage ist ihre erlebte Aktualität in der Mode.

Eine kurze Soziologie der alten Objekte lehrt, daß auf diesem Markt dieselben Gesetze und dieselbe Organisation in Geltung sind wie auf dem Markt der Industrieerzeugnisse, gemäß dem System Modell-Serie. Dieser Eintopf, der bei den Möbeln vom Barock über den Sekretär, den Modern Style, die Bauernmöbel-Imitation bis zu Chippendale reicht, läßt die Feststellung zu, daß Wohlstand und Kultur auf einem immer höheren Niveau der «klassierten» Werte den «persönlichen» Involutionspunkt zu suchen erlauben. Die Regression hat ihre Ansprüche, und jeder kann sich entsprechend seinen zur Verfügung stehenden Mitteln eine echte griechische Vase oder eine Imitation, eine römische Amphore oder einen spanischen Krug leisten. Hinsichtlich der Gegenstände haben die Vergangenheit und das Exotische eine soziale Dimension: Kultur und Einkommen. Von der begüterten Klasse, die sich bei ihrem Antiquitätenhändler aus dem Mittelalter, aus der *Haute Époque* und der Régence versorgt, über den gebildeten Mittelstand, der beim Trödler die kulturelle Dekoration der Bourgeoisie und daneben echte Folklore zusammenrafft, bis zum kompletten rustikalen Ensemble des tertiären Sektors (dessen bäuerliche Dekoration sich seit der letzten Generation sehr verbürgerlicht hat; die provinziellen «Stile» bilden heute ein nicht näher bestimmbares Potpourri von Erinnerungen an «Stile») hat also jede Klasse ihr eigenes persönliches Museum von Gelegenheitskäufen. Allein Arbeiter und Bauern haben zum alten Gegenstand noch kein rechtes Verhältnis gefunden, weil beide weder Muße noch Geld dazu haben und weil sie von der Bewegung der Akkulturation noch nicht so erfaßt sind wie die anderen sozialen Klassen. Sie lehnen sie nicht bewußt ab, sondern liegen einfach außerhalb deren Reichweite. Ebenso wenig haben sie ein Verhältnis zur modernen Experimentalkunst, zur «Kreation», zur Avantgarde. Ihr Museum beschränkt sich zumeist auf bescheidenen Krimskrams, auf eine Folklore von Fayence- und Keramiktierfiguren, auf Nippsachen und bemalte Schmuckteller, also auf eine Sammlung von Souvenirs, die neben den neuesten Modellen der Elektrohaushaltsgeräte Wache stehen. All das tut ihrem Wunsch nach «Personalisierung» keinen Abbruch, der ja für alle der gleiche ist. Jeder hält dort Einkehr, wo er kann. Es ist die Differenz, hier die kulturalisierte, die den Wert ausmacht, und sie macht sich bezahlt. So verhält es sich mit der kulturellen Nostalgie und ebenso mit der Aktualität der Mode, der Modelle und der Serien.

Wenn man aus diesem Musterkatalog die Werte aussucht, die im Kurs sind, dann sieht man, daß sie entweder Avantgarde oder eine aristokratische Dimension der Vergangenheit sind, die Villa aus Aluminium und Glas auf einem elliptischen Grundriß oder das Schloß aus dem 18. Jahrhundert, entweder eine ideale Zukunft oder das Ancien Régime. Im Gegensatz dazu befindet sich die reine Serie nicht gerade in der Aktualität, welche mit dem Kommenden die Zeit der Avantgarde und des Modells ist, und auch nicht in einer verklärten Vergangenheit, die das Vorrecht des Reichtums und der fundierten Bildung ist, sondern in einer «nicht mittelbaren» Vergangenheit, in einer Vorvergangenheit, die im Grunde eine der Gegenwart nachhinkende, eine Zwischenzeit ist, in welcher die Modelle von gestern soeben versunken sind. In der Kleidermode ist der Wechsel viel rascher: Die weiblichen Angestellten tragen heute Kleider, die nach dem Schnitt der Haute Couture der verflossenen Saison gemacht wurden. Bei den Einrichtungsgegenständen haben jene Objekte die Gunst der weitesten Kreise gefunden, die schon vor Jahren oder bei der vorangegangenen Generation in Mode waren. Die der Serie entsprechende Zeit ist das vergangene Lustrum; folglich lebt die Mehrzahl der Leute mit ihren Möbeln in einer Epoche, die nicht die ihre ist, die einer Allgemeinheit gehört, einer unbezeichneten Einheit, die weder modern noch alt ist, die es auch nie sein wird, die in räumlicher Hinsicht der unpersönlichen Stellung des «Vororts» entspricht. Im Grunde stellt die Serie, im Verhältnis zum Modell, nicht nur den Verlust der Singularität, des Stils, der Nuance, der Echtheit dar, sondern auch den Verlust der realen Zeitlage. Sie gehört irgendwie in einen leeren Bereich des Alltags, in eine negative Dimension, die durch das Aus-der-Mode-Kommen der Modelle mechanisch am Leben erhalten wird. Denn nur die Modelle wechseln, die Serien folgen aufeinander in der Spur eines Modells, das immer vorauseilt. Darin besteht seine wirkliche Irrealität.

Das Mißgeschick der Person

«Das heute am meisten begehrte Produkt», sagt Riesman, «ist nicht ein Rohstoff, nicht eine Maschine, sondern die Persönlichkeit.» Und tatsächlich plagt den heutigen Verbraucher ein echtes Verlangen nach Selbstverwirklichung seiner Person. Dazu drängt ihn auch noch die Dynamik der Modelle und Serien, die übrigens nur die eine Seite eines viel weiteren Gefüges der sozialen Mobilität und Aspiration ist. Zudem ist hier seine Zwangslage paradox: Im Vollzug seines persönlich bestimmten Verbrauchs wird er sich seines Subjekt-Seins bewußt, obwohl er nur ein Objekt der wirtschaftlichen Nachfrage ist. Seine Absichten, vom sozioökonomischen System im voraus gesiebt und geordnet, werden noch während er sie zu verwirklichen sucht durchkreuzt: Die «spezifischen» Unterschiede sind von der Industrie festgelegt und dementsprechend die Wahl eine Farce. Er hat nur die Illusion seiner persönlichen Bewährung. Indem er etwas Eigenes zur Verpersönlichung beitragen möchte, hält sich sein Bewußtsein nur noch mehr an das Detail. Das ist das Paradoxe an der Entfremdung: Die lebhaft erstrebte Wahl trifft auf tote Differenzen, verliert ihren Reiz, gibt ihre Hoffnung auf und verzweifelt.

Darin zeigt sich also die ideologische Funktion des Systems: die planmäßige Förderung der Selbstentfaltung wird bloß vorgetäuscht, alle Wahlmöglichkeiten sind von Beginn an festgelegt, und die Enttäuschung, die die Allgemeinheit erlebt, wird durch eine Flucht nach vorne des ganzen Systems abreagiert.

Kann man wirklich von einer Entfremdung reden? In seiner Gesamtheit wird das System der gelenkten Personalisierung von der großen Masse der Verbraucher doch als eine Freiheit erlebt. Nur dem kritischen Blick offenbart sich diese Freiheit als eine bloß formelle und diese Personalisierung als ein Mißgeschick, das dem Menschen widerfährt. Aber selbst dort, wo die Werbung ein Leerlauf ist (doppelte Etikettierung desselben Produktes, unbedeutende Differenzierung, unterschiedliche Aufmachung), selbst dort, wo die Möglichkeit einer Wahl bloß vorgetäuscht wird, erweist es sich als wahr, daß auch die scheinbaren Unterschiede als echte erlebt werden, sofern man an sie glaubt. Wer könnte die Befriedigung jenes Käufers in Abrede stellen, der sich zum Erwerb eines verzierten Mülleimers oder eines antimagnetischen Rasierapparates entschließt? Es gibt keine Theorie der Bedürfnisse, die den Grad der Befriedigung beim Erwerb dieses oder jenes Gegenstandes bestimmen könnte. Wenn der Wunsch nach Selbstbestätigung so groß ist, daß er sich mangels an anderen Formen in «verpersönlichten» Gegenständen äußert, wer könnte da diesen inneren Antrieb unterdrücken und mit Berufung auf welche authentischen Werte?

Die Modell-Ideologie

Dieses System wird durch eine demokratische Ideologie gestützt; es will als Domäne des sozialen Fortschritts gelten. Für alle soll der Weg zu den Modellen offen sein. Ein ständiger sozialer Aufstieg führt nach und nach alle Schichten der Gesellschaft zu größerem materiellem Luxus und von «verpersönlichten» Differenzen zu noch feineren Unterscheidungen bis an das absolute Modell heran.

1. Wir sind jedoch in unserer Verbrauchsgesellschaft von der Gleichheit vor den Gütern weiter entfernt denn je. Denn die Idee des Modells verflüchtigt sich tatsächlich in immer feinere und endgültige Differenzen: in die Rocklänge, in die Nuancen der Lippenstifte, in unterschiedlich perfekte Stereoanlagen, in die paar Wochen zwischen der Haute Couture und den Modellen der Konfektionshäuser – und für alle diese vorübergehenden Erscheinungen muß man einen hohen Preis zahlen. Nur eine scheinbare Gleichheit macht sich durch die Tatsache bemerkbar, daß alle Gegenstände «funktionellen» Normen gehorchen müssen. Aber hinter dieser formellen Demokratisierung der kulturellen Ansprüche verbergen sich viel beachtlichere Ungereimtheiten, die den Bestand der Gegenstände selbst betreffen, ihre technische Qualität, ihre Substanz und Lebensdauer. Das Vorrecht der Modelle hat aufgehört ein institutionelles zu sein; sie haben sich gewissermaßen verinnerlicht und sind dadurch beharrlicher geworden. Ebenso wenig wie die verschiedenen Klassen nach der Bürgerlichen Revolution politische Verantwortung übertragen erhalten, gelangen auch die Verbraucher nach der Industriellen Revolution zu einer Gleichheit vor den Gütern.

2. Es ist ein Märchen, daß das Modell ein Vorbild ist, das die Serie erreichen könnte. Die besessenen Gegenstände befreien nur die Besitzer und verweisen sie auf die unbeschränkte Freiheit, andere Gegenstände zu besitzen. Als einzige Möglichkeit verbleibt, die Gegenstände der Reihe nach zu mustern; aber der Erfolg ist fraglich, da die unerreichbare Abstraktion des Modells durch diese Reihe selbst bedingt ist. Weil das Modell im Grunde nur eine Idee ist, das heißt eine dem System innewohnende Transzendenz, kann sich dieses System ständig weiter entwickeln, als Ganzes nach vorne flüchten und bleibt als System uneinholbar. Es ist ausgeschlossen, daß das Modell in die Serie aufginge, ohne daß es

gleichzeitig von einem anderen abgelöst würde. Das ganze System schreitet en bloc fort, aber die Modelle wechseln einander ab, ohne jemals überholt zu werden und ohne daß die Serien, die sich ablösen, einander überholen könnten. Die Modelle haben einen schnelleren Gang, sind zeitgerecht, während die Serien irgendwo zwischen Gegenwart und Vergangenheit schweben und in ihrem Lauf hinter den Modellen außer Atem geraten. Diese Hoffnung und diese ständige Enttäuschung, die von der Produktion dynamisch geleitet wird, beherrscht das eigentliche Gebiet der Jagd nach den Gütern.

Ein Verhängnis liegt über dem Ganzen. Von dem Moment an, da eine ganze Gesellschaft sich nach den Modellen ausrichtet und auf sie zu konvergiert, da die Produktion sich befleißigt, die Modelle systematisch in Serien aufzuteilen, die Serien in marginale Differenzen, in kombinatorische Varianten, bis zu dem Punkt, wo die Gegenstände zu ebenso vergänglichen Erscheinungen werden wie die Worte und Bilder – wenn durch die systematische Beugung der Serien, das ganze Gebäude unwiederholbar paradigmatisch wird –, dann gibt es in dieser gelenkten Konvergenz, in dieser organisierten Fragilität, in dieser ständig zerstörten Synchronie keine Möglichkeit der Negativität, keine offenen Widersprüche, keine Strukturänderungen, keine soziale Dialektik. Denn die Bewegung, die gemäß der Entwicklungslinie des technischen Fortschritts das ganze System zu beleben scheint, hindert dieses nicht, doch starr und in sich ausgeglichen zu sein. Alles bewegt sich, alles wechselt und verwandelt sich zusehends, und trotzdem ändert sich nichts. Eine solche Gesellschaft im Getriebe des technologischen Fortschritts vollzieht alle möglichen Revolutionen, aber diese sind nur Bewegungen um ihre eigene Achse. Ihre sich überschlagende Produktivität führt zu keiner Änderung der Struktur.

Aus: Jean Baudrillard: *Das System der Dinge. Über unser Verhältnis zu den alltäglichen Gegenständen,* aus dem Französischen von Joseph Garzuly, Frankfurt/Main, New York 1991, S. 180–193.

Deutsche Erstausgabe: *Das Ding und das Ich. Gespräch mit der täglichen Umwelt,* 1974.
Französische Originalausgabe: *Le Système des objets.* Paris 1968.

Kommentar: Michael Müller

Dieser kleine Essay Walter Benjamins erschien im 10. Heft des ersten Jahrgangs von *Die Welt im Wort* am 7.12.1933 in Prag. Wie auch in dem Essay «Der destruktive Charakter» konstatiert Benjamin darin für seine Generation einen irreversiblen Verlust an Erfahrung im Umgang mit dem überlieferten Bildungsgut. Erfahrung sei «im Kurse gefallen». Verstummt sei man aus dem ersten Weltkrieg gekommen, nicht reicher, sondern ärmer an mitteilbarer Erfahrung. Diese neue Erfahrungsarmut begreift Benjamin dialektisch aber als Chance, von (falschen) Erfahrungen freizukommen. Die Menschen sehnten sich nach einer Umwelt, «in der sie ihre Armut, die äußere und schließlich auch die innere, so rein und deutlich zur Geltung bringen können, daß etwas Anständiges dabei herauskommt.» Die Armut, von der Benjamin spricht, steht in krassem Gegensatz zu dem angehäuften und von wahrer Erfahrung längst abgeschnittenen Reichtum der von der Bourgeoisie als Beute und Besitz triumphal «heimgeführten» Geschichte. Unversöhnlich und radikal ist der Gestus, mit dem sich Benjamin von diesem «grauenhaften Mischmasch der Stile und Weltanschauungen» abstößt. Und er fordert zur Bewältigung der Krise den «destruktiven Charakter», damit er die Überlieferung nach Zerstörungswürdigem durchleuchte. Dabei ist seine Vision einer Erneuerung durch Destruktion nicht ohne Vorbilder. Er nennt Adolf Loos, den Glasutopisten Paul Scheerbart oder auch Le Corbusier. An ihnen bewundert er, dass sie das «von Grund auf Neue zu ihrer Sache gemacht und es auf Einsicht und Verzicht begründet» haben. Die Armut an Erfahrung habe sie dazu gebracht, von vorn zu beginnen; von Neuem anzufangen, mit Wenigem auszukommen; aus Wenigem heraus zu konstruieren und dabei weder rechts noch links zu blicken.

Damit ergreift Walter Benjamin Partei für eine Gestaltungsauffassung, die sich schon zu ihrer Zeit den Vorwurf der Geschichtslosigkeit, der verordneten Askese und fantasielosen Standardisierung der Form gefallen lassen musste. Benjamin aber sieht zu dieser Haltung keine Alternative, sodass in den Bauten und Bildern dieser Avantgarden die Menschheit sich sogar darauf vorbereite, «die Kultur, wenn es sein muß, zu überleben». Radikalität und Dialektik dieses Denkens mögen uns heute fremd vorkommen. Doch sind wir bestens vertraut mit der Klage, dass uns wirkliche Erfahrung kaum mehr mit der Universalität der Zeichen- und Symbolwelt verbindet.

Michael Müller ist Professor für Kunst- und Kulturwissenschaft an der Universität Bremen. Forschungsschwerpunkte sind u. a. Stadt- und Architekturgeschichte, Architektur- und Avantgardetheorie, Design und Alltagskultur. Zahlreiche Buchveröffentlichungen, zuletzt Kultur der Stadt. Essays für eine Politik der Architektur *(2010).*

Walter Benjamin

ERFAHRUNG UND ARMUT (1933)

In unseren Lesebüchern stand die Fabel vom alten Mann, der auf dem Sterbebette den Söhnen weismacht, in seinem Weinberg sei ein Schatz verborgen. Sie sollten nur nachgraben. Sie gruben, aber keine Spur von Schatz. Als jedoch der Herbst kommt, trägt der Weinberg wie kein anderer im ganzen Land. Da merken sie, der Vater gab ihnen eine Erfahrung mit: Nicht im Golde steckt der Segen, sondern im Fleiß. Solche Erfahrungen hat man uns drohend oder begütigend, so lange wir heranwuchsen entgegengehalten: «Grüner Junge, er will schon mitreden.» «Du wirst's schon noch erfahren.» Man wusste auch genau, was Erfahrung war: immer hatten die älteren Leute sie an die jüngeren gegeben. In Kürze, mit der Autorität des Alters, in Sprichwörtern; weitschweifig mit seiner Redseligkeit, in Geschichten; manchmal als Erzählung aus fremden Ländern, am Kamin, vor Söhnen und Enkeln. – Wo ist das alles hin? Wer trifft noch auf Leute, die rechtschaffen etwas erzählen können? Wo kommen von Sterbenden heute noch so haltbare Worte, die wie ein Ring von Geschlecht zu Geschlecht wandern? Wem springt heute noch ein Sprichwort hilfreich zur Seite? Wer wird auch nur versuchen, mit der Jugend unter Hinweis auf seine Erfahrung fertig zu werden?

Nein, soviel ist klar: die Erfahrung ist im Kurse gefallen und das in einer Generation, die 1914–1918 eine der ungeheuersten Erfahrungen der Weltgeschichte gemacht hat. Vielleicht ist das nicht so merkwürdig wie das scheint. Konnte man damals nicht die Feststellung machen: die Leute kamen verstummt aus dem Felde? Nicht reicher, ärmer an mitteilbarer Erfahrung. Was sich dann zehn Jahre danach in der Flut der Kriegsbücher ergossen hat, war alles andere als Erfahrung, die vom Mund zum Ohr strömt. Nein, merkwürdig war das nicht. Denn nie sind Erfahrungen gründlicher Lügen gestraft worden als die strategischen durch den Stellungskrieg, die wirtschaftlichen durch die Inflation, die körperlichen durch den Hunger, die sittlichen durch die Machthaber. Eine Generation, die noch mit der Pferdbahn zur Schule gefahren war, stand unter freiem Himmel in einer Landschaft, in der nichts unverändert geblieben war als die Wolken, und in der Mitte, in einem Kraftfeld zerstörender Ströme und Explosionen, der winzige gebrechliche Menschenkörper.

Eine ganz neue Armseligkeit ist mit dieser ungeheuren Entfaltung der Technik über die Menschen gekommen. Und von dieser Armseligkeit ist der beklemmende Ideenreichtum, der mit der Wiederbelebung von Astrologie und Yogaweisheit, Christian Science und Chiromantie, Vegetarianismus und Gnosis, Scholastik und Spiritismus unter – oder vielmehr über – die Leute kam, die Kehrseite. Denn nicht echte Wiederbelebung findet hier statt, sondern eine Galvanisierung. Man muß an die großartigen Gemälde von Ensor denken, auf denen ein Spuk die Straßen großer Städte erfüllt: karnevalistisch vermummte Spießbürger, mehlbestäubte verzerrte Masken, Flitterkronen über der Stirne, walzen sich unabsehbar die Gassen entlang. Diese Gemälde sind vielleicht nichts so sehr als Abbild der schauerlichen und chaotischen Renaissance, auf die so viele ihre Hoffnungen stellen. Aber hier zeigt sich am deutlichsten: unsere Erfahrungsarmut ist nur ein Teil der großen Armut, die wieder ein Gesicht – von solcher Schärfe und Genauigkeit wie das der Bettler im Mittelalter – bekommen hat. Denn was ist das ganze Bildungsgut wert, wenn uns nicht eben Erfahrung mit ihm verbindet? Wohin es führt, wenn sie geheuchelt oder erschlichen wird, das hat das grauenhafte Mischmasch der Stile und der Weltanschauungen im vorigen Jahrhundert uns zu deutlich gemacht, als daß wir unsere Armut zu bekennen nicht für ehrenwert halten müssten. Ja, gestehen wir es ein: Diese Erfahrungsarmut ist Armut nicht nur an privaten sondern an Menschheitserfahrungen überhaupt. Und damit eine Art von neuem Barbarentum.

Barbarentum? In der Tat. Wir sagen es, um einen neuen, positiven Begriff des Barbarentums einzuführen. Denn wohin bringt die Armut an Erfahrung den Barbaren? Sie bringt ihn dahin, von vorn zu beginnen; von Neuem anzufangen; mit Wenigem auszukommen; aus Wenigem heraus zu konstruieren und dabei weder rechts noch links zu blicken. Unter den großen Schöpfern hat es immer die Unerbittlichen gegeben, die erst einmal reinen Tisch machten. Sie wollten nämlich einen Zeichentisch haben, sie sind Konstrukteure gewesen. So ein Konstrukteur war Descartes, der zunächst einmal für seine ganze Philosophie nichts haben wollte als die eine einzige Gewißheit: «Ich denke, also bin ich» und von der ging er aus. Auch Einstein war ein solcher Konstrukteur, den plötzlich von der ganzen weiten Welt der Physik gar nichts mehr interessierte, als eine einzige kleine Unstimmigkeit zwischen den Gleichungen Newtons und den Erfahrungen der Astronomie. Und dieses selbe Vonvornbeginnen hatten die Künstler im Auge, als sie sich an die Mathematiker hielten und die Welt wie die Kubisten aus stereometrischen Formen aufbauten, oder als sie wie Klee sich an Ingenieure anlehnten. Denn Klees Figuren sind gleichsam auf dem Reißbrett entworfen und gehorchen, wie ein gutes Auto auch in der Karosserie vor allem den Notwendigkeiten des Motors, so im Ausdruck ihrer Mienen vor allem dem Innern. Dem Innern mehr als der Innerlichkeit: das macht sie barbarisch.

Hie und da haben längst die besten Köpfe begonnen, sich ihren Vers auf diese Dinge zu machen. Gänzliche Illusionslosigkeit über das Zeitalter und dennoch ein rückhaltloses Bekenntnis zu ihm ist ihr Kennzeichen. Es ist das Gleiche, ob der Dichter Bert Brecht feststellt, Kommunismus sei nicht die gerechte Verteilung des Reichtums sondern der Armut oder ob der Vorläufer der modernen Architektur Adolf Loos erklärt: «Ich schreibe nur für Menschen, die modernes Empfinden besitzen ... Für Menschen, die sich in Sehnsucht nach der Renaissance oder dem Rokoko verzehren, schreibe ich nicht.» Ein so verschachtelter Künstler wie der Maler Paul Klee und ein so programmatischer wie Loos – beide stoßen vom hergebrachten, feierlichen, edlen, allen Opfergaben der Vergangenheit geschmückten Menschenbilde ab, um sich dem nackten Zeitgenossen zuzuwenden, der schreiend wie ein Neugeborenes in den schmutzigen Windeln dieser Epoche liegt. Niemand hat ihn froher und lachender begrüßt als Paul Scheerbart. Von ihm gibt es Romane, die von weitem wie ein Jules Verne aussehen, aber sehr zum Unterschied von Verne, bei dem in den tollsten Vehikeln doch nur kleine französische oder englische Rentner im Weltraum herumsausen, hat Scheerbart sich für die Frage interessiert, was unsere Teleskope, unsere Flugzeuge und Luftraketen aus den ehemaligen Menschen für gänzlich neue sehens- und liebenswerte Geschöpfe machen. Übrigens reden auch diese Geschöpfe bereits in einer gänzlich neuen Sprache. Und zwar ist das Entscheidende an ihr der Zug zum willkürlichen Konstruktiven; im Gegensatz zum Organischen nämlich. Der ist das Unverwechselbare in der Sprache von Scheerbarts Menschen oder vielmehr Leuten; denn die Menschenähnlichkeit – diesen Grundsatz des Humanismus – lehnen sie ab. Sogar in ihren Eigennamen: Peka, Labu, Sofanti und ähnlich heißen die Leute in dem Buch, das den Namen nach seinem Helden hat: «Lesabéndio». Auch die Russen geben ihren Kindern gerne «entmenschte» Namen: sie nennen sie Oktober nach dem Revolutionsmonat oder «Pjatiletka», nach dem Fünfjahrplan, oder «Awiachim» nach einer Gesellschaft für Luftfahrt. Keine technische Erneuerung der Sprache, sondern ihre Mobilisierung im Dienste des Kampfes oder der Arbeit; jedenfalls der Veränderung der Wirklichkeit, nicht ihrer Beschreibung.

Scheerbart aber, um wieder auf ihn zurückzukommen, legt darauf den größten Wert, seine Leute – und nach deren Vorbilde seine Mitbürger – in standesgemäßen Quartieren unterzubringen: in verschiebbaren beweglichen Glashäusern wie Loos und Le Corbusier sie inzwischen aufführten. Glas ist nicht umsonst ein so hartes und glattes Material, an dem sich nichts festsetzt. Auch ein kaltes und nüchternes. Die Dinge aus Glas haben keine «Aura». Das Glas ist überhaupt der Feind des Geheimnisses. Es ist auch der Feind des Besitzes. Der große Dichter André Gide hat einmal gesagt: Jedes Ding, das ich besitzen will, wird mir undurchsichtig. Träumen Leute wie Scheerbart etwa darum von Glasbauten, weil sie Bekenner einer neuen Armut sind? Aber vielleicht sagt hier ein Vergleich mehr als die Theorie. Betritt einer das bürgerliche Zimmer der 80er Jahre, so ist bei aller «Gemütlichkeit», die es vielleicht ausstrahlt, der Eindruck «hier hast du nichts zu suchen» der stärkste. Hier hast du nichts zu suchen – denn hier ist kein Fleck, auf dem nicht ein Bewohner seine Spur schon hinterlassen hätte: auf den Gesimsen durch Nippessachen, auf dem Polstersessel durch Deckchen, auf den Fenstern durch Transparente, vor dem Kamin durch den Ofenschirm. Ein schönes Wort von Brecht hilft hier fort, weit fort: «Verwisch die Spuren!» heißt der Refrain im ersten Gedicht des «Lesebuch für Städtebewohner». Hier im bürgerlichen Zimmer ist das entgegengesetzte Verhalten zur Gewohnheit geworden. Und umgekehrt nötigt das «Intérieur» den Bewohner, das Höchstmaß von Gewohnheiten anzunehmen, Gewohnheiten, die mehr dem Intérieur, in welchem er lebt, als sich selber gerecht werden. Das versteht jeder, der die absurde Verfassung noch kennt, in welche die Bewohner solcher Plüschgelasse gerieten, wenn im Haushalt etwas entzweigegangen war. Selbst ihre Art sich zu ärgern – und diesen Affekt, der allmählich auszusterben beginnt, konnten sie virtuos spielen lassen – war vor allem die Reaktion eines Menschen, dem man «die Spur von seinen Erdetagen» verwischt hat. Das haben nun Scheerbart mit seinem Glas und das Bauhaus mit seinem Stahl zuwege gebracht: sie haben Räume geschaffen, in denen es schwer ist, Spuren zu hinterlassen. «Nach dem Gesagten», erklärt Scheerbart vor nun zwanzig Jahren, «können wir wohl von einer ‹Glaskultur› sprechen. Das neue Glas-Milieu wird den Menschen vollkommen umwandeln. Und es ist nun nur zu wünschen, daß die neue Glaskultur nicht allzu viele Gegner findet.»

Erfahrungsarmut: das muß man nicht so verstehen, als ob die Menschen sich nach neuer Erfahrung sehnten. Nein, sie sehnen sich von Erfahrungen freizukommen, sie sehnen sich nach einer Umwelt, in der sie ihre Armut, die äußere und schließlich auch die innere, so rein und deutlich zur Geltung bringen können, dass etwas Anständiges dabei herauskommt. Sie sind auch nicht immer unwissend oder unerfahren. Oft kann man das Umgekehrte sagen: Sie haben das alles «gefressen», «die Kultur» und den «Menschen» und sie sind übersatt daran geworden und müde. Niemand fühlt sich mehr als sie von Scheerbarts Worten betroffen: «Ihr seid alle so müde – und zwar nur deshalb, weil Ihr nicht alle Eure Gedanken um einen ganz einfachen aber großartigen Plan konzentriert.» Auf Müdigkeit folgt Schlaf, und da ist es denn gar nichts Seltenes, daß der Traum für die Traurigkeit und Mutlosigkeit des Tages entschädigt und das ganz einfache aber ganz großartige Dasein, zu dem im Wachen die Kraft fehlt, verwirklicht zeigt. Das Dasein von Micky-Maus ist solcher Traum der heutigen Menschen. Dieses Dasein ist voller Wunder, die nicht nur die technischen überbieten, sondern sich über sie lustig machen. Denn das Merkwürdigste an ihnen ist ja, daß sie allesamt ohne Maschinerie, improvisiert, aus dem Körper der Micky-Maus, ihrer Partisanen und ihrer Verfolger, aus den alltäglichsten Möbeln genau so wie aus Baum, Wolken oder See hervorgehen. Natur und Technik, Primitivität und Komfort sind hier vollkommen eins geworden und vor den Augen der Leute, die an den endlosen Komplikationen des Alltags müde geworden sind und denen der Zweck des Lebens nur als fernster Fluchtpunkt in einer unendlichen Perspektive von Mitteln auftaucht, erscheint erlösend ein Dasein, das in jeder Wendung auf die einfachste und zugleich komfortabelste Art sich selbst genügt, in dem ein Auto nicht schwerer wiegt als ein Strohhut und die Frucht am Baum so schnell sich rundet wie die Gondel eines Luftballons. Und nun wollen wir einmal Abstand halten, zurücktreten.

Arm sind wir geworden. Ein Stück des Menschheitserbes nach dem anderen haben wir dahingegeben, oft um ein Hundertstel des Wertes im Leihhaus hinterlegen müssen, um die kleine Münze des «Aktuellen» dafür vorgestreckt zu bekommen. In der Tür steht die Wirtschaftskrise, hinter ihr ein Schatten, der kommende Krieg. Festhalten ist heute Sache der wenigen Mächtigen geworden, die weiß Gott nicht menschlicher sind als die vielen; meist barbarischer, aber nicht auf die gute Art. Die anderen aber haben sich einzurichten, neu und mit Wenigem. Sie halten es mit den Männern, die das von Grund auf Neue zu ihrer Sache gemacht und es auf Einsicht und Verzicht begründet haben. In deren Bauten, Bildern und Geschichten bereitet die Menschheit sich darauf vor, die Kultur, wenn es sein muß, zu überleben. Und was die Hauptsache ist, sie tut es lachend. Vielleicht klingt dieses Lachen hie und da barbarisch. Gut. Mag doch der Einzelne bisweilen ein wenig Menschlichkeit an jene Masse abgeben, die sie eines Tages ihm mit Zins und Zinseszinsen wiedergibt.

Aus: Walter Benjamin: *Gesammelte Schriften, Band II, 1 Aufsätze, Essays, Vorträge,* S. 213–219, hrsg. v. Rolf Tiedemann und Hermann Schweppenhäuser, Frankfurt am Main 1977.

Kommentar: Volker Albus

Christian Borngräber (1945–1992) war Publizist und Ausstellungsmacher. Und als solcher gehörte er nicht zu jenen Theoretikern, die sich auf ein Spezialgebiet beschränken und jenseits dieses Terrains nichts anderes mehr wahrnehmen. Borngräber war vielmehr ein Entdecker, mehr noch ein Anwalt der vermeintlichen Randgebiete der jüngeren Kulturgeschichte: des Designs der 1950er-Jahre, der Architektur des Stalinismus und des Neuen Deutschen Designs der 1980er-Jahre – um nur die Kerngebiete seiner Erkundungen zu benennen. In Wernigerode im Harz geboren, wuchs Borngräber im Berlin der Nachkriegszeit auf. Er studierte Architektur und Fotografie in Darmstadt und Berlin und etablierte sich danach als freiberuflicher Architektur- und Designtheoretiker. 1979 veröffentlichte Borngräber mit dem Buch *Stilnovo* eine erste größere Übersicht über das Design der fünfziger Jahre, das aufgrund seiner seriösen und fundierten Darstellung eine nachhaltige Revision dieser Ära einleitete. Ab Mitte der siebziger Jahre beschäftigte er sich verstärkt mit der sowjetischen Kunst, explizit mit der während der stalinistischen Säuberungswelle. Seine hierzu verfassten Artikel, insbesondere seine Untersuchung der Architektur der Moskauer Metro, fanden internationale Beachtung. Seine letzte große Leidenschaft jedoch galt dem Neuen Deutschen Design der achtziger Jahre. In seinen zahlreichen Print- und TV-Beiträgen zu diesem Thema, allen voran sein Text «Vor Ort – Leben am Rande des Wohnsinns», erschienen im von ihm herausgegebenen *Berliner Design-Handbuch* (Merve Verlag 1987), hob er nicht nur die grundsätzliche Qualität dieser Bewegung hervor, die unmittelbar auf den klassischen Funktionalismus im Industriedesign reagierte, sondern entlarvte zudem die sogenannte Klassische Moderne und deren bekannte Elaborate als eine Art Historismus, in dem die «Sehnsucht nach dem Gestern» genauso zum Ausdruck komme wie in jeder Spielart eines allseits diskreditierten «Tuntenbarocks». Aus der Distanz von fast zwanzig Jahren muss man Borngräber uneingeschränkt beipflichten: Seine Sicht auf die Klassische Moderne hat sich nicht nur bestätigt; sie ist längst Common Sense.

Volker Albus ist Professor für Produktdesign an der HfG Karlsruhe. Er studierte Architektur an der RWTH Aachen und ist heute vor allem als Designer, Publizist und Ausstellungsmacher tätig.

Christian Borngräber

VOR ORT – LEBEN AM RANDE DES WOHNSINNS (1987)

Welcher Zeitgenosse, der sich für aufgeklärt hält, lächelt nicht über Möbel, die Gütesiegel tragen in der Art von «Stilmöbel – originalgetreu nach altem Vorbild gefertigt»? Er wendet sich mit Grausen, geht nach Hause, knipst das erst vor kurzem gekaufte Replikat der «Bauhaus-Lampe» an, nimmt auf einer «Corbusier-Liege» aus laufender italienischer Fabrikation Platz und greift zur fünften Auflage einer Publikation über «Möbel, die Geschichte machen». Rückwärtsgewandt setzt man sich mit der Moderne auseinander, und das liegt auch in deren Ideologie seit den zwanziger Jahren begründet, sich eigentlich als Schlußpunkt einer Entwicklung zu begreifen. Oder als Höhepunkt, d.h. nach dieser Moderne sollte nichts mehr kommen. Diejenigen, die sich heute vielleicht als Avantgardisten verstehen und etwas anderes ausprobieren als diese Moderne, behaupten sie sei gealtert. Sie ist modern als ihr eigener Begriff. Als Sozialbegriff wurde sie hinfällig und bezogen auf das Design eben klassisch – also abgeschlossen.

In diesem Jahrzehnt bringt mittlerweile unübersehbar unser einst unterentwickeltes Geschichtsverständnis – nicht nur im Designbereich – allerorts sichtbare Verdrehungen hervor. Wurde in den fünfziger und sechziger Jahren die Zerstörung der Städte durch Wiederaufbau praktiziert, so ist es in den achtziger Jahren deren Zerstörung durch Rekonstruktion. Heute ist der bereits totgeglaubte Historismus aktueller denn je und erweitert um signifikante Stilformen des 20. Jahrhunderts, die der Moderne. Im Wohnbereich gibt es kaum noch eine Großstadt auf der Welt, in der nicht die «Klassiker der Moderne» von der Jahrhundertwende bis zu den sechziger Jahren als vorbildhaft akzeptiert werden. Fast alle großen Museen – das Berliner Kunstgewerbemuseum bildet eine der rühmlichen Ausnahmen – nehmen Replikate in ihre Designsammlungen auf, so daß die entsprechenden Möbelfabrikanten mit deren Renommee werben können und ein jeder Käufer festen Glaubens ist, ein tolles Museumsstück – und dieses dann auch noch «wie neu» – zu besitzen.

Was sind Replikate? Ausgangspunkt sind immer die Originalentwürfe aus den Büros der entsprechenden Designer oder Architekten für Möbel, die vor längerer Zeit für bestimmte Auftraggeber und Orte als Einzelstücke, in Klein- oder in Großserien gefertigt und nach einer bestimmten Zeit eingestellt wurden. Ab den siebziger Jahren begann man sich ihrer zu erinnern. Fabrikanten erklärten sich bereit, sie «originalgetreu» nachzubauen, um «anspruchsvollen Design-Liebhabern die Meisterwerke der jüngeren Vergangenheit wieder zugänglich zu machen». Galeriegemäße Promotion, kunstwissenschaftliches Textmaterial, Expertisen und eingestanzte Signaturen spielen eine immer größer werdende Rolle bei der Vermarktung der Mottenkiste der Moderne. Gewiß, es gibt einige Möbelstücke, die über

Jahrzehnte ununterbrochen in Serie produziert wurden, doch sind sie bei den «Klassikern der Moderne» in der Minderzahl. Alle anderen gehören, genauso wie z. B. replizierte Chippendale-Möbel, zu den Stilmöbeln, die ihren Wert aus der Vergangenheit ableiten und deswegen allgemein akzeptiert sind. Mit ihnen kann man bei der Einrichtung nichts falsch machen, denn über Geschmack sollte man doch nicht streiten?! Es kann nicht oft genug wiederholt werden, daß es völlig egal ist, ob man nun seine Wohnung in Tuntenbarock oder Bauhausstil einrichtet. Nur an den Oberflächen unterscheiden sich beide Wohntrends, darunter verbirgt sich die Sehnsucht nach gestern.

Meinungsumfragen bestätigen immer wieder, daß die meisten Deutschen, wobei das Alter keine Rolle spielt, Gefühle der Sicherheit und der Anerkennung von einer Wohnungseinrichtung bestätigt wissen wollen. Auch wer nicht bereit ist, mehr als einen Hundertmarkschein für eine Sitzgelegenheit auszugeben, kann seiner Nostalgie in Chrom nachgehen, indem er die nichtlizensierten Nachbauten nicht nur der Freischwinger der zwanziger Jahre zum Mitnahmepreis kauft. Mir sind diese gemeinen Kopien gewinnsüchtiger Geschäftemacher viel sympathischer als die originalgetreuen Replikate ihrer geschichtsbewußten Konkurrenten, denn bei den billigen Kopien sieht man wenigstens auf den ersten Blick, was man *nicht* hat.

Die Formensprache der Moderne gilt mittlerweile als zeitlos; und die Zeitlosigkeit der Avantgarde von gestern ist das untrügliche Kennzeichen für den ästhetischen Konservatismus von heute. Nach außen progressiv gegen Umweltzerstörung und Atomraketen, nach innen aber retrospektiv für moderne Klassiker und ewigen Gebrauchswert der Objekte, das alles schließt einander nicht aus! Die Hoffnung der Moderne, daß das Ästhetische den Zustand der Befreiung vom Zwang der Notwendigkeit antizipiert, ist dahin. Es zeigte sich, daß das Ästhetische als Versprechen der Befreiung des Menschen im Zuge der Sublimierung der Herrschaftsformen zur Gewinnung und Erhaltung von Herrschaft benutzt werden konnte. Idealbilder gerieten dabei ins Wanken. So zeichnete sich nach funktionalistischer Lehre der vollkommene Gebrauchsgegenstand durch Ehrlichkeit, Bescheidenheit und Sauberkeit aus. Paradoxerweise machten sich mit dieser Dreieinigkeit gerade die sozial engagiertesten Designer den Kodex der restaurativen Bildungsbürger vom ausgehenden 19. Jahrhundert zueigen, denen es nach dem Wahren, Guten und Schönen verlangte. Noch ein Klischee: Massenfabrikation ist demokratisch! Längst wird von Sozialwissenschaftlern und Ökonomen zur Requalifizierung der Arbeit das «Ende der Massenfabrikation» verkündet. Angesagt sind eine Verlagerung der Produktionsschwerpunkte vom Standard auf das Modische, die Anpassung der Technologie an regionale Besonderheiten und der kollektive Individualismus.

Wie einfach war es doch in früheren Zeiten, in denen für einen Design-Interessierten die Dingwelt in nur zwei Kategorien – «Gute Form» und «Kitsch» – zu unterteilen war. Jetzt hat er mit einer Reihe von Differenzierungen und Übergängen zu kämpfen. So ist z. B. ein Bett nicht nur irgendeine Schlafgelegenheit, genausowenig wie ein Abfallcontainer nur ein Müllbehälter. Dem Durchschnittsbürger werden diese komplizierten und zueinander oft im Widerspruch stehenden Zusammenhänge zwischen Form und Funktion viel einleuchtender von den Schreibern der Boulevardpresse als dem Designpuristen von den Experten für Einrichtungsfragen verständlich gemacht – ganz im Sinne dieser Schlagzeile, die vor Jahren auf der Titelseite einer Sexpostille zu lesen war: «Müllmann vergewaltigte Hausfrau im Abfallcontainer. Und das in der Mittagspause.»

Nach wie vor steht bei uns Deutschen der Ordnungssinn, der Sinn für klare Verhältnisse um der Verhältnisse willen, hoch im Kurs. Ende 1985 gab ich einen Band des «Kunstforums» zum Thema «Das deutsche Avantgarde-Design: Möbel, Mode, Kunst und Kunstgewerbe» heraus, der inhaltlich und formal quer durch Materialien und Weltanschauungen der Jetztzeit wilderte und diejenigen Kunsthistoriker verwirrte, die die Darstellung neuer designkünstlerischer Tendenzen nur über Argumentation, Reflexion und kritisches Interesse nachvollziehen können oder wollen. So konstatierte Hans Ulrich Reck in demselben Periodikum ein Jahr später pikiert: «Der Wechsel ist frappant und findet in Borngräber eine neue Figur, von der man nicht mehr ausmachen kann, wo sie sich inszeniert, wo sie kommentiert, wo sie feiert, wo sie propagiert oder ironisiert. Das Ganze hat großen Aufschlußwert insofern, als hier bewußt Diffusion, Polymorphie und totales Lifestyling in Szene gesetzt werden.»

Den jungen Designkünstlern wird immer wieder vorgeworfen, sie inszenierten ihre Objekte und Räume nur für die Medien. Im Bereich der bildenden Künste war es bis in die sechziger Jahre so, daß neue Objekte durch Ausstellungen bekannt gemacht wurden. Doch dann erfuhr diese Praxis einen raschen Wandel. Die Massenmedien verdrängten die Ausstellungen an Aktualität. Objekte werden heute in erster Linie durch die Medien bekannt gemacht. Große Ausstellungen, wie die «documenta» in Kassel, die 1987 auch Designer präsentiert, agieren quasi nur noch retrospektiv.

Der Philosoph Hannes Böhringer erfand eine Metapher für die Aktivitäten des heutigen Kunstbetriebs. In ihm zerstreut sich das Publikum wie der vor langer Zeit entmachtete französische Adel durch die Jagd. Es ist eine Jagd nach neuen Tendenzen, bei der die Rollen genau verteilt sind: «Der Künstler spielt die Rolle des Wildes, der Jagdbeute. Seine Klugheit besteht darin, sich aufspüren und entdecken zu lassen, seinen Jägern den Spaß nicht zu verderben, es ihnen nicht allzu leicht zu machen – sonst wenden sie sich zu schnell gelangweilt ab –, aber auch nicht ganz unmöglich, sonst bleibt er unentdeckt.» Bei diesem Treiben braucht der Künstler zum Überleben ein funktionstüchtiges Aufklärungs- und Sicherungssystem, und das ist die Avantgarde im übertragenen wie im ursprünglichen militärischen Wortsinn, «Vor-sicht aber ist nichts anderes als Avant-garde.»

Bedeutete nicht in den siebziger Jahren das Ende aller Fortschrittsgläubigkeit auch das Ende aller avantgardistischen Strömungen? Folgte dann wirklich nur die Stunde des Historikers, die Zeit der Spurensicherung? Genau an diesem Punkt erweist sich all das jüngst aufgehäufte Wissen um Stilformen und soziale Ereignisse der letzten Dekaden – überhaupt das Denken in Dekaden – als Ballast. Wenn man Avantgarde so versteht, daß sie vorhandene Strukturen zerstört, indem sie sie über Bord wirft, dann gibt es heute für den Bereich Design wieder eine Avantgarde. Die Formen des Protestes haben sich verändert. Das manifestiert sich einerseits im Wissen um das Zerstören und das Experimentieren, also in einem freien Verfügenwollen über vorhandene Möglichkeiten und nicht mehr im Beschränken auf ein Dekret, und andererseits in einer radikalen Einbeziehung des Alltags, der Konsumwelt und des Kitsches, der eine große Rolle im Leben eines jeden spielt. Form, Funktion und Material werden aus ihren Abhängigkeiten gelöst, wobei die Freiheit der Verfügung durchaus die Unfreiheit des Verfügten mit sich schleppt.

Das ist es, worauf es ankommt: Weg von der Sozialarbeiterkultur! D.h. der Designer ist in erster Linie Designer und muß nicht auch noch und vor allem Soziologe sein. Das heißt nicht, daß man nicht die gesellschaftlichen Konflikte und Bedingungen wahrnimmt und Stellung zu ihnen bezieht. Aber ein Designer ist niemals Soziologe und ein Soziologe niemals Designer. Als Sozialarbeiterkultur ist zu bezeichnen: Der soziale Nutzen soll sofort auf der Hand liegen, und der Protest muß zukunftsweisend sein.

Wenn die Richtung stimmt, hat das Experiment an sich und um seiner selbst willen plötzlich einen ganz anderen Stellenwert, so daß es gleichbedeutend mit einem im weitestgespannten Sinn funktionalen Ziel verstanden und gedeutet wird. Zweifellos gehört es zu jeder Avantgarde, den unverwechselbaren Stil einer neuen Zeit aufzuzeigen, allerdings sind Innovationen, und das können wir wiederum nur aus der Geschichte lernen, immer erst im nachhinein zu erkennen und zu bewerten.

Am Anfang der achtziger Jahre war die Zeit einfach reif für einen erweiterten Designbegriff, der sich keineswegs dem Druck technischer Innovationen ausliefert, der das statische Konzept des Funktionalismus, der sich als Synthese aller vorangegangenen Entwicklungen begriff, ablöst und der regionale Besonderheiten sowie den Ausgleich des Verlustes an symbolischen Ausdrucksmitteln ins gestalterische Zentrum rückt. Jahrzehntelang wurde deutsches Design ausschließlich als Industrie-Design verstanden und gehörte zu dem Bereich der Formgestaltung, der am ehesten durch technische Entscheidungsprozesse gesteuert und rational bestimmt ist. Das Industrie-Design degenerierte in den letzten zwanzig Jahren von einer experimentierfreudigen, dynamischen Profession zu einem fast ausschließlich von Produktionstechniken und Marketingstrategien dominierten Arbeitsfeld. Ideen und Konzepte, die solche Strategien durchkreuzen, sind aus diesem Bereich weitgehend verbannt.

Die entschieden monokulturelle Tendenz des Industrie-Designs wird mit wenigen Ausnahmen auch an den deutschen Hochschulen vermittelt, die pro Kopf der Bevölkerung mehr Designstudenten ausbilden als jedes andere europäische Land. Nicht nur dort scheint sich ein Generationskonflikt anzubahnen. Kein Wunder, daß Industrie-Designer, die Solidität und technischen Fortschritt als oberste Maxime ihres Handelns begreifen, verunsichert werden vom gesamtkulturellen

Anspruch der Design-Avantgarden, die ihrerseits die unsicheren Wege der reinen Experimente einschlagen und das Entwerfen von Design-Objekten als Beitrag zum Gesamtwerk der Lebensgestaltung begreifen. Styling vermittelt sich – auch – über Objekte, die zwischen Kunst und Technik changieren. Nach wie vor gehören sie zu zwei meiner favorisiertesten Projekte: das «Kaufhaus des Ostens» und der «Designpoker», die als Kurzzeitprojekte während der letzten drei Jahre an der Hochschule der Künste in Berlin unter der Leitung von Jasper Morrison, Joachim B. Stanitzek und vor allem von Andreas Brandolini entstanden. Beim ersten waren aus Fertig- oder Halbfertigprodukten, wie sie z. B. in Supermärkten und Heimwerkerläden zu finden sind, Design-Objekte herzustellen. Der Entwerfer wurde dem Zwang Neues nur aus Rohmaterialien herzustellen, ohne allerdings als «Nostalgiker» auf Schrottplätzen und in Mülltonnen herumzuwühlen, enthoben. Beim zweiten erfolgte die Ideenfindung über das Ziehen von Karten mit Hinweisen wo, wie und wann Anregungen und Materialien zu suchen und für wen das entsprechende Objekt herzustellen ist. Der «Poker» griff auf aleatorische Techniken zurück, wie sie aus der Musikgeschichte bekannt sind – beginnend mit «Erratum Musical» (1913) von Marcel Duchamp über das musikalische Gesamtwerk von John Cage bis hin zum «Klavierstück XI» (1956) von Karlheinz Stockhausen und zur «Dritten Klaviersonate» (1956/57) von Pierre Boulez. Das eigentlich Subversive an diesem Spiel ist jedoch nicht seine Nähe zu einer anderen künstlerischen Disziplin, sondern daß es bewußt den Zufall in den Designprozeß miteinbezieht und dadurch das ganze Konzept des objektivierbaren, messbaren Industrie-Designs über den Haufen wirft. Brandolini: «Es sind nicht nur die Produkte, die zählen, es ist vor allem der Weg.»

Noch keine Generation ist es her, daß man glaubte, Fragen des guten Geschmacks seien an die einer guten Moral gebunden. Dies war ein brüchiges Arrangement, das sich im Laufe der Zeit zudem noch als neurotische Verhaltensvariante entpuppte, da einer Aufforderung zum Handeln stets dessen Einschränkung folgte. Vom idealtypischen Gegenstand erwartete ein Designer, daß er modern aber nicht modisch, populär aber nicht trivial, außergewöhnlich aber nicht elitär sei Der Soziologe Michael Thompson entlarvt in seinem Buch «Rubbish Theory» – 1981 als «Die Theorie des Abfalls. Über die Schaffung und Vernichtung von Werten» auf deutsch erschienen – vorgeblich rationale Werturteile zu Fragen des Designs als tatsächlich moralische. Thompson interessieren vor allem die Grenzüberschreitungen. Indem er für sie einen methodologischen Rahmen ersinnt, setzt er Möglichkeiten an die Stelle von Problemen und rückt die Grenze an sich in den Mittelpunkt der Aufmerksamkeit. Dies steht sowohl im Gegensatz zu relativistischen Positionen, die die Existenz der *Überschreitungen,* als auch zu universalistischen Positionen, die die Existenz einer *Grenze* ignorieren. So wird Dauerhaftigkeit nicht mehr als eine Folge innerer physischer Eigenschaften, sondern als eine Folge des sozialen Systems definiert. Eine zeitgemäße ökonomische Theorie des Wohnens sollte also dem Mechanismus und den dynamischen Kräften dieses sozialen Prozesses Rechnung tragen, denn der Verschleiß an Objekten, und das läßt sich nicht nur für physische Objekte, sondern auch auf Ideen anwenden, ist enorm. Lange Zeit war das Design durch die Tendenz, in erster Linie über das Nützliche nachzudenken und die Fragen der Mode zu vernachlässigen, einseitig ausgerichtet: «Was für ein schrecklicher Abgrund tut sich auf in dem bisher so festen Boden des Verständnisses, wenn wir zugeben, daß wir vielleicht all diese Jahre genau das Verkehrte getan haben, daß wir, anstatt das Ewige und Unveränderliche zu untersuchen, die Launen des Geschmacks hätten studieren sollen!»

Sozialwissenschaftlich gesehen, geht es bei der Revolte gegen die überschaubare «gute Form» um mehr als nur um die Bewältigung von Formproblemen. Umberto Eco, bei uns vor allem als Autor des Romans «Der Name des Rose» bekannt, interessiert sich in seiner Eigenschaft als Semiotiker gerade auch für die stillschweigend akzeptierten Wohngewohnheiten. Diese erlauben es im europäischen Kulturkreis z. B. den Gästen einer Party, die Stühle im Haushalt des Gastgebers zu verschieben, untersagen es ihnen jedoch, dasselbe mit dem Sofa zu versuchen. Wer dann noch weiß, daß der Durchschnittsdeutsche eine Vorliebe für schwerere Möbel hat als der Italiener oder Franzose, wird sich kaum noch darüber wundern, weshalb sich gerade die deutsche Design-Avantgarde bei der Innenraumgestaltung nicht mehr mit einfachem Möbelrücken zufriedengibt.

Herkömmliche Sehweisen verändernde und medienübergreifende Design-Experimente haben mich von Anfang an interessiert. So war der Auftritt der «Einstürzenden Neubauten» in der Fernsehschau «Aufbruch zum Durchbruch» kein Zufall, wenn man weiß, daß die Konzerte dieser Gruppe jedesmal aufs neue eine Hommage an die «schlechte Form» und die Schlaginstrumente N. U. Unruhs Unikate aus, von ihm gesammelten und zusammengebauten, Schrott sind. Vor fünf Jahren gab Wolfgang Müller im Merve Verlag den mittlerweile gesuchten Klassiker «Geniale Dilletanten» heraus, der zum ersten Mal die experimentelle Pop-Musik der endsiebziger Jahre präsentierte, zu der wenig mehr als der feste Wille einer Geräuschproduktion auf billigsten und entlegensten Instrumenten gehörte. Nicht nur aus sentimentalen Gründen äußerst sich «Die Tödliche Doris» in diesem Buch «Zum Thema»; und es war Nikolaus Utermöhlen, der den Titel «Berliner Design-Handbuch» vorschlug.

Auch im Designbereich gibt es sie, die genialen Dilettanten – die Bastler –, die aufgrund ihrer Experimente quer durch die Medien für eine herkömmliche Designerkarriere ungeeignet erscheinen. Allerdings ist immer häufiger zu beobachten, daß sich die Professionalität des gesamtkulturellen Anspruchs beim Bemühen um die Professionalität der Objekte wandelt. Ein Tisch, so ungewöhnlich er auch aussehen mag, so un- und doch möglich seine Materialien auch sein können, hat bestimmte Funktionen im Alltag zu erfüllen. Es ist üblich, daß die Mehrzahl der Design-Experten, die die Avantgarde kritisierten, deren Objekte nie ausprobieren und die Verletzung des Sehnervs als Beeinträchtigung des Sitzfleisches begreifen. Es ist keineswegs verwunderlich, daß die Nichteindeutigkeit der neuen Möbel, deren Wert zwischen Gebrauchsgegenstand und Assoziationsobjekt oszilliert,

Unsicherheit und damit Unbehagen verursacht. Mittlerweile bringt es gar nichts mehr, darüber zu streiten, ob Möbelunikate eher Design- oder Kunstobjekte sind. Ohne weiteres wären die meisten Einzelstücke bei entsprechender Auftragslage in Kleinserie herstellbar. Ganz bewußt wurde daher die erste Ausstellung, die ausschließlich das Berliner Avantgarde-Design zum Thema hatte, unter dem Obertitel «Protypen» – mit Hilfe Cees van der Geers – für die Rotterdamer Kunststiftung zusammengestellt.

Apropos Berlin! Hektik, Lärm und Aggressivität des Großstadtlebens wurden in den achtziger Jahren als Inspirationsquelle für die avantgardistischen Trends der Künste wiederentdeckt und Berlins Mythos als urbanste deutsche Stadt neubelebt. Schrecken sind hier mit Witz gepaart, Kitsch wird nicht kaschiert. Je schärfer die Zerstörung, desto härter die Reaktion! Gemütvolle Stadtreparaturen stoßen bei den Vorkämpfern für eine neue ästhetische Kultur auf Ablehnung.

Der Ausschnitt der Berliner Designszene, der dieses Handbuch möglich machte, zeichnet größtenteils Splitter und Fetzen aus dem Bezirk Kreuzberg mit seinem Nebeneinander der Extreme und Exkremente nach. Dort leben die meisten jungen Designer Berlins. Einige arbeiten allein, andere schließen sich zu Gruppen zusammen, eröffnen ein eigenes Büro, eigene Verkaufsräume. Die weitaus größte Zahl bilden ehemalige Studenten des Industrie-Designs oder der Architektur. Nur ein geringer Teil kommt vom Kunsthandwerk oder der bildenden Kunst her. Also alles wie gehabt? Wohl kaum. Ihr Weg führt an den etablierten berufsständischen Organisationen, wie z. B. am Verband Deutscher Industrie-Designer und auch am Deutschen Werkbund, vorbei, die im besten Fall in der Lage sind, die wechselhaften Zeitströme im nachhinein zu dokumentieren. Berlin als Fixpunkt des Neuen Deutschen Designs? Der Weg zur Anerkennung führt, wie zuvor auch in den anderen Bereichen des kulturellen Lebens, über das Ausland: New German Design, Nouveau Design Allemand, Nuovo Design Tedesco, das ist bereits geläufig. Für die Propheten im eigenen Land bedeutet die Auseinandersetzung mit dem Design vor der eigenen Haustür immer noch, einen Blick hinter den Spiegel zu werfen, «c'est retourner le miroir vers soi ...».

Aus: Christian Borngräber (Hrsg.): *Berliner Design-Handbuch,* Berlin 1987, S. 7–20.

Kommentar: Christian Alexander Bauer

Bazon Brock, 1936 in Stolp/Pommern geboren, war lange Jahre Professor für Ästhetik und Kulturvermittlung an der Bergischen Universität Wuppertal. Bereits während seines Studiums arbeitete er als Dramaturg. Ende der fünfziger Jahre entwickelte er parallel zum Action-Painting und zur Action-Music die Gattung des Action-Teaching; seither ist er nahezu 2000 Mal als Action-Teacher aufgetreten. Für die documenta 4 in Kassel bot Brock 1968 erstmals Besucherschulen an. In der Besucherschule gibt ein kundiger Zeitgenosse ein Beispiel dafür, wie man Zumutungen in der Konfrontation mit Kunstwerken bewältigt. Als «Beispielgeber im Beispiellosen» hat Brock den Besucherschülern Regeln des menschlichen Wahrnehmungsapparats demonstriert und dem Kunstpublikum vor Augen geführt, dass Rezeption als eine Form der Produktion zu verstehen ist, mithin als Rezeptionsarbeit. Dem professionalisierten Kunstrezipienten ist bewusst: Bedeutend ist, was eine Ausstellung nicht zeigt. Besucher einer Ausstellung können die Leistung der Ausstellungsmacher erst beurteilen, wenn sie wissen, welche Wahlmöglichkeiten die Kuratoren hatten. Als Medien der Vermittlung fungieren sogenannte «theoretische Objekte». Sie sollen als Werkzeuge der Erkenntnisgewinnung dienen.

1996, anlässlich einer Konferenz in Aspen, Colorado, die das Thema «Deutsches Design» hatte, präsentierte Brock eine Reihe deutsche Produktklassiker wie *Odol*, *Leitz*-Ordner und *Tempo*-Taschentuch, machte diese zu Theorietotems im Sinne kognitiver Werkzeuge der Mediatisierung – die sich, in Konstellation zueinander gesetzt, zu Theorielandschaften fügen und einen «parcours de la méthode» bilden. Als Herodot des Deutschseins, der die Kampagne einer «Schweren Entdeutschung – Widerruf des 20. Jahrhunderts» vorantreibt, ist Brock die «Selbstfesselung des deutschen Herkules» ein vorrangiges Anliegen: Nur die unterlassenen Taten sind als wahre Großtaten zu akzeptieren, sind Taten im Sinne des Theorems von der Zivilisierung der Kulturen. Dessen letzte Konsequenz lautet: «Musealisiert Euch! Vertraut der zivilisierenden Kraft durch Selbstmusealisierung!» Brock empfiehlt deshalb Europäern, sie mögen sich in das etruskische Lächeln einüben, in das Lächeln des Einverständnisses in das eigene Ende.

Christian Alexander Bauer ist wissenschaftlicher Autor, freier Mitarbeiter von Bazon Brock und Lehrbeauftragter für Kunstwissenschaft an der HfG Karlsruhe. Zuletzt erschien: Sacrificium intellectus, *München 2008.*

Bazon Brock

DAS DEUTSCHSEIN DES DEUTSCHEN DESIGNS (1997)

Mit Hinweis auf das Generalthema der Aspen-Konferenz möchte ich kurz die Bedeutung des Begriffes *Gestalt* veranschaulichen: Wenn unsereins eine Krawatte trägt, bringen wir damit unser Bewußtsein zum Ausdruck, daß wir zwar nicht wie so viele Intellektuelle, Künstler oder Wissenschaftler den totalitären Systemen des 20. Jahrhunderts zum Opfer gefallen sind, daß aber der Galgenstrick – eben die Hanfkrawatte – allgegenwärtig war. Die Krawatte mahnt auf diese Weise selbst Parteifunktionäre, Hitler-Bonzen oder Stalin-Agenten, daß auch Henker sterben können.

Zudem weist uns die Krawatte die Richtung, die unser Leben bestimmt: Wie ein Pfeil zeigt sie nicht nur auf das Zentrum unserer Männlichkeit, sondern stets auch auf den Boden, auf den Staub, aus dem wir wurden und zu dem wir wieder werden. Die definitiven Ziele unseres Lebens und Arbeitens gewinnen in der Krawatte *Gestalt.*

Zunächst erscheint es vielleicht etwas absonderlich, über das Deutschsein des Deutschen Designs zu sprechen – so als redete man von Schönsein oder Dummsein, Sein oder Nicht-sein – jedoch kann man dies tun etwa in Analogie zu einem Vortrag des berühmten Kollegen Nikolaus Pevsner, den er ebenfalls in Aspen gehalten hat, und zwar über *The Englishness of English Art.* So scheint es nicht nur eine typisch deutsche Narrheit zu sein, sich mit dem *Deutschsein* zu beschäftigen, sich zu überlegen, was das überhaupt ist. Nicht zuletzt diskutierte Leonard Bernstein eine ähnliche Frage mit seinem action teaching «was ist das Amerikanische an der Amerikanischen Musik?», so daß wir Bernstein und Pevsner als Paten dieser Thematik beschwören können.

Die kürzeste Kennzeichnung des Deutschseins bekundet wohl das Verlangen der Deutschen, von allen geliebt zu werden. Und wenn wir sagen *alle,* meinen wir damit die ganze Menschheit!

Das Prinzip des Deutschseins definiert sich über den Term *deutscher Radikalismus.* Radikalismus bzw. Radikalität beziehen sich auf das lateinische Wort radix (=Wurzel), und wenn wir die Redewendung *zurück zu den Wurzeln* verwenden, ist damit immer auch *entwurzeln* oder *ausrotten* gemeint. Und das muß man wörtlich nehmen, denn eine weitere Voraussetzung des Deutschseins sind Buchwissen und Buchstäblichkeit. Die Deutschen glauben nämlich, daß das real ist, was sie benennen können; daß in der Wirklichkeit existiert, was einen Namen hat, auch wenn es eigentlich ein abstrakter Begriff ist.

Mit anderen Worten: «Whatever people believe to be real is real in its consequences» oder auf deutsch: Was Leute für real halten, zeitigt reale Folgen! Wenn Sie versuchen, jemand zu beruhigen, der sich vor Gespenstern fürchtet, indem Sie ihm sagen «Geister gibt's doch gar nicht», ändert das vermutlich nichts daran, daß derjenige vorsichtshalber doch die Fenster mit Brettern vernagelt – in dieser Hinsicht sind dann sogar die Bretter vor dem Kopf real!

Bei solchen *Realismus*-Vorstellungen hatte die Aufklärung natürlich keine Chance. Das Deutschsein wird also erfahren als Suche nach den Wurzeln, den Ursprüngen, um sie auszureißen, und als unverbesserlicher Glaube an das wortwörtliche Verständnis von Aussagen.

Design als Domestikation

Der Design-Gedanke setzte sich zunächst vollständig in der agrikulturellen Veredelung durch: Zuchtwahl. Zu den Design-Produkten aus Deutschland gehören deshalb Rassepferde aus Holstein, Niedersachsen und Ostpreußen oder Schweine aus Pommern und Bayern.

Wir demonstrieren kurz dieses rassige Design an Rassehunden, die sich deutsche Führer und Intellektuelle als Attribut-Tier erwählten: Schopenhauer kraulte seinen *Pudel* wie Goethes Faust den tierischen Mephisto. Kanzler Bismarck ließ sich stets mit mächtigen deutschen *Doggen,* die in anderen Weltteilen *Schlachterhunde* genannt werden, sehen. Kaiser Wilhelm II. legte in seinem männlichen Freundeskreis auf die Anwesenheit seiner *Dackel* großen Wert. Kanzler und Führer Adolf Hitler stellte sich als wachsamer Hirte der deutschen Herde dar, indem er sich dem *Deutschen Schäferhund* als einzigem verläßlichen Freund zugeneigt zeigte.

Es ist bemerkenswert, daß die Nachkriegskanzler (und Politiker im allgemeinen) in keinem Falle auf den treuesten Begleiter des Menschen als Sympathieträger zurückgriffen, selbst grüne Politiker nicht, die unter Tierfreunden und Heimatschützern ihre Klientel rekrutierten.

Deutsche Kommunikationsdesigner an die Front! Wir möchten Joschka Fischer im Bundestag eine Siamkatze kraulen sehen!

Am Deutschen Design soll sich die Welt erfreu'n

*Warum siehst du den Splitter in deines Bruders Auge und nicht den Balken im eigenen Auge?**

Die Deutschen sind blind für eine wirkliche Erfahrung der Welt aufgrund der Balken in ihren Augen. Diese Balken lassen sich emblematisch darstellen mithilfe von zwei Pfählen, sogenannten Thementotems, die mit für das Deutschsein des Deutschen Designs typischen Objekten bestückt sind.

* Matthäus 7, 3

Beide Balken sind in charakteristischer Weise bekrönt, der eine mit einem Totenschädel, der andere mit einer Narrenkrone. Der Schädel ist ein berühmtes deutsches Emblem, mit dem z. B. die Uniformen der deutschen Widerständler im Kampf gegen Napoleon in den Jahren nach 1806 versehen waren. Totenkopf und die schwarze Farbe dieser Truppenbekleidung wurden später übrigens von der SS übernommen.

Der Schädel ist mit einer *Pickelhaube* behelmt, einer Kopfbedeckung, die uns heute die Schamröte der Peinlichkeit ins Gesicht treibt, denn sie diente dazu, die Sterblichkeit ihrer Träger, das Endziel deutscher Politik und Kultur zu verschleiern. Man darf sich an die Tarnkappen erinnert fühlen, die die Helden Wagnerscher Opern trugen, Helden, die namhafte Schwerter schwangen – vielleicht kein Zufall, daß zur gleichen Zeit, in der Wagner seine Werke wirksam auf die Bühnen brachte, der Solinger Stahl Weltgeltung erlangte, ebenfalls ein berüchtigtes Design-Objekt deutscher Herkunft.

Der andere Balken trägt eine Narrenkrone. Aus der kulturgeschichtlichen Tradition des Narren, der unter dem Schutz der Schellenmütze Freiheit der Meinungsäußerung genoß, sind bekannt: Hans Wurst, Eulenspiegel oder Simplicissimus oder ich selbst! Nur der Narr durfte zu allen Zeiten die Wahrheit sagen, weil man ihm unterstellte, daß er sowieso nur Heu und *Stroh* im Kopf habe, welches, wenn es angezündet, prachtvoll himmelwärts lodert – wie die Strahlenbündel Speerscher Lichtdome!

Deutsche Gründlichkeit oder ist's Wahnsinn auch, so hat es doch Methode

Der Anfang der deutschen Designgeschichte führt uns noch einmal zurück in die Zeit des Widerstandes gegen Napoleon. Wie uns Tilman Buddensieg lehrte, handelt es sich beim *Eisernen Kreuz* um die erste große deutsche Designleistung. Karl Friedrich Schinkel hatte es entworfen, auf daß damit diejenigen geehrt würden, die den Kampf im Namen der Nation angetreten haben. So begann die Designgeschichte mit einer Sackgasse, denn wer das Eiserne Kreuz errang, konnte sicher sein, sich in einer Falle der Ausweglosigkeit zu befinden.

In dieser Linie folgen weitere Warenwunder, Erfindungen, die im wahrsten Sinne des Wortes siegreich das Deutschsein verkörperten – nämlich Waffen, Raketen, das erste einstrahlige Düsenflugzeug – und dennoch ungepriesen blieben. Denn tragischerweise war ihnen die höchste Auszeichnung für einen gelungenen funktionalen Entwurf, die Prämierung als *die gute Form* vorenthalten: Waffen durften von der Jurierung nicht berücksichtigt werden, ungeachtet der Tatsache, daß sich die besten Designleistungen direkt oder indirekt der Rüstungsindustrie verdanken, vom wirtschaftlichen Erfolg entsprechender Geräte ganz zu schweigen.

Die wirksamsten Designer waren stets Soldaten: innerhalb von Sekunden gestalten sie die Dinge komplett um, wenn es sein muß. Ihnen als den effektivsten

Entwerfern ist das *Kochgeschirr* gewidmet, auch so eine deutsche Erfindung. In den Blechnapf paßte eine Taschenausgabe etwa der Werke von *Nietzsche,* mit deren Hilfe sich der Soldat über sein Tun, über seine Neuorganisation der Welt orientieren, sich mit Urteilskraft bewaffnen konnte. Im Feld hätte er sich wahrscheinlich eher von seinem Gewehr als von seinem Geschirr getrennt, schließlich gehörte die Blechdose, in der das Essen nicht nur mitgeführt, sondern auch erwärmt wurde und aus der man es direkt verzehrte, zu den hervorragenden deutschen Designleistungen.

Im Namen welcher Kultur der Soldat auch immer kämpfte, der *Kulturbeutel,* den er selbstverständlich mit sich führte, trug jedenfalls wesentlich zur Zivilisierung der Menschheit bei! Diese brillante deutsche Errungenschaft – sozusagen die Mutter aus der Tasche – erinnerte jeden im Felde stehenden an seine ersten zivilisatorischen Pflichten: Zähne putzen (oder wenigstens mit *Odol* gurgeln) und Füße waschen.

Daß der sinnreiche Beutel doch nicht nur der Zivilisation, sondern auch der Kultur seinen Tribut zollte, beweisen zum Beispiel das mitgeführte erfrischende *Kölnisch Wasser* oder ein *Tannenbäumchen* als Memorierobjekt, um die lebensbestimmenden Rituale im Frieden zu erinnern. Wer sich diese Rituale nur unter Tränen vergegenwärtigen konnte, tupfte die Tröpfchen diskret mit einem *Tempo-Tuch* beiseite. Dieser Einwegartikel ersparte allen Weinenden die Wiederbegegnung mit alten Tränen, man warf das Tempo fort, bevor neue vergossen wurden – dazu nämlich gab es in der deutschen Geschichte Gelegenheit genug. In hygienischer Hinsicht bewährte sich das Tempo, weil es den wiederholten Kontakt mit Schnupfenbazillen gar nicht erst zustande kommen ließ.

Universelle Hilfe versprach das Medikament *Aspirin,* dessen Wiege in Wuppertal stand und das die Lazarettärzte als Allheilmittel verabreichten – man hat gesehen, mit welchem Erfolg! Die amerikanische Armee hat sich jedenfalls klugerweise nicht darauf verlassen.

In diesen Designobjekten manifestierte sich das Deutschsein als Ausdruck des Rationalismus, der Organisationsfähigkeit, der Planung, der Begabung, die definitiven Ziele unserer Handlungen unsichtbar zu machen, sie mit neuen utopischen Ideen der Welt zu verschleiern.

Deutsche Gemütlichkeit oder die Geburt des Idealismus am warmen Herde

Dem gegenüber steht die Tradition des Idealismus, der Reformbewegungen, des Wunsches nach Gemütlichkeit.

Der andere Balken trägt Embleme zum Beispiel der deutschen Lebensreform, die sich um 1900 mit weltverbessernder Absicht auf die Socken, oder besser: Latschen machte. Noch heute wandern die Narren heimatlos in der Welt umher, nunmehr in den Nachfolgesandalen aus dem Hause *Birkenstock* und wie der Soldat

– das zeigt, wie eng die beiden Stränge Rationalismus und Idealismus miteinander verknüpft sind – mit geschultertem *Rucksack.* Als Wegzehrung dient seit seiner Erfindung in Hannover der *Leibniz-Keks,* ein haltbares Nahrungsmittel, das mit dem gleichnamigen Philosophen lediglich durch einen topographischen Zufall verbunden ist. Weitaus bedeutsamer als diese Patronage sind die drei Buchstaben t.e.t. auf jeder Packung, die auf das altägyptische Wort für *Ewigkeit* zurückgehen. Auf Ägypten bezog man sich natürlich in dem Sinne, daß die pyramidalen Hinterlassenschaften dieser Kultur wie kaum etwas anderes geeignet sind, auf *Dauer* zu verweisen.

Kurz und gut: auf der Rucksackwanderung durch die Welt – sei sie närrisch oder einsichtsvoll – ernährt man sich vom Ausdruck des Immerwährenden, bis er einen verdaut wieder verläßt und bis man selbst wieder zu Fischfutter wird – das ist der ewige Zyklus der Welt. Sollten Sie auf Ihrer Reise zu den letzten Gründen noch einmal nach dem Weg fragen müssen, wird Ihnen ein Wörterbuch behilflich sein, wie es Gustav *Langenscheidt* 1854 ersann. So wurde es durch deutsche Gründlichkeit nicht zuletzt den Soldaten ermöglicht, sich mit denen zu verständigen, die sie soeben erschossen hatten.

Neben Radikalität und Buchstabentreue dürfte wohl die Sauberkeit zu den meistgenannten deutschen Eigenschaften gehören, und so wurde konsequenterweise das Reinheitsgebot im Jahre 1516 von einem bayrischen Herzog, nämlich Wilhelm IV. von Bayern, erlassen. Es legte für alle Zeiten fest, daß Bier nur aus Wasser, Hopfen und Malz bestehen dürfe. Intelligenterweise ersannen Deutsche zur Aufbewahrung dieses Getränks auch gleich eine *Flasche* mit wiederverwertbarem Verschluß, wohl noch nicht ahnend, daß sich Recycling zu einem wesentlichen Anliegen des Umweltschutzes entwickeln würde.

Um den Umweltschutz haben sich im Wesentlichen die *Grünen* verdient gemacht, die eine erste parteibildende Thematisierung der Müllvermeidung betrieben und sich eine in der Welt einmalige farbsymbolische Propaganda von hohem Wiedererkennungswert zugelegt haben. Diese formierende Kraft korrespondiert eng mit der deutschen Schöpfung eines speziellen Personenstatus, dem des Beamten. Diese besondere Ausstattung von Staatsdienern mit Unkündbarkeit und lebenslänglicher Versorgung wird durch *Artikel 33* des Grundgesetzes garantiert.

Zu den Unentbehrlichkeiten des deutschen Beamten gehört der *Aktenordner,* zwischen dessen Deckeln die Lebenden und die Toten verwaltet werden und der die papiernen Utopien der Staatengründer schützt. Der Ordner gehört zu den maßgeblichen Designleistungen vor allem aufgrund des markanten, stabilisierten Lochs – nicht nur weil man ihn damit praktischerweise aus dem Regal ziehen kann, sondern weil das Loch die beste formale Analogie zu dem ist, worauf Deutschtum beruht: auf einem Nichts.

So, wie die Metalleinfassung das Loch verstärkt, wird dieses Nichts durch Mystizismus und Spiritualität gefaßt, und so ist selbst die rationale Tradition verschwistert und durchflochten mit animistischer Beseelung toter, abstrakter Dinge.

Wie anders läßt es sich erklären, daß der auf überaus rationelle Weise gefertigte und vertriebene *Volkswagen* den Namen *Käfer* erhielt? Was sonst könnte den Volksglauben erklären, daß die wohldurchdachte, gute Organisation der Einzelhaushalte *Heinzelmännchen* zugeschrieben wurde oder daß sich eine deutsche Rundfunkanstalt in Anlehnung an diese personifizierten Erdkräfte in Zwergengestalt durch *Mainzelmännchen* repräsentieren ließ? Diese Inkorporationen sind Ausdruck der Deutschen für ihr unvergängliches Verlangen, ihre Wünsche auch erfüllt zu sehen, die Befriedigung ihrer Bedürfnisse gesichert wissen zu wollen – ob durch Gnome oder weniger märchenhaft durch Beamte, spielt dabei kaum eine Rolle. In diesem Sinne ist *Schneewittchen* ungeachtet der glamourösen Disney-Verfilmung in Hollywoodmanier eines der deutschesten Märchen überhaupt!

Eine weitere Fabelfigur verkörpert das Selbstverständnis der Deutschen, das Image, das sie sich im internationalen Wettbewerb selbst zuschreiben: der Igel. Unter Bezug auf die bekannte Geschichte von Hase und Igel sahen sich die Deutschen nach 1950 angesichts der wirtschaftlichen und politischen Konkurrenz von Engländern, Franzosen und Amerikanern gerne als Igel, der das Rennen gewinnt aufgrund seiner Gewitztheit und Geschicklichkeit. Bekanntermaßen verloren die Deutschen jedes weltgeschichtliche Rennen und wurden in der internationalen Karikatur stets als blamierter Hase (z. B. von Gulbransson mit den Zügen Wilhelms II.) porträtiert.

Erst nach dem Zweiten Weltkrieg wurde diesen Verlierern das neue Wappentier zugestanden. Von den Alliierten bekamen sie den *Mecki,* einen eher unattraktiven Biedermann ohne weitreichenden Handlungsanspruch zur Identifikation angeboten. So die Demütigung zu akzeptieren und Lehren daraus zu ziehen, konnten sich die Deutschen endlich in der langangestrebten Rolle des Igels bestätigt fühlen. Die wirtschaftlichen Erfolge der jungen Bundesrepublik schienen ihnen denn auch Recht zu geben, wobei der *Mercedes-Stern* in diesem Zusammenhang als herausragendes Symbol der deutschen Kunst- und Designgeschichte genannt werden muß, das diese Logiken impliziert.

Der Begriff Ökonomie (Wirtschaft) leitet sich übrigens ab aus dem griechischen Wort oikos (= Herd). Das macht deutlich, daß die Keimzelle aller wirtschaftlichen Betätigung die heimische Kochstelle ist, um die herum sich früher das Familienleben organisierte. In der deutschen Figur der *guten Hausfrau* fließen die rationalistische Tradition der Planung, der Kalkulation und die romantischen Vorstellungen bändigbarer Erdkräfte und guter Geister zusammen; die gute Hausfrau wäre demnach die Schnittstelle zwischen deutschem Beamten und grünem Wandervogel. Daher ist der Bereich der Hauswirtschaft neben der Waffentechnologie das zweite große Betätigungsfeld erfolgreicher deutscher Designer, man denke nur an die weltweit verbreiteten Lebenshilfen *Uhu* oder *Tesa-Film,* mit denen sich die Trümmer, die bei der buchstabengetreuen Realisierung deutscher Großmachtphantasien entstanden, mühelos wieder zusammensetzen ließen. Um die Spuren des schöpferischen Eingreifens in die Weltordnung zu beseitigen, bediene man sich eines *Wischlappens,* wie er in der ehemaligen DDR unter dem Produktnamen Malino erfunden wurde – dieses Reinigungsvließ war eine der wenigen Designleistungen, die während des Bestehens der DDR über ihre gutbewachten Grenzen hinaus weite Verbreitung erlangte. Leider war es den findigen Entwicklern dieses Scheuerteufels nicht gelungen, damit den reichlichen Unrat in ihrem eigenen Staat zu entfernen.

Da die Vermeidung von Rückständen eine so wichtige deutsche Strategie darstellt, wurde selbstverständlich von einer deutschen Hausfrau, *Melitta* Bentz, der nach ihr benannte Kaffeefilter kreiert – damit gelang es, den Geist des Kaffees aus der Substanzhaftigkeit zu verabschieden. Kaffee ist nicht nur neben Bier das deutsche Nationalgetränk, sondern vor allem Bestandteil und Ausdruck einer atmosphärischen Stimmung, die wir Gemütlichkeit nennen: So sitzen denn Arm in Arm, die dampfenden Tassen auf dem Schoß, der wandernde Beamte und seine grüne Hausfrau, umgeben von ihren Kindern, die, soeben aus dem *Kindergarten* heimgekehrt, ganz den Idealvorstellungen der *Käthe Kruse* entsprechen. Die von ihr entworfenen Puppen waren weniger Ab-, als vielmehr Vorbild des deutschen Kindes, für seine Kleidung und Haartracht, während seine sozialen Formationen in den pädagogischen Anstalten vermittelt wurden. Die In-Formation von Kindesbeinen an ist zwar keine urdeutsche Erfindung, gedieh aber im Zweiten und Dritten Reich zu höchsten Blüten, von denen Jugendbünde, Gesangs- und Sportvereine noch die harmlosesten Ausprägungen sind.

Die soziale Wärme deutscher Gemütlichkeit ist derart mit Händen zu greifen, daß noch Joseph Beuys seine Plastiken daraus formen konnte, wodurch er zum bedeutendsten Gestalter deutscher Haushalts- und Wirtschaftsstrategien wurde.

Wenn dann noch aus der guten Stube der Kuckucksruf einer Schwarzwalduhr erschallt, kann man sicher sein, die ultimative Repräsentation des Deutschseins vorgeführt zu bekommen: Wer nach dem Deutschen ruft, wird von seinem Echo in die Irre geführt!

Bearbeitung der Transkription: Anna Steins
Aus: *Szenenwechsel. German Design Goes Rocky Mountain High,* hrsg. vom Design Zentrum München, Hans Hermann Wetcke in Zusammenarbeit mit dem Rat für Formgebung, Frankfurt, Frankfurt am Main 1997, S. 24–29.

Kommentar: Köbi Gantenbein

Lucius Burckhardt (1925–2003) war Publizist und lange Jahre Professor für Sozioökonomie an der Gesamthochschule Kassel. Der hier folgende Text hat in den letzten dreißig Jahren den Diskurs über die Aufgaben und Ziele von Gestaltung nachhaltig geprägt. Design gilt ja vielen als der Kult des Sichtbaren schlechthin – Lucius Burckhardt setzt ihm bei einem Kongress in Österreich 1980 die Behauptung entgegen: «Design ist unsichtbar». Burckhardt, der fröhliche Kritiker, spitzte damit eine seit zwei Jahrzehnten dauernde Debatte zu: Design als Zumutung des schönen Scheins in einer außer Rand und Band geratenen Konsumgesellschaft – das konnte doch nicht alles gewesen sein, was die vereinigten Kräfte der Gestalterinnen und Gestalter der Welt zu bieten haben. Und Burckhardt, der listige Lehrer, wies dem Design – und den Designerinnen und Designern – mit dem bescheidenen Hauptsatz «Design ist unsichtbar» einen Ausweg und eine Perspektive. Nicht allein der Gegenstand, sondern sein Kontext muss bedacht, geplant und verändert werden. Nicht der Zug allein, sondern auch der Fahrplan, nicht der Löffel allein, sondern auch das Essen, nicht der einsame Gegenstand, sondern sein kulturelles, soziales und wirtschaftliches Feld. Es muss ebenso geformt werden, wie das Objekt anmutig poliert werden darf. Lucius Burckhardt hat seine Theorien auf viele Beine gestellt: Er war historisch gut beschlagen. Vom Detail bis hin zum Wissen um die großen philosophischen Bogenschläge. Er war als Spaziergänger ein teilnehmender Beobachter, er wirkte als Gärtner ebenso wie als Maler, als Vortragsredner ebenso wie als Politiker der Grünen Partei. Und er war als Professor und politischer Mensch an unmittelbarer Wirkung interessiert. Also fand er für seine Theorien packende Erzählungen. Er hat kein systematisches Werk zurückgelassen, aber einen großen Kasten voller Vorträge, Zeitungsberichte, Kolumnen und eine der wenigen Schlagzeilen der Designtheorie: «Design ist unsichtbar».

Köbi Gantenbein ist Chefredakteur von Hochparterre, *der Zeitschrift für Architektur und Design. Er arbeitet und lebt in Zürich und Fläsch in Graubünden, dem Bergkanton der Schweiz, wo Lucius Burckhardt 1930 geboren wurde.*

Lucius Burckhardt

DESIGN IST UNSICHTBAR (1980)

Natürlich kann man sie sehen, die Gegenstände des Design; es sind Gestaltungen und Geräte bis hinauf zum Gebäude und hinab zum Dosenöffner. Der Designer gestaltet sie in sich logisch und gebrauchsfertig, wobei er gewisse äußere Randbedingungen annimmt: beim Dosenöffner die Beschaffenheit von Dosen. Der Designer von Dosen geht wiederum davon aus, wie die Dosenöffner beschaffen sind; dieses ist seine Randbedingung.

So kann man die Welt als eine Welt von Gegenständen auffassen und sie einteilen in – zum Beispiel – Häuser, Straßen, Verkehrsampeln, Kioske; in Kaffeemaschinen, Spültröge, Geschirr, Tischwäsche. Diese Einteilung hat Konsequenzen: Sie führt eben zu der Auffassung von Design, welche ein bestimmtes Gerät ausgrenzt, seine Außenbedingungen anerkennt und sich das Ziel setzt, eine bessere Kaffeemaschine zu bauen oder eine schönere, also das zu tun, was in den fünfziger Jahren mit der Auszeichnung Die Gute Form bedacht worden ist.

Wir können uns aber die Welt auch anders einteilen – und wenn ich die Pattern Language recht verstanden habe, so hat das Christopher Alexander dort versucht. Sein Schnitt liegt nicht zwischen Haus, Straße und Kiosk, um bessere Häuser, Straßen und Kioske zu bauen, sondern er scheidet den integrierten Komplex Straßenecke gegen andere städtische Komplexe ab; denn der Kiosk lebt davon, daß mein Bus noch nicht kommt und ich eine Zeitung kaufe, und der Bus hält hier, weil mehrere Wege zusammenlaufen und die Umsteiger gleich Anschluß haben. Straßenecke ist nur die sichtbare Umschreibung des Phänomens, darüber hinaus enthält es Teile organisatorischer Systeme: Buslinien, Fahrpläne, Zeitschriftenverkauf, Ampelphasen usw.

Auch diese Einteilung der Umwelt gibt einen designerischen Impuls. Aber dieser bezieht die unsichtbaren Teile des Systems ein. Erforderlich wäre vielleicht ein vereinfachtes Zahlungssystem für Zeitschriften, damit ich den Bus nicht verfehle, während ich die Münzen hervorklaube und der Verkäufer gerade einen anderen Kunden bedient. Manche werden nun wieder ein neues Gerät vor sich sehen, einen elektronisch summenden Zeitschriftenautomaten, wir aber einen Eingriff in das System: vereinheitlichte, runde Zeitschriftenpreise, oder Zeitungs-Abonnementkarten auf Sicht – jedenfalls eine Regelung, die sich mit der Institution der Zeitschriftenverteilung befaßt.

Was sind Institutionen? Verlassen wir Christopher Alexanders Straßenecke zugunsten einer klar erfaßbaren Institution: das Krankenhaus. Was ist ein Krankenhaus? Nun, eben ein Haus mit langen Korridoren, gebohnerten Fußböden, weiß lackierten Möbeln und Wägelchen, die mit Speisegeschirr beladen sind. Diese Sicht des Krankenhauses führt wieder zum traditionellen designerischen Anspruch: Der

Architekt, der Designer sind aufgerufen, Krankenhäuser zu planen mit kürzeren Korridoren, intimerer Atmosphäre, praktischeren Speisewägelchen.

Wie jedermann weiß, sind indessen die Spitäler größer, die Wege länger, die Essensangebote anonymer, die Krankenpflege ungemütlicher geworden. Denn der Architekt und der Designer durften ja nicht in die Institution eingreifen, sondern sie verbesserten Gestaltungen und Geräte innerhalb der zugeteilten Bedingungen.

Beschreiben wir also das Krankenhaus als Institution. Es ist vor allen sichtbaren Dingen ein System von Beziehungen zwischen Menschen. Auch zwischenmenschliche Systeme sind designt, entworfen, zum Teil allerdings von Geschichte und Tradition, zum andern Teil aber von heute lebenden Menschen. Wenn das Gesundheitsministerium verfügt, die Diätküche sei nicht dem medizinischen Personal, sondern der Direktion unterstellt – oder umgekehrt –, so ist dieser Beschluß ein Stück der Gestaltung der Institution.

Zunächst aber besteht das Krankenhaus aus den drei traditionellen Rollen: Arzt, Krankenschwester und Kranker. Die Schwesternrolle, assoziativ hoch aufgeladen und irgendwo zwischen Muttergottes und Ingrid Bergman, scheint klar, ist aber in Wirklichkeit höchst unklar, da sie viele ungleiche Tätigkeiten in sich vereinigt. Der Arzt, im historischen Krankenhaus eine unwichtige Figur, hat sich im 19. Jahrhundert an die Spitze manövriert, unterstützt von einem gläubig geschluckten Forschungsmythos, der über Groschen-Roman und Fernsehen dafür sorgt, daß es noch im hintersten Bezirkskrankenhaus ein bißchen nach Herztransplantation riecht. Und der Kranke? Der hat doch keine Rolle? Er ist doch einfach krank, da kann er doch nichts dafür? Also entschließen Sie sich bitte mal, ob Sie krank sein wollen oder gesund! Offenbar kann man sich dazu entschließen. Und muß: sonst geht man dem Chef auf die Nerven – dem Chef im Büro oder dem Chef im Spital. Ein Kranker liegt – bei Chodowiecki saß er noch –, oder er wandelt als Rekonvaleszent dankbar im Park herum. Jedenfalls fügt er sich dem Drei-Rollen-Spiel, das längst des Re-Design bedürfte; aber davon später.

Gibt es weitere solche Institutionen? Jawohl: die Nacht. Aber die Nacht ist doch ein Naturphänomen, die Sonne bescheint gerade die Antipoden, und bei uns ist es dunkel? Anne Cauquelin hat als erste die Hypothese vorgeschlagen: Die Nacht ist gemacht. Und in der Tat ist es menschliches Verhalten, das entlang menschgemachter Einrichtungen die Nacht so oder anders gestaltet. In der Schweiz kann ich nach 21 Uhr ruhig arbeiten und dann schlafen gehen; so spät zu telefonieren gilt als unhöflich. In Deutschland schweigt mein Telefon den ganzen Abend bis um 23 Uhr, dann kommt Leben in den Apparat; um 22 Uhr setzt der Billigtarif ein, worauf sogleich alle Überlandleitungen überlastet sind, bis man dann nach etwa einer Stunde durchkommt.

Die Nacht also, die ursprünglich wohl einmal etwas mit Dunkelheit zu tun hatte, ist ein menschgemachtes Gebilde, bestehend aus Öffnungszeiten, Schließungszeiten, Tarifen, Fahrplänen, Gewohnheiten und auch aus Straßenlampen. Wie das Krankenhaus, so hätte auch die Nacht ein Re-Design dringend nötig: Weshalb stellen die öffentlichen Verkehrsmittel ihren Betrieb gerade dann ein, wenn die Leute nach einem Glas Wein das Wirtshaus verlassen, so daß sie sich eben doch selber ans Steuer setzen? Würde nicht eine andere Organisation der Öffnungs- und Schließungszeiten jene Frauen vor Gewalt bewahren, die nachts allein zu Fuß nach Hause müssen? Muß es auch bei uns so weit kommen, daß nur noch das fahrende eigene Auto einigermaßen Sicherheit gewährt?

Wir nennen eine weitere Institution: den Haushalt. Für den traditionellen Designer ist der Haushalt eine Ansammlung von Geräten, ein Tummelplatz für den Entwurf. Was gibt es da nicht alles zu erfinden und zu verbessern: Kaffeekocher, Mixer, Spülmaschinen, um nur die Küchengeräte zu nennen. Der Entwerfer sorgt dafür, daß mit neuen Mitteln alles beim alten bleibt. Es gab um 1900 eine Bewegung zur Reform des Haushalts; die beginnende Mechanisierung forderte eine Kollektivierung, Großküchen, Wäschereien, Zentralstaubsauger wurden ausprobiert. Mit Hilfe der Kleinmotoren kamen alle diese Funktionen wieder in den Haushalt zurück. Küchengeräte dienen dazu, der Hausfrau Zeit zu sparen ... Daß ich nicht lache!

Ein Untersystem der Institution Haushalt ist die Entfernung von Schmutz. Was ist Schmutz? Weshalb entfernt man ihn? Und wo ist er, wenn er angeblich entfernt worden ist? Wir wissen es alle, geben es nur nicht gern zu: Der entfernte Schmutz, zusammen mit den Reinigungsmitteln, ist die Umweltverschmutzung. Aber man muß doch putzen, Schmutz ist doch unhygienisch? Kurios, man putzte schon vor der Kenntnis der Hygiene. Und im übrigen sind die Filtermaschen der Staubsauger-Einsätze zu groß, um Bakterien zurückzuhalten. Das heißt also: Staubsauger wirbeln Bakterien lediglich auf. Schade um dieses Lieblingskind der Designer, den Staubsauger!

Aber wie putzt man denn da, wo es auf Hygiene wirklich ankommt, im Krankenhaus? Die Hygiene im Krankenhaus beruht, soviel ich sehe, auf drei Pfeilern. Der erste Pfeiler ist rein symbolischer Natur: Man hält das Blinken weißer Oberflächen und das Glänzen gebohnerter, also fettbeschmierter Böden für Sauberkeit. Der zweite Pfeiler beruht auf Antisepsis, also auf Giften: Die Bakterien sollen mit immer neuen Desinfektionsmitteln umgebracht werden. Unglücklicherweise erringt man damit aber nur temporäre Erfolge, denn es bilden sich ständig resistente Stämme, die eben durch diese Gifte selektiv gezüchtet werden. Der dritte Pfeiler beruht auf dem Absaugen: Im Gegensatz zum häuslichen Staubsauger, der den Staub im gleichen Raum wieder fliegen läßt, verteilen die Klimaanlagen und Absaugevorrichtungen der Spitäler die gefährlichen Keime in der ganzen Umgebung. Gibt es ein Mittel gegen alle diese Übelstände? Natürlich, aber es liegt nicht im Bereich der Randbedingungen der Designer! Es lautet: Re-Design des Gesundheitssystems, vor allem in Richtung auf Dezentralisation.

Wir nennen eine letzte Institution: die Produktionsstätte. Vieles wäre da zu sagen, hier nur so viel: Auch Arbeitsplätze sind gemacht, sind Gegenstand der Gestaltung. Wir meinen damit nicht, daß am Arbeitsplatz die Stühle besser gestaltet oder die Tapeten etwas freundlicher sein könnten und Topfpflanzen aufgestellt werden müßten. Gegenstand der Gestaltung ist der Abschnitt von Arbeit, der dem einzelnen zugeteilt ist, mit dem Maß an Einsatz, Wissen, Können, oder Nicht-Können, Verblödung, Langeweile, das an dieser Stelle geleistet werden muß. Alles dieses gilt nicht nur für die Produktionsstätte im engeren Sinne, die Fabrik, sondern auch für Verwaltung, Stehkragenarbeit. Die Arbeitsplätze sind gestaltet nach einer scheinbaren Produktivität, die der Kontraproduktivität schon sehr nahe steht. Die so genannte Automatisierung vernichtet Arbeitsplätze, die noch mit Befriedigung verbunden waren, und beläßt solche, die dringend der Rationalisierung bedürften. Wir können das Problem hier nur andiskutieren und müssen den Beweis für die Behauptungen schuldig bleiben. Der Sinn der Aussage ist nur dieser: Auch Arbeitsplätze sind gestaltet, nicht nur im traditionell-designerischen Sinne, sondern in der Art, wie sie Teilarbeit aus der Gesamtarbeit ausscheiden, ihr Kompetenzen zuteilen oder wegnehmen und Zusammenarbeit erzeugen oder verhindern.

Die bisherigen Ausführungen haben zeigen wollen, daß das Design eine unsichtbare Komponente hat, nämlich die institutionell-organisatorische, über welche der Designer ständig mitbestimmt, die aber durch die gängige Art der Einteilung unserer Umwelt im verborgenen bleibt. Indem nämlich die Welt nach Gegenständen eingeteilt wird und das Unsichtbare dabei als Randbedingung auftritt, wird die Welt auch gestaltet. Auch das Nicht-Verändern der Institutionen ist ja – bei sich entwickelnder technischer Gegenstandswelt eine Gestaltung: Der Röntgenapparat wird für die Bedienung durch die Röntgenschwester ausgestattet.

Im folgenden möchten wir nun schauen, ob wir mit diesen Erkenntnissen etwas anfangen können oder ob sie vielmehr nur der melancholische Beweis dafür sind, daß die Welt eben schlecht eingerichtet ist.

Jede Nachdenkerei über das Design hat sich mit zwei Phasen zu beschäftigen: mit der Phase des Entwurfs bis hin zur Produktion und mit der Phase der Konsumtion bis hin zum Ende im Mülleimer oder im Museum. Dazu zunächst je eine traditionelle Hypothese.

Zum Entwurf: Gesucht ist das zweckmäßige Objekt, wobei man sich endlos darüber unterhalten kann, ob Zweckmäßigkeit schon von selbst identisch sei mit Schönheit oder ob der Designer die Schönheit zuzufügen habe.

Und zur Konsumtion: Die Technik und die technischen Gegenstände sind neutral; ihr Mißbrauch kommt von den bösen Menschen. Das Werkbund-Jahrbuch von 1914 zeigte Kriegsschiffe als Gegenstände der Gestaltung, in gleicher Weise zeigte die Zeitschrift *Werk* im April 1976 die Kühltürme von Atomkraftwerken als eine reizvolle Aufgabe für Architekten.

Dazu zwei Gegenthesen als Ausgang für eine neue Beschreibung der beiden Prozesse des Entwurfs und des Verbrauchs.

Zum Entwurf: Die Objekte erhalten ihre Gestalt durch die Interaktionen des Entwurfsprozesses.

Und zum Verbrauch: Die Produkte wirken aktiv in die Interaktion der Gesellschaft zurück; die Dinge sind nicht neutral, sondern es gibt (Illich!) Tools for Conviviality und auch ihr Gegenteil, gesellschaftsverhindernde Dinge.

Und gleich fügen wir noch probeweise eine dritte Hypothese an; eine Hypothese zur Kontraproduktivität: Jeder neue Entwurf bewirkt im Gebrauch Änderungen, und diese Änderungen ziehen die Notwendigkeit neuer Entwürfe nach sich. Werden alle diese nacheinander sich öffnenden Probleme konventionell, nämlich als Einzelprobleme gelöst, so entsteht Kontraproduktivität. Dazu kurz ein Beispiel: Die mehrere Wohnungen bedienende Zentralheizung brachte angeblich das Bedürfnis, den individuellen Verbrauch des einzelnen Bewohners zu messen. Basierend auf der Verdunstung von Flüssigkeit wurden an den Heizkörpern Meßgeräte angebracht, was zur Folge hatte, daß jeder Mieter, wenn er ausgeht, seine Radiatoren abstellt. Die Mieter verlangen dann aber auch, daß die Zimmer gleich wieder warm werden, wenn sie die Radiatoren wieder andrehen. Infolgedessen wird das Heizwasser so heiß gehalten, daß schlußendlich jeder Mieter, auch der sparsamste, insgesamt mehr Heizkosten zu zahlen hat als zu der Zeit, als man die Kosten nur nach Anteilen und ohne Messung verrechnete.
Beginnen wir also mit dem Entwurfsprozeß. Hier stellten wir schon eingangs fest, daß der Designer die Welt einteilt nach Objekten anstatt nach Problemen. Dies beruht auf der linguistischen Determination, welche die Benennung eines Übelstandes gleich zum Gerät seiner Abhilfe macht. Indem ich beklage, daß meine elektrische Zwiebelmaschine mir zwar beim Hacken der Zwiebel eine Minute einspart, jedoch zum Reinigen wiederum zehn Minuten verbraucht, steht mir vor Augen nicht die Rückkehr zum einfachen Küchenmesser, sondern der Entwurf eines Zwiebelmaschinen-Reinigungsgerätes. Der benannte Zweck wird direkt zur Abhilfe, anstatt daß ich generell versuche, unter den Bedingungen des Mangels an Zeit wirtschaftlicher zu kochen.

Mit zu dieser direkten Verbindung zwischen Benennung und Abhilfe gehört die Stillegung der Randbedingungen: Über das zu entwerfende Gerät hinaus sollen keine technischen oder organisatorischen Veränderungen nötig werden. Erfolgreich ist, was in die bestehenden Systeme eingefügt werden kann, und seien die noch so überlastet: ein Abfall-Zerkleinerungsgerät im Ablauf des Spülbeckens, eine Reinigung des Backofens durch Überhitzung usw. Diese Art der Problemlösung hat ihre Ursache in der Stellung des Designers innerhalb der Entscheidungsgruppen: als ein im Grunde von der Verantwortung befreiter Ideenlieferant.

Ulm, gemeint ist die zu Ende der fünfziger Jahre tätige Hochschule für Gestaltung, hat wohl als erste Instanz gemerkt, daß das Design kontraproduktiv ist, doch die Ulmer Lösungen waren technokratisch. Sie beruhten auf einer radikalen Analyse des zu erfüllenden Zwecks, stellten aber den Zweck selbst nicht in einen höheren Zusammenhang. Studentenarbeiten in Ulm begannen ungefähr folgendermaßen: Die Aufgabe lautet, feste bis breiige Substanzen in Portionen von zehn bis zwanzig Gramm von einem Teller etwa dreißig Zentimeter in die Höhe zu heben und horizontal zur Mundöffnung zu schieben, wobei dann der Träger durch die Oberlippe von seiner Substanz entlastet wird ... Das Resultat ist nicht etwa Charly Chaplins Eßmaschine, sondern eine etwas modernistisch gestaltete Gabel.

Inzwischen hat man wohl erkannt, daß Dinge mit so hohem Symbolwert und so geringem Anteil von Erfindung wie das Eßbesteck gar nicht Gegenstand des Design sind. Diejenigen Dinge aber, die noch zu erfinden sind, sind wohl, mindestens in ihren technischen Teilen, für den Designer zu schwierig. So muß sich das Design öffnen zu einem Soziodesign: einem Nachdenken über Problemlösungen, die dadurch entstehen, daß sowohl Rollen wie Objekte aufeinander abgestimmten Veränderungen zugeführt werden. Etwa so: eine Küche, die dazu anregt, dem Gastgeber beim Zerkleinern der Zwiebel zu helfen ...

Bevor wir das Gebiet des Entwurfs verlassen und zum Verbrauch übergehen, eine kurze Zwischenbemerkung zum Verkauf und seinen verborgenen Verführern. Natürlich sind sie noch am Werk, die Marketing- und Reklamefachleute, die tiefenpsychologisch Seifenflocken verkaufen und vorgemischtes Kuchenmehl, das der Mutter ein Gefühl gibt, als stille sie die ganze Familie an der Brust. Aber auf dem Gebiet des Design hat sich doch im großen und ganzen das Fieber gelegt; ich werde mir einen neuen Eisschrank kaufen, wenn der alte nicht mehr kühlt, und nicht bloß deshalb, weil die Kante jetzt eine andere Rundung haben sollte. Auf dem Gebiet des Autos finden noch Nachhutgefechte statt; indessen erblühen auch hier die Revivals und in den übrigen Sektoren des Warenhandels kauft die Avantgarde ohnehin auf dem Flohmarkt. Der Flohmarkt wird zur Begegnungsstätte zwischen der schwindenden Verschleißbevölkerung und der wachsenden nachindustriellen Gesellschaft.

Das alles soll keineswegs heißen, daß der Fortschritt, im guten und im kontraproduktiven Sinne, etwa stillstehe. Aber der Sektor, auf dem er noch stattfindet, wird überschaubar. Neben der von ihm beherrschten Produktion für den weißen Markt wachsen der graue Markt, die Schwarzarbeit, die Eigenversorgung, der Tausch und die informelle gegenseitige Hilfe. Auch hier erzielt die weiße Produktion noch vorübergehende Erfolge: neben dem Putzmittelpotlatsch nun die Versuchung mit Hobby-Selbermach-Produkten. Das könnten aber Übergangserscheinungen sein auf dem Wege zu höherer Selbstversorgung. Ob daran alles erfreulich ist, sei dahingestellt, es droht auch die Gefahr der Verspießerung, der Isolierung;

aber vielleicht sind gesellschaftliche Rückschritte unvermeidlich als Ausgangspunkt neuer Erfahrungen.

Beim Verbrauch oder Konsum wollten wir hinweisen auf die Nicht-Neutralität der Objekte. Gibt es böse Objekte? Güter sind dann schädlich, wenn sie uns von Systemen abhängig werden lassen, die uns am Ende ausplündern oder im Stich lassen. Zweifellos hängen wir alle an solchen Systemen, die uns erpreßbar werden ließen. Einfluß haben wir aber immer noch auf den Grad der Abhängigkeit. Wir sollten diejenigen Objekte meiden, die uns dazu zwingen, weitere Zusatzgeräte zu kaufen. Wir sollen den Gütern mißtrauen, die einseitige Informationswege enthalten, wenn wir wohl auch nicht mehr ohne solche auskommen. Wir sollten zurückhaltend sein im Kauf und Gebrauch solcher Güter, die isolieren. Hier ist vor allem das Auto zu nennen, das überdies die Eigenschaft hat, den Benutzer zur Rücksichtslosigkeit zu erziehen.

Das Auto hat nicht nur unsere Städte zerstört, es zerstörte auch die Gesellschaft. Da kann man lange Forschungsaufträge vergeben, weshalb die Jugendkriminalität wachse, woran es liege, daß mehr Frauen überfallen werden, weshalb Quartiere verslumen oder veröden und nachts nicht mehr zugänglich seien. Solange als Abwehr gegen das motorisierte Verbrechen eine motorisierte Polizei eingesetzt wird und dem Passanten empfohlen wird, seinerseits den Wagen zu benutzen, kann die Lösung auch ohne größere Forschung genannt werden: Die Motorisierung durch Privatwagen gab die nicht-motorisierte Bevölkerung hilflos der Unsicherheit und dem immer leistungsschwächer werdenden öffentlichen Nahverkehrssystem preis.

Dies führt zu unserer letzten Bemerkung: über Kontraproduktivität. [...] Kontraproduktivität, so sagten wir, entsteht, wenn Erfindungen so eingesetzt werden, daß sich ein Bruch zum Gesamtsystem öffnet, der wiederum durch eine isolierte Erfindung zugekleistert wird. Die Summe der Nachfolgeerfindungen ergibt dann die Kontraproduktivität des Gesamtsystems. [...]

Unsichtbares Design. Damit ist heute gemeint: das konventionelle Design, das seine Sozialfunktion selber nicht bemerkt. Damit könnte aber auch gemeint sein: ein Design von morgen, das unsichtbare Gesamtsysteme, bestehend aus Objekten und zwischenmenschlichen Beziehungen, bewußt zu berücksichtigen imstande ist.

Aus: Lucius Burckhardt: *Wer plant die Planung? Architektur, Politik und Mensch*, hrsg. von Jesko Fezer u. Martin Schmitz, Berlin 2004, S. 187–199 (gekürzte Fassung).

Zuerst erschienen in: *Design ist unsichtbar*, hrsg. von Helmuth Gsöllpointner, Angela Hareiter, Laurids Ortner, Wien 1981, S. 13–20.

Kommentar: Fabian Wurm

Krieg mache deutlich, notierte Vilém Flusser (1920–1991) ein dreiviertel Jahr vor seinem Tod, wie es um das Design bestellt wäre, wenn ewiger Friede herrsche. Nämlich äußerst schlecht. Da war der Krieg um Kuwait in vollem Gange. Hier Patriot-Flugkörper, dort Scud-Geschosse: «Es gibt Leute», kommentierte Flusser das Geschehen am Golf, «die gegen den Krieg sind. Sie lassen sich nur ungern von Raketen töten (obwohl sie, wenn danach befragt, nicht sagen können, welche Todesart sie vorziehen).» Im Interesse des Friedens seien sie bereit, schlechtes Design hinzunehmen. «Diese Leute sind zu gar nichts anderem gut, als einfach zum Dasein. Es sind Anti-Designer.» Ein zynischer Kommentar, Triumph postmodernen Denkens? Von Humanismus und Idealismus jedenfalls hatte sich der Kommunikationstheoretiker, der früh die Möglichkeiten der globalen elektronischen Vernetzung pries, gründlich verabschiedet. Angesichts des Golfkrieges sei Goethes Ode «Das Göttliche» (1783) neu zu formulieren. «Elegant, gebraucherfreundlich und gut sei der Designer», laute nunmehr der Imperativ. Vom Standpunkt der reinen Güte allerdings – folgerte Flusser in Umkehrung des mephistophelischen Prinzips – bestehe nur ein gradueller Unterschied zwischen dem gebrauchsfreundlichen Design eines Stuhls und einer Rakete.

Das war böse. Bitterböse. Provokation. Täglich meldeten sich wohlmeinende Designer mit eindringlichen Apellen: «Restless for Peace» – Frieden sofort. Und dann kam dieser Text aus Robion, jenem kleinen Ort in der französischen Provinz, in der Flusser seit 1972 lebte. Er hatte ins Zentrum getroffen. Mit verblüffender Sicherheit spürte der vermeintliche Bellizist Widersprüche auf, benannte Tabus. Der Edelmut jener Tage, den der vorliegende Text, der Anfang März 1991 im *Design Report* erschien, zum Gegenstand hat, war ein heikles Thema. Wer versuche, Meinungen durch Erkenntnisse zu ersetzen, der müsse begreifen, dass Krieg nur in Relation zu etwas anderem – zum Nazismus etwa – gut oder schlecht sei, hat er später in einem Essay präzisiert. Gerade weil Flusser einen emphatischen Begriff von Design propagierte, insistierte er darauf, dass sich Gestalter nicht mit wohlfeilen Bekenntnissen aus der Verantwortung stehlen könnten. Die reine Güte sei zwecklos, das Göttliche obsolet. Designer selbst avancierten zu Schöpfern neuer Welten, zu Schlüsselfiguren der kommenden Epoche. Zu Heiligen freilich taugten sie nicht.

Fabian Wurm ist freier Journalist in Frankfurt am Main. Er studierte Literaturwissenschaft und Soziologie, arbeitete als Redakteur der Magazine Design Report *und* form *sowie der Zeitung* Horizont. *Autor zahlreicher Publikationen zu den Themen Design und Architektur.*

Vilém Flusser

DER KRIEG UND DER STAND DER DINGE (1991)

Goethe rät bekanntlich dem Menschen, edel, hilfreich und gut zu sein, und das zeigt, wie weit wir uns von der Aufklärung entfernt haben. Man stelle sich vor, den goethischen Satz etwa vor einer Massendemonstration der Fundamentalisten in Algier zu verlesen (und sei es in arabischer Übersetzung). Man kann jedoch versuchen, die im Satz aufgezählten Eigenschaften zu aktualisieren. Statt «edel» könnte etwa «elegant» und statt «hilfreich» vielleicht «gebraucherfreundlich» gesagt werden. Die Schwierigkeit wäre allerdings, das Wort «gut» ins Jahrtausend-Ende zu überführen. Außerdem müßte man den goethischen Begriff «Mensch» ein wenig exakter formulieren. Denn seit dem Tod des Humanismus kann vom Menschen im allgemeinen keine Rede mehr sein. Der vorliegende Aufsatz stellt sich die Aufgabe, den guten, aber wahrscheinlich teuren Rat Goethes folgendermaßen in die Design-Debatte zu transponieren: «Elegant, gebraucherfreundlich und gut sei der Designer.»

Das Problem sei an einem einfachen Beispiel beleuchtet. Es geht darum, ein Papiermesser zu entwerfen. Elegant sei der Designer: Das Messer sei ungewöhnlich, ohne aufdringlich zu werden (eben «edel»). Gebraucherfreundlich sei der Designer: Das Messer sei bequem und ohne besondere Vorkenntnisse benützbar (eben «hilfreich»). Und gut sei der Designer: Das Messer sei so wirksam, daß es ohne Anstrengung durch Papier (oder andere Widerstände) hindurchschneiden möge. Diese Güte ist (wie gesagt) problematisch. Das Messer kann nämlich zu gut sein: Es kann nicht nur Papier, sondern auch den Finger des Benutzers schneiden. Vielleicht ist also Goethes Rat ein wenig umzuformulieren: Edel sei der Mensch, hilfreich und gut, aber allzu gut soll er nun auch wieder nicht sein?

Angenommen, man hätte statt des Papiermessers eine jener Raketen genommen, die im Irak-Krieg[1] eingesetzt wurden. Kein Zweifel, die Designer dieser Objekte sind außerordentlich edle Menschen: Die Raketen sind elegant und können als die Gegenwart charakterisierende Kunstwerke angesehen werden. Kein Zweifel auch, die Designer sind außerordentlich hilfreiche Leute: Obwohl die Raketen komplexe Systeme sind, sind sie derart freundlich, daß sogar halbwüchsige Halb-Analphabeten vom Oberlauf des Euphrat sie benützen können.

Man kann jedoch die Meinung vertreten, daß die Designer der Raketen viel zu gute Menschen sind, weil diese Objekte nicht nur gut töten (was sie ja sollen), sondern auch andere Raketen provozieren, welche dann die Benutzer der ersten töten.

Die edlen, hilfreichen und allzu guten Designer der Irak-Raketen sind wahrscheinlich russische Ingenieure. Vielleicht haben sie Goethe gelesen (obwohl in

1 Im Verlauf des Zweiten Golfkriegs 1990/91, auf den Flusser hier Bezug nimmt, beschoss der Irak Israel und Saudi-Arabien mit 40 bzw. 46 Scud-Raketen. (Anm. d. Hrsg.)

Rußland eher Schiller in den Mittelschulen serviert wird). Vom Standpunkt dieser edlen Menschen ist nichts am Goethezitat zu bemängeln. Daß die Raketenbenutzer getötet werden, ist für die Designer eine Herausforderung, noch besser zu werden. Nämlich Raketen zu entwerfen, die die Töter der getöteten ersten Töter töten. Das eben heißt Fortschritt: dank diesem Feedback beim Design werden die Menschen immer besser. Und dadurch auch immer hilfreicher und edler. Allerdings kann ein solcher, auf dem dialektischen Materialismus fußender Optimismus von anderen Standpunkten aus in Frage gestellt werden.

Hier und jetzt ist nicht der Moment, gegen die progressive Verbesserung des Design dank Krieg zu eifern. Also etwa dem sogenannten militärisch-industriellen Komplex vorzuwerfen, er sei die eigentliche Sprungfeder aller Eleganz, Freundlichkeit und aller Güte. Der Irak-Krieg führt wieder einmal deutlich vor Augen, wie es mit dem Design bestellt wäre, wenn es keine Kriege gäbe. Hätten unsere Ahnen damals in Ostafrika vor 100000 Jahren nicht Pfeilspitzen entworfen, die zugleich elegant, gebraucherfreundlich und gut waren (die also eleganterweise bequem töten konnten), dann würden wir wahrscheinlich heute noch einander oder den Tieren mit Zähnen und Nägeln an den Leib rücken müssen. Mag sein, daß der Krieg nicht die einzige Quelle des guten Design ist (vielleicht ist auch das Geschlecht daran beteiligt, siehe Kleidermode). Aber ob man nun sagen möge «make love and war» oder nur «make love», auf keinen Fall ist im Interesse des guten Design «make love not war» zu sagen.

Es gibt aber Leute, die gegen den Krieg sind. Sie lassen sich nur ungern von Raketen töten (obwohl sie, wenn danach befragt, nicht sagen können, welche Todesart sie vorziehen). Solche Leute sind bereit, im Interesse des Friedens ein schlechtes Design hinzunehmen. Es freut sie geradezu, wenn die Raketen, die Papiermesser und die Pfeilspitzen immer schlechter und daher uneleganter, unbequemer werden. Das sind gute Leute in einem ganz anderen Sinn von «gut» als jenem, der bisher gemeint war. Diese guten Leute sind zu gar nichts anderem gut als einfach zum Dasein. Es sind Anti-Designer. [...]

Es gibt vielleicht einen Ausweg aus diesem Dilemma: entweder Krieg und ein elegantes, gebraucherfreundliches Leben inmitten von guten Objekten oder aber ewiger Frieden und ein ordinäres, unbequemes Leben inmitten von schlecht funktionierenden Objekten. Anders gesagt: entweder böse und bequem oder unbequem und heilig. Vielleicht ließe sich ein Kompromiß vorschlagen: die Objekte absichtlich weniger gut entwerfen, als man es könnte. Also etwa Pfeilspitzen, die immer wieder danebenschießen, Papiermesser, die immer schneller stumpf werden, Raketen, die dazu neigen, in der Luft zu platzen. Allerdings sind dann auch Stühle in Kauf zu nehmen, die unter dem Sitzenden zusammenzubrechen drohen, und elektrische Birnen, die immer wieder Kurzschluß machen. Diesem Kompromiß zwischen Bosheit und Heiligkeit sind bekanntlich die verschiedenartigen Abrüstungskonferenzen gewidmet (an denen aber leider die Designer selbst nur selten teilzunehmen pflegen). Dann würde Goethes Rat etwa so klingen: Edel sei der

Mensch, hilfreich und mehr oder weniger gut, und daher mit der Zeit auch weniger edel und hilfreich. Aber dann wäre man noch immer nicht der Güte entkommen, und zwar aus folgenden Gründen:

Zwischen der reinen Güte (der «kategorischen»), die zu nichts gut ist, und der angewandten Güte (der «funktionellen») kann es eigentlich überhaupt keinen Kompromiß geben, weil letzten Endes alles, wozu die angewandte Güte gut ist, kategorisch schlecht ist. Wer sich entschlossen hat, Designer zu werden, der hat sich gegen die reine Güte entschieden. Er mag dies bemänteln, wie er will (etwa ablehnen, Raketen zu entwerfen, und sich darauf beschränken, Friedenstauben zu entwerfen). Er bleibt, seinem Engagement nach, der funktionellen Güte verhaftet. Beginnt er nämlich, nach der reinen Güte seiner Tätigkeit zu forschen (etwa der Frage nachzugehen, zu welchen Zwecken letztlich sein Design der Friedenstaube gut sein kann), dann ist er gezwungen, die Friedenstaube nicht etwa schlecht, sondern überhaupt nicht zu entwerfen. Es kann keinen schlechten Designer aus lauter reiner Güte geben, weil auch die Absicht, schlechtes Design zu entwerfen, funktionell und nicht rein ist. Wenn also ein Designer behauptet, er entwerfe nur jene Objekte, die seiner Vorstellung von der reinen Güte (den ewigen Werten und so weiter) entsprechen, dann ist er im Irrtum.

Es ist eben leider so mit der Güte: Alles, das zu irgend etwas gut ist, ist ein reines Übel. Jene Heiligen haben schon recht, welche sich in die Einsamkeit zurückziehen, um sich von Wurzeln zu nähren, und die ihre Nacktheit mit Blättern verbergen. Um dies etwas theologischer zu sagen: Die reine Güte ist zwecklos, absurd, und wo immer ein Zweck ist, dort lauert der Teufel. Vom Standpunkt der reinen Güte ist nur ein gradueller Unterschied zwischen dem eleganten und gebraucherfreundlichen Design eines Stuhls und einer Rakete: In beiden lauert der Teufel. Weil beide funktionell sind.

Wir sind weit von der Aufklärung entfernt und sind, gewissermaßen durch die Hintertür, den theologischen Spekulationen des dunklen Mittelalters wieder näher gekommen. Seit sich die Techniker bei den Nazis dafür entschuldigen mußten, daß ihre Gaskammern nicht gut genug waren, um die Kundschaft schnell zu töten, wissen wir wieder, was Teufel bedeutet. Wir wissen wieder, was hinter dem Begriff *Gutes Design* alles lauert. Das hindert uns aber leider nicht daran, elegante und bequeme Objekte haben zu wollen. Wir verlangen, unserem Wissen vom Teufel zum Trotz, der Designer möge edel, hilfreich und gut sein.

Aus: Vilém Flusser: *Vom Stand der Dinge. Eine kleine Philosophie des Design,* hrsg. von Fabian Wurm, Göttingen 1993, S. 35–39 (gekürzte Fassung).

Erstabdruck in: *Design Report,* Nr. 16, März 1991, S. 22-23.

Kommentar: Dieter Bartetzko

Der Grundsatzstreit zwischen modernem und postmodernem Bauen Anfang der 1980er-Jahre war in seiner Heftigkeit nicht weit von dem entfernt, der während der 1920er-Jahre zwischen strikten Anhängern der Moderne und denen des Traditionalismus tobte. Werner Hegemanns gehässiger, aber wirkkräftiger konservativer Allegorie der Stuttgarter Weißenhofsiedlung (1927) von «Nomadenzelten aus Stahl und Beton» lässt sich die Polemik vom «vor sich hin pinkelnden Historienverschnitt» zur Seite stellen, mit der 1981 der Architekt Paul Friedrich Posenenske Charles Moores schlagartig weltberühmt gewordene postmoderne «Piazza d'Italia» in New Orleans verdammte.

Als die Gralshüter der (Spät)Moderne noch in der Mehrzahl waren, musste jeder postmoderne Architekt und Bauherr in Kauf nehmen, fortan als Reaktionär zu gelten; nach dem Sieg der Postmoderne galt umgekehrt jeder, der am Formenkanon des Funktionalismus festhielt, als Betonkopf. Von derlei Leidenschaft findet sich nichts in Jürgen Habermas' Ausführungen. Stellung bezieht Habermas, Jahrgang 1929, durchaus. In seinem Exkurs über den Historismus des 19. Jahrhunderts und den Bruch, den das Neue Bauen bedeutete, schließt er den 1981 aktuellen Vorwurf ein, die Postmoderne sei eine weitere Manifestation kollektiver Weltflucht. Ehe er die Postmoderne als Fehlentwicklung und vom Kapital inszenierte kollektive Selbsttäuschung beschreibt, scheut Habermas nicht, Fehlentwicklungen der Spätmoderne und deren architektonische Scheußlichkeiten aufzuzählen. Den Vertretern der Postmoderne attestiert er Blindheit für die kapitalistischen Marktgesetze. Die Moderne bleibt am Ende bei ihm ideeller Sieger. Deren Pionieren in den zwanziger wie in den fünfziger Jahren wirft er zu Recht Allmachtphantasien und davon bedingtes Scheitern vor (infolge der ehernen Marktgesetze). An der Richtigkeit ihrer ästhetischen und gesellschaftlichen Theorien lässt er keine Zweifel zu, sondern kritisiert lediglich, die Moderne habe sich «überfordern lassen».

«Die Fluchtreaktion verbindet sich mit dem Zug zum Affirmativen», so Habermas' Fazit in Sachen Postmoderne. Unwillentlich unterschlägt er, dass Vertreter postmodernen Bauens sehr wohl hinter die Kulissen blickten, die zu bauen er ihnen vorwirft. Mit keiner Zeile beschreibt oder analysiert der Philosoph und Soziologe konkrete Bauten der Moderne oder Postmoderne. Sie bleiben Schemen – und damit äußerst unzuverlässige Kronzeugen der Thesen vom großen Mummenschanz des postmodernen Bauens.

Dieter Bartetzko ist Architekturkritiker der Frankfurter Allgemeinen Zeitung. *Er promovierte zum Thema Theatralik der NS-Architektur und veröffentlichte zahlreiche Bücher, die meist exemplarisch Geschichte, Gegenwart sowie Debatten zur Architektur in Frankfurt thematisieren. 2006 erhielt er den BDA-Preis für Architekturkritik.*

Jürgen Habermas

MODERNE UND POSTMODERNE ARCHITEKTUR (1981)

Die Ausstellung gibt Anlaß, über den Sinn einer Präposition nachzudenken. Sie nimmt nämlich unauffällig Partei im Streit um die *post-* oder *nach*moderne Architektur. Mit diesem «nach» wollen sich die Protagonisten von einer Vergangenheit absetzen; der Gegenwart können sie einen neuen Namen noch nicht geben, weil wir auf die erkennbaren Probleme der Zukunft bis jetzt keine Antwort wissen. Formeln wie ‹Nachaufklärung› oder ‹Posthistoire› tun denselben Dienst. Solche Gesten der eilfertigen Verabschiedung passen zu Perioden des Übergangs.

Auf den ersten Blick wiederholen die «Postmodernen» von heute nur das Credo der sogenannten «Postrationalisten» von gestern. Leonardo Benevolo, der bedeutende Geschichtsschreiber der modernen Baukunst, charakterisiert diese, zwischen 1930 und 1933 gerade unter jüngeren Architekten verbreitete postrationalistische Richtung folgendermaßen: «Nachdem die moderne Bewegung auf ein System formaler Vorschriften gebracht ist, nimmt man an, daß der Ursprung des Unbehagens in der Enge und Schematik dieser Vorschriften liegt, und man glaubt, das Heilmittel liege wieder in einem formalen Umschwung, in einer Abschwächung des Technischen und der Regelmäßigkeit, in der Rückkehr zu einer menschlicheren, wärmeren Architektur, einer Architektur, die freier und den traditionellen Werten eindeutiger verbunden ist. Die Wirtschaftskrise bewirkt, daß diese Debatte in eine ganz kurze Zeitspanne zusammengedrängt wird. Die nationalsozialistische Diktatur, die folgt, schneidet sie endgültig ab und fungiert gleichzeitig als Prüfstein, indem sie offen zeigt, welche Entscheidungen sich hinter der stilistischen Polemik verbergen.»[1] Ich will keine falschen Parallelen suggerieren, sondern nur daran erinnern, daß die moderne Architektur nicht zum ersten Mal verabschiedet wird – und immer noch lebt.

Nun hat das Präfix, das uns in solchen Gesinnungs- und Richtungsbezeichnungen entgegentritt, nicht immer dieselbe Bedeutung. Gemeinsam ist den mit ‹nach› oder ‹post› gebildeten Ismen der Sinn des *Abstandnehmens.* Sie geben einer Erfahrung der Diskontinuität Ausdruck, nehmen aber zu der auf Distanz gebrachten Vergangenheit in verschiedener Weise Stellung. Mit dem Wort ‹postindustriell› wollen beispielsweise die Soziologen nur sagen, daß sich der Industriekapitalismus *weiterentwickelt* hat, daß sich die neuen Dienstleistungssektoren auf Kosten des unmittelbar produktiven Bereichs ausgedehnt haben. Mit dem Wort ‹postempiristisch› wollen die Philosophen zu erkennen geben, daß bestimmte normative Begriffe von Wissenschaft und wissenschaftlichem Fortschritt durch neuere

1 L. Benevolo, *Geschichte der Architektur des 19. und 20. Jahrhunderts,* 2 Bde., München 1978, Bd. 2, S. 192.

Forschungen *überholt* sind. Die ‹Poststrukturalisten› wollen den bekannten theoretischen Ansatz eher *vollenden* als überwinden. ‹Postavantgardistisch› nennen wir schließlich die zeitgenössische Malerei, die sich der von der modernen Bewegung geschaffenen Formensprache souverän bedient, während sie die überschwenglichen Hoffnungen auf eine Versöhnung von Kunst und Leben *aufgegeben* hat. Auch der Ausdruck ‹postmodern› hat zunächst nur neue Varianten innerhalb des breiten Spektrums der Spätmoderne bezeichnet, als er im Amerika der fünfziger und der sechziger Jahre auf literarische Strömungen angewendet wurde, die sich von den Werken der frühen Moderne absetzen wollten.[2] In einen affektiv aufgeladenen, geradezu politischen Schlachtruf verwandelt sich der «Postmodernismus» erst, seitdem sich in den siebziger Jahren zwei konträre Lager des Ausdrucks bemächtigt haben: auf der einen Seite die *Neukonservativen,* die sich der vermeintlich subversiven Gehalte einer «feindseligen Kultur» zugunsten wiedererweckter Traditionen entledigen möchten; auf der anderen Seite jene radikalen *Wachstumskritiker,* für die das Neue Bauen zum Symbol einer durch Modernisierung angerichteten Zerstörung geworden ist. Nun erst geraten postavantgardistische Bewegungen, die durchaus noch die Bewusstseinsstellung der modernen Architektur geteilt hatten – und mit Recht von Charles Jencks als repräsentativ für die «Spätmoderne» beschrieben worden sind[3] –, in den Sog der konservativen Stimmungslagen der siebziger Jahre und bereiten der intellektuell spielerischen, aber provokativen Absage an die moralischen Grundsätze der modernen Architektur den Weg.[4]

Diese Beispiele der mit ‹post› gebildeten Ausdrücke erschöpfen nicht das Spektrum der Einstellungen zu einer Vergangenheit, von der man sich distanzieren will. Nur die Voraussetzung ist immer dieselbe: daß man eine Diskontinuität empfindet, den Abstand von einer Form des Lebens oder des Bewußtseins, der man zuvor *«naiv»* oder *«unreflektiert»* vertraut hatte.

Dies nun sind die Ausdrücke, mit denen seinerzeit Schiller und Schlegel, Schelling und Hegel die Diskontinuitätserfahrungen *ihrer* Zeit zu begreifen versuchten. Das Zeitalter der Aufklärung hatte das Kontinuum ihrer Gegenwart mit der Welt unmittelbar gelebter Traditionen, sowohl griechischer wie christlicher Überlieferungen, unwiderruflich durchbrochen. Die historische Aufklärung hat nicht erst das historistische Denken des späten 19. Jahrhunderts bestimmt. Allerdings wollten sich jene im 18. Jahrhundert geborenen Klassiker und Romantiker mit dem Kontinuitätsbruch nicht einfach abfinden: durch eine *reflektierte Aneignung* der Geschichte wollten sie vielmehr ihren *eigenen* Weg finden. Dieser Impuls der idealistischen Versöhnungsphilosophie trägt auch noch die Suche nach einem neuen, synthetischen Baustil, der die erste Hälfte des 19. Jahrhunderts beherrscht hat.[5] Wie

2 M. Köhler, «Postmodernismus», in: *Amerikastudien* 22, 1977, S. 8 ff.
3 Ch. Jencks, *Spätmoderne Architektur,* Stuttgart 1980.
4 Ch. Jencks, *Die Sprache der postmodernen Architektur,* Stuttgart 1980.
5 M. Brix, M. Steinhauser, «Geschichte im Dienste der Baukunst», in: M. Brix, M. Steinhauser, *Geschichte allein ist zeitgemäß,* Gießen 1978, S. 255.

ein Nachklang dieses lebhaften Bedürfnisses liest sich das Preisausschreiben, mit dem Maximilian II. von Bayern 1850 die Architekten zu einem Wettbewerb aufforderte, aus dem der ersehnte neue Stil hervorgehen sollte – und aus dem tatsächlich die Maximilianstraße hervorgegangen ist. Erst in der zweiten Hälfte des 19. Jahrhunderts richtete man sich darauf ein, mit dem Pluralismus der kunsthistorisch vergegenwärtigten und vergegenständlichten Stile zu leben.

Nun erst schlagen sich die großen Leistungen der historischen Geisteswissenschaften, die die Vergangenheit, nach der Aufklärung, ein zweites Mal distanziert hatten, in einem janusköpfigen *historistischen Bewußtsein* nieder. Einerseits bedeutet der Historismus eine Fortsetzung und Radikalisierung der Aufklärung, die, wie Nietzsche sofort erkennt, die Bedingungen für die Ausbildung moderner Identitäten noch schärfer, noch unerbittlicher definiert; andererseits macht der Historismus geschichtliche Überlieferungen in idealer Gleichzeitigkeit disponibel und ermöglicht einer unsteten, vor sich selbst fliehenden Gegenwart eine Kostümierung in geliehenen Identitäten. Der Stilpluralismus, an dem man bis dahin eher gelitten hatte, wird nun zur Errungenschaft. Auf diese Situation hat der Jugendstil, hat dann die klassische Moderne eine Antwort gefunden, die bis heute aktuell geblieben ist. In der Kennzeichnung als ‹klassisch› verrät sich freilich auch der Abstand, den wir inzwischen wiederum von der modernen Bewegung unseres Jahrhunderts gewonnen haben. Deshalb müssen wir uns die Frage gefallen lassen, wie wir uns zu dieser erneut aufbrechenden Diskontinuität stellen.

Vor zehn Jahren hat Wend Fischer, als Direktor der Neuen Sammlung, eine vielbeachtete Ausstellung initiiert. Mit ihr wollte er einer neohistoristisch gestimmten Verehrung entgegenwirken, einer Nostalgie, die sich damals gerade des kontrastreichen Eklektizismus des 19. Jahrhunderts, des «Maskenfestes der Stile» bemächtigt hatte. Fischer wollte Tendenzen der «verborgenen Vernunft» sichtbar machen, indem er das 19. Jahrhundert als *Vorgeschichte* des modernen Bauens und der funktionalen Gestaltung präsentierte. Trotz des unübersehbaren Glaspalastes und der Schrannenhalle bedarf es einer ungleich anstrengenderen Fährtensuche, um nun in München, in diesem der Moderne eher abgewandten Raum, ähnliche Spuren der Vernunft zu entdecken – und weiterzuverfolgen bis in die Gegenwart. Aber nicht allein die Schwäche der Abdrücke, die die Moderne unter der Sonne der Wittelsbacher hinterlassen hat, kann den veränderten Tenor erklären: im Vergleich mit jener Ausstellung vor zehn Jahren treten heute defensive Züge stärker hervor. Der Streit um die Postmoderne, der nicht mehr nur in den Architekturzeitschriften ausgetragen wird, berührt auch die Bezugspunkte dieser beiden Rekonstruktionsversuche. Umkämpft ist die Warte, von der aus der Blick in die Vorgeschichte der modernen Bewegung schweift.

Die Fronten sind nicht leicht zu entwirren. Denn einig sind sich alle in der Kritik an der seelenlosen Behälterarchitektur, an dem fehlenden Umweltbezug und der solitären Arroganz ungegliederter Bürogebäude, an monströsen Großkaufhäusern, monumentalen Hochschulen und Kongreßzentren, an der fehlenden Urbanität und der Menschenfeindlichkeit der Satellitenstädte, an den Spekulationsgebirgen, den brutalen Nachkommen der Bunkerarchitektur, der Massenproduktion von Satteldachhundehütten, an der autogerechten Zerstörung der Citys usw.[6] – so viele Stichworte, und kein Dissens weit und breit. Von Siegfried Giedion, der sich seit mehr als einem Menschenalter so leidenschaftlich für die moderne Architektur eingesetzt hat, stammen schon aus dem Jahre 1964 Sätze der Kritik, die heute Oswald Matthias Ungers oder Charles Moore schreiben könnten.[7] Freilich, was die einen als *immanente Kritik* vortragen, ist bei den anderen *Opposition zur Moderne;* dieselben Gründe, welche die eine Seite zur kritischen Fortsetzung einer unersetzlichen Tradition ermutigen, genügen der anderen Seite zur Ausrufung eines postmodernen Zeitalters. Und diese Opponenten wiederum ziehen entgegengesetzte Konsequenzen, je nachdem, ob sie das Übel kosmetisch oder systemkritisch angehen. Die *konservativ Gestimmten* begnügen sich mit stilistischen Verkleidungen dessen, was ohnehin geschieht – ob nun, wie Branca, als Traditionalist, oder wie der heutige Venturi als der Pop-Artist, der den Geist der modernen Bewegung in ein Zitat verwandelt und ironisch mit anderen Zitaten zu grellen, wie Neonröhren strahlenden Texten vermischt. Die radikalen *Antimodernisten* hingegen setzen den Hebel tiefer an, wollen die ökonomischen und administrativen Zwänge des industriellen Bauens unterlaufen, zielen auf eine Entdifferenzierung der Baukultur. Was für die eine Seite Stilprobleme sind, versteht die andere als Probleme der Entkolonialisierung zerstörter Lebenswelten. So sehen sich diejenigen, die das unvollendete Projekt der ins Schleudern geratenen Moderne fortsetzen wollen, verschiedenen Gegnern konfrontiert, die nur in der Entschlossenheit, von der Moderne Abschied zu nehmen, übereinstimmen.

Die moderne Architektur, die sich sowohl aus den organischen wie aus den rationalistischen Anfängen eines Frank Lloyd Wright und eines Adolf Loos entwickelt hat, die in den gelungensten Werken eines Gropius und Mies van der Rohe, eines Corbusier und Alvar Aalto zur Blüte gelangt ist, diese Architektur ist immerhin der erste und einzige verbindliche, auch den Alltag prägende Stil seit den Tagen des Klassizismus. Allein diese Baukunst ist dem Geist der Avantgarde entsprungen, ist der avantgardistischen Malerei, Musik und Literatur unseres Jahrhunderts ebenbürtig. Sie hat die Traditionslinie des okzidentalen Rationalismus fortgesetzt und war selber kräftig genug, Vorbilder zu schaffen, d. h. klassisch zu werden und eine Tradition zu begründen, die von Anbeginn nationale Grenzen überschritten hat. Wie sind diese kaum bestreitbaren Tatsachen damit zu vereinbaren, daß nach dem Zweiten Weltkrieg jene einhellig beklagten Deformationen in der Nachfolge, sogar im Namen eben dieses internationalen Stils zustande kommen konnten? Enthüllt sich in den Scheußlichkeiten das wahre Gesicht der

6 Diese Kennzeichnungen entnehme ich H. Klotz, «Tendenzen heutiger Architektur in der Bundesrepublik», in: *Das Kunstwerk* 32, 1979, S. 6 ff.; und J. Paul, «Kulturgeschichtliche Betrachtungen zur deutschen Nachkriegsarchitektur», ebd. S. 13 ff.

7 S. Giedion, *Raum, Zeit, Architektur,* Zürich und München 1978, S. 22 ff.; Ch. Moore, «Eine persönliche Erklärung», in: G. R. Blomeyer, B. Tietze, *In Opposition zur Moderne,* Braunschweig 1977, S. 64 ff.

Moderne – oder sind es Verfälschungen ihres wahren Geistes? Ich will mich einer provisorischen Antwort nähern, indem ich erstens die Probleme aufzähle, die sich im 19. Jahrhunderts der Architektur gestellt haben, indem ich zweitens die programmatischen Antworten nenne, die das Neue Bauen darauf gegeben hat, und drittens zeige, welche Art von Problemen mit diesem Programm *nicht* gelöst werden konnte. Diese Überlegungen sollen viertens dazu dienen, den Ratschlag zu beurteilen, den diese Ausstellung, wenn ich deren Intentionen recht verstehe, geben will. Wie gut ist der Rat, die Tradition der Moderne unbeirrt anzueignen und kritisch fortzusetzen, statt den heute dominierenden Fluchtbewegungen zu folgen – sei es in einen traditionsbewussten Neohistorismus oder in jene ultramoderne Kulissenarchitektur, die sich im vergangenen Jahr auf der Biennale in Venedig dargestellt hat, oder in den Vitalismus des vereinfachten Lebens anonymen, bodenständigen und deprofessionalisierten Bauens?

Erstens: Die industrielle Revolution und die in ihrem Gefolge beschleunigte gesellschaftliche Modernisierung stellen im Laufe des 19. Jahrhunderts Baukunst und Stadtplanung vor eine neue Situation. Erwähnen möchte ich die drei bekanntesten Herausforderungen: den qualitativ neuen Bedarf an architektonischer Gestaltung, die neuen Materialien und Techniken des Bauens, schließlich die Unterwerfung des Bauens unter neue funktionale, vor allem wirtschaftliche Imperative.

Mit dem Industriekapitalismus entstehen *neue Lebenssphären,* die sich der höfisch-kirchlichen Monumentalarchitektur ebenso entziehen wie der alteuropäischen Baukultur in den Städten und auf dem Land. Die Verbürgerlichung der Kultur und die Entstehung eines breiteren, kunstinteressierten und gebildeten Publikums verlangen nach neuen Bibliotheken und Schulen, Opernhäusern und Theatern; aber das sind konventionelle Aufgaben. Anders verhält es sich mit dem durch die Eisenbahn revolutionierten Verkehrsnetz, das nicht nur die Lokomotive zum Sinnbild der Dynamisierung und des Fortschritts erhebt, sondern den bekannten Verkehrsbauten, den Brücken und Tunnels, eine andere Bedeutung gibt, und das mit der Konstruktion von Bahnhöfen eine neue Aufgabe stellt. Die Bahnhöfe sind charakteristische Orte für ebenso dichte und abwechslungsreiche wie anonyme und flüchtige Kontakte, also für jenen Typus der reizüberflutenden, aber begegnungsarmen Interaktionen, die das Lebensgefühl der großen Städte prägen sollten. Wie die Autobahnen, Flughäfen und Fernsehtürme zeigen, hat die Entwicklung des Verkehrs- und Kommunikationsnetzes immer wieder Anstöße zu Innovationen gegeben.

Das gilt damals auch für den Wirtschaftsverkehr, der nicht nur den Lagerhäusern und Markthallen neue Dimensionen abverlangte, sondern unkonventionelle Bauaufgaben mit sich brachte: das Kaufhaus und die Messehalle. Faszinierende Beispiele sind die ersten großen Glaspaläste der Industrieausstellungen in London, München und Paris. Vor allem die industrielle Produktion läßt aber mit den Fabriken, mit den Arbeitersiedlungen und den für den Massenkonsum hergestellten Gütern Lebensbereiche entstehen, in die Formgebung und architektonische Gestaltung zunächst nicht vordringen. Das soziale Elend des Frühindustrialismus überwältigt dessen Hässlichkeit; seine Probleme rufen den Staat, bürgerliche Sozialreformer, schließlich eine revolutionäre Arbeiterbewegung auf den Plan, und nicht die gestalterische Phantasie der Architekten – wenn man von den utopischen Entwürfen für die neue Industriestadt (von Robert Owen bis Tony Garnier) absieht.

In der zweiten Jahrhunderthälfte werden als erstes die Massenprodukte des täglichen Gebrauchs, die der stilprägenden Kraft der traditionellen Handwerkerkunst entglitten sind, als ein ästhetisches Problem wahrgenommen. John Ruskin und William Morris wollen die Kluft, die im Alltag der industriellen Lebenswelt zwischen Nützlichkeit und Schönheit aufgebrochen ist, durch eine Reform des Kunstgewerbes schließen. Diese Reformbewegung läßt sich von einem erweiterten, zukunftsweisenden Architekturbegriff leiten, der mit dem Anspruch zusammengeht, die *gesamte* physische Umwelt der bürgerlichen Gesellschaft architektonisch zu formen. Insbesondere Morris sieht den Widerspruch zwischen den demokratischen Forderungen, die auf eine universelle Teilhabe an Kultur hinauslaufen, und der Tatsache, daß sich im industriellen Kapitalismus immer weitere Lebensbereiche den prägenden kulturellen Mächten entfremden.

Eine zweite Herausforderung ergibt sich für die Architektur aus der Entwicklung *neuer Materialien* (wie Glas und Eisen, Gußstahl und Zement) und *neuer Produktionsmethoden* (vor allem der Verwendung von Fertigteilen). Die Ingenieure treiben im Laufe des 19. Jahrhunderts die Bautechnik voran und erschließen damit der Architektur Gestaltungsmöglichkeiten, die die klassischen Grenzen der konstruktiven Bewältigung von Flächen und Räumen sprengen. Die aus dem Gewächshausbau hervorgegangenen, mit standardisierten Teilen konstruierten Glaspaläste haben den faszinierten Zeitgenossen einen ersten Eindruck von neuen Größenordnungen und Konstruktionsprinzipien vermittelt; sie haben Sehgewohnheiten revolutioniert und das Raumgefühl der Betrachter nicht weniger dramatisch verändert als die Eisenbahn die Zeiterfahrung der Reisenden. Das Innere des mittelpunktlosen, repetitiven Londoner Kristallpalastes muß auf die Zeitgenossen wie eine Entschränkung aller bekannten Dimensionen des gestalteten Raumes gewirkt haben.

Die dritte Herausforderung ist schließlich die kapitalistische *Mobilisierung* von Arbeitskräften, Grundstücken und Bauten, großstädtischen *Lebensverhältnissen* überhaupt. Diese führt zur Konzentration großer Massen und zum Einbruch der Spekulation in den Lebensbereich des privaten Wohnens. Was heute die Proteste in Kreuzberg und anderswo auslöst, hat damals begonnen: in dem Maße, wie der Hausbau zur amortisierbaren Investition wird, lösen sich die Entscheidungen über den Kauf und Verkauf von Grundstücken, über Bebauung, Abriß und Neubau, über Vermietung und Kündigung aus Bindungen der familiären und der lokalen Tradition, sie machen sich, mit einem Wort, von Gebrauchswertorientierungen unabhängig. Die Gesetze des Bau- und Wohnungsmarktes verändern die Einstellung zu Bauen und Wohnen. Wirtschaftliche Imperative bestimmen auch das unkontrollierte Wachstum der Städte; daraus ergeben sich die Erfordernisse einer Art von Stadtplanung, die mit dem Ausbau der barocken Städte nicht zu vergleichen ist. Wie diese beiden Sorten von funktionalen Imperativen, die des Marktes und die der kommunalen und staatlichen Planung, zusammenwirken, einander durchkreuzen und die Architektur in ein neues System von Abhängigkeiten verstricken, zeigt sich in großem Stil bei der Umgestaltung von Paris durch Haussmann unter Napoleon III. An diesen Planungen hatten die Architekten keinen nennenswerten Anteil.

Wenn man den Impuls verstehen will, aus dem die moderne Architektur entstanden ist, muß man sich vergegenwärtigen, daß die Architektur in der zweiten Hälfte des 19. Jahrhunderts nicht nur von dieser dritten Herausforderung des Industriekapitalismus überwältigt worden ist, sondern daß sie auch die beiden anderen Herausforderungen zwar empfunden, aber nicht bewältigt hat.

Die willkürliche Disposition über wissenschaftlich objektivierte, aus ihrem Entstehungszusammenhang herausgerissene Stile setzt den Historismus instand, in einen ohnmächtig gewordenen Idealismus auszuweichen und die Sphäre der Baukunst von den Banalitäten des bürgerlichen Alltags *abzuspalten.* Die Not der neuen, architektonischer Gestaltung entfremdeten Lebensbereiche wird in die Tugend umgemünzt, die Nutzarchitektur von künstlerischen Ansprüchen freizusprechen. Die Chancen der neuen technischen Gestaltungsmöglichkeiten werden nur ergriffen, um die Welt aufzuteilen zwischen Architekten und Ingenieuren, zwischen Stil und Funktion, zwischen prächtiger Fassade außen und verselbständigter Raumdisposition im Inneren. Deshalb hat die historistisch gewordene Architektur auch der Eigendynamik des Wirtschaftswachstums, der Mobilisierung der großstädtischen Lebensverhältnisse, dem sozialen Elend der Massen nicht viel mehr entgegenzusetzen als die Flucht in den Triumph von Geist und Bildung über die (verkleideten) materiellen Grundlagen. Zum eindrucksvollen Symbol wird die Berliner Mietskaserne – «das Vorderhaus, dessen historisierende Fassade den Prestigewert der Wohnungen verbürgen und nebenbei auch den Feuerkassenwert des Hauses steigern sollte, war dem mittleren Bürgertum vorbehalten, während in den Hinterhäusern die ärmere Bevölkerung hauste».[8]

Zweitens: Mit der historistischen Baukunst hat der Idealismus seine ursprünglichen Intentionen preisgegeben. Gewiß, auch Schelling und Hegel hatten die Architektur zur untersten in der Hierarchie der Künste erklärt, «denn das Material dieser ersten Kunst ist das an sich selbst Ungeistige – die nur nach den Gesetzen der Schwere gestaltbare Materie».[9] Deshalb meint Hegel, daß «die geistige Bedeutung nicht ausschließlich in das Bauwerk selbst hineingelegt ist, sondern daß ... diese außerhalb der Architektur schon ihr freies Dasein gewonnen hat».[10] Aber diesen Zweck, dem die Architektur dienen soll, begreift er als das Ganze des gesell-

8 M. Brix, M. Steinhauser, a. a. O., S. 220.

9 G. W. F. Hegel, *Vorlesungen über die Ästhetik,* Theorie-Werkausgabe Bd. 14, Frankfurt 1970, S. 258 f.

10 Hegel, *Vorlesungen* (s. Anm. 9), S. 303 f.

schaftlichen Kommunikations- und Lebenszusammenhangs – «als menschliche Individuen, als Gemeinde, Volk».[11] Diese Idee der Versöhnung gibt die historistische Architekturpreis – der Geist, nicht länger Kraft der Versöhnung, speist nun die Dynamik der Kompensation einer verputzten, hinter Fassaden versteckten Wirklichkeit. In den lebensreformerischen Tendenzen des Jugendstils, aus dem die moderne Architektur hervorgeht, meldet sich bereits der Protest gegen diese Unwahrhaftigkeit, gegen eine *Baukunst der Verdrängung* und der Symptombildung. Nicht zufällig entwickelt zur gleichen Zeit Sigmund Freud die Grundzüge seiner Neurosenlehre.

Die moderne Bewegung nimmt die Herausforderungen an, denen die Architektur des 19. Jahrhunderts nicht gewachsen war. Sie überwindet den Stilpluralismus und jene Abtrennungen und Aufteilungen, mit denen sich die Baukunst arrangiert hatte.

Der Entfremdung der industriekapitalistischen Lebensbereiche von der Kultur begegnet sie mit dem Anspruch eines Stils, der nicht nur Repräsentationsbauten prägt, sondern die Alltagspraxis durchdringt. Der Geist der Moderne soll sich der Totalität der gesellschaftlichen Lebensäußerungen mitteilen. Dabei kann die industrielle Formgebung an die Reform des Kunstgewerbes anknüpfen, die funktionale Gestaltung der Zweckbauten an die Ingenieurskunst der Verkehrs- und Wirtschaftsbauten, die Konzeption der Geschäftsviertel an die Vorbilder der Schule von Chicago. Darüber hinaus ergreift die neue Formensprache Besitz von den exklusiven Bereichen der Monumentalarchitektur, von Kirchen, Theatern, Gerichten, Ministerien, Rathäusern, Universitäten, Kurhäusern usw.; und andererseits erstreckt sie sich auf die Kernbereiche der industriellen Produktion, auf Siedlungen, sozialen Wohnungsbau und Fabriken.

Der neue Stil hätte freilich nicht auf alle Lebensbereiche durchschlagen können, wenn die moderne Architektur nicht die zweite Herausforderung, den immens erweiterten Spielraum technischer Gestaltungsmöglichkeiten, mit *ästhetischem Eigensinn* verarbeitet hätte. Das Stichwort «Funktionalismus» umschreibt bestimmte Leitvorstellungen, Grundsätze für die Konstruktion von Räumen, für die Materialverwendung, die Methoden der Herstellung und der Organisation; der Funktionalismus ist von der Überzeugung getragen, daß die Formen die Funktionen der Benutzung ausdrücken sollen, für die ein Bau geschaffen wird. Aber so neu ist das nicht; schließlich heißt es sogar bei dem klassizistisch gesonnenen Hegel: «Das Bedürfnis bringt in der Architektur Formen hervor, die ganz nur zweckmäßig sind und dem Verstand angehören: das Geradlinige, Rechtwinklige, die Ebenheit der Flächen.»[12] Der Ausdruck «Funktionalismus» legt zudem falsche Vorstellungen nahe. So verschleiert er, daß die mit ihm assoziierten Eigenschaften moderner Bauten das Ergebnis einer konsequent verfolgten ästhetischen Eigengesetzlichkeit

11 Hegel, *Vorlesungen* (s. Anm. 9), S. 296.
12 Hegel, *Vorlesungen* (s. Anm. 9), S. 196.

sind. Was fälschlich dem Funktionalismus zugeschrieben wird, verdankt sich einem ästhetisch motivierten, aus neuen Problemstellungen der Kunst selbst hervorgegangenen Konstruktivismus. Mit ihm ist die moderne Architektur dem experimentellen Zug der avantgardistischen Malerei gefolgt.

Die moderne Architektur befindet sich in einer paradoxen Ausgangssituation. *Auf der einen Seite* war Architektur stets zweckgebundene Kunst. Anders als Musik, Malerei und Lyrik, kann sie sich aus praktischen Bewandtniszusammenhängen so schwer lösen wie die literarisch anspruchsvolle Prosa von der Praxis der Umgangssprache – diese Künste bleiben im Netz von Alltagspraxis und Alltagskommunikation hängen: Adolf Loos sah sogar die Architektur mit allem, was Zwecken dient, aus dem Bereich der Kunst ausgeschlossen. *Auf der anderen Seite* steht die Architektur unter Gesetzen der kulturellen Moderne – sie unterliegt, wie die Kunst überhaupt, dem Zwang zur radikalen Autonomisierung, zur Ausdifferenzierung eines Bereichs genuin ästhetischer Erfahrungen, den eine von den Imperativen des Alltags, von Routinen des Handelns und Konventionen der Wahrnehmung freigesetzte Subjektivität im Umgang mit ihrer eigenen Spontaneität erkunden kann. Adorno hat die avantgardistische Kunst, die sich vom perspektivisch wahrgenommenen Gegenstand und der Tonalität, von Nachahmung und Harmonie löst und die sich auf ihre eigenen Medien der Darstellung richtet, durch Schlüsselworte wie Konstruktion, Experiment und Montage gekennzeichnet. Die exemplarischen Werke, so meint er, frönen einem esoterischen Absolutismus «auf Kosten der realen Zweckmäßigkeit, in der Zweckgebilde wie Brücken oder industrielle Anlagen ihr Formgesetz aufsuchen ... Das autonome, einzig in sich funktionelle Kunstwerk dagegen möchte durch seine immanente Teleologie erreichen, was einmal Schönheit hieß.»[13] Adorno stellt also das «in sich» funktionelle Kunstwerk dem für «äußere Zwecke» funktionalen Gebilde gegenüber. In ihren überzeugendsten Beispielen fügt sich jedoch die moderne Architektur der von Adorno bezeichneten Dichotomie nicht.

Ihr Funktionalismus trifft vielmehr mit der inneren Logik einer Kunstentwicklung zusammen. Vor allem drei Gruppen bearbeiten die Probleme, die sich aus der kubistischen Malerei ergeben hatten – die Gruppe der Puristen um Corbusier, der Kreis der Konstruktivisten um Malevitch, vor allem die De Stijl-Bewegung (mit van Doesburg, Mondrian und Oud). Wie damals Saussure die Strukturen der Sprache, so untersuchen die holländischen Neoplastizisten, wie sie sich nennen, die Grammatik der Ausdrucks- und Gestaltungsmittel, der allgemeinsten Techniken der bildenden Künste, um diese im Gesamtkunstwerk einer umfassenden architektonischen Gestaltung der Umwelt aufzuheben. «In Zukunft», sagt van Doesburg, «wird die Verwirklichung des reinen darstellerischen Ausdrucks in der greifbaren Realität unserer Umwelt das Kunstwerk ersetzen.»[14] An

13 T. W. Adorno, *Ästhetische Theorie*, Ges. Werke 7, Frankfurt 1970, S. 96.
14 Zit. nach Benevolo, *Geschichte der Architektur* (s. Anm.), Bd. 2, S. 34.

den sehr frühen Hausentwürfen von Malevitch und Oud kann man sehen, wie aus dem experimentellen Umgang mit den Gestaltungsmitteln Gebilde wie die der funktionalistischen Bauhausarchitektur hervorgehen. Van Doesburg zieht 1922 nach Weimar, um in polemischen Auseinandersetzungen mit den Dozenten des Bauhauses die konstruktivistischen Grundlagen des funktionalistischen Bauens und Gestaltens einzuklagen. Trotz dieser Kontroversen ist die Entwicklungslinie deutlich, auf der auch Gropius die «neue Einheit von Kunst und Technik» anstrebt; in Bruno Tauts Schlagwort – «was gut funktioniert, sieht gut aus» – geht gerade der *ästhetische Eigensinn des Funktionalismus* verloren, der in Tauts eigenen Bauten so deutlich zum Ausdruck kommt.

Während die moderne Bewegung die Herausforderungen des qualitativ neuen Bedarfs und der neuen technischen Gestaltungsmöglichkeiten erkennt und im Prinzip richtig beantwortet, begegnet sie den systemischen Abhängigkeiten von Imperativen des Marktes und der planenden Verwaltung eher hilflos.

Drittens: Der erweiterte Architekturbegriff, der die moderne Bewegung seit William Morris inspiriert und zur Überwindung eines von der Alltagswirklichkeit abgehobenen Stilpluralismus ermutigt hat, war nicht nur ein Segen. Er hat die Aufmerksamkeit nicht nur auf wichtige Zusammenhänge zwischen der industriellen Formgebung, der Inneneinrichtung, der Architektur des Hausbaus und der Stadtplanung gerichtet, er hat auch Pate gestanden, als die Theoretiker des Neuen Bauens Lebensstile und Lebensformen *im ganzen* dem Diktat ihrer Gestaltungsaufgaben unterworfen sehen wollten. Aber Totalitäten wie diese entziehen sich dem planerischen Zugriff. Als Corbusier seinen Entwurf für eine ‹unité d'habitation› endlich realisieren, dem Gedanken einer ‹cité jardin verticale› endlich konkrete Gestalt geben konnte, blieben gerade die Gemeinschaftseinrichtungen ungenutzt – oder wurden abgeschafft. Die Utopie einer vorgedachten Lebensform, die schon die Entwürfe Owens und Fouriers getragen hatte, konnte sich nicht mit Leben füllen. Und dies nicht nur wegen einer hoffnungslosen Unterschätzung der Vielfalt, Komplexität und Veränderlichkeit moderner Lebenswelten, sondern auch, weil modernisierte Gesellschaften mit ihren Systemzusammenhängen über Dimensionen einer Lebenswelt, die der Planer mit seiner Phantasie ausmessen konnte, hinausreichen. Die heute sichtbar gewordenen Krisenerscheinungen der modernen Architektur gehen weniger auf eine Krise der Architektur zurück als vielmehr darauf, daß diese sich bereitwillig hat überfordern lassen.

Mit den Unklarheiten der funktionalistischen Ideologie war sie zudem schlecht gewappnet gegen Gefahren, die der Wiederaufbau nach dem Zweiten Weltkrieg, die Periode, in der sich der internationale Stil erst breitenwirksam durchgesetzt hat, mit sich brachte. Gewiß, Gropius betonte immer wieder die Verflechtung von Architektur und Städtebau mit Industrie, Wirtschaft, Verkehr, Politik und Verwaltung. Er sieht auch schon den Prozeßcharakter der Planung. Aber im Rahmen des Bauhauses tauchten diese Probleme in einem auf didaktische Zwecke zugeschnittenen Format auf. Und die Erfolge der modernen Bewegung verleiteten die Pioniere zu der unbegründeten Erwartung, daß sich eine «Einheit von Kultur und Produktion» auch in einem *anderen* Sinne herstellen ließe: die ökonomischen und politisch-administrativen Beschränkungen, denen die Gestaltung der Umwelt unterliegt, erscheinen in diesem verklärenden Licht bloß als Fragen der Organisation. Als die Vereinigung der amerikanischen Architekten 1949 in ihre Satzung die Bestimmung aufnehmen will, daß sich Architekten nicht als Bauunternehmer betätigen sollen, protestiert Gropius nicht etwa gegen die Unzulänglichkeit dieses Mittels, sondern gegen Zweck und Begründung des Antrags. Er beharrt auf seinem Credo: «Die zum allgemeinen Bildungsfaktor gewordene Kunst wird imstande sein, der sozialen Umwelt jene Einheit zu verleihen, welche die echte Basis einer Kultur ist, die jedes Ding, vom einfachen Stuhl bis zum Haus des Gebets, umfaßt.»[15] In dieser großen Synthese gehen die Widersprüche unter, die die kapitalistische Modernisierung gerade auf dem Gebiet der Stadtplanung kennzeichnen – Widersprüche zwischen den Bedürfnissen einer geformten Lebenswelt auf der einen, den über die Medien Geld und Macht mitgeteilten Imperativen auf der anderen Seite.

Dem kam wohl auch ein linguistisches Mißverständnis, besser: ein Kategorienfehler, zu Hilfe. «Funktional» nennen wir die Mittel, die für einen *Zweck* geeignet sind. In diesem Sinne versteht sich ein Funktionalismus, der die Bauten nach Maßgabe der Zwecke der Benutzer konstruieren will. «Funktional» nennen wir aber auch Entscheidungen, die einen anonymen Zusammenhang von Handlungsfolgen stabilisieren, ohne daß der Bestand dieses *Systems* von irgendeinem der Beteiligten gewollt oder auch nur beachtet werden müßte. Was in diesem Sinne *systemfunktional* ist für Wirtschaft und Verwaltung, beispielsweise eine Verdichtung der Innenstadt mit steigenden Grundstückspreisen und wachsenden Steuereinnahmen, muß sich im Horizont der Lebenswelt der Bewohner wie der Anlieger keineswegs als «funktional» erweisen. Die Probleme der Stadtplanung sind nicht in erster Linie Probleme der Gestaltung, sondern Probleme der versagenden Steuerung, Probleme der Eindämmung und Bewältigung von anonymen Systemimperativen, die in städtische Lebenswelten eingreifen und deren urbane Substanz aufzuzehren drohen.

Heute ist die Besinnung auf die alteuropäische Stadt in aller Munde; aber Camillo Sitte, einer der ersten, der die mittelalterliche mit der modernen Stadt verglichen hat, warnte bereits im Jahre 1889 vor *erzwungenen Ungezwungenheiten:* «Kann man», so fragt er, «Zufälligkeiten, wie sie die Geschichte im Laufe der Jahrhunderte ergab, nach einem Plane eigens erfinden und construieren? Könnte man denn an solcher *erlogenen Naivität,* an einer solchen *künstlichen Natürlichkeit* wirkliche, ungeheuchelte Freude haben?»[16] Sitte geht von der Idee der *Wiederherstellung der Urbanität* aus. Aber nach einem Jahrhundert der Kritik an der Großstadt, nach einem Jahrhundert zahlloser, immer wieder enttäuschter Versuche,

15 Zit. nach Benevolo, *Geschichte der Architektur* (s. Anm. 1), Bd. 2, S. 506.
16 C. Sitte, *Der Städtebau,* Leipzig 1889.

die Städte im Gleichgewicht zu halten, Citys zu retten, den städtischen Raum in Wohnquartiere und Geschäftsviertel, Industrieanlagen und Grünviertel, private und öffentliche Bereiche zu gliedern, bewohnbare Satellitenstädte zu bauen, Slumgebiete zu sanieren, den Verkehr sinnvoll zu kanalisieren usw., drängt sich die Frage auf, ob nicht der *Begriff* der Stadt selber überholt ist. Die Spuren der okzidentalen Stadt, wie Max Weber sie beschrieben hat, der Stadt des europäischen Bürgertums im hohen Mittelalter, des städtischen Adels im Oberitalien der Renaissance, der von fürstlichen Barockbaumeistern erneuerten Residenzstadt, diese historischen Spuren sind in unseren Köpfen zu einem diffusen, vielschichtigen Begriff von Stadt zusammengelaufen. Er gehört zu der Sorte von Begriffen, die Wittgenstein in den Gewohnheiten und dem Selbstverständnis der eingespielten Alltagspraxis aufspürt: mit unserem Begriff von Stadt verbindet sich eine Lebensform. Diese hat sich unterdessen aber so verwandelt, daß ihr der angestammte Begriff nicht mehr nachzuwachsen vermag.

Als eine überschaubare Lebenswelt konnte die Stadt architektonisch gestaltet, sinnlich repräsentiert werden. Die gesellschaftlichen Funktionen des städtischen Lebens, politische und wirtschaftliche, private und öffentliche, die der kulturellen und der kirchlichen Repräsentation, des Arbeitens, des Wohnens, der Erholung und des Feierns konnten in Zwecke, in Funktionen der zeitlich geregelten Benutzung von gestalteten Räumen *übersetzt* werden. Aber spätestens im 19. Jahrhundert wird die Stadt zum Schnittpunkt funktionaler Zusammenhänge *anderer* Art. Sie wird in abstrakte Systeme eingebettet, die als solche nicht mehr ästhetisch in eine sinnfällige Präsenz eingeholt werden können. Daß die großen Industrieausstellungen, von der Jahrhundertmitte an bis in die späten achtziger Jahre, als architektonische Großereignisse geplant worden sind, verrät einen Impuls, der heute rührend anmutet, an den heute allenfalls die Olympiaden erinnern. Indem die Regierungen den internationalen Vergleich der Erzeugnisse ihrer industriellen Produktion in großartigen Hallen festlich-anschaulich vor der breiten Öffentlichkeit arrangierten, haben sie den Weltmarkt buchstäblich inszenieren und in die Grenzen der Lebenswelt zurückholen wollen. Aber nicht einmal mehr die Bahnhöfe konnten die Funktionen des Verkehrsnetzes, an das sie die Reisenden anschlossen, so visualisieren wie die Stadttore einst die konkreten Verbindungen zu umliegenden Dörfern und zur nächsten Stadt.

Ohnehin liegen heute die Flughäfen, aus guten Gründen, weit draußen. Und den gesichtslosen Bürohäusern, die die Innenstadt beherrschen, den Banken und Ministerien, den Gerichten und Konzernverwaltungen, den Verlags- und Pressehäusern, den privaten und öffentlichen Bürokratien kann man die Funktionszusammenhänge, deren Knotenpunkte sie bilden, nicht ansehen. Die Schrift der Firmenzeichen und Leuchtreklamen zeigt, daß Differenzierungen in einem *anderen* Medium als dem der Formensprache der Architektur stattfinden müssen. Daraus hat ja Venturi Konsequenzen gezogen – mit dem «dekorierten Schuppen», dem zum Programm erhobenen «duck-house» an der Autobahn, das der von der modernen Architektur geforderten Einheit von Außen und Innen, von Schönheit und Nützlichkeit Hohn spricht. Ein anderes Indiz dafür, daß die städtische Lebenswelt durch *nicht gestaltbare Systemzusammenhänge* immer weiter mediatisiert wird, ist der Fehlschlag des wohl ehrgeizigsten Projektes des Neuen Bauens: bis heute konnten der soziale Wohnungsbau und die Fabrik der Stadt nicht integriert werden. Die städtischen Agglomerationen sind dem alten Konzept der Stadt, dem unsere Herzen gehören, entwachsen; das ist kein Versagen der modernen, oder irgendeiner Architektur.

Viertens: Wenn diese Diagnose nicht ganz falsch ist, bestätigt sie zunächst nur die herrschende Ratlosigkeit und die Notwendigkeit, nach neuen Lösungen zu suchen. Freilich weckt sie auch Zweifel an den Reaktionen, die das Desaster der gleichzeitig überforderten und instrumentalisierten Architektur des Neuen Bauens auf den Plan gerufen hat. Um mich auf dem unübersichtlichen Terrain der Gegenströmungen wenigstens vorläufig zu orientieren, habe ich eine, gewiß übervereinfachende, Typologie eingeführt und drei Tendenzen unterschieden, die eines gemeinsam haben: im Gegensatz zu der selbstkritischen Fortsetzung der Moderne, für die diese Ausstellung unausgesprochen plädiert, sprengen sie den modernen Stil, indem sie die Verklammerung von avantgardistischer Formensprache und unnachgiebigen funktionalistischen Grundsätzen auflösen. Programmatisch treten Form und Funktion wieder auseinander. Das gilt trivialerweise für einen Neohistorismus, der Kaufhäuser in eine mittelalterliche Häuserzeile verwandelt und U-Bahn-Entlüftungsschächte in das Taschenbuchformat einer palladianischen Villa. Diese Rückkehr zum Eklektizismus des vergangenen Jahrhunderts verdankt sich, wie damals, kompensatorischen Bedürfnissen. Dieser Traditionalismus ordnet sich dem Muster des politischen Neukonservatismus insofern ein, als er Probleme, die auf einer *anderen* Ebene liegen, in Stilfragen umdefiniert und damit dem öffentlichen Bewußtsein entzieht. Die Fluchtreaktion verbindet sich mit dem Zug zum Affirmativen: alles *übrige* soll bleiben, wie es ist.

Die Trennung von Form und Funktion trifft ebenso auf eine Postmoderne zu, die den Definitionen von Charles Jencks entspricht und von Nostalgie ganz frei ist – ob nun Eisenmann und Grave das formale Repertoire der zwanziger Jahre artistisch verselbständigen, oder ob Hollein und Venturi, wie surrealistische Bühnenbilder, die modernen Gestaltungsmittel einsetzen, um den aggressiv gemischten Stilen malerische Effekte zu entlocken.[17] Die Sprache dieser kulissenhaften Architektur verschreibt sich einer Rhetorik, die den architektonisch nicht mehr gestaltbaren Systemzusammenhängen immerhin in Chiffren Ausdruck zu verleihen sucht.

Auf andere Weise sprengt die Einheit von Form und Funktion schließlich jene Alternativarchitektur, die von Fragen der Ökologie und der Erhaltung histo-

17 V. M. Lampugnani, «Theorie und Architektur in den USA», in: *Architekt* 5, 1980, S. 252 ff.

risch gewachsener Stadtquartiere ausgeht. Diese, gelegentlich als «vitalistisch» gekennzeichneten Bestrebungen[18] zielen in erster Linie darauf ab, die architektonische Gestaltung eng an Kontexte der räumlichen, kulturellen und geschichtlichen Umgebung anzuschließen. Darin lebt etwas von den Impulsen der modernen Bewegung fort, nun freilich ins Defensive gewendet. Bemerkenswert sind vor allem die Initiativen zu einer Gemeindearchitektur, die die Betroffenen nicht nur deklamatorisch in den Planungsprozeß einbezieht und Stadtteile im Dialog mit den Klienten plant.[19] Wenn in der Stadtplanung die Steuerungsmechanismen des Marktes und der Verwaltungen so funktionieren, daß sie für die Lebenswelt der Betroffenen dysfunktionale Folgen haben – und den «Funktionalismus», der einmal gemeint war, durchkreuzen –, dann ist es nur konsequent, die willensbildende Kommunikation der Beteiligten mit den Medien Geld und Macht in Konkurrenz treten zu lassen.

Freilich gibt die Sehnsucht nach entdifferenzierten Lebensformen diesen Tendenzen oft den Anstrich eines Antimodernismus. Dann verbinden sie sich mit dem Kult des Bodenständigen und der Verehrung für's Banale. Diese Ideologie der Unterkomplexität schwört dem vernünftigen Potential und dem Eigensinn der kulturellen Moderne ab. Das Lob des anonymen Bauens und einer Architektur ohne Architekten nennt den Preis, den dieser systemkritisch gewendete Vitalismus zu zahlen bereit ist, auch wenn er einen anderen Volksgeist meint als den, dessen Verklärung seinerzeit den Monumentalismus der Führerarchitektur aufs Trefflichste ergänzt hatte.

In dieser Opposition zur Moderne steckt ein gutes Stück Wahrheit; sie nimmt die ungelösten Probleme auf, die die moderne Architektur ins Zwielicht gerückt haben – ich meine die Kolonialisierung der Lebenswelt durch Imperative verselbständigter wirtschaftlicher und administrativer Handlungssysteme. Aber aus allen diesen Oppositionen werden wir nur etwas lernen können, wenn wir eines nicht vergessen. In der modernen Architektur hat sich, in einem glücklichen Augenblick, der ästhetische Eigensinn des Konstruktivismus mit der Zweckgebundenheit eines strengen Funktionalismus getroffen und zwanglos verbunden. Nur von solchen Augenblicken leben Traditionen, lebt auch, was sich aus Münchner Perspektive als «die andere» Tradition darstellt.

Aus: Jürgen Habermas: *Die neue Unübersichtlichkeit. Kleine Politische Schriften V*, Frankfurt am Main 1985, S. 11–29.

Erstabdruck: Katalog *Die andere Tradition. Architektur in München von 1800 bis heute*, München 1981, S. 8–17.

18 W. Pohl, «Plädoyer für eine unbefriedete Tradition», in: *Bauwelt* 19/20, 1981, S. 768 ff.

19 L. Kroll, «Stadtteilplanung mit den Bewohnern», in: Blomeyer, Tietze, *In Opposition zur Moderne* (s. Anm. 7), S. 160 ff.

Kommentar: Uta Brandes

Friedrich W. Heubach ist weder Designer noch Designforscher, sondern Psychologe. Der ausgewählte Text ist Teil jenes Buches, dem Heubachs Habilitationsschrift zugrunde liegt: *Das bedingte Leben. Theorie der psycho-logischen Gegenständlichkeit der Dinge* (München 1987). Heubach lehrte als Professor für morphologische Psychologie an der Universität zu Köln und später an der Kunstakademie Düsseldorf. Dem hier folgenden Kapitel zum «Resopal» wohnt fraglos eine hohe Ambivalenz inne. Den Autor Heubach zeichnet aus, dass er von Dingen (im Design) als Möglichkeit der Vergegenständlichung des Subjekts genauso gefesselt ist wie ihn deren Be-Dingungen, die diese den Menschen auferlegen, skeptisch machen. In gewisser Weise misstraut Heubach dem Design. Das ist aber nicht die schlechteste Ausgangsbedingung, wenn einer über Dinge in ihren unterschiedlichen Funktionen schreibt: als Ort libidinöser Besetzung, als intentionale Gegenstände und intelligible Objekte. Die scharfe Analyse des «‹Resopal›-Möbels» basiert auf einer psychologischen Explorationsstudie, während der die Probandinnen und Probanden alle im Text genannten Materialeigenschaften und deren Auswirkungen benannt hatten.

Resopal ist der Markenname für eine bestimmte Art von Schichtstoffplatten, die seit den 1930er-Jahren hergestellt werden. Es gilt bis heute als praktisch, funktional und wird insbesondere im Küchenbereich verwendet. Heubach knöpft sich die reinweiße Variante vor, erörtert das «Sinnlichkeitsdesign» und entlarvt es – in seiner Transformation zum Möbel – als terroristisches «Gesinnungsgerät», das seine Vollendung im einfordernden hysterischen Reinigungszwang findet. Seine Spurenlosigkeit gerät zur Geschichtslosigkeit, negiert die Aneignungsmöglichkeit des Subjekts und bringt es so potenziell zum Verschwinden. Für die Designforschung und -theorie stecken im Möbel aus Resopal höchst bedenkenswerte Problematiken, selbst wenn – oder vielleicht gerade weil – dieser Text durchaus amüsant zu lesen ist. Denn hier wird sehr prägnant «das bedingte Leben», also die widerständige und zuweilen autoritäre und anschmiegsame und sehnsüchtige Beziehung des Subjekts zu den Objekten, analysiert.

Uta Brandes ist Autorin und/oder Herausgeberin zahlreicher Bücher zu Kunst und Design. Seit 1995 lehrt sie als Professorin für Gender und Design an der Köln International School of Design und war lange Jahre Vorstandsvorsitzende der Deutschen Gesellschaft für Designtheorie und -Forschung (DGTF), die sie mitgründete.

Friedrich W. Heubach

DAS ‹RESOPAL›-MÖBEL (1987)

Oder: Die Sinne nehmen nicht einfach die Dinge auf, sondern in ihnen auch eine Form an: Jedes gegenständliche Design ist immer auch ein Design der Sinnlichkeit.

(Das unter der Markenbezeichnung ‹Resopal› gehandelte, zur Beschichtung von Oberflächen eingesetzte Kunststoffmaterial wird vornehmlich bei Kücheneinrichtungen, aber auch an Gegenständen des sonstigen Wohnbereichs (Regale, Tische usw.) verarbeitet. Anfangs einfarbig und in der Küche zumeist weißer Farbe, wird es heute auch ‹in Dekor› angeboten, außerdem als Holz- und Marmorimitat.)

[...] Das Resopal wird insgesamt als die perfekte Vergegenständlichung des Ideals makelloser Reinlichkeit realisiert, dessen mühelose Erfüllung es alltäglich möglich mache. Diese stupende Leistung des Resopals, ein extremes Ideal zu setzen und gleichzeitig seine bequeme Erfüllung anzubieten, macht wohl die besondere Faszination dieses Materials aus. In dem, worin es diese immer wieder gepriesene bequeme Erfüllung eines Ideals materialisiert, d.h. in seinen schmutzabweisenden Eigenschaften, entzieht sich das Resopalmöbel aber zugleich erlebtermaßen jeder Prägung durch seine Benutzung und seinen Benutzer. Und in dieser (durch die Unbearbeitbarkeit seiner Oberfläche noch verstärkten) anschaulichen Erfahrung des Spur(en)losen konstituiert sich das Resopalmöbel psycho-logisch als ein Gegenstand ohne Gesicht und ohne Geschichte. Diese Zeit- und Ausdruckslosigkeit bildet einen ersten Komplex in der psycho-logischen Gegenständlichkeit des Resopalmöbels.

Auf einen zweiten Komplex weisen Aussagen hin wie: den Resopalmöbeln sei nichts Schönes oder Schmückendes eigen und sie entzögen sich auch weitgehend verschönernden Maßnahmen; es bedürfe persönlicher und dekorativer Zugaben, sei dies ein Deckchen, eine alte kupferne Kuchenform o.ä. (in einem Falle eine Bildtapete mit Waldmotiv), um es mit ihnen aushalten zu können und gemütlich zu haben; diese Möbel seien ausschließlich praktisch und die Beziehungen zu ihnen rein funktionale und allein auf Sauberkeit abgestellt. Auf dem Hintergrund solcher und anderer gleichsinniger Aussagen ist die psycho-logische Gegenständlichkeit des Resopalmöbels als eine eigentümlich dissoziative und partiale zu charakterisieren: In ihr sind tendenziell alle Momente menschlich-gegenständlicher Beziehungen negiert bis auf eines, nämlich das praktisch nützliche; das aber ist ideal gegeben. Dinge von einer solchen, durch ihre Spezialisierung und Perfektionierung bedingten (psycho-logisch) defizitären Gegenständlichkeit sind – um sozusagen auch psychologisch funktionieren zu können – notwendig auf andere, komplementäre Gegenstände angewiesen bzw. erzeugen sie diese als Nachfrage. Eben jene, welche Baudrillard die «legendären» nannte: das Deckchen, das antike Küchengerät oder ähnliche Dinge mit Gemütswert. (Inzwischen wird auch seitens der Hersteller versucht, dieser psychologisch defizitären Gegenständlichkeit der Resopalmöbel durch Holz- und Marmorimitate beizukommen.)

Einen dritten Komplex in der psycho-logischen Gegenständlichkeit der Resopalmöbel bilden die Nötigung zu einem unentwegten Säubern, die seiner vom Resopal ermöglichten Mühelosigkeit erlebtermaßen entspringt, und die Erfahrung, daß dieses Material bestimmte natürliche, aber nicht funktionale Erscheinungen (Arbeitsspuren, Schweiß usw.) immer gleich als Schmutz denunziert. Von daher wäre die Gegenständlichkeit des Resopalmöbels zu kennzeichnen als eine weniger funktionale denn funktionalisierende. Denn das, was dem Resopalmöbel als materiale Eigenschaft zugesprochen wird, funktional zu sein, konstituiert sich psychologisch darin, daß es das Verhalten seines Benutzers darauf reduziert: Es funktionalisiert ihn, wie es ein Proband ausdrückte, zum «Diener seiner Makellosigkeit».

Wollte man die dem Resopalmöbel eigene (psycho-logische) Gegenständlichkeit insgesamt auf einen knappen Begriff bringen, so könnte man sagen, daß es in seiner psychologischen Realität eigentlich kaum ein Ding darstellt, sondern ein *Funktional.*[1] Und dies nicht etwa nur deshalb, weil es alles das negiert, was ansonsten als die spezifische Gegenständlichkeit eines Möbels ausmachend genannt wird (Gemütlichkeit, Prestige, Stil, Kultiviertheit, Persönlichkeitsausdruck o. ä.), und es nur noch die eine Qualität besitzt, praktisch zu sein. Sein abstraktes ‹ungegenständliches› Wesen hat weit mehr noch mit jener appellativen Qualität und der eigentümlichen Gewissensfunktion zu tun, die das Resopal in seinem Anspruch auf Makellosigkeit annimmt. Auch ist es wohl eher dieses inquisitorische Moment und nicht die einfache Analogie schweißtreibender Situation, welches die häufigen Prüfungs-Assoziationen erklärt, die bei der längeren Berührung des Materials aufkamen, und was dazu führte, daß der sich sichtbar niederschlagende Schweiß als Makel, als eine sich gegebene Blöße erlebt wurde.

Auf dem Hintergrund der geschilderten psycho-logischen Gegenständlichkeit des Resopalmöbels ist jetzt die spezifische Modellierung zu untersuchen, die es als eine Vergegenständlichung (‹Be-Dingung›) sinnlicher Erfahrung eben dieser gibt. Mit anderen Worten, es ist jetzt das Design zu kennzeichnen, das die Sinnlichkeit in den Umgangsqualitäten erhält, die dem Resopalmöbel aufgrund seiner Materialeigenschaften und der daraus resultierenden Form- und Funktionsgestaltung zukommen.

1 In der abstrakten, eigentlich nur als ‹Resistenz› faßbaren Materialität des Resopals und in der schieren Funktionalität, die das Resopalmöbel auszeichnen, wird dieses zu einem eigentümlich ungegenständlichen Ding und belegt es gewissermaßen die psycho-logische Existenz von ‹Undingen›.
Vgl. dazu das Kapitel über das Plastik in: Roland Barthes: *Mythen des Alltags*, Frankfurt 1970, S. 79 ff.

Ausgehend von der Spur(en)losigkeit, in der Benutzung und Benutzer am Resopalmöbel verbleiben, läßt sich als erstes, zentrales Prinzip der von ihm betriebenen Modellierung der Sinnlichkeit eine *Enthistorisierung* der sinnlichen Erfahrung herausstellen. Sowohl in der Bequemlichkeit und Radikalität, die es der Beseitigung von Staub und anderer, seiner Benutzung entspringenden Verunreinigungen eröffnet, als auch in der hohen Resistenz, die es gegen jegliche Abnutzung zeigt, und in seiner Unbearbeitbarkeit, die eine Veränderung gemäß wandelnden Ansprüchen nahezu ausschließt, macht das Resopal Zeit und Geschichtlichkeit tendenziell anschauungslos. Es läßt die Möbel sich sozusagen ihrer Vergangenheit entziehen; man kann zwar *wissen,* daß dieser Resopaltisch schon viele Jahre alt ist, nur *sehen* wird man es nicht, wenn das Resopal hält, was es im Jargon der Kücheneinrichter verspricht: so «zeitlos funktional» und «robust» zu sein, daß es in 10 Jahren noch «brandaktuell» ist.

Mit dieser ‹Zeitlosigkeit› des Resopalmöbels hängt ein anderes Moment in seinem Sinnlichkeitsdesign eng zusammen, das als eine Resultante der vom Resopal betriebenen Enthistorisierung der sinnlichen Erfahrung aufzufassen ist. Dabei geht es um das Erleben der Resopalmöbel als neutral, charakterlos, anonym und abweisend, um die Unmöglichkeit, ihnen (z.B. durch irgendeine Bearbeitung) eine persönliche Note zu geben und sich und seine Geschichte in ihnen wiederzuerkennen. In diesen und anderen, ähnlich um das ‹Gesichtslose› dieser Möbel zentrierten Erfahrungen liegt ein Hinweis darauf, daß in ihrer praktischen und anschaulichen Aneignung ein Anspruch auf individuelle Besonderung unerfüllt bleibt. Dieses an den Resopalmöbeln erlebte Defizit anschaulich-gegenständlicher Selbstwahrnehmung, beziehungsweise die in ihnen auf die Erfahrung der eigenen Funktionalität verkürzte Selbstwahrnehmung, ist als ein Verlust der Anschaulichkeit des Individuellen zu kennzeichnen. Und von daher wäre es zweites Prinzip der dem Resopalmöbel impliziten Modellierung der Sinnlichkeit, ein *Depersonalisieren* der sinnlichen Erfahrung herauszustellen.

Auf ein anderes Prinzip verweisen die an den Resopalmöbeln gemachten Erfahrungen kompromißloser Funktionalität, die sich in den Aussagen über die ihnen fehlende Gemütlichkeit und ihren technischen Charakter, oder in der Einstellung widerspiegelten, daß das Resopal zwar in dem «Arbeitsraum» der Küche durchaus angebracht sei, nicht aber im Wohn- oder Schlafbereich. Darin tritt als ein weiteres Prinzip des im Resopalmöbel gegebenen Sinnlichkeitsdesigns ein *Partialisieren* der sinnlichen Erfahrung zutage. Aus der damit angesprochenen Dissoziation gegenständlicher Beziehungen in solche entweder strikt funktionaler oder aber stimmungsästhetischer Natur entstehen dann schließlich zwei grundverschiedene Gattungen des Gegenständlichen. Was namentlich da deutlich wurde, wo durch Deckchen, antikes Küchengerät und andere dekorative Accessoires versucht wurde, der einem Fabrikationsbetrieb ähnlich erlebten Resopal-Küche das hinzuzufügen, was der Erfahrung des Resopalmöbels prinzipiell abgeht: das anschauliche ‹Mehr› des Ästhetischen, ein Moment von ‹Stimmung›. Um dies ein wenig konkreter vor Augen zu haben, vergegenwärtige man sich z. B. die Farbigkeit, die ein Putzen von Möhren auf einem Holztisch ergibt: die verschiedenen Nuancen des Brauns, welche die ihnen etwa noch anhaftende Erde auf dem Holz bildet, die lebendigen Kontraste des Krautgrüns zu den verschiedenen Brauntönen und dem Möhrenrot, die vom Wasser gesetzten Glanzlichter usw. Dann halte man dagegen den scharfen Kontrast, den dies alles zu dem klinischen Weiß eines Resopaltisches bilden würde, und die ‹Abfälligkeit›, in die es sogleich alles Abgeschabte und -geschnittene versetzt. Falls die Möhren nicht – wie es dem Resopal-Ambiente eher entsprechen würde – vorgewaschen, vom Kraut befreit und im Plastikbeutel auf den Tisch gekommen sind. Da heißt es dann nurmehr, sie kochfertig würfeln, natürlich auf einem Schneidebrett aus besonders hartem Resopal, damit der Tisch nicht verkratzt wird, und dann beides fix abgewischt und zwischendurch einen beseelenden Blick geworfen auf die an der Wand hängende Reproduktion eines Gemüse-Stillebens. Ungeachtet der polemischen Nostalgie dieser Illustration, macht sie jene Auflösung der anschaulichen Einheit von Ästhetischem und Praktischem etwas sinnfälliger, die für die vom Resopal vermittelte Beziehung zum Gegenständlichen charakteristisch ist. In dieser Spaltung konstituieren sich schließlich zwei verschiedene, eigenständige Typen von Gegenständlichkeit, eine «legendäre» (Baudrillard) und eine instrumentale; und am Ende dient das einzelne Ding einsinnig entweder dem Vollzug einer Funktion oder der Verrichtung einer Stimmung. Dieses Nebeneinander im Gegenständlichen von Stimmungsdingen und Funktionsdingen stellt die materielle Konsequenz der Partialisierung und Dissoziation sinnlicher Erfahrung dar, die als zentrale Prinzipien des in den Resopalmöbeln angelegten Sinnlichkeitsdesigns hervorgehoben wurden. [...]

Die im Umgang mit den Resopalmöbeln wirksame Modellierung der Sinnlichkeit bildet ein Moment dessen, was zwar als ‹materielle Produktion und Reproduktion von Ideologie› vielbesprochen ist, aber nur selten auf der Ebene der konkreten Dinge untersucht wird: die gegenständliche, materielle Formierung des Bewußtseins. [...]

So gesehen stellt also z. B. eine perfekte Resopal-Küche, deren psychologischer Aufriß hier unter den Begriffen Enthistorisierung, Depersonalisation, Funktionalisierung (usw.) nachgezeichnet wurde, ein hoch ideologisches Ambiente dar. Sie funktioniert sozusagen als häusliche Vorschule einer Mentalität, deren kulturelle und politische Konsequenzen sich zwar inzwischen in jedem höheren Feuilleton beklagt finden, aber die im Zusammenhang ihrer alltäglichen gegenständlichen Vermittlung zu untersuchen, man sich geflissentlich erspart. [...]

Als Fazit aus dieser Studie zum Resopalmöbel ist festzuhalten, daß in der dem Psychischen durch die Dinge gegebenen Modellierung nicht etwa nur die sinnliche Erfahrung spezifisch formiert wird, nicht allein ‹Perzepte› vermittelt, sondern dem Subjekt übergreifende Konzepte von sich und seiner Welt angetragen werden. Als deren Materialisation bilden die Dinge – psychologisch betrachtet – gegenständliche Strategeme einer Weltanschauung, sind sie in der am Resopalmöbel aufgezeigten Weise ‹Konkrete Ideologie›. [...]

Aus: Friedrich W. Heubach: *Das bedingte Leben. Theorie der psycho-logischen Gegenständlichkeit der Dinge. Ein Beitrag zur Psychologie des Alltags,* 2. Aufl., München 1996, S. 126, 127–130, 131, 132, 133 (gekürzte Fassung).

Kommentar: Michael Erlhoff

Immanuel Kant schrieb nach der *Kritik der reinen Vernunft* und der *Kritik der praktischen Vernunft* klugerweise die *Kritik der Urteilskraft* und formulierte dabei insbesondere Gedanken zur Frage der Relevanz und der Wahrnehmung und Beurteilung von Gegenständen und von der Natur. «Urteilskraft überhaupt ist das Vermögen, das Besondere als enthalten unter dem großen Allgemeinen zu denken». Unter dem Allgemeinen fasst er das, was prinzipiell, geregelt oder gesetzmäßig sei – was also unbedingt, eben unabhängig und losgelöst von der empirischen Existenz der Objekte schon immer gegeben sei. Zum Beispiel nicht gefangen im kategorischen Imperativ.

Nachdem Immanuel Kant nämlich jene ersten zwei «Kritiken» geschrieben hatte, stellte er gewissermaßen hektisch fest, dass noch etwas fehlte und dass dies mit allgemeinen Prinzipien schwer zu begreifen war: Nämlich die empirische und so vielfach gespürte Beeindruckung durch das Schöne. Also die Ästhetik. – Wobei selbstverständlich das Schöne hier weit entfernt ist von Kategorien wie hübsch, niedlich, angenehm und dergleichen. Ästhetik meint vielmehr die qualifizierte Kompetenz von Wahrnehmung, und das Schöne wird bei Immanuel Kant stets verbunden mit dem Erhabenen. Also mit dem merkwürdig und trotz aller Verkitschung uns immer noch ergreifenden Phänomen eines Sonnenuntergangs oder der plötzlichen Befangenheit angesichts eines Kunstwerks oder auch eines gestalteten Gegenstandes oder Zeichens. Was zu verstehen womöglich recht substanziell für das Design und für das Verständnis der Wirklichkeit und Wichtigkeit von Design ist. – Entscheidend dafür ist bei Immanuel Kant das «interesselose Wohlgefallen», also die Begeisterung, ohne dabei stets Funktion und Zweck zu erwähnen oder zu bedenken.

Übrigens ist dies auch der Text, in dem wohlbegründet erläutert wird, dass man über Geschmack nicht streiten kann. Denn Geschmack sei bloß privat und demgemäß nicht verallgemeinerbar – während das Schöne unweigerlich alle ergreife. Ob sie wollen oder nicht. Es lohnt, genau darüber angesichts von Design intensiv nachzudenken und ebenso unbefangen wie entspannt und genau diesen Text und womöglich irgendwann die gesamte *Kritik der Urteilskraft* zu lesen.

Michael Erlhoff ist Professor für Designgeschichte und -theorie an der Köln International School of Design (KISD). Er war u.a. Mitglied des Beirats der documenta 8, Geschäftsführer des Rat für Formgebung und Gründungsdekan der heutigen KISD. Zuletzt veröffentlicht, gemeinsam mit Uta Brandes: Designtheorie und Designforschung.

Immanuel Kant

KRITIK DER URTEILSKRAFT (1790)

ANALYTIK DER ÄSTHETISCHEN URTEILSKRAFT

Erstes Buch
Analytik des Schönen

[...] *Geschmack* ist das Beurteilungsvermögen eines Gegenstandes oder einer Vorstellungsart durch ein Wohlgefallen, oder Mißfallen, *ohne alles Interesse.* Der Gegenstand eines solchen Wohlgefallens heißt *schön.* [...]

Die Erkenntniskräfte, die durch diese Vorstellung ins Spiel gesetzt werden, sind hiebei in einem freien Spiele, weil kein bestimmter Begriff sie auf eine besondere Erkenntnisregel einschränkt. Also muß der Gemütszustand in dieser Vorstellung der eines Gefühls des freien Spiels der Vorstellungskräfte an einer gegebenen Vorstellung zu einem Erkenntnisse überhaupt sein. Nun gehören zu einer Vorstellung, wodurch ein Gegenstand gegeben wird, damit überhaupt daraus Erkenntnis werde, *Einbildungskraft* für die Zusammensetzung des Mannigfaltigen der Anschauung, und *Verstand* für die Einheit des Begriffs, der die Vorstellungen vereinigt. Dieser Zustand eines *freien Spiels* der Erkenntnisvermögen, bei einer Vorstellung, wodurch ein Gegenstand gegeben wird, muß sich allgemein mitteilen lassen: weil Erkenntnis als Bestimmung des Objekts, womit gegebene Vorstellungen (in welchem Subjekte es auch sei) zusammen stimmen sollen, die einzige Vorstellungsart ist, die für jedermann gilt.

Die subjektive allgemeine Mitteilbarkeit der Vorstellungsart in einem Geschmacksurteile, da sie ohne einen bestimmten Begriff vorauszusetzen, Statt finden soll, kann nichts anders als der Gemütszustand in dem freien Spiele der Einbildungskraft und des Verstandes (sofern sie unter einander, wie es zu einem *Erkenntnisse überhaupt* erforderlich ist, zusammen stimmen) sein: indem wir uns bewußt sind, daß dieses zum Erkenntnis überhaupt schickliche subjektive Verhältnis eben so wohl für jedermann gelten und folglich allgemein mitteilbar sein müsse, als es eine jede bestimmte Erkenntnis ist, die doch immer auf jenem Verhältnis als subjektiver Bedingung beruht.

Diese bloß subjektive (ästhetische) Beurteilung des Gegenstandes, oder der Vorstellung, wodurch er gegeben wird, geht nun vor der Lust an demselben vorher, und ist der Grund dieser Lust an der Harmonie der Erkenntnisvermögen; auf jener Allgemeinheit aber der subjektiven Bedingungen der Beurteilung der Gegenstände gründet sich allein diese allgemeine subjektive Gültigkeit des Wohlgefallens, welches wir mit der Vorstellung des Gegenstandes, den wir schön nennen, verbinden. [...]

Zweites Buch
Analytik des Erhabenen

[...] Denn, so wie wir dem, der in der Beurteilung eines Gegenstandes der Natur, welchen wir schön finden, gleichgültig ist, Mangel des *Geschmacks* vorwerfen; so sagen wir von dem, der bei dem, was wir erhaben zu sein urteilen, unbewegt bleibt, er habe kein *Gefühl.* Beides aber fordern wir von jedem Menschen, und setzen es auch, wenn er einige Kultur hat, an ihm voraus: nur mit dem Unterschiede, daß wir das erstere, weil die Urteilskraft darin die Einbildung bloß auf den Verstand, als Vermögen der Begriffe, bezieht, geradezu von jedermann; das zweite aber, weil sie darin die Einbildungskraft auf Vernunft, als Vermögen der Ideen, bezieht, nur unter einer subjektiven Voraussetzung (die wir aber jedermann ansinnen zu dürfen uns berechtigt glauben) fordern, nämlich der des moralischen Gefühls im Menschen, und hiemit auch diesem ästhetischen Urteile Notwendigkeit beilegen.

In dieser Modalität der ästhetischen Urteile, nämlich der angemaßten Notwendigkeit derselben, liegt ein Hauptmoment für die Kritik der Urteilskraft. Denn die macht eben an ihnen ein Prinzip a priori kenntlich, und erhebt sie aus der empirischen Psychologie, in welcher sie sonst unter den Gefühlen des Vergnügens und Schmerzens (nur mit dem nichtssagenden Beiwort eines *feinern* Gefühls) begraben bleiben würden, um sie, und vermittelst ihrer die Urteilskraft, in die Klasse derer zu stellen, welche Prinzipien a priori zum Grunde haben, als solche aber sie in die Transzendentalphilosophie hinüberzuziehen.

Allgemeine Anmerkung zur Exposition der ästhetischen reflektierenden Urteile

In Beziehung auf das Gefühl der Lust ist ein Gegenstand entweder zum *Angenehmen,* oder *Schönen,* oder *Erhabenen,* oder *Guten* (schlechthin) zu zählen (iucundum, pulchrum, sublime, honestum).

Das *Angenehme* ist, als Triebfeder der Begierden, durchgängig von einerlei Art, woher es auch kommen, und wie spezifisch-verschieden auch die Vorstellung (des Sinnes und der Empfindung, objektiv betrachtet) sein mag. Daher kommt es bei der Beurteilung des Einflusses desselben auf das Gemüt nur auf die Menge der Reize (zugleich und nacheinander), und gleichsam nur auf die Masse der angenehmen Empfindung an; und diese läßt sich also durch nichts als die *Quantität* verständlich machen. Es kultiviert auch nicht, sondern gehört zum bloßen Genusse. – Das *Schöne* erfordert dagegen die Vorstellung einer gewissen *Qualität* des Objekts, die sich auch verständlich machen, und auf Begriffe bringen läßt (wiewohl es im ästhetischen Urteile darauf nicht gebracht wird); und kultiviert, indem es zugleich auf Zweckmäßigkeit im Gefühle der Lust Acht zu haben lehrt. – Das *Erhabene* besteht bloß in der *Relation*, worin das Sinnliche in der Vorstellung der Natur für einen möglichen übersinnlichen Gebrauch desselben als tauglich beurteilt wird. –

Das *Schlechthin-Gute,* subjektiv nach dem Gefühle, welches es einflößt, beurteilt, (das Objekt des moralischen Gefühls) als die Bestimmbarkeit der Kräfte des Subjekts, durch die Vorstellung eines *schlechthin-nötigenden* Gesetzes, unterscheidet sich vornehmlich durch die *Modalität* einer auf Begriffen a priori beruhenden Notwendigkeit, die nicht bloß *Anspruch,* sondern auch *Gebot* des Beifalls für jedermann in sich enthält, und gehört an sich zwar nicht für die ästhetische, sondern die reine intellektuelle Urteilskraft; wird auch nicht in einem bloß reflektierenden, sondern bestimmenden Urteile, nicht der Natur, sondern der Freiheit beigelegt. Aber die *Bestimmbarkeit des Subjekts* durch diese Idee, und zwar eines Subjekts, welches in sich an der Sinnlichkeit *Hindernisse,* zugleich aber Überlegenheit über dieselbe durch die Überwindung derselben als *Modifikation seines Zustandes* empfinden kann, d.i. das moralische Gefühl, ist doch mit der ästhetischen Urteilskraft und deren *formalen Bedingungen* sofern verwandt, daß es dazu dienen kann, die Gesetzmäßigkeit der Handlung aus Pflicht zugleich als ästhetisch, d.i. als erhaben, oder auch als schön vorstellig zu machen, ohne an seiner Reinigkeit einzubüßen: welches nicht Statt findet, wenn man es mit dem Gefühl des Angenehmen in natürliche Verbindung setzen wollte.

Wenn man das Resultat aus der bisherigen Exposition beiderlei Arten ästhetischer Urteile zieht, so würden sich daraus folgende kurze Erklärungen ergeben:

Schön ist das, was in der bloßen Beurteilung (also nicht vermittelst der Empfindung des Sinnes nach einem Begriffe des Verstandes) gefällt. Hieraus folgt von selbst, daß es ohne alles Interesse gefallen müsse. *Erhaben* ist das, was durch seinen Widerstand gegen das Interesse der Sinne unmittelbar gefällt.

Beide, als Erklärungen ästhetischer allgemeingültiger Beurteilung, beziehen sich auf subjektive Gründe, nämlich einerseits der Sinnlichkeit, so wie sie zu Gunsten des kontemplativen Verstandes; andererseits wie sie *wider* dieselbe, dagegen für die Zwecke der praktischen Vernunft, und doch beide in demselben Subjekte vereinigt, in Beziehung auf das moralische Gefühl zweckmäßig sind. Das Schöne bereitet uns vor, etwas, selbst die Natur, ohne Interesse zu lieben; das Erhabene, es, selbst wider unser (sinnliches) Interesse, hochzuschätzen. [...]

Aus: Immanuel Kant: *Werke in sechs Bänden,* hrsg. von Wilhelm Weischedel, Bd. 5, Wiesbaden 1957, S. 288, 296 f., 328, 354–357.

Kommentar: Fabian Wurm

War der promovierte Architekt Siegfried Kracauer (1889–1966), der Theoretiker des Films und Beobachter des urbanen Lebens – Adolf Loos folgend –, ein Verächter des Ornaments? Ein Propagandist des neuen Bauens? Gar mitverantwortlich dafür, dass «nur noch massenhafte Reproduzierbarkeit als entscheidendes Kriterium für die Gute Form übrig blieb», wie Volker Albus und Christian Borngräber in ihrem Buch *Design-Bilanz* mutmaßen? Diese These scheint zweifelhaft. «Von früh auf», heißt es in Kracauers erstem, durchaus autobiografisch zu lesenden Roman *Ginster*, zeichnet die Romanfigur Ginster «gern Ornamente». Gebaut freilich hat Kracauer weniger gern. Ebenso wie Ginster war dem jungen Diplom-Ingenieur der Zwang zur Ausführung von Entwürfen ein Gräuel. Jeder Zauber schwinde, sobald der Maurer das Regiment übernehme. So beschloss er 1918 seinen «ungeliebten Brotberuf» aufzugeben. Der Architekt, Philosoph aus Passion, wurde Journalist. Von 1921 bis 1933 war er Redakteur der *Frankfurter Zeitung*. Er blieb der Architektur verbunden: als Kritiker. Passagen, Wärmehallen und Vergnügungspaläste regten ihn an; Orte, die einem «unverfestigten Dasein» Unterkunft gewährten.

Auch dem Siedlungsbau galt sein Augenmerk. Am 23. Juli 1927 reiste er als Sonderkorrespondent der *Frankfurter Zeitung* zur Eröffnung der Weißenhofausstellung des Werkbundes nach Stuttgart. Zwei Artikel lieferte der Redakteur binnen kurzer Zeit: Ein Überblick erschien am selben Tag in der zweiten Ausgabe des Blatts; der Bericht von der Eröffnungsfeier folgte am nächsten Morgen. Am 31. Juli dann veröffentlichte Kracauer jenen langen Aufsatz mit dem Titel «Das neue Bauen», der hier vorgestellt wird. Ein Flaneur durchmisst die neue Welt am schwäbischen Stadtrand: Sichtbar wird Kracauers Methodik des Kleinen, die Aufwertung des Profanen. Er lässt seinen Rundgang durch die Musterschau mit einer Betrachtung der «Wasserhähnchen, Badeeinrichtungen und kleinen technischen Apparate» beginnen. Erst jetzt finde das präzise Hähnchen Häuser, die ihm technisch ebenbürtig sind. Zunächst liegt der Berichterstatter ganz auf Linie des Werkbundes. Doch Bedenken melden sich. Es reiche nicht aus, Wasserhähne zufriedenzustellen und Öfen die Ornamente abzuschlagen. Enthaltsamkeit sei weder Ziel noch bleibendes Ideal, so hat es Kracauer früher schon formuliert. In seinem Denkbild am Schluss des vorliegenden Textes geht er noch weiter. Doch lesen Sie selbst.

Fabian Wurm ist freier Journalist in Frankfurt am Main. Er studierte Literaturwissenschaft und Soziologie, arbeitete als Redakteur der Magazine Design Report *und* form *sowie der Zeitung* Horizont. *Autor zahlreicher Publikationen zu den Themen Design und Architektur.*

Siegfried Kracauer

DAS NEUE BAUEN (1927)

Zur Stuttgarter Werkbund-Ausstellung: «Die Wohnung»

In der großen Hallenausstellung der Stuttgarter Werkbundschau sind einige Wasserhähnchen, Badeeinrichtungen und kleine technische Apparate zu sehen, die schon seit Jahren so hergestellt worden sind – Dinge knappster Gestaltung, auf die letzte Formel gebracht. Während sie aber früher fremd in den Räumen saßen, für die sie verwandt wurden, starren, bereits historisch gewordenen Räumen kunstgewerblicher Art, bildet sich heute die Wohnung heraus, in die sie von Rechts wegen gehören. Das präzise Wasserhähnchen, das seiner Umwelt voraus war, findet jetzt Häuser, die ihm technisch ebenbürtig sind, und die Badewannen brauchen sich der Speisezimmer nicht mehr zu schämen.

Das Wohnhaus hat die Entwicklung der Technik und des öffentlichen Lebens aufzuholen begonnen: Das ist der entscheidende Eindruck, den die *Weißenhof-Siedlung* erweckt. Sie liegt noch im Rohen, noch ist die Innenausstattung nirgends vollendet; darum wäre der Bericht über Einzelheiten und die unerläßliche kritische Sichtung vorerst verfrüht. Gewisse Grundzüge des neuen Bauens, die sich, wie die Siedlung drastisch beweist, von allen Seiten her durchsetzen, sind indessen jetzt schon deutlich zu erkennen. Es geht darum, mit den Mitteln der modernen Technik Menschen eine Wohnung zu schaffen, die in rationellen Großbetrieben stehen, Auto und Flugzeug benutzen, im Stadion den notwendigen Sport treiben und durch ihr massenhaftes Auftreten im Wesen bestimmt sind. Die neue Wohnung muß zu dem veränderten Raumgefühl dieser Menschen passen, sie hat sich polemisch zu verhalten zu der privaten Abgeschlossenheit, die eine noch an vielen Orten in die Gegenwart wirkende vergangene Epoche mit ihren Innendekorationen erstrebte. Das sind Forderungen und Zwangsläufigkeiten, die nicht innerästhetischen Motiven entspringen, sondern sich aus den Daseinsbedingungen der industriell wirtschaftenden Nationen ergeben, und sich nur deshalb auf dem Gebiet des privaten Wohnens bisher nicht verwirklicht hatten, weil sie das Leben des Einzelnen später als das öffentliche erreichten.

Ihnen kommt die Mehrzahl der Siedlungshäuser entgegen. Diese Häuser sind Gerippe aus Eisenstützen, Backsteinfragmenten, Beton und anderen Substanzen – Gerippe, die jede konstruktive Möglichkeit auskosten, jede ihnen durch die heutige Bautechnik eingeräumte Freiheit nutznießen. Welchen Gebrauch machen sie von der neu errungenen Freiheit? Im Innern verzichten sie auf durchgehende Wände; so sind die 24 Wohnungen des Miethausblocks von *Mies van der Rohe* verschiedenen Architekten zur individuellen Aufteilung überlassen worden. Viele Kombinationen sind denkbar, Parteien mit und ohne Kinder können sich einrichten. In den

Einzelhäusern wird fast überall das Speisezimmer in den großen Wohnraum einbezogen, die Durchreiche zur Küche, die man auch von den Frankfurter Siedlungen her kennt, ist Allgemeingut geworden. Darüber hinaus herrscht das Bestreben, die Scheidewände zwischen den Zimmern durch Schiebetüren nach Möglichkeit beweglich zu halten; wenn nicht gar sie aufzuheben wie in dem einen Haus *Le Corbusiers,* in dem Schlafzimmer, Ankleide- und Badegelegenheit von dem Hauptraum nicht mehr deutlich abgetrennt sind. Das alles im Dienst von Licht und Helle, verbunden mit einer rationell durchdachten Apparatur. Was die Fassaden betrifft, so sind sie die eingesetzten äußeren Abschlüsse des Gerippes, ohne tragende Funktion. Gelagerte Fenster können sie ihrer ganzen Länge durchbrechen, und durchbrechen sie darum auch. Ausdrücklich wehren sich die Fassaden dagegen, ein Gesicht zu haben, als geschlossenes Bild von einem festen Blickpunkt aus betrachtet zu werden; denn Menschen, die sich mit hundert Kilometer Geschwindigkeit fortbewegen, tragen mit Recht kein Verlangen nach solchen Bildern. Nicht der angewurzelte Beobachter ermißt die Häuser, sondern der sie umstreifende und durchdringende; oder der Flieger, dem sie ihre flachen Dächer zukehren, auf denen sich ihm die Familien inmitten gärtnerischer Anlagen bieten.

Im Ganzen also: *Auflösung* des Hauses als einer perspektivisch auszuwertenden Baumasse – eine Auflösung übrigens, die bereits im generellen Bebauungsplan von Mies van der Rohe sich darstellt, der die Häuser ineinander spielen läßt, statt sie zur einheitlichen architektonischen Gruppe zusammenzufassen; Gelenkigkeit aller Glieder innerhalb eines sich wenig bemerkbar machenden Rahmens; Hygiene; kein Drum und Dran. Gerippe, mager und behend wie der Mensch in Sporthemd und Hose. Das geschickte Wasserhähnchen kann zufrieden sein. Wenn Frauen und Männer abends aus Fabriken und Büros nach Hause kommen, werden sie nicht mehr in das vorige Jahrhundert zurückversetzt.

Ein Hinweis nur auf die *Plan- und Modellausstellung,* die von Amerika und fast allen europäischen Ländern mit gut ausgewählten Beispielen moderner Architektur beschickt worden ist. Sie ist als Materialsammlung so wertvoll, daß man sie erhalten wissen möchte. Musterhaft die Veranschaulichung durch photographische Vergrößerungen riesigen Formats; Photographien von solchen Dimensionen sind dem Raum gemäß, den die gegenwärtigen Menschen und ihre Bauten erfüllen. Zu erkennen ist hier: die starke Abhängigkeit des heutigen Bauens von amerikanischen Wegbereitern – es wäre richtig gewesen, auch dem nicht minder vorbildlichen englischen Landhausbau eine Stelle zu gönnen; die Einheitlichkeit des Prozesses der *Dynamisierung* aller stabilen Elemente, die gleichbedeutend ist mit der Abschaffung der europäischen Perspektive alten Stils; die Abwendung von der kunstgewerblichen Ausstaffierung zur technisch einwandfreien Hausorganisation, die nur den notwendigen Bedarf locker und unaufdringlich erstellen will; die Beharrlichkeit nationaler Eigenarten, die wie ursprüngliche Farbtöne immer wieder durchschlagen (Gropius etwa wirkt ein wenig doktrinär neben der Eleganz Le Corbusiers, die Italiener können die Säulen nicht vergessen, an die sie freilich durch

Mussolini fortgesetzt erinnert werden, die Schweizer sind auf biedere Weise raffiniert). Der Besuch dieser photographischen Schau ist nicht nur für Architekten lohnend.

Die Hallen-Ausstellung vereinigt eine Auswahl von *Hausgerät,* für die neue Grundsätze maßgebend gewesen sind. Bezeichnend schon allein die Art, in der *Lilly Reich,* die verantwortliche Leiterin dieser großen Schau, die Räume gestaltet und aufgeteilt hat. Helle Hintergründe, die Wände treten zurück. Die alte Haupthalle, die mit ihren ausführlich verschnörkelten Eisenträgern an einen verschollenen Bahnhof gemahnt, erstrahlt in einem weißen Glanz, von dem der rührende Prunk der Balustraden und der Dachkonstruktion sich dünn und dunkel abhebt; durch die Verwandlung wird das Gebilde aus der Gegenwart gerückt und beinahe schön. Entscheidend ferner, daß die Auflösung so weit wie möglich getrieben ist. Wie in der Siedlung draußen fallen die entbehrlichen Scheidewände: keine Kojen mehr wie noch im Frankfurter Werkbundhaus, sondern ein offenes Nebeneinander der Waren. Manche Firmen, die sich dagegen anfänglich sträubten, sollen inzwischen die Vorteile einer solchen Grenzverwischung eingesehen haben. Wie in der Siedlung auch die Unterdrückung perspektivischer Aspekte. Das System, nach dem die Dinge angeordnet sind, bleibt geheim oder prägt sich doch jedenfalls an der Oberfläche nicht pathetisch aus.

Die Werkbund-Parole: *Los vom Kunstgewerbe* hat sich noch niemals so sichtbar dargestellt. Simpel und puritanisch sind die beiden Kennworte, die als Motto über dem Eingang stehen könnten. In jenen schönen angenagelten Groteskbuchstaben *Willy Baumeisters,* die, rot oder grau, den einzigen ornamentalen Schmuck der Wände bilden. Auch sie kein Überfluß, ein Zweckornament vielmehr, das Firmen nennt. Verschwunden der Krimskrams, der zu den umständlichen Dessous der noch nicht Sport treibenden Frauen von früher gehörte.

Das Wichtigste ist dies: daß die gesamte Schau eine *Inventaraufnahme* der von der Industrie tatsächlich angefertigten Gegenstände darstellt. Nicht mehr wie vor zwei Jahren noch bei der Stuttgarter Ausstellung: «Form ohne Ornament» sind Dinge eigens zu Demonstrationszwecken ausgebildet worden, sondern alles Gezeigte befindet sich wirklich im Umlauf, wird gekauft und verbraucht. Freilich war die Auswahl aus den vorhandenen Beständen mit Schwierigkeiten verknüpft. Um das passende Material zu erhalten, hat sich die Werkbundleitung in der Regel an die *großen Verbände* gewandt, die sich leichter als die Einzelfirmen von dem Sinn der Sichtung überzeugen ließen und fast durchweg ein nicht genug anzuerkennendes Entgegenkommen bewiesen. Schon heute darf als Ergebnis des neuen Ausstellungsprinzips gebucht werden: daß es die Industrie mehr zu gewinnen und anzueifern vermag als die frühere Methode.

Kämpfe waren vor allem mit den vorwiegend kunstgewerblich eingestellten Industriezweigen auszufechten. Die *Tapetenfabrikanten* etwa, die alljährlich eine Menge neuer Muster auf den Markt werfen, mit immer anderen Belebungsversuchen von Familienhintergründen, führen begreiflicherweise Klage darüber, daß die konstruktiven Hausgerippe von ihren zweidimensionalen Produkten nicht mehr viel wissen wollen. Nur wenige lichte und enthaltsame Rollen sind aus der ganzen Mannigfaltigkeit erwählt. – Sonderbar liegt der Fall bei der *Gardinenindustrie.* Die gleiche Technik, die heute der Wohnung sich bemächtigen möchte, hat, seit den sechziger Jahren schon, Maschinen hervorgebracht, denen die Zierate mühelos entquellen. Die Maschinen verlangen nach Nahrung, und der Werkbund sieht sich gezwungen, ihnen, vorerst wenigstens, das Futter zu verweigern. Er setzt sie auf Hungerration – eine dialektische Entwicklung, eine Beschränkung der technischen Möglichkeiten aus technischen Gründen, ein in sich selbst begründeter Umschlag, kraft dessen die ursprüngliche Potenz der Maschinen verringert werden soll, weil sie noch nicht in strengem Sinn maschinenhaft ist. Vielleicht, sagen die Werkbundleute, kommt später wieder eine neue Fülle, einstweilen aber ist Kargheit geboten, und die Gardinenmaschinerie muß sich den Bauchgurt enger schnüren. – Auch die *eisernen Öfen* sind zu üppig dekoriert. Einzig das schon früher ausgestellte *Kramersche* Modell hat Bestand. Um einige wohlgestaltete Öfen zu retten, hat man ihnen die Ornamente abgeschlagen wie den Häusern vom Kurfürstendamm. Die Industrie ist dem Vernehmen nach an der Herstellung neuer Modelle interessiert.

Ein Bericht ist kein Katalog, und der Gegenstände sind außer den bereits genannten zu viele, als daß sie auch nur annähernd verzeichnet werden könnten. Zur Vollkommenheit gediehen ist vor allem die gesamte *Apparatur:* Baderäume, Toiletten usw. Unter den Ausstellern auf diesem Gebiet behaupten die Stuttgarter Städtischen Gas- und Elektrizitätswerke einen Ehrenplatz. Große Firmen, die bisher laut Verbandssatzung auf den Messen nicht zeigten, haben sich dieses Mal beteiligt. Es funkelt von Platten und Metall, an den Kühlschränken strahlen Beschläge, die Boiler sind zur Kugel gerundet. Dem Publikum wird überall Gelegenheit geboten, Verfahrungsweisen und Betriebe aus eigener Anschauung kennen zu lernen; unter anderem den Mitropa-Speisewagen und die Stuttgarter Küchen, die von Dr. Erna Meyer eingerichtet worden sind. Daß die *Frankfurter Musterküche* prangt, versteht sich von selbst. An den schönen Raum für Webereien schließt sich der besonders geglückte der Linoleumindustrie: keine aufgebaute Innenarchitektur, sondern eine reine Darstellung der Ware mit neuen weißen, roten und schwarzen Belagen, die hart wirken wie Gestein. Vergessen wir nicht das Kupfergeschirr, längst verwandte Pfannenformen, die in diesem Rahmen neu zur Geltung kommen, rostfreie Bestecke, säurefeste Metallgefäße und feuerfeste Gläser, Metallbetten, die sich durch die vom Werkbund vorgeschlagene leichte Veränderung der Proportionen wesentlich verbessert haben, Beleuchtungskörper, die *Lihotzkysche* Sammlung von Beispielen und Gegenbeispielen.

Abgesehen von der Indanthren-Industrie, deren Farben in infinitesimalen Übergang durch die Unendlichkeit des Spektrums gleiten, hat sich noch die *württembergische Möbelindustrie* unter Führung Prof. *Pankoks* in einem großen Saal selbständig niedergelassen. Es ist der Sonderveranstaltung anzumerken, daß sie die Grundsätze des Werkbunds als nicht für sich verbindlich erachtet. Das gut gearbeitete, fournierte und ledergepolsterte Mobiliar guter Stuben und kultureller Herrenzimmer versammelt sich hier, als sei es unmittelbar dem Glanzpapier gepflegter Kunstzeitschriften entstiegen – ein Gespensterverein aus dem endgültig vergangenen Gestern, der den Schatten einer Spezies des bürgerlichen Mittelstandes heraufbeschwört, die noch immer von heute zu sein glaubt. Diesen Bücherschränken ist unbesessenes Bildungsgut einverleibt worden, in diesen Klubsesseln waren Gebeine vergraben. Dem Werkbund kann es nur recht sein, daß mitten in der Ausstellung ein solcher Requisitenraum ausgespart ist; die von ihm erkannte Notwendigkeit neuen Bauens ließe sich schlagender nicht erhärten.

Die Frage, was die heute von einer internationalen Vorhut der Architekten vollzogene Wendung bedeutet, wird nicht auszuweichen sein; so wenig auch gerade solchen Anfängen gegenüber abschlußhafte Formulierungen statthaft sind. Rationalisierung und Typisierung, sagte Mies van der Rohe in seiner Eröffnungsansprache, seien nur Mittel zum Zweck; in Wahrheit gehe es um die Darstellung *neuer Lebensformen.* Er selber hat mit seinem Bebauungsplan Anstoß erregt, weil er die Häuser zunächst ohne Rücksicht auf starre Eigentumsgrenzen verteilte. Auch Le Corbusier hat, wie man weiß, die Stilwandlung weltanschaulich zu begründen gesucht. Diese und andere Bekenntnisse beweisen immerhin, daß die neue Hausorganisation nicht allein aus dem Zwang zur rationellen Wirtschaft geboren ist; wie kräftig er sich im einzelnen auch durchsetze. Beschränkt sie sich darauf, dem Privatmenschen eine Wohnform zu geben, die – endlich – im Einklang mit seinen gegenwärtigen gesellschaftlichen Funktionen steht? Oder enthält sie bereits im Keim den einen oder anderen Hinweis auf eine veränderte Gesellschaftsordnung, statt es sich mit der Bestätigung der faktisch vorhandenen genügen zu lassen?

Häuser stehen im Raum und gehen auf ein Frage- und Antwortspiel nur in begrenztem Umfang ein. Vielleicht deutet wirklich die Anlage des Bebauungsplans und der immer wiederholte Versuch, durch das Einreißen von Zwischenwänden die frühere Insichgeschlossenheit des Einzelmenschen nach außen hin abzubauen, auf eine noch ungegebene Struktur der Gesellschaft vor; vielleicht soll er aber auch nur dem anonymen Sein des der kapitalistischen Wirtschaft verpflichteten Massenmenschen Ausdruck verleihen. Alle diese Erscheinungen sind mindestens doppeldeutig. Gleichviel aber, ob sie unter anderem auch über das herrschende soziale System sich hinaus erstrecken: jedenfalls entsprechen sie ihm, wie zu Beginn dargelegt wurde, in einer bisher nicht erreichten Weise. Sie sind sein vollendeter *Spiegel;* was immer sonst sie noch sein mögen. Bedürfte es eines Beweises für diese ihre Spiegelhaftigkeit, so wäre er durch den Puritanismus erbracht, den sie in allen ihren Teilen bekunden. Nicht das Menschliche wird in den neuen Wohnungen unmittelbar freigesetzt, sondern eher der Mensch des heute geltenden Wirtschaftssystems, der asketisch sein muß, wenn er ehrlich sein will. Sie bedeuten vorwiegend eine Revolution gegen Raumgebilde, die anachronistisch in unsere Zeit ragen, und nur insofern sie sich dem gegenwärtigen Stand der Dinge anpassen, bereiten sie «neue Lebensformen» vor.

In der Hallen-Ausstellung befindet sich ein merkwürdiger von Mies van der Rohe und Lilly Reich erdachter Raum. Seine Wände sind aus milchigen und dunkelfarbigen Glasplatten zusammengesetzt. Ein *Glaskasten,* durchscheinend, die Nachbarräume dringen herein. Jedes Gerät und jede Bewegung in ihnen zaubert Schattenspiele auf die Wand, körperlose Silhouetten, die durch die Luft schweben und sich mit den Spiegelbildern aus dem Glasraum selber vermischen. Die Beschwörung dieses ungreifbaren gläsernen Spuks, der sich kaleidoskopartig wandelt wie die Lichtreflexe, ist ein Zeichen dafür, daß das neue Wohnhaus nicht eine letzte Erfüllung bedeutet, daß es nicht genügen kann, Wasserhähnchen zufrieden zu stellen und eisernen Öfen die Dekoration abzuschlagen. Wie kitschig immer die abgeschlagenen Zierate waren: der Rest ersetzt das mit ihnen Gemeinte nicht. Wahrscheinlich sind die neuen Häuser ihrem Gehalt nach *Reste,* das heißt, zeitgemäße konstruktive Fügungen der von schlechtem Überfluß gereinigten Elemente; und gewiß sind diese Restkompositionen allein in der gegenwärtigen Gesellschaft zu verantworten. Aber es wäre gut, wenn aus ihnen mehr noch, als es heute geschieht, die Trauer über die Entsagung spräche, die sie üben müssen; jene skurrile Trauer, die an den in die Glasfläche gebannten Erscheinungen haftet. Denn die Hausgerippe sind sich nicht Selbstzweck, sondern der notwendige Durchgang zu einer Fülle, die keiner Abzüge mehr bedarf und heute nur negativ durch die Trauer bezeugt werden kann. Sie werden erst Fleisch ansetzen, wenn der Mensch aus dem Glas steigt.

Aus: Siegfried Kracauer: *Schriften,* Band 5.2, hrsg. von Inka Mülder-Bach, Frankfurt am Main 1990, S. 68–74.

Erstabdruck in: *Frankfurter Zeitung* vom 31. Juli 1927.

Kommentar: Anh-Linh Ngo

Bruno Latour wurde 1947 im burgundischen Beaune als Sohn einer Winzerfamilie geboren. Er studierte Philosophie und Anthropologie und promovierte 1975 an der Universität Tours. Von 1982 bis 2006 war er Professor für Soziologie am Centre de Sociologie de l'Innovation an der École Nationale Supérieure des Mines in Paris. Dieses ingenieurwissenschaftliche Umfeld prägte seine Arbeits- und Denkweise nachhaltig. Seit 2007 ist er Professor an der Sciences Po in Paris. Diese disziplinäre Uneindeutigkeit macht Latours Originalität aus. Er ist ein Philosoph, der mit anthropologischen Methoden eine vom soziologischen Erkenntnisdrang getriebene Wissenschaftsforschung betreibt.

Latour gilt als einer der Begründer der sogenannten Akteur-Netzwerk-Theorie, die sich mit der Bedeutung und den Folgen von wissenschaftlichen und technischen Innovationen für die Gesellschaft auseinandersetzt. Sein originärer Beitrag liegt in der Entgrenzung des Begriffs des Sozialen. Ihm zufolge konstituieren nicht nur menschliche, sondern auch nichtmenschliche Wesen die soziale Welt. Dadurch wird die Unterscheidung der Moderne zwischen Natur und Kultur obsolet. Auch deren nüchternes Vertrauen in die sogenannten harten Fakten – im politischen Jargon «Realpolitik» genannt – möchte er durch eine «neue Politik der Dinge und für die Menschen», kurz «Dingpolitik», ersetzen. Dieses Politikverständnis geht nicht von einfachen, eindeutigen Wahrheiten, oder in Latours Worten, von «Tatbeständen» (matters of fact) aus, sondern von komplexen, «uns angehenden Dingen» (matters of concern). Er verweist dabei auf die etymologische Bedeutung des Wortes «Ding», das in seiner germanischen Wurzel «Thing» eine politische Versammlung bezeichnet. Eine Ansammlung von Dingen ist somit immer auch eine Versammlung sowohl menschlicher als auch nichtmenschlicher «Delegierter», die Interessen verhandeln. Die Relevanz für das Design ist offensichtlich: Der Designer müsse ein «vorsichtiger Prometheus» sein; er ist kein Schöpfer stummer Objekte, sondern hat gegenüber den von ihm geschaffenen Dingen, über deren gesamten Lebenszyklus, eine hohe moralische Verantwortung.

Anh-Linh Ngo ist seit 2001 Redakteur der Zeitschrift ARCH+. *Er studierte Architektur an der RWTH Aachen und als DAAD-Stipendiat an der University of Newscastle. Er war wissenschaftlicher Mitarbeiter für Architekturtheorie an der RWTH Aachen.*

Bruno Latour

VON OBJEKTEN ZU DINGEN (2005)

Um die[se] Verschiebung von einer billigen Vorstellung von Objektivität zu kostenaufwendigen Beweisen zu unterstreichen, wollen wir das Wort «Ding» wieder zum Leben erwecken und den Neologismus *Dingpolitik* als einen Ersatz für *Realpolitik* verwenden. Denn letzterer mangelt es an Realismus, nicht nur wenn sie über Machtbeziehungen, sondern auch wenn sie über bloße Fakten spricht. Sie weiß nicht, wie mit der «Unbestreitbarkeit» umzugehen ist. Um die eigenen nackten Interessen herauszufinden, braucht man wahrscheinlich die gewundenste und am weitesten hergeholte Untersuchung. Um zum nüchternen Realisten zu werden, genügt es nicht, brutal zu sein.

Wie jeder Leser Heideggers weiß, oder wie jeder Blick in ein englisches Wörterbuch unter dem Stichwort «Thing» bestätigt, bezeichnete das alte Wort «Thing» oder «Ding» ursprünglich einen bestimmten Typ archaischer Versammlung.[1] Viele Parlamente in nordischen oder angelsächsischen Ländern halten die alte Wurzel dieser Etymologie noch wach: die norwegischen Kongreßmitglieder versammeln sich im *Storting;* die isländischen Abgeordneten, die mit dem Äquivalent von «Dingmenschen» bezeichnet werden, kommen im *Althing* zusammen;[2] auf der Isle of Man pflegten die Ältesten um das Thing zusammenzukommen;[3] die Landschaft in Deutschland ist mit *Thingstätten* übersät, und an vielen Orten kann man die Steinkreise sehen, wo sich einst das Thing befand.[4] Lange bevor es ein aus der politischen Sphäre hinausgeworfenes Objekt bezeichnete, das dort draußen objektiv und unabhängig stand, hat so das *Ding* oder *Thing* für viele Jahrhunderte die Sache bezeichnet, die Leute zusammenbringt, weil sie sie entzweit. Die gleiche Etymologie liegt im griechischen *aitia* und im französischen oder italienischen *cause.* Selbst der russische *Sowjet* träumt noch von Brücken und Kirchen.[5]

Von all den erodierten Bedeutungen, die die unsäglich langsame Bewegung der politischen Geologie übriggelassen hat, ist die merkwürdigste das isländische Althing, denn die alten «Dingmenschen» – die wir als «Kongreß-» oder «Parlamentsabgeordnete» bezeichnen würden – hatten die wunderliche Idee, sich an einem unwirtlichen und sublimen Ort zu treffen, der zufällig genau auf der Verwerfungs-

1 Siehe das *Oxford Dictionary:* «URSPRUNG: altenglisch, deutschen Ursprungs: verbunden mit dem deutschen *Ding.* Zu den frühen Bedeutungen gehörten ‹Zusammenkunft› und ‹Sache, Angelegenheit› wie auch ‹unbelebte Gegenstände›»; Martin Heidegger, *Die Frage nach dem Ding: zu Kants Lehre von den transzendentalen Grundsätzen,* Frankfurt am Main 1984 [Gesamtausgabe. II. Abteilung, Vorlesungen 1923–1944; Bd. 41]; Graham Harman, «Heidegger on Objects and Things», in Latour/Weibel, *Making Things Public.*

2 Gisli Pálsson, «Of Althings!», ebd.

3 Elizabeth Edwards, Pete James, « ‹Our Government as Nation›. Sir Benjamin Stone's Parliamentary Pictures», ebd.

4 Barbara Dölemeyer, «Thing Site, Tie, Ting Place – Venues for the Administration of Law», ebd.

5 Oleg Kharkhordin, «Things as *Res Publica:* Making Things Public», ebd.

linie liegt, an der die tektonischen Platten des Atlantiks und Europas aneinander stoßen. Nicht nur gelingt es den Isländern, uns an die alte Bedeutung von *Ding* zu erinnern, sondern sie dramatisieren auch bis aufs Äußerste, wie sehr diese politischen Fragen ebenso zu Fragen der Natur geworden sind. Sind etwa nicht alle Parlamente sowohl durch die Natur der Dinge als auch durch das Getöse des überfüllten Dings entzweit? Ist es nicht an der Zeit, die *res* zur *res publica* zurückzubringen?[6] Aus diesem Grund haben wir versucht, die provisorische und fragile Versammlung unserer Ausstellung auf so viele Verwerfungslinien von so vielen tektonischen Platten wie möglich zu plazieren.

Bei der Wiederbelebung dieser alten Etymologie geht es darum, daß wir uns nicht versammeln, weil wir übereinstimmen, ähnlich aussehen, uns wohl fühlen, sozial verträglich sind, uns vereinigen wollen, sondern weil wir durch Streitsachen an einem neutralen, isolierten Ort zusammengeführt worden sind, um zu irgendeiner Art von improvisierter provisorischer (Nicht)Übereinkunft zu gelangen. Wenn *Ding* gleichzeitig jene bezeichnet, die sich versammeln, weil etwas anliegt, wie auch die Ursachen ihrer Anliegen und Differenzen, sollte es ins Zentrum unserer Aufmerksamkeit rücken: *Zurück zu den Dingen!* Ist dies nicht ein stärker engagierender politischer Slogan?

Doch die Dinge, zu denen wir zurückgehen sollen, sehen seltsam aus. Nicht länger haben sie die Klarheit, Transparenz, Offensichtlichkeit von Fakten; sie bestehen nicht aus klar abgegrenzten, einzelnen Objekten, die in einem lichtdurchfluteten Raum baden wie die wunderbaren anatomischen Zeichnungen Leonardo da Vincis oder die erstaunlichen Farbbilder von Gaspard Monge oder die scharf umrissenen Isotopen Otto Neuraths.[7] Fakten erscheinen uns nun als abhängig von einer empfindlichen Ästhetik des Malens, Zeichnens, der Beleuchtung, des Blicks, des Zusammenbringens von etwas, das vier Jahrhunderte lang ausgearbeitet wurde und sich nun möglicherweise vor unseren Augen verändert.[8] Es gab eine Ästhetik der Tatsachen, der Objekte, der *Gegenstände*. Können wir eine Ästhetik der Angelegenheiten, der Dinge ersinnen?

Versammlungen ist die Übersetzung, die Heidegger verwendete, um über diese Dinge zu sprechen, diese Orte, die in der Lage sind, Sterbliche und Unsterbliche,

6 «Wenn sie (die *res*) in dieser Funktion auftaucht, so nicht als Stätte, an der die einseitige Herrschaft eines Subjekts ausgeübt wird [...]. Wenn die *res* Objekt ist, so ist sie es vor allem in einer Debatte oder Meinungsverschiedenheit als gemeinsamer Gegenstand, der zwei Protagonisten einander sowohl *entgegenstellt* als auch miteinander *vereint*», Yan Thomas, «Res, chose et patrimoine (note sur le rapport sujet-objet en droit romain)», in *Archives de philosophie du droit*, 1980, S. 413–426, hier S. 417). Und weiter unten: «Ihre Objektivität wird sichergestellt durch dieses gegenseitige Einvernehmen, das aus Kontroverse und gerichtlicher Debatte entspringt» (S. 418).

7 Wiebe E. Bijker, «The Politics of Water – The Oosterschelde Storm Surge Barrier: a Dutch Thing to Keep the Water Out or Not», in Latour/Weibel, *Making Things Public*, Frank Hartmann, «Humanization of Knowledge Through the Eye – about Otto Neurath», ebd.

8 Lorraine Daston und Peter Galison, «The Image of Objectivity», *Representation* (40), 1992, S. 81–128, und Lorraine Daston, «Hard Facts», in Latour/Weibel, *Making Things Public*, Jessica Riskin, «Science in the Age of Sensibility», ebd.

Menschen und nichtmenschliche Wesen zu versammeln. Es liegt mehr als nur ein wenig Ironie darin, diese Bedeutung auszudehnen auf das, was Heidegger und seine Nachfolger inbrünstig haßten, nämlich Wissenschaft, Technik, Handel, Industrie und Populärkultur. Und doch haben wir genau dies vor: die Objekte von Wissenschaft und Technik, Supermarktgänge, Finanzinstitutionen, medizinische Einrichtungen, Computernetzwerke – selbst der Laufsteg von Modeschauen![9] – bieten ausgezeichnete Beispiele für Hybridforen und Agoras, für Zusammenkünfte, die zur Erosion des älteren Bereichs der im klaren Licht des modernistischen Blicks badenden reinen Objekte beitragen. Wie ließe sich ein besseres Beispiel für ein Hybridforum denken als jene verkleinerten Modelle, die von Architekten überall in der Welt verwendet werden, um die zu versammeln, die in der Lage sind, diese Modelle im Maßstab 1:1 zu bauen? Als der dünne Filzstift, mit dem Zeichner neue Landschaften imaginieren? Wenn wir sagen «Öffentliche Angelegenheiten!» oder «Zurück zu den Dingen!», so versuchen wir nicht, zum alten Materialismus der *Realpolitik* zurückzukehren, denn die *Materie selbst* steht ebenfalls zur Diskussion. Materialist zu sein, bedeutet nun, sich in ein Labyrinth hineinzubegeben, das noch verwickelter ist als das von Dädalus erbaute.

Im selben fatalen Monat Februar 2003, als Powell seine Rede vor dem UN-Sicherheitsrat hielt, wurde ein anderes niederschmetterndes Beispiel für diese Verschiebung vom Objekt zu den Dingen geliefert: in der Explosion der Raumfähre *Columbia.* «Assembly drawing» [Montage-Zeichnung] nennen die Ingenieure die Erfindung der Blaupause.[10] Doch das Wort «Assembly» [Versammlung, Montage] klingt sonderbar, nachdem der Shuttle explodiert ist und seine Trümmer in einer riesigen Halle zusammengetragen sind, wo die Mitarbeiter einer eigens geschaffenen Untersuchungskommission herauszufinden versuchen, was mit ihm passiert ist. Sie verfügen nun über die «explodierte Ansicht» eines hoch komplexen technischen Objekts. Explodiert ist allerdings unser Vermögen zu verstehen, was zum *Ding* gewordene Objekte sind. Wie traurig, daß wir Katastrophen brauchen, um daran erinnert zu werden, daß die Präsentation der *Columbia* auf ihrer Startrampe in ihrer kompletten, autonomen, objektiven Form eine noch größere Lüge war als Powells Präsentation der «Fakten» über die Massenvernichtungswaffen! Erst *nach* der Explosion realisierte jeder, daß die ganze komplexe Technologie des Shuttles mit der NASA-Bürokratie *in* ihm hätte dargestellt werden müssen, denn auch darin sollten die Astronauten fliegen müssen.

Das Objekt, der *Gegenstand* mag außerhalb aller Versammlungen bleiben müssen, doch nicht das *Ding.* Daher die Frage, die wir stellen möchten: Welches sind die verschiedenen Gestalten der *Versammlungen,* die aus all diesen *Ansammlungen** Sinn machen können? Eine Frage, die wir an die drei in dieser Ausstellung

9 Pauline Terreehorst und Gerard de Vries, «The parliament of Fashion», ebd.
10 Wolfang Lefèvre, *Picturing Machines 1400–1700,* Cambridge, Mass. 2004.

zusammengebrachten Repräsentationstypen richten: die politische, die wissenschaftliche und die künstlerische.

Durch irgendeinen verblüffenden Dreh der Etymologie hat es sich ergeben, daß dieselbe Wurzel den beiden Zwillingsbrüdern Dämon und Demos Leben geschenkt hat: und diese beiden stehen mehr miteinander im Krieg als er je zwischen Eteokles und Polyneikes wütete.[11] Das Wort «demos», das die Hälfte des vielgerühmten Worts «Demo-kratie» ausmacht, wird heimgesucht vom Dämon, ja vom Teufel, denn sie teilen die gleiche Wurzel, das indoeuropäische da-, und das bedeutet teilen, entzweien.[12] Der Dämon stellt eine so schreckliche Bedrohung dar, weil er entzweit. Und der Demos stellt eine so willkommene Lösung dar, weil er ebenfalls entzweit. Ein Paradox? Nein, es rührt daher, daß wir durch so viele widersprüchliche Bindungen so entzweit sind, daß wir uns versammeln müssen.

Vielleicht sind wir vertraut mit Jesus' Warnung vor der Macht des Satans,[13] doch auf die gleiche Macht der Entzweiung geht auch die Teilung/Trennung zurück, daß man nämlich das gleiche Territorium teilt. Daher besteht das *Volk*, der *demos*, aus denen, die den gleichen Raum *teilen* und durch die gleichen widersprüchlichen Sorgen entzweit werden. Wie könnte eine objektorientierte Demokratie eine solche schwindelerregende Ungewißheit ignorieren? Wenn das Messer über dem Kuchen des Gemeinwohls schwebt, um ihn in Anteile zu zerschneiden, kann es trennen und den *Dämon* des Streits zwischen den Bürgern freisetzen, oder es kann gleiche Anteile schneiden und den *demos* glücklich versorgt lassen. Seltsam genug: wir sind geteilt und müssen möglicherweise noch mehr teilen, das heißt uns etwas teilen. Der «demos» wird heimgesucht vom Dämon der Teilung! Kein Wunder, daß, wie ich leider fürchte, diese Ausstellung ein derartiges *Pandämonium* bietet. Die Politik ist ein Zweig der Teratologie, der Lehre von den Mißbildungen: vom Leviathan zu den Teufeln, von Discordia zu Behemoth und bald noch weitere Geister und Phantome. Wir können uns also noch auf einige Streiche *und* Vergnügen gefaßt machen.

Aus: Bruno Latour: *Von der Realpolitik zur Dingpolitik oder wie man Dinge öffentlich macht*, aus dem Englischen von Gustav Roßler, hrsg. v. ZKM, Zentrum für Kunst- und Medientechnologie Karlsruhe, Berlin 2005, S. 29–37.
Englische Originalfassung: «From Realpolitik to Dingpolitik – An Introduction», in *Making Things Public*, Cambridge, Mass. 2005.

* *Hier und im folgenden wurde «assemblage» mit «Ansammlung» übersetzt; der Ausdruck* Assemblage, *in der Kunst einen aus einer Kombination verschiedener Objekte entstandenen dreidimensionalen Gegenstand bezeichnend, hat zwar viele Konnotationen, die für ihn sprechen (daß er deutlich eine Zusammenstellung von Dingen umfaßt), aber verengt andererseits auch wieder die Bedeutung, außerdem geht die Nähe* assembly/assemblage *verloren, die Versammlung/Ansammlung bewahrt. A. d. Ü.*

11 Marcel Detienne (Hrsg.), *Qui veut prendre la parole?* Paris 2003.

12 Pierre Lévêque, «Repartition et democratie à propos de la racine da-», *Esprit* (12), 1993, S. 34–39.

13 «Jedes Reich, das mit sich selbst uneins ist, wird verwüstet; und jede Stadt, oder jedes Haus, das mit sich selbst uneins ist, kann nicht bestehen. Wenn nun der Satan den Satan austreibt, so muß er mit sich selbst uneins sein; wie kann dann sein Reich bestehen?» (Matt. 12, 25–26).

Kommentar: Norbert Bolz

Marshall McLuhan (1911–1980) war der vielleicht nicht bedeutendste, in jedem Fall aber berühmteste Vertreter der sogenannten Toronto School, in der die Grundlagen der Medienwissenschaft gelegt wurden. Dass er in den 1960er-Jahren geradezu *der* Pop-Philosoph der Studentenbewegung werden konnte, liegt auch in seinem verblüffenden Darstellungsstil begründet. Seine Bücher sind Mosaike aus Zitaten, Fragmenten und eingängigen Slogans; sie sind also nicht linear und argumentativ aufgebaut. Der Leser wird weniger belehrt als berauscht.

Der Medienbegriff Marshall McLuhans ist umfassend: Medien sind Extensionen des Menschen – gemeint sind also nicht nur Bücher, Filme und Computer, sondern auch Werkzeuge, Kleidung und Architektur. In erster Linie will McLuhan untersuchen, wie unsere Kultur und Weltwahrnehmung durch die Leitmedien Buch, Fernseher und Computer geprägt worden sind. Und hierbei ist nun eines entscheidend: Leitmedien produzieren Weltbegriffe. Es geht um die Prägung unseres Weltverhältnisses durch die Medien, die uns bestimmen. Das ist der Sinn des berühmten Satzes: «Das Medium ist die Botschaft». Das jeweilige Leitmedium einer Zeit definiert die Bedingungen der Möglichkeit von Erfahrung und Erkenntnis. Dass das so schwer zu verstehen ist, liegt daran, dass der Inhalt eines Mediums, der sich dem Bewusstsein des Rezipienten aufdrängt, immer ein anderes Medium ist. Was uns durch die Medien widerfährt, können wir nur dann erfahren, wenn wir Figur und Grund vertauschen. So ist z. B. an einem Buch nicht die Botschaft des Autors entscheidend, sondern das typographische Prinzip selbst, also Uniformität und Linearität.

Die Revolutionierung unserer westlichen Kultur durch den Buchdruck ist das Thema des anspruchsvollsten Buches von McLuhan: *The Gutenberg Galaxy.* Es macht einerseits sehr gut deutlich, wie radikal sie durch das typographische Prinzip geprägt worden ist, doch zugleich stellt es sie auch als eine Art Disziplinaranstalt dar, aus der wir endlich ausbrechen sollten. Und hier kommen nun die neueren elektrischen und elektronischen Medien ins Spiel. Sie sprengen die Gutenberg-Galaxis mit der Energie einer zweiten Oralität, die wir dem Radio und dem Fernsehen verdanken. Viele der neueren Medien laden uns zur Partizipation ein. An die Stelle des stillen, einsamen Lesens tritt ein aktiver Mediengebrauch. Vor allem diese Thesen, die die neuen Medien gegenüber den klassischen Bildungsmedien ins Recht setzen, haben den Ruhm McLuhans begründet.

Norbert Bolz ist Professor für Medienwissenschaft an der Technischen Universität Berlin. Er ist Autor zahlreicher, teils kontrovers diskutierter Bücher wie Am Ende der Gutenberg-Galaxis *(1993, 3. Aufl. 2008),* Das konsumistische Manifest *(2002),* Bang design *(2006),* Das ABC der Medien *(2007).*

Marshall McLuhan

DIE MAGISCHEN KANÄLE (1964)

Das Medium ist die Botschaft

In einer Kultur wie der unseren, die es schon lange gewohnt ist, alle Dinge aufzusplittern und zu teilen, um sie unter Kontrolle zu bekommen, wirkt es fast schockartig, wenn man daran erinnert wird, daß in Funktion und praktischer Anwendung das Medium die Botschaft ist. Das soll nur heißen, daß die persönlichen und sozialen Auswirkungen jedes Mediums – das heißt jeder Ausweitung unserer eigenen Person – sich aus dem neuen Maßstab ergeben, der durch jede Ausweitung unserer eigenen Person oder durch jede neue Technik eingeführt wird. So zielen beispielsweise mit dem Aufkommen der Automation die neuen Formen menschlichen Zusammenlebens auf die Abschaffung der Routinearbeit, des Jobs hin. Das ist das negative Ergebnis. Auf der positiven Seite gibt die Automation den Menschen Rollen, das heißt eine tief erlebte Beteiligung der Gesamtperson an der Arbeit und der menschlichen Gemeinschaft, welche die mechanische Technik vor uns zerstört hatte. Viele Menschen sind wohl eher geneigt zu sagen, daß nicht in der Maschine, sondern in dem, was man mit der Maschine tut, der Sinn oder die Botschaft liege. Für die Art und Weise, wie die Maschine unsere Beziehungen zueinander und zu uns selbst verändert hat, ist es vollkommen gleichgültig, ob sie Cornflakes oder Cadillacs produziert. Die Neugestaltung der menschlichen Arbeit und des menschlichen Zusammenlebens wurde durch die Technik des Zerlegens bestimmt, die das Wesen der Maschinentechnik darstellt. Das Wesen der Automationstechnik ist gerade gegenteiliger Art. Es integriert dezentralisiert und wirkt in die Tiefe, während die Maschine fragmentierte, zentralisierte und bei der Gestaltung menschlicher Beziehungen an der Oberfläche haften blieb.

Das Beispiel des elektrischen Lichtes wird sich in diesem Zusammenhang vielleicht als aufschlußreich erweisen. Elektrisches Licht ist reine Information. Es ist gewissermaßen ein Medium ohne Botschaft, wenn es nicht gerade dazu verwendet wird, einen Werbetext Buchstabe um Buchstabe auszustrahlen. Diese für alle Medien charakteristische Tatsache bedeutet, daß der «Inhalt» jedes Mediums immer ein anderes Medium ist. Der Inhalt der Schrift ist Sprache, genauso wie das geschriebene Wort Inhalt des Buchdrucks ist und der Druck wieder Inhalt des Telegrafen ist. Auf die Frage: «Was ist der Inhalt der Sprache?» muß man antworten: «Es ist ein effektiver Denkvorgang, der an sich nicht verbal ist.» Ein abstraktes Bild stellt eine direkte Äußerung von schöpferischen Denkvorgängen dar, wie sie etwa in Mustern von Elektronenrechnern erscheinen könnten. Was wir jedoch hier betrachten, sind die psychischen und sozialen Auswirkungen der Muster und Formen, wie sie schon bestehende Prozesse verstärken und beschleunigen. Denn die «Botschaft» jedes Mediums oder jeder Technik ist die Veränderung des Maßstabs, Tempos oder Schemas, die es der Situation des Menschen bringt. Die Eisenbahn hat der menschlichen Gesellschaft nicht Bewegung, Transport oder das Rad oder die Straße gebracht, sondern das Ausmaß früherer menschlicher Funktionen vergrößert und beschleunigt und damit vollkommen neue Arten von Städten und neue Arten der Arbeit und Freizeit geschaffen. Und das traf zu, ob nun die Eisenbahn in einer tropischen oder nördlichen Umgebung fuhr, und ist völlig unabhängig von der Fracht oder dem Inhalt des Mediums Eisenbahn. Das Flugzeug andererseits führt durch die Beschleunigung des Transporttempos zur Auflösung der durch die Eisenbahn bedingten Form der Stadt, der Politik und der Gemeinschaft, ganz unabhängig davon, wie und wofür das Flugzeug verwendet wird.

Kehren wir zum elektrischen Licht zurück. Ob das Licht nun bei einem gehirnchirurgischen Eingriff oder einem nächtlichen Baseballspiel verwendet wird, ist vollkommen gleichgültig. Man könnte behaupten, daß diese Tätigkeiten in gewisser Hinsicht der «Inhalt» des elektrischen Lichts seien, da sie ohne elektrisches Licht nicht sein könnten. Diese Tatsache unterstreicht nur die Ansicht, «daß das Medium die Botschaft ist», weil eben das Medium Ausmaß und Form des menschlichen Zusammenlebens gestaltet und steuert. Der Inhalt oder die Verwendungsmöglichkeiten solcher Medien sind so verschiedenartig, wie sie wirkungslos bei der Gestaltung menschlicher Gemeinschaftsformen sind. Ja, es ist nur zu bezeichnend, wie der «Inhalt» jedes Mediums der Wesensart des Mediums gegenüber blind macht.

Erst jetzt haben manche Industriezweige erkannt, mit was für Geschäften sie eigentlich zu tun haben. Als IBM entdeckten, daß ihre Tätigkeit nicht die Erzeugung von Bürobedarf oder Büromaschinen ist, sondern die Verarbeitung von Information, begannen sie, ihr Unternehmen mit klarem Blick zu leiten. Die General Electric Company zieht einen beträchtlichen Teil ihrer Gewinne aus Glühlampen und Beleuchtungsanlagen. Diese Gesellschaft hat aber noch nicht herausgefunden, genausowenig wie A.T. & T., daß ihr Geschäft in der Informationsbewegung liegt. [...]

Bei der Verleihung eines Ehrentitels an der Universität von Notre Dame machte General David Sarnoff vor ein paar Jahren folgende Feststellung: «Wir neigen nur zu leicht dazu, die technischen Mittel zum Sündenbock jener zu machen, die sie handhaben. Die Schöpfungen der modernen Wissenschaft sind an sich weder gut noch schlecht; die Art und Weise aber, wie sie verwendet werden, bestimmt ihren Wert.» Das ist die Stimme der üblichen Nachtwandlermentalität. Nehmen wir an, wir wollten sagen, «Apfelkuchen ist an sich weder gut noch schlecht; nur die Art, wie er verwendet wird, bestimmt seinen Wert». Oder, «der Pockenvirus ist an sich weder gut noch schlecht; nur die Art, wie er verwendet wird, bestimmt seinen Wert». Oder auch «Schußwaffen sind an sich weder gut noch schlecht; nur die Art, wie sie verwendet werden, bestimmt ihren Wert». Das heißt, wenn die Kugeln die richtigen Leute treffen, sind Schußwaffen gut. Wenn die Fernsehröhre die richtigen Leute mit der richtigen Munition beschießt, ist das Fernsehen gut. Ich will jetzt nicht boshaft sein. In dieser Behauptung Sarnoffs steckt einfach gar nichts, was einer genaueren Überprüfung standhielte, denn sie ignoriert die Natur des Mediums, jedes einzelnen Mediums und aller Medien in der echt narzißtischen Art von jemandem, der hypnotisiert ist durch Amputation und die Ausweitung seiner eigenen Person in eine neue Form von Technik. General Sarnoff legte dann seine Stellungnahme zur Drucktechnik dar und führte aus, daß durch den Buchdruck zwar viel Schund unter die Menschen gekommen sei, aber er habe auch die Bibel und die Gedanken von Visionären und Philosophen verbreitet. Es ist General Sarnoff nie aufgefallen, daß ein Medium etwas anderes tun könnte, als sich dem bereits Vorhandenen anzuschließen. [...]

Knapp bevor ein Flugzeug die Schallmauer durchbricht, werden die Schallwellen an den Tragflächen des Flugzeugs sichtbar. Das plötzliche Sichtbarwerden des Schalls gerade dann, wenn der Schall aufhört, ist ein treffendes Beispiel jener großen Seinsgesetzmäßigkeit, die neue und gegensätzliche Formen offenbart, wenn frühere Formen gerade den Höhepunkt ihrer Entwicklung erreichen. Die Mechanisierung war nie so deutlich atomistisch oder kontinuierlich wie bei der Geburt des Films, dem Zeitpunkt also, der uns über die Mechanisierung hinaus in die Welt des Wachstums und der organischen Wechselbeziehungen hineinführte. Der Film brachte uns, durch bloße Beschleunigung der Mechanik, von der Welt der Folge und Verbindung zur Welt der schöpferischen Gestalt und Struktur.

Die Botschaft des Mediums Film ist die des Übergangs von linearer Verbindung zur Gestalt. Es ist der Übergang, der zu der nun vollkommen richtigen Bemerkung geführt hat: «Wenn es funktioniert, ist es überholt.» Wenn die elektrische Geschwindigkeit noch mehr von den mechanischen Filmsequenzen übernimmt, werden die Kraftlinien in Strukturen und Medien laut und deutlich. Wir kehren zur allumfassenden Form des Bildsymbols zurück.

Einer hochalphabetisierten und mechanisierten Kultur schien der Film als eine Welt triumphierender Illusionen und Träume, die man mit Geld kaufen konnte. In diesem Augenblick der Geschichte des Films kam der Kubismus auf, der von E.H. Gombrich in seinem Buch *Art and Illusion* als «der gründlichste Versuch, Mehrdeutigkeit auszuschließen und einer Lesart des Bildes Geltung zu verschaffen – der eines von Menschenhand geschaffenen Werkes, einer mit Farbe behandelten Leinwand» bezeichnet worden ist. Denn der Kubismus setzt alle Aspekte eines Gegenstandes gleichzeitig anstelle des «Augenpunktes» oder des Aspekts der perspektivischen Illusion. Der Kubismus ersetzt die spezialisierte Illusion der dritten Dimension auf der Leinwand durch ein Wechselspiel von Ebenen und Widersprüchen oder durch einen dramatischen Konflikt von Muster, Licht und Textur, der durch das Miteinbeziehen «die Botschaft an den Mann bringt». So werden, wie viele behaupten, wirklich Gemälde geschaffen und nicht Illusionen.

Mit andern Worten, der Kubismus gibt Innen und Außen, Oben, Unten, Hinten, Vorne und alles übrige in zwei Dimensionen wieder und läßt damit die Illusion der Perspektive zugunsten eines unmittelbaren sinnlichen Erfassens des Ganzen fallen. Mit diesem Griff nach dem unmittelbaren, totalen Erfassen verkündete der Kubismus plötzlich, daß das Medium die Botschaft ist. Ist es nicht klar, daß im selben Augenblick, in dem das Aufeinanderfolgen der Gleichzeitigkeit weicht, wir uns in der Welt der Struktur und Konfiguration befinden? Ist nicht gerade das in der Physik wie in der Malerei, Dichtung und auf dem Gebiet der Kommunikation eingetreten? Die Aufmerksamkeit gilt nicht mehr speziellen Teilaspekten, sondern wendet sich der Wirklichkeit als totalem Feld zu, und wir können jetzt ganz natürlich sagen, «das Medium ist die Botschaft».

Vor der elektrischen Geschwindigkeit und dem totalen Feld war es nicht klar, daß das Medium die Botschaft ist. Die Botschaft, so schien es damals, sei der «Inhalt», als die Leute fragten, was ein Gemälde bedeute. Doch wäre es ihnen nie eingefallen zu fragen, was eine Melodie, ein Haus oder ein Kleid bedeute. In solchen Dingen haben die Menschen eine gewisse ganzheitliche Auffassung der Struktur, Form und Funktion als einer Einheit beibehalten. Aber im Zeitalter der Elektrizität ist diese ganzheitliche Auffassung der Struktur und Konfiguration so vorherrschend geworden, daß die Pädagogik diese Angelegenheit aufgegriffen hat. Anstatt sich mit speziellen «Problemen» der Arithmetik zu beschäftigen, folgt die strukturelle Methode der Kraftlinie im Feld der Zahlen und läßt Kinder über Zahlentheorie und «Mengen» nachdenken. [...]

Heiße Medien und kalte

[...] Es gibt ein Grundprinzip zur Unterscheidung zwischen einem «heißen» Medium, wie dem Radio, und einem «kühlen», wie dem Telefon, oder einem «heißen», wie dem Film, und einem «kühlen», wie dem Fernsehen. Ein «heißes» Medium erweitert durch seinen Detailreichtum nur einen Sinn allein. Detailreichtum ist der Zustand hoher Datendichte. Eine Fotografie ist optisch «detailreich». Eine Karikatur ist «detailarm», und zwar einfach, weil wenig optisches Informationsmaterial zur Verfügung steht. Das Telefon ist ein kühles Medium oder ein detailarmes, weil das Ohr nur eine dürftige Summe von Informationen bekommt. Und die Sprache ist ein kühles, in geringem Maße definiertes Medium, weil so wenig geboten wird und so viel vom Zuhörer ergänzt werden muß. Andererseits fordern heiße Medien vom Publikum eine geringe Beteiligung oder Vervollständigung. Heiße Medien verlangen daher nur in geringem Maße persönliche Beteiligung, aber kühle Medien in hohem Grade persönliche Beteiligung oder Vervollständigung durch das Publikum. Daher hat natürlich ein heißes Medium wie das Radio ganz andere Auswirkungen auf den, der es verwendet, als ein kühles Medium wie das Telefon.

Ein kühles Medium wie hieroglyphische oder ideographische Schriftzeichen hat ganz andere Auswirkungen als das heiße explosive Medium des phonetischen Alphabets. Als das Alphabet bis zu einem hohen Grade von visueller Intensität verdichtet wurde, wurde es zum Buchdruck. Das gedruckte Wort zerbrach mit der Intensität der Spezialisierung die körperschaftlich organisierten Zünfte und Klöster des Mittelalters und schuf die extrem individualistischen Formen des Unternehmertums und der Monopole. Aber die typische Umkehrung trat ein, als extreme Formen der Monopole wieder zur Bildung von Körperschaften führten mit ihrer unpersönlichen Herrschaft über viele Menschenleben. Das «Aufheizen» des Mediums der Schrift bis zur Intensität des wiederholbaren Drucks führte zum Nationalismus und den Religionskriegen des 16. Jahrhunderts. Schwere und unhandliche Medien wie etwa Stein sind zeitenverbindend. Zum Schreiben verwendet sind sie tatsächlich sehr kühl und dienen der Verbindung zwischen Zeitaltern, während Papier ein heißes Medium ist, das dazu dient, Räume horizontal zusammenzuschließen, und zwar sowohl im Reiche der Politik wie in dem der Unterhaltung.

Jedes heiße Medium läßt weniger persönliche Beteiligung zu als ein kühles, wie ja eine Vorlesung weniger zum Mitmachen anregt als ein Seminar und ein Buch weniger als ein Zwiegespräch. Durch den Druck wurden viele ältere Formen vom Leben und der Kunst ausgeschlossen, viele erhielten aber eine merkwürdig neue Intensität. Aber unsere Zeit ist voller Beispiele für den Grundsatz, daß die «heiße» Form ausschließt und die «kühle» einschließt. Als die Ballettänzerinnen vor einem Jahrhundert auf den Zehenspitzen zu tanzen begannen, glaubte man, daß die Ballettkunst zu neuer «Durchgeistigung» gekommen sei. Durch diese neue Intensität wurden männliche Personen zunächst vom Ballett ausgeschlossen. Die Rolle der Frau war mit dem Aufkommen der industriellen Spezialisierung und der Explosion der häuslichen Aufgaben in Wäschereien, Bäckereien und Spitäler als Randerscheinungen der Gemeinschaft ebenfalls aufgeteilt worden.

Intensität oder Detailreichtum bringt Spezialisierung und Aufteilung im Bereich des Lebens und der Unterhaltung mit sich, was wiederum erklärt, warum jedes tiefe Erlebnis «vergessen», «zensiert» und in einen sehr abgekühlten Zustand versetzt werden muß, bevor es in die «Erfahrung aufgenommen» oder einverleibt werden kann. Die Freudsche «Zensur» ist weniger eine moralische Funktion als eine unbedingt notwendige Bedingung der Erfahrung. Wenn wir jeden Schock in unsere verschiedenen Bewußtseinsbezirke direkt und im vollen Umfang aufnehmen müßten, wären wir bald Nervenbündel mit Spätzündung, die jeden Augenblick den Bedienungsknopf für den Schleudersitz betätigten. Die «Zensur» schützt unser zentrales Wertsystem wie sie unser physiologisches Nervensystem schützt, und zwar ganz einfach dadurch, daß das Erlebnis schon im Ansatz stark abgekühlt wird. Für viele Menschen bringt dieses «Kühlersystem» ihr ganzes Leben lang einen Zustand der Totenstarre oder des Nachtwandelns, den man besonders zu Zeiten des Auftretens neuer Techniken beobachten kann. [...]

Das Medium des Geldes, des Rades oder der Schrift, oder irgendeiner anderen Form von spezialistischer Beschleunigung des Austausches und der Information, führt zur Zersplitterung der Stammesorganisation. In ähnlicher Weise führt eine noch viel stärkere Beschleunigung, zu der es etwa mit der Elektrizität kommt, zur stammesorganisatorischen Verhaltensweise des intensiven Miterlebens, die wir bei der Einführung des Rundfunks in Europa erlebten und die sich als Folge des Fernsehens in Amerika abzuzeichnen beginnt. Spezialisierte Techniken zerstören die Stammesorganisation, die nichtspezialisierte Technik der Elektrizität stellt sie wieder her. Der Vorgang des Umbruchs als Folge einer Neuverteilung von Arbeiten und Fähigkeiten wird von einem großen kulturellen Rückstand begleitet, wobei die Menschen beinahe zwangsläufig neue Situationen wie die alten betrachten; sie kommen dann im Zeitalter der Implosion mit Ideen wie «Bevölkerungsexplosion» daher. [...]

Blakes Gegenmittel gegen die mechanistische Weltanschauung seiner Zeit war der organische Mythos. Heute, mitten im Zeitalter der Elektrizität, ist der Mythos selbst eine automatische Reaktion, die mathematisch formuliert und ausgedrückt werden kann, ohne all die Phantasiebilder Blakes an sich zu haben. Hätte Blake dem Zeitalter der Elektrizität gegenübergestanden, würde er auf dessen Herausforderung nicht mit einer bloßen Wiederholung der elektrischen Form geantwortet haben. Denn der Mythos *ist* die komplexe, visionäre Gestalt eines vielschichtigen Vorganges, der sich gewöhnlich über einen langen Zeitabschnitt erstreckt. Der Mythos ist die Kontraktion oder Implosion irgendeines Vorganges, und die Instantangeschwindigkeit der Elektrizität verleiht heute gewöhnlichen Tätigkeiten in der Industriegesellschaft eine mythische Dimension. Wir *leben* mythisch, aber wir denken weiterhin fragmentarisch und eindimensional.

Aus: *Medien verstehen. Der McLuhan-Reader,* hrsg. v. Martin Baltes, Fritz Böhler, Rainer Hötschl, Jürgen Reuß, aus dem Englischen übersetzt von Meinrad Amann, Mannheim 1997, S. 112–120 (gekürzte und überarbeitete Fassung).
Originalausgabe: *Understanding media: the extension of man.* New York 1964.

Kommentar: Wolfgang Jonas

Sullivans Funktionalismus sucht Ordnung im Formenchaos und benutzt einen metaphysischen Naturbegriff. Das Konzept von Funktion bleibt reines Glaubensbekenntnis: «It is the pervading law of all things organic and inorganic, of all things physical and metaphysical, of all things human and all things superhuman, of all true manifestations of the head, of the heart, of the soul, that life is recognizable in its expression, that form ever follows function. This is the law.»

Michl[1] nennt fff einen Schöpfermythos. Funktion kann nicht das anvisierte Ziel meinen – das wäre trivial, auch nicht das praktische Funktionieren – das *folgt* der Form. Funktion wird zur «Carte blanche»: sie ist das, was jemand von einem Entwurf wollen sollte, um modern zu sein. Das Harmonieversprechen mit Gott, Natur und Geschichte als Garanten ist verlockend: der Entwerfer wird zur Hebamme der ultimativen Form, zum Künstler, befreit von den realen Anforderungen der Welt.

Das Bauhaus-Programm, das den Begriff nicht verwendet, führt letztlich zu einem Stil, der vorspiegelt, dass er alle formalen Vorspiegelungen endgültig hinter sich gelassen habe. Basis sind aber keine *formlosen* Funktionen oder gar das *Wesen* der Dinge, sondern anderswo entlehnte *moderne* Formen. Der «Formalismusstreit» in der DDR führt bezeichnenderweise zur zeitweisen Abkehr vom Funktionalismus als Stil. Die Politik sah in Letzterem die Abwendung vom «Dienst am Volke» zugunsten der «individualistischen Empfindungen einer kleinen Gruppe auserwählter Ästheten». Die «Funktionalismuskritik» in der BRD führte den Rundumschlag gegen die Borniertheit der (Ulmer) Geschmackswächter, gegen die elitäre Anmaßung einer «guten Form», gegen die «Unwirtlichkeit» der gebauten Umwelt. Die Kritiker mögen die ideologische Verbissenheit verbissen bekämpft haben: den latenten Kreationismus (den Kult um Autor und Werk) haben sie nicht angetastet.

Moles fordert die Erneuerung in einem «Funktionalismus der Überflussgesellschaft» durch «Einsatz von Rechenanlagen, automatischen Zeichenmaschinen, kombinatorischen Verfahren, Spieltheorien und Listenverfahren» [sic]. Eine Episode in der langen Reihe von Missverständnissen zu diesem von Gegnern wie Befürwortern großzügig benutzten Kampfbegriff (Carte blanche!). Die Komplexität der Verhältnisse lässt sich nicht auf Worthülsen reduzieren. Archivieren wir den Begriff – er funktioniert nicht.

Wolfgang Jonas ist Ingenieur und Designtheoretiker und Professor für Systemdesign an der Kunsthochschule in der Universität Kassel. Forschung über Theorien, Prozesse und Methoden des Entwerfens. Zahlreiche Publikationen, u. a. Mind the Gap – on Knowing and Not-Knowing in Design, *Bremen 2005.*

Abraham A. Moles

DIE KRISE DES FUNKTIONALISMUS (1968)

Notizen aus einem Seminar an der Hochschule für Gestaltung

Der Funktionalismus ist vor allem durch die Bemühungen der Bauhausmitgliederzu einer einflußreichen Doktrin der modernen Gestaltung geworden. Er bezog seine Kräfte aus der Ablehnung des bourgeoisen Kitsch des 19. Jahrhunderts. Zwar hat sich der Funktionalismus weitgehend durchgesetzt; aber eben damit auch ist er in eine Krise geraten. Die Doktrin des Funktionalismus besagt, daß die Gegenstände wesentlich durch ihre Funktion bestimmt sein sollen. Der Funktionalismus kämpft also gegen alles das, was über die bloße Funktion hinausgeht, insbesondere gegen die Dekoration. Der Gegenstand muß allen an ihn gestellten Anforderungen genügen, zum Beispiel eine bestimmte Lebensdauer haben, Betriebssicherheit garantieren, sich Störungen durch äußere Einflüsse widersetzen u. ä. Daraus ergibt sich die Magna Charta des Funktionalismus, das Nutzlose und Überflüssige zu reduzieren. Die Produktion soll also durch die Funktion bestimmt sein. Objekte ohne Funktionen kann der Funktionalismus also nicht akzeptieren. Funktionalismus ist wesentlich asketisch und Ausdruck einer bestimmten Lebensauffassung: der Sparsamkeit, der rationalen Verwendung vorhandener Mittel zu eindeutig bestimmten Zwecken.

Innerhalb bestimmter Sektoren der Produktion und Konsumtion wird der Funktionalismus gewiß seine Gültigkeit bewahren. Doch ist der Funktionalismus in der jüngsten Periode der westlichen Zivilisation in das Kräftefeld der Überflußgesellschaft gerückt. Die Überflußgesellschaft als Wirtschaftsphilosophie wird durch die Vorstellung bestimmt, daß die industrielle Produktionsmaschinerie permanent laufen muß, das heißt, daß der Konsument zu permanentem Konsum stimuliert wird. Konsumsphäre und Produktionssphäre sind zu einem Kreislauf geschlossen, der ein immer intensiveres Tempo annehmen muß. Der Funktionalismus widersetzt sich notwendig der Philosophie der Überflußgesellschaft, die rücksichtslos produzieren und verkaufen will. Schließlich geht der Funktionalismus darauf aus, die Zahl der Gegenstände zu reduzieren und eine optimale Anpassung an die Bedürfnisse zu erreichen. Der Produktionsapparat der Überflußgesellschaft jedoch verfolgt eine entgegengesetzte Richtung. Er schafft ein System von Neokitsch, indem Gegenstände bei den Menschen angehäuft werden. Darin äußert sich die Krise des Funktionalismus: zwischen dem Neokitsch des Kaufhauses auf der einen Seite und dem Asketismus der Funktionserfüllung auf der anderen Seite. Aus diesem Dilemma bieten sich einige Auswege an:

1 Jan Michl (1995) «Form follows what? The modernist notion of function as a carte blanche», http://www.art-omma.org/NEW/past_issues/theory/08_Form%20Follows%20What_%20The%20modernist%20notion%20of%20function%20as%20a%20carte%20blanche%20by%20Jan%20Michl.htm, zuletzt abgerufen am 2.7.2010.

Zunächst das Prinzip der «eingebauten Veralterung»: in das Produkt werden künstlich Funktionsspannen eingebaut, systematisch und willkürlich, wodurch das Produkt nach einer bestimmten Gebrauchszeit ausfällt.

Dann die Sakralisierung des Neokitsches. Demzufolge wird Kitsch als eine neue Kunstform anerkannt, deren Wert in der Anhäufung an sich besteht. Weiterhin schließlich eine verstärkte Werbung, mittels derer der Konsument dauernd unter Druck gesetzt wird (Konsumterror). Durch diese artifizielle Motivation (Einpflanzung künstlicher Bedürfnisse) ergeben sich selbstredend ethische Probleme, unter denen besonders die Funktionalisten zu leiden haben, insofern sie sich dem Ideal der Reinheit der Beziehung zwischen Mensch und Umwelt verschrieben haben. Wenngleich in manchen Fällen dieses Ideal von verschiedenen Firmen im Ansatz realisiert wurde, ist doch festzuhalten, daß es sich dabei nur um eine provisorische Lösung handelt. Irgendwann ist die Motivationskapazität des Menschen übersättigt. Diese Sättigung muß einen derartigen Grad erreicht haben, daß der Konsument sich zu einer Konsumabstinenz oder Konsumrevolte bereit findet. Anzeichen zu diesem Konsumwiderstand sind bereits zu erblicken.

Ohne Zweifel kann der Funktionalist das Problem ignorieren und sein Blickfeld verengen. Er täte besser daran, seine Doktrin neu zu überdenken. Ist der Funktionalismus als Designdoktrin veraltet? Die angeführten Argumente lassen deutlich werden, daß ein grundlegender Widerspruch zwischen der modernen Überflußgesellschaft und dem Funktionalismus besteht, der einerseits dazu beiträgt, den Überflußmechanismus zu rationalisieren, und andererseits gegen Vergeudung ankämpft. Eine Erneuerung des Funktionalismus wäre also an der Zeit. Es wäre zu verfrüht, eine Prognose über die Entwicklung dieser Krise abgeben zu wollen. Man kann jedoch dieser Krise nicht ausweichen. Jede Institution, die sich dem Funktionalismus verpflichtet fühlt – und das sind viele europäische Design-Schulen –, hat sich dieser Krise zu stellen und eine Strategie zu entwickeln. Das Beste dürfte sein, die erst in Anfängen sich befindende Krise des Funktionalismus in den Designinstitutionen gleichsam vorwegzunehmen, um damit einen Einfluß auf das Ende der Krise auszuüben, das heißt, zum Subjekt statt zum Objekt der Krise zu werden.

Der Funktionalismus darf nicht isoliert betrachtet werden, sondern ist in seinen gesellschaftlichen Verflechtungen zu sehen. Ein Funktionalismus der Überflußgesellschaft wäre zu definieren. Dieses könnte auf Grund einer Soziologie und Psychologie der Gegenstände vor sich gehen. Für die Praxis des Industrial Design wäre ein neues Instrumentarium einzuführen und in seinen möglichen Auswirkungen auf die Methodologie des Design zu überprüfen: Der Einsatz von Rechenanlagen, automatischen Zeichenmaschinen, kombinatorischen Verfahren, Spieltheorien und Listenverfahren.

Aus: *form* 41/1968, S. 36.

Kommentar: Margarete von Lupin

Das systemische Entwurfs- und Planungsverständnis von Horst W. J. Rittel (1936–1990) gewinnt hinsichtlich kaum noch zu bewältigender Komplexität heutiger Design- und Architekturprojekte erneut an Relevanz. Rittel diagnostiziert in Projekten wirksame, von Design-, Architektur- und Stadtplanungskreisen zuweilen jedoch unterthematisierte, verdrängte, negierte oder schlicht unerkannte Typologien von Denkknoten. Darunter fallen die Paradigmen bei der Urteilsbildung und Rechtfertigung für oder gegen die Durchführung von Projekten. Rittel spricht unlösbare Dilemmata an, die bereits in der Art der Formulierung einer Problemstellung begründet liegen können. Er beschreibt Einsatz und Wirkungsweisen von Information, abhängig von den unterscheidbaren Arten des Wissens. Diese untersucht er auf deren politische Instrumentalisierbarkeit.

Der Originaltext ist auf Passagen gekürzt, in denen Rittel seine Begriffsschöpfung der «bösartigen Probleme» begründet. «Bösartige» Probleme entstehen nach Rittel zwangsläufig, wenn Design- und Architekturprojekte gesellschaftlich, öffentlich, politisch oder gar ikonisch geprägt sind. Rittels großes Verdienst besteht darin, als erster aus der Systemtheorie zweiter Ordnung heraus Idealisierungen und falsche Annahmen zu entlarven, unter welchen Projekte im Normalfall durchgeführt werden. Wer jedoch die «bösartige» Logik erkennt, weiß klug und souverän in das oft unerträglich spannungsgeladene Feld hart umkämpfter Projektinteressen einzugreifen. Rittel geht davon aus, dass sich die Lösungsebene für ein anfänglich gestelltes Problem im Verlauf von dessen Hinterfragung verändert. Alle nur erdenklichen Expertisen für vielfältige Umsetzungsmöglichkeiten und Szenarien sind einzuholen, es geht um argumentativ fundierte Varianzerzeugung. Die Szenarien werden wie Pferde ins diskursive Rennen geschickt, gegeneinander konkurrierend, mit immer neuen und anders verschärften Handikaps, bis sich eine Lösung als die überlegene und tragfähigste erweist. Warum dennoch Projekte nicht nachvollziehbar und irrational verändert oder beendet werden, trotz mühsam erarbeiteter Erkenntnisse, lässt sich bei Horst W. J. Rittel vorausschauend nachlesen.

Horst W. J. Rittel war Dozent für Design-Methodologie und zeitweise Mitglied des Rektorats-Kollegiums an der HfG Ulm, er war Professor of the Science of Design in Berkeley und Direktor und Professor am Institut für Grundlagen der Planung an der Universität Stuttgart.

Margarete von Lupin, Studium der Ethnologie in München, Paris und Berlin sowie Multimediaproduktion in Friedrichshafen; sie ist Journalistin, Autorin, Moderatorin, Dozentin an der Zürcher Hochschule der Künste. Forschungsfokus: das Dialogische Prinzip (Design2context), Interviewerin im Projekt «Bauten/bauen» (Dept. Architektur/ETH Zürich).

Horst W. J. Rittel mit Melvin M. Webber

DILEMMAS IN EINER ALLGEMEINEN THEORIE DER PLANUNG (1973)

III. Planungsprobleme sind «bösartige» Probleme

Viele Barrieren hindern uns, [...] ein Planungs-/Verwaltungssystem zu vervollkommnen: Theorie ist für eine leidliche Vorhersage unangemessen; unsere Intelligenz reicht nicht aus für unsere Aufgabe; die Vielfalt der Ziele, die durch die Pluralität in der Politik aufrechterhalten wird, macht es unmöglich, einheitliche Ziele zu verfolgen. Die Schwierigkeiten, die mit Rationalität verbunden sind, sind hartnäckig, und bis jetzt waren wir nicht imstande, uns aus den damit verbundenen Verstrickungen zu befreien. Teilweise deshalb, weil das klassische Paradigma von Wissenschaft und Technik – das Paradigma, auf dem moderner Professionalismus aufbaut – auf die Probleme offener gesellschaftlicher Systeme nicht anwendbar ist. Einer der Gründe, aus denen unserer Ansicht nach die Öffentlichkeit die Fachleute immer wieder angreift, ist die Tatsache, daß der kognitive und berufliche Stil der Fachleute – der den kognitiven Stil der Wissenschaft und den beruflichen Stil der Technik nachahmt – in einem großen Bereich sozialer Probleme eben nicht funktioniert hat. Die Kunden als Nichtfachleute beschweren sich, weil die Planer und andere Fachleute es nicht geschafft haben, die Probleme zu lösen, von denen sie behauptet hatten, sie lösen zu können. [...]

Die Art von Problemen, mit denen Planer zu tun haben – gesellschaftliche Probleme – sind von Natur aus verschieden von den Problemen, mit denen sich Wissenschaftler und vielleicht einige Ingenieurgruppen beschäftigen. Planungsprobleme sind inhärent bösartig.

Im Unterschied zu Problemen in den Naturwissenschaften, die definierbar und separierbar sind, und für die sich Lösungen finden lassen, sind Probleme der Verwaltungsplanung – speziell solche sozialer oder politischer Planung – schlecht definiert, und sie beruhen auf einer unzuverlässigen politischen Entscheidung für einen Lösungsbeschluß – nicht: Lösung = «solution», sondern: Lösungsbeschluß = «resolution». Soziale Probleme werden nie gelöst (solved). Bestenfalls erreicht man jeweils einen Lösungsbeschluß – immer wieder neu. Lassen Sie uns mit einer Skizze den Unterschied aufzeigen, den wir meinen.

Die Probleme, auf die sich Wissenschaftler und Techniker üblicherweise konzentriert haben, sind meistens «zahm» oder «gutartig». Denken Sie beispielsweise an ein mathematisches Problem wie die Lösung einer Gleichung; oder an die Aufgabe eines organischen Chemikers, die Struktur einer unbekannten Verbindung zu analysieren; oder auch an die eines Schachspielers, der versucht, ein

Schachmatt in fünf Zügen zu erreichen. Für jeden von ihnen ist die Aufgabe klar. Umgekehrt ist auch klar, ob die Probleme gelöst wurden oder nicht.

Bösartige Probleme hingegen haben nicht diese klaren Charakteristika; und sie schließen praktisch alle gesellschaftspolitischen Themen ein, ob es sich nun um die Trasse einer Schnellstraße handelt, die Festsetzung der Höhe einer Steuer, die Änderung eines Lehrplans oder die Verbrechensbekämpfung.

Es gibt wenigstens zehn unterscheidende Merkmale des Planungsproblem-Typs, d.h. für bösartige Probleme, auf die Planer achten sollten, und die wir der Reihe nach besprechen werden. Sie werden sehen, daß wir sie «bösartig» nicht deshalb nennen, weil diese Eigenschaften aus ethischer Sicht zu beklagen wären. Wir benutzen den Ausdruck «bösartig» in der Bedeutung, die den Begriffen «boshaft» (im Gegensatz zu «gutwillig»), «vertrackt» (wie in einem Teufelskreis), «mutwillig» (wie ein Kobold) oder «aggressiv» (wie ein Löwe, im Gegensatz zur Sanftheit eines Lamms) entspricht. Wir wollen diese Eigenschaften sozialer Systeme nicht durch die Unterstellung einer bösen Absicht personifizieren. Aber Sie werden uns zustimmen, daß es nun für den Planer unzulässig wird, ein bösartiges Problem so zu behandeln, als wäre es ein zahmes, oder ein bösartiges Problem vorzeitig zu einem zahmen zu machen, oder auch, die innewohnende Bösartigkeit sozialer Probleme nicht anerkennen zu wollen.

1. Es gibt keine definitive Formulierung für ein bösartiges Problem

Für jedes beliebige zahme Problem kann eine erschöpfende Formulierung gefunden werden, die die gesamte Information enthält, die der Problemlöser für das Verständnis und die Lösung des Problems braucht – vorausgesetzt natürlich, er versteht sein «Handwerk».

Bei bösartigen Problemen ist das nicht möglich. Die Information, die nötig ist, um das Problem zu *verstehen,* hängt von der jeweiligen Vorstellung ab, wie es zu *lösen* sei. Das heißt: Um ein bösartiges Problem ausreichend detailliert *beschreiben zu können,* muß man bereits im Voraus eine möglichst vollständige Liste aller denkbaren *Lösungen* aufstellen. Der Grund dafür liegt darin, daß jede Frage nach zusätzlicher Information vom Verständnis des Problems – und seiner Lösung – zum aktuellen Zeitpunkt abhängt. Problemverständnis und Problemlösung gehen Hand in Hand. Deshalb ist, um alle Fragen vorwegzunehmen (um alle erforderliche Information für eine Lösung bereits vorher zu sammeln), die Kenntnis aller denkbaren Lösungen erforderlich.

[...] Wenn wir das Problem formulieren können, indem wir es bis zu gewissen Quellen verfolgen – so, daß wir sagen können: «Aha, da liegt die Schwierigkeit!», d.h., da liegen die Wurzeln für die Unterschiede zwischen dem Ist und dem Soll –, dann haben wir damit auch eine Lösung formuliert. Das Problem zu finden ist also das gleiche, wie die Lösung zu finden; das Problem kann nicht definiert werden, ehe die Lösung nicht gefunden ist.

Die Formulierung eines bösartigen Problems *ist* das Problem! Der Prozeß der Problemformulierung und der, sich eine Lösung auszudenken, sind identisch, da jede Spezifizierung des Problems auch eine Spezifizierung der Richtung ist, in der man sich eine Behandlung des Problems vorstellt. [...]

Diese Eigenschaft wirft einiges Licht auf die Brauchbarkeit des berühmten «systemtheoretischen Ansatzes» zur Behandlung bösartiger Probleme. Der klassische systemtheoretische Ansatz der Militär- und Raumfahrtprogramme basiert auf der Annahme, daß ein Planungsprojekt in genau unterscheidbare Phasen organisiert werden kann. Jedes Handbuch für Systemtheorie beginnt mit einer Aufzählung dieser Phasen: «die Probleme oder die Aufgabe verstehen», «Information sammeln», «Information analysieren», «Information verknüpfen und auf den kreativen Sprung warten», «eine Lösung ausarbeiten» oder ähnliches. Für bösartige Probleme funktioniert dieses Schema jedoch nicht. Man kann das Problem nicht verstehen, ohne über seinen Kontext Bescheid zu wissen; man kann nicht ohne Orientierung an einem Lösungskonzept effektiv Information suchen; man kann nicht erst verstehen und dann lösen. Der systemtheoretische Ansatz der «ersten Generation» ist der Behandlung bösartiger Probleme nicht adäquat. Ansätze der «zweiten Generation» sollten auf einem Modell von Planung als einem argumentativen Prozeß beruhen, in dessen Verlauf allmählich bei den Beteiligten eine Vorstellung vom Problem und der Lösung entsteht, und zwar als Produkt ununterbrochenen Urteilens, das wiederum kritischer Argumentation unterworfen wird. Die Methoden des Operation Research spielen eine wichtige Rolle im systemtheoretischen Ansatz der ersten Generation; sie werden jedoch erst anwendbar, *nachdem* die wichtigen Entscheidungen schon getroffen wurden, d. h. nachdem das Problem bereits «gezähmt» worden ist. [...]

2. Bösartige Probleme haben keine «Stopp-Regel»

Bei der Lösung eines Schachproblems oder einer mathematischen Gleichung weiß der Problemlöser, wann er seine Aufgabe erfüllt hat. Es gibt Kriterien, die genau bestimmen, wann *die* oder *eine* Lösung gefunden ist.

Bei Planungsproblemen ist das anders. Da (laut Behauptung 1) der Prozeß der Problemlösung mit dem Prozeß des Verständnisses der Natur des Problems identisch ist, da es keine Kriterien für ein ausreichendes Verständnis gibt und da es für die Kausalketten, die interagierende offene Systeme verbinden, kein Ende gibt, kann der Möchtegern-Planer immer versuchen, es noch besser zu machen. Ein wenig zusätzlicher Aufwand könnte die Chancen vergrößern, eine bessere Lösung zu finden.

Der Planer beendet die Arbeit an einem bösartigen Problem nicht aus Gründen, die in der «Logik» des Problems liegen. Er hört aufgrund von Überlegungen

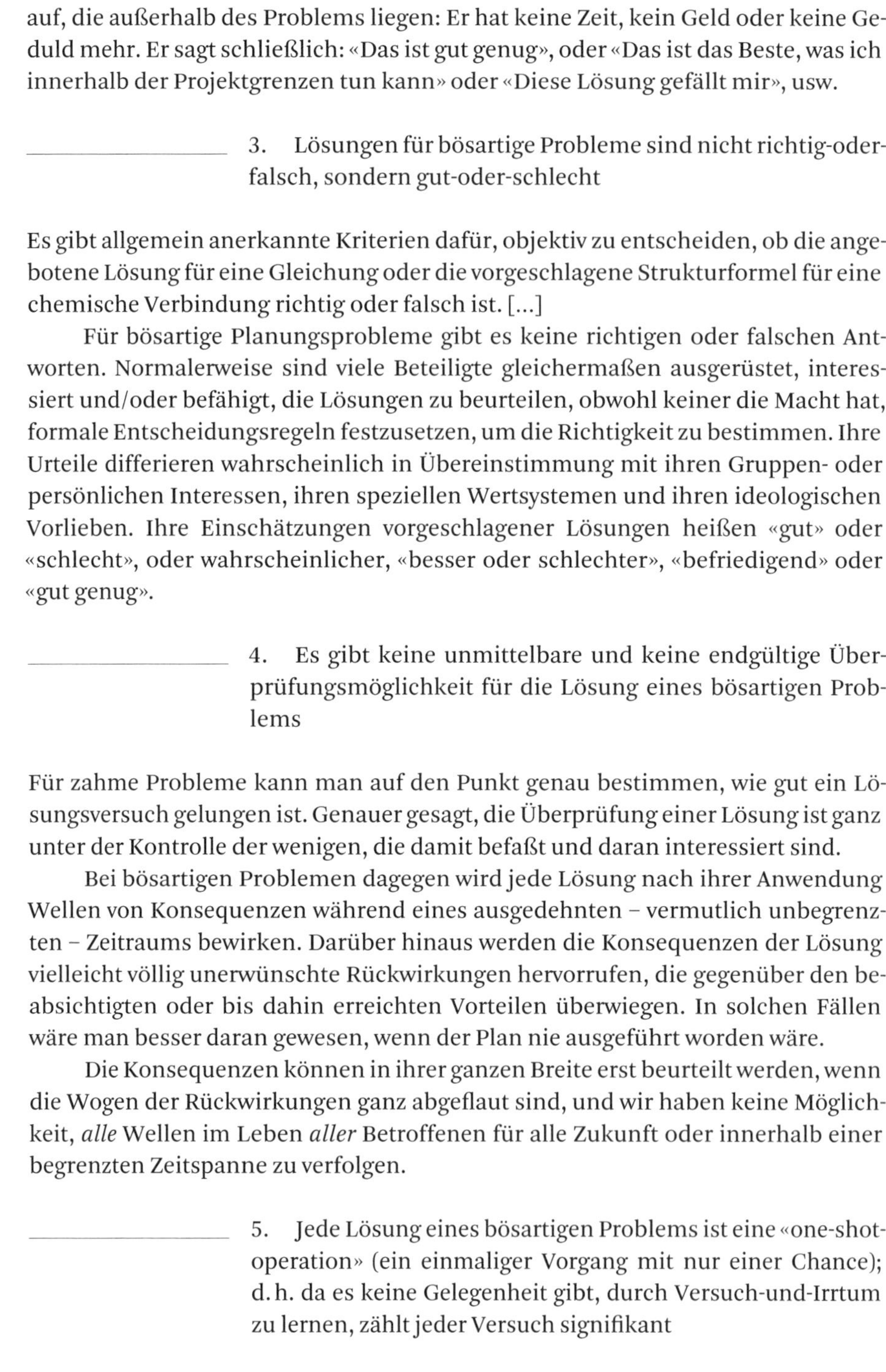

auf, die außerhalb des Problems liegen: Er hat keine Zeit, kein Geld oder keine Geduld mehr. Er sagt schließlich: «Das ist gut genug», oder «Das ist das Beste, was ich innerhalb der Projektgrenzen tun kann» oder «Diese Lösung gefällt mir», usw.

3. Lösungen für bösartige Probleme sind nicht richtig-oder-falsch, sondern gut-oder-schlecht

Es gibt allgemein anerkannte Kriterien dafür, objektiv zu entscheiden, ob die angebotene Lösung für eine Gleichung oder die vorgeschlagene Strukturformel für eine chemische Verbindung richtig oder falsch ist. [...]

Für bösartige Planungsprobleme gibt es keine richtigen oder falschen Antworten. Normalerweise sind viele Beteiligte gleichermaßen ausgerüstet, interessiert und/oder befähigt, die Lösungen zu beurteilen, obwohl keiner die Macht hat, formale Entscheidungsregeln festzusetzen, um die Richtigkeit zu bestimmen. Ihre Urteile differieren wahrscheinlich in Übereinstimmung mit ihren Gruppen- oder persönlichen Interessen, ihren speziellen Wertsystemen und ihren ideologischen Vorlieben. Ihre Einschätzungen vorgeschlagener Lösungen heißen «gut» oder «schlecht», oder wahrscheinlicher, «besser oder schlechter», «befriedigend» oder «gut genug».

4. Es gibt keine unmittelbare und keine endgültige Überprüfungsmöglichkeit für die Lösung eines bösartigen Problems

Für zahme Probleme kann man auf den Punkt genau bestimmen, wie gut ein Lösungsversuch gelungen ist. Genauer gesagt, die Überprüfung einer Lösung ist ganz unter der Kontrolle der wenigen, die damit befaßt und daran interessiert sind.

Bei bösartigen Problemen dagegen wird jede Lösung nach ihrer Anwendung Wellen von Konsequenzen während eines ausgedehnten – vermutlich unbegrenzten – Zeitraums bewirken. Darüber hinaus werden die Konsequenzen der Lösung vielleicht völlig unerwünschte Rückwirkungen hervorrufen, die gegenüber den beabsichtigten oder bis dahin erreichten Vorteilen überwiegen. In solchen Fällen wäre man besser daran gewesen, wenn der Plan nie ausgeführt worden wäre.

Die Konsequenzen können in ihrer ganzen Breite erst beurteilt werden, wenn die Wogen der Rückwirkungen ganz abgeflaut sind, und wir haben keine Möglichkeit, *alle* Wellen im Leben *aller* Betroffenen für alle Zukunft oder innerhalb einer begrenzten Zeitspanne zu verfolgen.

5. Jede Lösung eines bösartigen Problems ist eine «one-shot-operation» (ein einmaliger Vorgang mit nur einer Chance); d.h. da es keine Gelegenheit gibt, durch Versuch-und-Irrtum zu lernen, zählt jeder Versuch signifikant

In den Naturwissenschaften und auf Gebieten wie Mathematik, Schach, Puzzleproblemen oder Maschinenbau kann der Problemlöser ohne Schaden verschiedene Durchläufe ausprobieren. [...] Bei bösartigen Planungsproblemen jedoch ist jede ausgeführte Lösung konsequentiell. Sie hinterläßt «Spuren», die man nicht wegwischen kann. Man kann nicht eine Autobahn bauen, sehen, wie sie funktioniert, und sie dann, bei unbefriedigendem Ergebnis, leicht korrigieren. Große öffentliche Bauwerke sind tatsächlich irreversibel, und die davon ausgehenden Konsequenzen haben lange Halbwertszeiten. Das Leben vieler Menschen wird unumkehrbar beeinflußt worden sein, und große Geldsummen werden ausgegeben sein – eine weitere irreversible Handlung. Das gleiche geschieht bei den meisten anderen großen öffentlichen Vorhaben und mit fast allen öffentlichen Programmen. Die Wirkungen eines Lehrplanexperiments werden die Schüler bis in ihr Erwachsenenleben begleiten.

Wenn immer Handlungen tatsächlich irreversibel und die Halbwertszeiten der Konsequenzen lang sind, *zählt jeder Versuch.* Und jedes Bemühen, eine Entscheidung rückgängig zu machen oder der unerwünschten Konsequenzen wegen zu korrigieren, erzeugt eine neue Menge bösartiger Probleme, die ihrerseits wiederum dieselben Dilemmas hervorrufen.

6. Bösartige Probleme haben weder eine zählbare (oder erschöpfend beschreibbare) Menge potentieller Lösungen, noch gibt es eine gut umrissene Menge erlaubter Maßnahmen, die man in den Plan einbeziehen kann

Es gibt keine Kriterien, die den Nachweis ermöglichen, daß alle Lösungen für ein bösartiges Problem identifiziert und bedacht wurden.

Es kann vorkommen, daß sich, dank logischer Widersprüche in der «Abbildung» des Problems, *gar keine* Lösung findet. (Zum Beispiel könnte der Problemlöser zu einer Problembeschreibung kommen, die fordert, daß sowohl A als auch Nicht-A zur gleichen Zeit stattfinden sollen.) [...] Normalerweise ergeben sich bei der Beschäftigung mit einem bösartigen Planungsproblem eine Unmenge potentieller Lösungen; an eine ganze Reihe anderer denkt man nicht einmal. Es ist dann eine Frage des *Urteils,* ob man versucht, die vorhandene Menge zu vergrößern oder nicht. Und es ist selbstverständlich eine Frage des Urteils, welche dieser Lösungen weiterverfolgt und ausgeführt werden soll. [...]

In Bereichen schlecht definierter Probleme und daher schlecht definierbarer Lösungen hängt die Menge durchführbarer Aktionen von einem realistischen Urteil ab, von der Fähigkeit, «exotische» Ideen einzuschätzen und von dem Maß an Vertrauen und Glaubwürdigkeit zwischen Planer und Klientel, welche zu dem Schluß führen, «gut, versuchen wir diesen Weg.»

7. Jedes bösartige Problem ist wesentlich einzigartig

Mit Sicherheit kann für zwei beliebige Probleme wenigstens eine Eigenschaft gefunden werden, in der sie sich unterscheiden (genauso wie man eine Anzahl von Eigenschaften finden kann, die sie gemeinsam haben), und deshalb ist jedes von ihnen in einem ganz banalen Sinn einzigartig. Aber mit «*wesentlich einzigartig*» meinen wir, daß trotz langer Listen von Ähnlichkeiten zwischen einem aktuellen und einem vorangegangenen Problem immer eine zusätzliche unterschiedliche Eigenschaft von überragender Wichtigkeit existieren kann. Zur Behandlung bösartiger Probleme gehört die Kunst, nicht zu früh zu wissen, welcher Art Lösungstyp anzuwenden ist. [...]

Trotz anscheinender Ähnlichkeiten zwischen bösartigen Problemen kann man nie *sicher* sein, daß die Besonderheiten eines Problems nicht doch die Gemeinsamkeiten mit anderen, schon behandelten Problemen überwiegen.

Die Bedingungen in einer Stadt, die eine U-Bahn baut, können den Bedingungen, sagen wir in San Francisco ähnlich sein, aber die Planer wären schlecht beraten, wenn sie die Lösungen von San Francisco direkt übertragen würden. Unterschiede im Pendlerverhalten oder in den Wohngewohnheiten können weit gewichtiger sein als die Ähnlichkeiten in der U-Bahnanlage, dem Grundriß der Innenstadt und dem Rest. In der viel komplexeren Welt sozialpolitischer Planung ist jede Situation wahrscheinlich einzig in ihrer Art. Wenn wir damit Recht haben, kann die direkte Übertragung physikalisch-naturwissenschaftlicher und technischer Denkweisen auf die Sozialpolitik eher dysfunktional, d.h. mit Sicherheit schädlich sein. «Lösungen» würden für scheinbar vertraute Probleme angewendet, die gar nicht auf sie passen.

8. Jedes bösartige Problem kann als Symptom eines anderen Problems betrachtet werden

Probleme können beschrieben werden als Diskrepanzen zwischen dem Ist-Zustand und dem Soll-Zustand. Der Prozeß der Problemlösung beginnt mit der Suche nach einer kausalen Erklärung der Diskrepanz. Die Beseitigung dieser Ursache bringt ein anderes Problem zum Vorschein, dessen «Symptom» das ursprüngliche Problem ist. Jenes kann seinerseits wiederum als Symptom eines weiteren Problems «höherer Ebene» betrachtet werden. [...] Es gibt nicht so etwas wie eine natürliche Ebene eines bösartigen Problems. Je höher die Ebene der Problem-Formulierung ist, desto breiter und allgemeiner wird sie, und umso schwieriger wird es auch, etwas zur Lösung des Problems zu tun. Andererseits sollte man nicht versuchen, Symptome zu kurieren; und deshalb sollte man versuchen, Probleme auf einer möglichst hohen Ebene anzusiedeln.

Hier liegt auch eine Schwierigkeit des Inkrementalismus. Diese Doktrin verkündet eine Politik der kleinen Schritte, in der Hoffnung, damit systematisch zu

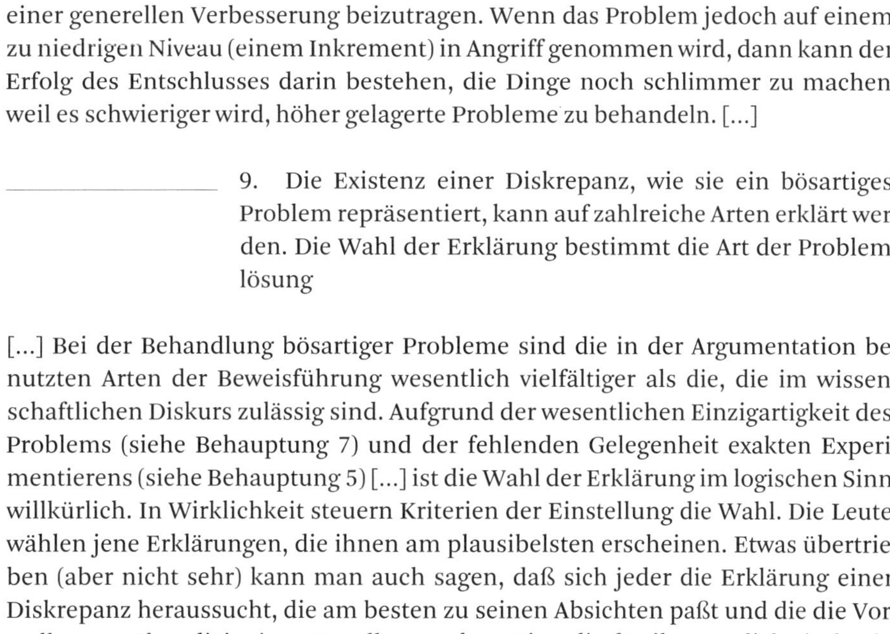

einer generellen Verbesserung beizutragen. Wenn das Problem jedoch auf einem zu niedrigen Niveau (einem Inkrement) in Angriff genommen wird, dann kann der Erfolg des Entschlusses darin bestehen, die Dinge noch schlimmer zu machen, weil es schwieriger wird, höher gelagerte Probleme zu behandeln. [...]

9. Die Existenz einer Diskrepanz, wie sie ein bösartiges Problem repräsentiert, kann auf zahlreiche Arten erklärt werden. Die Wahl der Erklärung bestimmt die Art der Problemlösung

[...] Bei der Behandlung bösartiger Probleme sind die in der Argumentation benutzten Arten der Beweisführung wesentlich vielfältiger als die, die im wissenschaftlichen Diskurs zulässig sind. Aufgrund der wesentlichen Einzigartigkeit des Problems (siehe Behauptung 7) und der fehlenden Gelegenheit exakten Experimentierens (siehe Behauptung 5) [...] ist die Wahl der Erklärung im logischen Sinn willkürlich. In Wirklichkeit steuern Kriterien der Einstellung die Wahl. Die Leute wählen jene Erklärungen, die ihnen am plausibelsten erscheinen. Etwas übertrieben (aber nicht sehr) kann man auch sagen, daß sich jeder die Erklärung einer Diskrepanz heraussucht, die am besten zu seinen Absichten paßt und die die Vorstellungen über diejenigen Handlungen bestätigt, die für ihn möglich sind. Die «Weltsicht» des Analytikers ist der stärkste determinierende Faktor bei der Erklärung einer Diskrepanz und daher auch bei der Lösung eines bösartigen Problems.

10. Der Planer hat kein Recht, unrecht zu haben

Wie Karl Popper in *The Logic of Scientific Discovery*[1] argumentiert, ist es ein Prinzip der Naturwissenschaften, daß Lösungen für Probleme immer nur Hypothesen sind, die zur Widerlegung angeboten werden. Dieser Brauch basiert auf der Einsicht, daß es keine Beweise für Hypothesen gibt, sondern nur potentielle Gegenbeweise. Je mehr eine Hypothese zahlreichen Versuchen zur Widerlegung widersteht, desto höher wird ihre «Erhärtung» eingeschätzt. Demzufolge tadelt die wissenschaftliche Gemeinschaft ihre Mitglieder nicht dafür, daß sie Hypothesen aufstellen, die später widerlegt werden, natürlich solange der Autor die Spielregeln einhält.

In der Welt der Planung und der bösartigen Probleme wird keine solche Immunität geduldet. Hier ist das Ziel nicht, die Wahrheit zu finden, sondern einige Merkmale der Welt, in der die Leute leben, zu verbessern. Planer sind verantwortlich für die Konsequenzen, die sie verursachen; die Wirkungen können für die durch jene Handlungen betroffenen Menschen von erheblicher Bedeutung sein.

1 Science Editions, New York, NY, 1961.

Wir kommen so zum Schluß, daß die Probleme, mit denen sich Planer zu befassen haben, bösartig und wenig fügsam sind, da sie den Bemühungen trotzen, ihre Grenzen abzustecken und ihre Ursachen auszumachen und so ihre Natur zu offenbaren. Der Planer, der mit offenen Systemen arbeitet, ist in der Vieldeutigkeit ihres Kausal-Gewebes verfangen. Darüberhinaus werden seine möglichen Lösungen durch eine weitere Menge von Dilemmas in Frage gestellt, die durch den wachsenden Pluralismus in der heutigen Öffentlichkeit zustandekommen, die seine Vorschläge anhand einer Reihe unterschiedlicher und einander widersprechender Maßstäbe bewertet.

Dieser Text ist die Modifikation eines Papiers, das auf einer Tagung über Politikwissenschaften der American Association for the Advancement of Science in Boston im Dezember 1969 präsentiert wurde. Englische Originalfassung: «Dilemmas in a general theory of planning», in: *Policy Sciences* 4 (1973), S. 155–169.

Aus: Horst W. J. Rittel: *Planen, Entwerfen, Design: Ausgewählte Schriften zu Theorie und Methodik,* aus dem Englischen von Wolf D. Reuter, Stuttgart, Berlin, Köln 1992, S. 13–36 (gekürzte Fassung).

Kommentar: Michael Kasiske

Das Buch *Collage City* wird 1978 von dem Architekturtheoretiker Colin Rowe (1920–1999) und dem Architekten Fred Koetter (*1938) als Ergebnis ihrer Lehre an der Cornell University in Ithaca, New York, vorgelegt. Tonangebend ist Rowe, dessen Herz doppelt vergeben ist: als das eines Architekten gehört es dem unbändigen Le Corbusier, als Herz eines einstigen Mitarbeiters des Warburg Institute dem Barock. Dieses Faible für überschwängliche Formen schlägt sich in gewundener, herrlich angejahrt wirkender Rhetorik nieder. Rowe verschmilzt historische und moderne architektonische Situationen auf der Ebene der Figur-Grund-Wahrnehmung: Im Grundriss werden massive Teile, also Gebäude, schwarz dargestellt, wohingegen der Raum weiß bleibt. Konfrontiert mit dem Negativbild – Gebäude weiß, Raum schwarz – erschafft Rowe kuriose Phänomene. Etwa dass der Freiraum der Uffizien in Florenz aus dem 16. Jahrhundert der Größe von Le Corbusiers Unité d'Habitation in Marseille entspricht. Mit einer ähnlich verblüffenden Studie über die «Mathematik» von dessen Villa Stein und der Villa Foscari von Palladio erregte Rowe bereits dreißig Jahre zuvor Aufsehen.

Zum zweiten Mal rettet er seine Lichtgestalt aus den Fängen der ihm suspekten Modernen Architektur. In einem aus der liberalen *Offenen Gesellschaft* von Karl Popper und dem kausalfrei ordnenden *Wilden Denken* von Claude Levi-Strauss konstruierten Denkbild befreit Rowe die Architektur von ihrer hygienischen Unerbittlichkeit des frühen 20. Jahrhunderts, von Plan Voisin und Dammerstock. Mit unfassbarer Chuzpe entledigt er sich politischer Kontexte und feiert Gebäude wie den (seiner Interpretation zufolge collagierten) Palazzo Borghese als Vorbild. Im Rausch konnotationsfreier Formen wird kein Gedanke an soziale Ideen verschwendet. Doch die Abstraktion fasziniert allein im städtebaulichen Entwurf, unbefriedigend bleibt die Einlösung in der dritten Dimension – eine Unité d'Habitation mit Uffizienfassade (und umgekehrt!) verkleidet allenfalls Hilflosigkeit. «Der Fuchs weiß viele Dinge, aber der Igel weiß eine große Sache», zitiert er Isaiah Berlin. Für den Entwurfsdialog mit der Stadt bleibt die zeitübergreifende Verdichtung in *Collage City* eine mannigfaltig perlende An- und Erregung.

Michael Kasiske ist Fachautor für Architektur, Design und Fotografie. Er studierte Architektur in Dortmund und Berlin, und ist in den Feldern Planung und Öffentlichkeitsarbeit tätig. Seit 2003 ist er Referent für Wettbewerbe, Kunst am Bau und Sonderaufgaben im Bundesamt für Bauwesen und Raumordnung.

Colin Rowe, Fred Koetter

COLLAGE CITY UND DIE WIEDEREROBERUNG DER ZEIT (1978)

[...] Wir möchten nahelegen, dass eine Collagemethode, eine Methode, bei der Gegenstände aus ihrem Kontext zwangsweise herausgehoben oder gelockt werden – gegenwärtig –, die einzige Art ist, sich mit den fundamentalen Problemen von Utopie und Tradition, mit den einen oder andern oder mit beiden, auseinanderzusetzen; und der Herkunft der architektonischen Objekte, die in die soziale Collage eingefügt werden, braucht man keine grosse Bedeutung zu geben. Das hat mit Geschmack und Überzeugung zu tun. Die Objekte können aristokratisch oder ‹volkstümlich› sein, akademisch oder populär. Ob sie aus Pergamon oder aus Dahomey stammen, aus Detroit oder Dubrovnik, ob sie Hinweise auf das 20. oder auf das 15. Jahrhundert enthalten, ist nicht sehr wichtig. Gesellschaften und Personen vereinigen sich entsprechend ihren eigenen Interpretationen von absoluten Bezugsgrössen und traditionellen Werten; und bis zu einem gewissen Grad nimmt Collage sowohl hybride Bildungen, als auch die Bedürfnisse der Selbstbestimmung in sich auf.

Bis zu einem gewissen Grad; denn wenn die Stadt der Collage gastfreundlicher sein mag als die Stadt der Modernen Architektur, kann sie so wenig wie irgendeine andere menschliche Institution vorgeben, *vollständig* gastfreundlich zu sein. Die idealerweise offene Stadt ist wie die idealerweise offene Gesellschaft ebenso sehr eine Erfindung der Vorstellungskraft wie ihr Gegenteil. Die offene und die geschlossene Gesellschaft, beide als praktische Möglichkeiten aufgefasst, sind beide Karikaturen entgegengesetzter Ideale; und in die Reiche der Karikatur sollte man alle extremen Phantasien von Befreiung und Kontrolle verbannen. Die Argumente von Popper und Habermas können konzediert werden; das Desideratum der offenen Gesellschaft und der emanzipatorischen Interessen ist evident; die Notwendigkeit, eine wirksame kritische Theorie wiederherzustellen, nachdem sie so lange von Szientismus, Historizismus, Psychologismus geleugnet wurde, sollte ebenso offensichtlich sein; aber man kann sich immer noch Sorgen machen, auf diesem Popperschen Gebiet, über eine Art Ungleichgewicht, das sich demjenigen in Poppers Kritik der Utopie und der Tradition vergleichen lässt. Es kann scheinen, dass es darin besteht, dass man sich zu ausschliesslich auf konkrete Übel konzentriert und sich dementsprechend scheut, irgendeinen Versuch zur Konstruktion abstrakter Güter zu unternehmen. Konkrete Übel können identifiziert werden – man kann sich über sie einigen; aber abstrakte Güter (abgesehen vom höchst abstrakten emanzipatorischen Interesse) bleiben eine schwierige Ware – sie entziehen sich der Zustimmung; und während deshalb das kritische Untersuchen und Ausmerzen konkreter Übel der Befreiung dient, werden alle

Versuche, abstrakte Güter zu vereinbaren – weil sie unvermeidlich in Dogma gründen – bald als Zwang angesehen.

So taucht mit den Problemen des Dogmas (heisses Dogma, kühles Dogma, pures Dogma), die Popper alle ausgiebig unterschieden hat, die Frage des Idealtypus wieder auf. Die Poppersche Gesellschaftsphilosophie ist eine Angelegenheit von Angriff und détente – Angriff auf Zustände und Ideen, die keine détente zulassen; und sie ist bis zu einem gewissen Grad sympathisch. Aber diese intellektuelle Position, die gleichzeitig die Existenz von Schwerindustrie und Wall Street akzeptiert (als Traditionen, die zu kritisieren sind) und dann auch die Existenz eines idealen Diskussionsforums fordert (eine rousseausche Version des Schweizer Kantons mit seiner zugehörigen Tagsatzung?), kann auch Skepsis hervorrufen.

Die rousseausche Version des Schweizer Kantons (der mit Rousseau nicht viel anfangen konnte), die vergleichbare Stadtversammlung in Neuengland (weisse Farbe und Hexenjagd?), das House of Commons im 18. Jahrhundert, die ideale akademische Fakultätssitzung (und was ist über diese anzumerken?): Zweifellos gehören sie – zusammen mit verschiedenen Sowjets, Kibbuzim und anderen Anspielungen auf die Stammesgesellschaft – zu den wenigen Foren notwendiger Auseinandersetzung Gleichberechtigter, die bisher erdacht oder eingerichtet wurden. Wenn es davon natürlich mehr geben sollte, ist man, während man Vermutungen über ihre architektonische Erscheinungsform nachhängt, aber auch gezwungen zu fragen, ob sie lediglich traditionelle Gebilde sind. Das heisst, zuerst ist also die ideale Dimension dieser verschiedenen Foren einzuführen; und dann ist zu fragen, ob spezifische Überlieferungen (die ihrer Kritik harren) in irgendeiner Art vorstellbar sind ohne jenen grossen Bestand anthropologischer Tradition, der mit Magie, Ritual und der zentralen Rolle des Idealtypus zu tun hat und die Utopie als im Entstehen begriffene Gegenwart annimmt.

Anders ausgedrückt kehren wir, unter Anerkennung der kritizistischen Beweisführung und unter Anerkennung des kategorischen Imperativs der Emanzipation, zu den Problemen von Gerüst und Ausstellung zurück, zu den Problemen von Ausstellung – Demonstrationen – entscheidende Handlung, die unsichtbar (und unprovoziert) bleiben werden, solange sie nicht ein alles andere als nebensächlicher Apparat der Isolation, der Umrahmung und der Beleuchtung unterstützt. Denn genauso wie die Utopie traditionell eine Mandala war, ein Sinnbild, um Ideen zu konzentrieren und zu schützen, gab es die Tradition – gleicherweise – nie ohne ihren utopischen Bestandteil. «Das ist eine Regierung durch Gesetze, nicht durch Menschen»[1]; eine wichtige, eine dogmatische und höchst amerikanische Aussage, die gleichzeitig absurd und äusserst verständlich ist – absurd in ihrer utopischen und klassischen, leicht feierlichen Beteuerung, verständlich (trotz dem ‹Volk›) in

1 Zitat ohne Quellenangabe der Autoren. «this is a government of laws not men». Deutsche Fassung durch die Übersetzer.

ihrem Appell an eine magische Wirkungskraft, die manchmal sogar einem pragmatischen Zweck dienen kann.

Und ebendiesen Begriff von Gesetz, vom neutralen Hintergrund, der das Besondere aufzeigt und stimuliert («Das Gesetz aber ist daneben hereingekommen, damit die Übertretung noch grösser würde»[2]), den Begriff von Gesetz, das dem Wesen nach eine Frage von Präzedenzfällen ist, das sich aber auch als ideale Formulierung versteht, das entweder naturgegeben oder der Natur durch göttlichen Willen auferlegt und auf jeden Fall magisch gutgeheissen und nicht Menschenwerk ist – die Beschaffenheit dieser mitunter unglaublichen, aber immer notwendigen Fiktion, die sich mit empirischen und idealen, traditionellen und utopischen Anklängen versieht, die mit doppelter Ethik arbeitet, die sich in der Geschichte entwickelt, aber auf platonischen Bezügen besteht – diese höchst öffentliche Institution müssen wir nun im Kommentar über das Verhältnis Gerüst – Ausstellung gewinnbringend verwenden.

Renato Poggioli spricht vom «Fehlschlag des Versuchs, ein modernes Wunderbares zu verwirklichen (fast immer wissenschaftlich im Inhalt, fast ausschliesslich städtisch in der Ambiance)»[3], und in der Vorstellung vom «modernen Wunderbaren» können wir leicht jene Visionen einer dauernd klaren gesellschaftlichen Ordnung erkennen, durch welche die Moderne Stadt belebt und unterstützt werden sollte, Visionen einer gesellschaftlichen Ordnung, die ihren Wert mit Hilfe einer völlig genauen und sich automatisch selber erneuernden Wahrnehmung der Tatsachen schaffen und erhalten sollte, einer gleichzeitig wissenschaftlichen und poetischen Wahrnehmung, die nur der Tatsache die Rolle des Wunders zuweisen konnte. Dies ist jene Art *Wundergerüst des Messbaren,* das sich als gütig präsentiert (eine Regierung weder durch Gesetze *noch* durch Menschen), als Kathedrale des volkstümlichen Glaubens an die wissenschaftliche Vorstellungskraft (was die Notwendigkeit von Vorstellungskraft und Glauben ausschliesst), als ein Bauwerk, in dem alles Zufällige erfasst ist (wo keine Fragen offenbleiben). Aber es ist auch der Typus des übernatürlichen Wunderereignisses, das Sinnbild, dessen Existenz für sich selber spricht, das, wenn man seine Legalität voraussetzt, Urteil und Auseinandersetzung überflüssig macht, das weder das geringste Mass an vernünftiger Skepsis zulassen noch von vernünftiger Skepsis hingenommen werden kann und das unendlich viel schrecklicher ist als jede gesetzliche Konstruktion. Ohne Zweifel Regierung weder durch Gesetze noch durch Menschen: Da kann nur Hannah Arendts «tyrannischste aller Regierungen [...] die Regierung durch niemanden, der Totalitarismus der Technik»[4] erscheinen.

2 Neues Testament, Römerbrief 5:20, Zürcher Bibel.

3 Renato Poggioli, *The Theory of the Avant-Garde,* Cambridge, Massachusetts 1968, S. 219. «the failure of the attempt to realize a modern marvellous (almost always scientific in content, almost exclusively urban in ambiance)». Deutsche Fassung durch die Übersetzer.

4 Dieses Zitat von Hannah Arendt verdanken wir Kenneth Frampton. Er ist nicht in der Lage, die Quelle genau anzugeben. «most tyrannical government of all [...] the government of nobody, the totalitarianism of technique». Deutsche Fassung durch die Übersetzer.

Das offene Proklamieren der Freiheit und das verstohlene Insistieren, dass Freiheit (auf Tatsachen gegründet) unabhängig vom menschlichen Willen existieren müsse, die Entschlossenheit, alle Einrichtungen der Vermittlung, die sichtlich Menschenwerk sind, ausser acht zu lassen («ich mag die Polizei nicht»[5]), die nihilistische Geste, die in missverstandenem und falsch gedeutetem Überfluss wurzelt: In Verbindung mit all dem haben wir eine Betrachtung der elementaren und belebenden Zweideutigkeiten des Gesetzes vorgeschlagen, des ‹natürlichen› und traditionellen, eine Betrachtung jenes Konflikts zwischen einem ethischen und einem ‹wissenschaftlichen› Ideal, der, solange er beibehalten wird, wenigstens Interpretation fördert.

Doch wenn man eine Art Befreiung vorschlägt: durch die Mittel sowohl der Utopie als auch der Tradition, durch die Stadt als Museum, durch Collage als Ausstellung und als Gerüst, durch die Ungewissheiten und Zweideutigkeiten des Gesetzes, durch die Unsicherheit der Tatsachen und die aalglatte Schlüpfrigkeit der Bedeutung, durch den völligen Mangel an einfacher Gewissheit – so bedeutet das alles aber auch, dass man eine Situation vorschlägt (was utopisch scheinen mag), in der die Forderungen der aktivistischen Utopie in den Hintergrund getreten sind, in der die Zeitbombe des historischen Determinismus endlich entschärft ist, in der die Erfordernisse vielschichtiger Zeit endlich anerkannt sind und in der jene seltsame Idee, die ewige Gegenwart, neben ihren ebenso seltsamen Konkurrenten tatsächlich wieder eingesetzt wird.

Das offene Feld und das geschlossene Feld: Wir haben bereits auf den Wert des einen als politische Notwendigkeit, des andern als Mittel der Verhandlung, Identität, Wahrnehmung hingewiesen; wenn es nun auch nicht nötig sein sollte, die konzeptionelle Wirkungsweise der beiden zu betonen, könnte man doch feststellen, dass die Vorstellung von offenem räumlichem Feld und geschlossenem zeitlichem Feld notwendigerweise ebenso absurd sein muss wie das Gegenteil. Es waren die grossartigen Ausblicke in kulturelle Zeiträume, in die historischen Tiefen und Abgründe Europas (oder wo immer man annahm, dass Kultur lokalisiert sei) im Gegensatz zur exotischen Bedeutungslosigkeit des ‹Restes›, die am meisten zur Architektur früherer Zeiten beitrugen; und das Gegenteil hat die Architektur unserer Zeit ausgezeichnet: eine Bereitschaft, fast alle Tabus körperlicher Distanz, die Schranken des Raumes, abzuschaffen und dann daneben eine entsprechende Entschlossenheit, die unerbittlichste der zeitlichen Grenzen zu errichten. Man denkt an jenen Eisernen Vorhang durch die Zeit, der in den Köpfen der Gläubigen die Moderne Architektur gegen alle Infektionen durch freischweifende zeitliche Assoziation isoliert. Aber obwohl wir anerkennen, dass dies einmal berechtigt gewesen war (Identität, Inkubation, das Treibhaus), können heute die Gründe, eine

5 Oswald Matthias Ungers, eine oft wiederholte Bemerkung vor Studenten der Cornell-Universität, etwa 1969–1970. «I do not like the police». Deutsche Fassung durch die Übersetzer.

solche Temperatur der Begeisterung künstlich aufrechtzuerhalten, allmählich nur noch als sehr fernabliegend erscheinen.

Denn wenn man erkennt, dass das Einschränken des freien Handels weder in Raum noch Zeit auf die Dauer nutzbringend aufrechterhalten werden kann, dass ohne freien Handel der Speisezettel beschränkt oder provinziell, das Überleben der Vorstellungskraft gefährdet wird und dass schliesslich eine Art Aufstand der Sinne erfolgen muss, identifiziert man nur einen Aspekt der Situation, die man sich vorstellen kann. Ebenso wie die offene Gesellschaft als Tatsache muss das Ideal des uneingeschränkten freien Austausches eine Schimäre sein. Wir neigen zur Ansicht, dass das globale Dorf nur globale Dorfidioten hervorbringen wird; und im Licht dieser Annahme fordern der ideale Schweizer Kanton – handeltreibend, aber isoliert – und das Neuenglanddorf der Ansichtskarte – geschlossen, aber offen für alle Importe merkantiler Wagnisse – wieder Aufmerksamkeit. Denn ein Bejahen des freien Handels braucht nicht zu erfordern, dass man von ihm völlig abhängig ist, und die Vorteile des freien Handels müssen nicht unbedingt zu einem Austoben der Begierde führen.

Der ideale Schweizer Kanton der Vorstellung und die Neuenglandgemeinde der Ansichtskarte geniessen den Ruf, in solchen Verhältnissen immer ein beharrliches und berechnetes Gleichgewicht von Identität und Vorteil aufrechterhalten zu haben. Das heisst: Um zu überleben, mussten sie zwei Gesichter zeigen; und wenn sie für die Welt zur Ausstellung wurden, konnten sie für sich selbst nur Gerüst bleiben. Das könnte, weil es eine Einschränkung ist, die der Idee des freien Handels auferlegt werden *muss,* Gelegenheit bieten, sich hier, bevor wir schliessen, Lévi-Strauss' prekäres «Gleichgewicht zwischen Struktur und Ereignis, Notwendigkeit und Zufälligkeit, zwischen Interiorität und Exteriorität ...»[6] ins Gedächtnis zu rufen.

Nun besteht eine Collage-Technik von der Absicht wenn nicht von der Definition her darauf, dass gerade ein solcher Balanceakt im Mittelpunkt steht. Ein Balanceakt? Aber: «Geist, wissen Sie, ist die unerwartete Paarung von Ideen, das Entdecken von geheimer Beziehung zwischen Bildern, die anscheinend weit voneinander entfernt sind; ein Überströmen von Geist setzt daher eine Fülle von Wissen voraus; ein Gedächtnis, das mit Vorstellungen angefüllt ist, unter denen die Phantasie aussuchen kann, um neue Zusammensetzungen zu bilden. Wie stark die angeborene Vorstellungskraft auch sein mag, kann sie doch niemals viele Kombinationen aus wenigen Ideen formen, so wie viele Tonfolgen niemals mit wenigen Glocken geläutet werden können. Der Zufall kann tatsächlich manchmal eine glückliche Parallele oder einen auffallenden Kontrast hervorbringen; aber diese Geschenke des Zufalls sind nicht häufig; und wer selbst nichts besitzt und

6 Claude Lévi-Strauss, *Das Wilde Denken,* [Suhrkamp Wissenschaft, Bd. 14, Frankfurt a. M. 1973,] S. 44–45. [...]

sich doch nutzlosen Ausgaben hingibt, muss von Darlehen oder Diebstahl leben.»[7] Samuel Johnson liefert wiederum eine viel bessere Definition von etwas sehr Ähnlichem wie Collage als alle, die wir selber zu formulieren imstande sind, und sicher sollte eine Geisteshaltung dieser Art jede Annäherung an Utopie und Tradition erfüllen. [...]

Gewöhnlich wurde die Utopie, sei sie platonisch oder marxistisch, als axis mundi oder als axis historiae begriffen; aber wenn sie so wie alle totemistischen, traditionalistischen und unkritisierten Ideengebilde wirkte, wenn ihre Existenz poetisch notwendig und politisch bedauerlich war, bestärkt das nur die Vorstellung, dass eine *Collage-Technik,* die eine ganze Reihe von axis mundi zulässt (alles Taschenausgaben von Utopien – Schweizer Kanton, Neuenglanddorf, Felsendom von Jerusalem, Place Vendôme, Campidoglio usw.), *ein Mittel sein könnte,* das erlaubt, uns der utopischen Poesie zu erfreuen, ohne dass wir genötigt sind, die Peinlichkeiten utopischer Politik zu ertragen. Mit andern Worten: Weil Collage eine Methode ist, die ihre Tugend ihrer Ironie verdankt – weil sie eine Technik zu sein scheint, gleichzeitig Dinge zu verwenden und nicht an sie zu glauben –, ist sie auch ein Verfahren, das erlaubt, *die Utopie als Bildvorstellung* zu behandeln, die *in Fragmenten zu verwenden* ist, ohne dass wir sie in toto akzeptieren müssen, was weiterhin andeuten soll, dass *Collage sogar eine Strategie sein könnte,* welche, indem sie die utopische Illusion von Unveränderlichkeit und Endgültigkeit unterstützt, sogar eine Welt der Veränderung, der Bewegung, des Handelns und der Geschichte mit Brennstoff versehen könnte.

Aus: Colin Rowe u. Fred Koetter: *Collage City,* aus dem Englischen von Bernhard Hoesli mit Monika Oswald, Christina Reble, Tobi Stöckli, 3. Aufl., Basel, Boston, Berlin 1988, S. 211–217.

Englische Originalausgabe: *Collage City,* Cambridge, Mass., London 1978.

7 Samuel Johnson, in: *The Rambler,* No. 194 (Samstag, den 25.1.1752). «Wit, you know, is the unexpected copulation of ideas, the discovery of some occult relation between images in appearance remote from each other; and an effusion of wit, therefore, presupposes an accumulation of knowledge; a memory stored with notions, which the imagination may cull out to compose new assemblages. Whatever may be the native vigour of the mind, she can never form many combinations from few ideas, as many changes can never be rung upon a few bells. Accident may indeed sometimes produce a lucky parallel or a striking contrast; but these gifts of chance are not frequent, and he that has nothing of this own, and yet condemns himself to needless expenses must live upon loans or theft.»
Deutsche Fassung durch die Übersetzer.

Kommentar: Oliver Herwig

Dass Arthur Schopenhauers Aufsatz noch immer auf der Prüfungsliste angehender Architekten steht, hat einen guten Grund: Der Philosoph bietet bestechende Überlegungen zur sinnlichen Wahrnehmung (Ästhetik) und gewinnt die Schönheit der Baukunst im Widerspruch zu Kant aus dem Geist ihrer selbstverständlichen Zweckerfüllung. Warum aber sollten sich Designer mit Tragen und Lasten oder Säulenordnungen, dem «Generalbass der ganzen Architektur», auseinandersetzen? Nun, Schopenhauer geht es nur vordergründig um Stütze und Last, tatsächlich sucht er nach einer Grundlegung der Disziplin. Dabei räumt er mit einigem Ballast auf, indem er etwa die Bauwelt vom Postulat der Nachahmung befreit und sie in ein produktiveres Verhältnis zur Natur setzt: Sie solle «im Geist der Natur schaffen». Mit seinem Rückgriff auf Aristoteles' Topos der «natura nihil agit frustra [...]» beruft sich Schopenhauer allerdings nicht nur auf eine Autorität. Vor allem schafft er Raum, Architektur unter dem Aspekt ihrer Nützlichkeit zu betrachten (und zu erklären). Man braucht nicht besonders viel Phantasie, um hierin den entscheidenden Schritt in Richtung auf Louis Sullivans Diktum zu erkennen, die Form folge der Funktion («form follows function», in: «Das große Bürogebäude, künstlerisch betrachtet», 1896). Schopenhauer formuliert treffend: «Die Formen in der Architektur werden [...] zunächst durch den unmittelbaren, konstruktionellen Zweck jedes Theiles bestimmt.» Darauf lässt sich in der Tat bauen.

Während Architekt Sullivan vom «gleitenden Adler», der «geöffneten Apfelblüte» oder dem «majestätischen Schwan» schwärmt und so Parallelen zwischen Schöpfung und Bauen benennt, bleibt Schopenhauer wunderbar konzise und benennt Leichtigkeit und Angemessenheit als entscheidende Kriterien zur Beurteilung gelingender Architektur. Kein Wunder, dass er im Umkehrschluss Geschmacklosigkeit mit dem Hinweis verdammt, sie suche «unnütze Umwege» und gefalle «sich in Willkürlichkeiten». Da ist er also, der Generalbass einer funktionalen Moderne, die sich von Zufällen in der Gestaltung zu befreien sucht und zu objektiven Kriterien vorstößt.

Oliver Herwig promovierte über das «Textdesign» Eugen Gomringers und arbeitet als Autor und freier Journalist in München.
Er unterrichtet Designtheorie an den Universitäten Karlsruhe und Linz sowie Kommunikation in Basel. Für Artikel in der Bauwelt *und der* Frankfurter Rundschau *erhielt er Auszeichnungen.*

Arthur Schopenhauer

ZUR AESTHETIK DER ARCHITEKTUR (1859)

In Gemäßheit der im Texte gegebenen Ableitung des rein Aesthetischen der Baukunst aus den untersten Stufen der Objektivation des Willens, oder der Natur, deren Ideen sie zu deutlicher Anschaulichkeit bringen will, ist das einzige und beständige Thema derselben *Stütze und Last,* und ihr Grundgesetz, daß keine Last ohne genügende Stütze, und keine Stütze ohne angemessene Last, mithin das Verhältniß dieser Beiden gerade das passende sei. Die reinste Ausführung dieses Themas ist Säule und Gebälk: daher ist die Säulenordnung gleichsam der Generalbaß der ganzen Architektur geworden. In Säule und Gebälk nämlich sind Stütze und Last *vollkommen gesondert;* wodurch die gegenseitige Wirkung Beider und ihr Verhältniß zu einander augenfällig wird. Denn freilich enthält selbst jede schlichte Mauer schon Stütze und Last: allein hier sind Beide noch in einander verschmolzen. Alles ist hier Stütze und Alles Last: daher keine ästhetische Wirkung. Diese tritt erst durch die Sonderung ein und fällt dem Grade derselben gemäß aus. Denn zwischen der Säulenreihe und der schlichten Mauer sind viele Zwischenstufen. Schon auf der bloß zu Fenstern und Thüren durchbrochenen Mauer eines Hauses sucht man jene *Sonderung* wenigstens anzudeuten, durch flache hervortretende Pilaster (Anten) mit Kapitellen, welche man dem Gesimse unterschiebt, ja, im Nothfall, sie durch bloße Malerei darstellt, um doch irgendwie das Gebälk und eine Säulenordnung zu bezeichnen. Wirkliche Pfeiler, auch Konsolen und Stützen mancherlei Art, realisiren schon mehr jene von der Baukunst durchgängig angestrebte reine Sonderung der Stütze und Last. In Hinsicht auf dieselbe steht der Säule mit dem Gebälke zunächst, aber als eigenthümliche, nicht diese nachahmende Konstruktion, das Gewölbe mit dem Pfeiler. Die ästhetische Wirkung Jener freilich erreichen Diese bei Weitem nicht; weil hier Stütze und Last noch nicht *rein gesondert,* sondern in einander übergehend verschmolzen sind. Im Gewölbe selbst ist jeder Stein zugleich Last und Stütze, und sogar die Pfeiler werden, zumal im Kreuzgewölbe, vom Druck entgegengesetzter Bögen, wenigstens für den Augenschein, in ihrer Lage erhalten; wie denn auch, eben dieses Seitendruckes wegen, nicht nur Gewölbe, sondern selbst bloße Bögen nicht auf Säulen ruhen sollen, sondern den massiveren, viereckigen Pfeiler verlangen. In der Säulenreihe allein ist die Sonderung vollständig, indem hier das Gebälk als reine Last, die Säule als reine Stütze auftritt. Demnach ist das Verhältniß der Kolonade zur schlichten Mauer dem zu vergleichen, welches zwischen einer in regelmäßigen Intervallen aufsteigenden Tonleiter und einem aus der selben Tiefe bis zur selben Höhe allmälig und ohne Abstufungen hinaufgehenden Tone wäre, der ein bloßes Geheul abgeben würde. Denn im Einen wie im Andern ist der Stoff der selbe, und nur aus der *reinen Sonderung* geht der mächtige Unterschied hervor.

Der Last *angemessen* ist übrigens die Stütze nicht dann, wann sie solche zu tragen nur eben ausreicht; sondern wann sie dies so bequem und reichlich vermag, daß wir, beim ersten Anblick, darüber vollkommen beruhigt sind. Jedoch darf auch dieser Ueberschuß der Stütze einen gewissen Grad nicht übersteigen; da wir sonst Stütze ohne Last erblicken, welches dem ästhetischen Zweck entgegen ist. Zur Bestimmung jenes Grades haben die Alten, als Regulativ, die *Linie des Gleichgewichts* ersonnen, welche man erhält, indem man die Verjüngung, welche die Dicke der Säule von unten nach oben hat, fortsetzt, bis sie in einen spitzen Winkel ausläuft, wodurch die Säule zum Kegel wird: jetzt wird jeder beliebige Queer-Durchschnitt den untern Theil so stark lassen, daß er den abgeschnittenen oberen zu tragen hinreicht. Gewöhnlich aber wird mit zwanzigfacher Festigkeit gebaut, d. h. man legt jeder Stütze nur 1/20 dessen auf, was sie höchstens tragen könnte. – Ein lukulentes Beispiel von Last ohne Stütze bieten die, an den Ecken mancher, im geschmackvollen Stil der «Jetztzeit» erbauten Häuser hinausgeschobenen Erker dem Auge dar. Man sieht nicht was sie trägt: sie scheinen zu schweben und beunruhigen das Gemüth.

Daß in Italien sogar die einfachsten und schmucklosesten Gebäude einen ästhetischen Eindruck machen, in Deutschland aber nicht, beruht hauptsächlich darauf, daß dort die Dächer sehr flach sind. Ein hohes Dach ist nämlich weder Stütze noch Last, denn seine beiden Hälften unterstützen sich gegenseitig, das Ganze aber hat kein seiner Ausdehnung entsprechendes Gewicht. Daher bietet es dem Auge eine ausgebreitete Masse dar, die dem ästhetischen Zwecke völlig fremd, bloß dem nützlichen dient, mithin jenen stört, dessen Thema immer nur Stütze und Last ist.

Die Form der Säule hat ihren Grund allein darin, daß sie die einfachste und zweckmäßigste Stütze liefert. In der gewundenen Säule tritt die Zweckwidrigkeit wie absichtlich trotzend und daher unverschämt auf: deswegen bricht der gute Geschmack, beim ersten Anblick, den Stab über sie. Der viereckige Pfeiler hat, da die Diagonale die Seiten übertrifft, ungleiche Dimensionen der Dicke, die durch keinen Zweck motivirt, sondern durch die zufällig leichtere Ausführbarkeit veranlaßt sind: darum eben gefällt er uns so sehr viel weniger, als die Säule. Schon der sechs- oder achteckige Pfeiler ist gefälliger; weil er sich der runden Säule mehr nähert: denn die Form dieser allein ist ausschließlich durch den Zweck bestimmt. Dies ist sie nun aber auch in allen ihren übrigen Proportionen: zunächst im Verhältniß ihrer Dicke zur Höhe, innerhalb der Gränzen, welche die Verschiedenheit der drei Säulenordnungen zuläßt. Sodann beruht ihre Verjüngung, vom ersten Drittel ihrer Höhe an, wie auch eine geringe Anschwellung an eben dieser Stelle (*entasis Vitr.*), darauf, daß der Druck der Last dort am stärksten ist: man glaubte bisher, daß diese Anschwellung nur der Ionischen und Korinthischen Säule eigen sei; allein neuere Messungen haben sie auch an der Dorischen, sogar in Pästum, nachgewiesen. Also Alles an der Säule, ihre durchweg bestimmte Form, das Verhältniß ihrer Höhe zur Dicke, Beider zu den Zwischenräumen der Säulen, und das der ganzen Reihe zum Gebälk und der darauf ruhenden Last, ist das genau berechnete Resultat aus dem Verhältniß der nothwendigen Stütze zur gegebenen Last. Weil diese gleichförmig vertheilt ist; so müssen es auch die Stützen seyn: deshalb sind Säulengruppen geschmacklos. Hingegen rückt, in den besten Dorischen Tempeln, die Ecksäule etwas näher an die nächste; weil das Zusammentreffen der Gebälke an der Ecke die Last vermehrt: hiedurch aber spricht sich deutlich das Princip der Architektur aus, daß die konstruktionellen Verhältnisse, d.h. die zwischen Stütze und Last, die wesentlichen sind, welchen die der Symmetrie, als untergeordnet, sogleich weichen müssen. Je nach der Schwere der ganzen Last überhaupt wird man die Dorische, oder die zwei leichteren Säulenordnungen wählen, da die erstere, nicht nur durch die größere Dicke, sondern auch durch die ihr wesentliche, nähere Stellung der Säulen, auf schwerere Lasten berechnet ist, zu welchem Zwecke auch die beinahe rohe Einfachheit ihres Kapitells paßt. Die Kapitelle überhaupt haben den Zweck, sichtbar zu machen, daß die Säulen das Gebälk tragen und nicht wie Zapfen hineingesteckt sind: zugleich vergrößern sie, mittelst ihres Abakus, die tragende Fläche. Weil nun also aus dem wohl verstandenen und konsequent durchgeführten Begriff der reichlich angemessenen Stütze zu einer gegebenen Last alle Gesetze der Säulenordnung, mithin auch die Form und Proportion der Säule, in allen ihren Theilen und Dimensionen, bis ins Einzelne herab, folgt, also insofern *a priori* bestimmt ist; so erhellt die Verkehrtheit des so oft wiederholten Gedankens, daß Baumstämme oder gar (was leider selbst Vitruvius, VI, I, vorträgt) die menschliche Gestalt das Vorbild der Säule gewesen sei. Dann wäre die Form derselben für die Architektur eine rein zufällige, von außen aufgenommene: eine solche aber könnte uns nicht, sobald wir sie in ihrem gehörigen Ebenmaaß erblicken, so harmonisch und befriedigend ansprechen; noch könnte andererseits jedes, selbst geringe Mißverhältniß derselben vom feinen und geübten Sinne sogleich unangenehm und störend, wie ein Mißton in der Musik, empfunden werden. Dies ist vielmehr nur dadurch möglich, daß, nach gegebenem Zweck und Mittel, alles Uebrige im Wesentlichen *a priori* bestimmt ist, wie in der Musik, nach gegebener Melodie und Grundton, im Wesentlichen die ganze Harmonie. Und wie die Musik, so ist auch die Architektur überhaupt keine nachahmende Kunst; – obwohl Beide oft fälschlich dafür gehalten worden sind.

Das ästhetische Wohlgefallen beruht, wie im Text ausführlich dargethan, überall auf der Auffassung einer (Platonischen) Idee. Für die Architektur, allein als schöne Kunst betrachtet, sind die Ideen der untersten Naturstufen, also Schwere, Starrheit, Kohäsion das eigentliche Thema; nicht aber, wie man bisher annahm, bloß die regelmäßige Form, Proportion und Symmetrie, als welche ein rein Geometrisches, Eigenschaften des Raumes, nicht Ideen sind, und daher nicht das Thema einer schönen Kunst seyn können. Auch in der Architektur also sind sie nur sekundären Ursprungs und haben eine untergeordnete Bedeutung, welche ich sogleich hervorheben werde. Wären sie es allein, welche darzulegen die Architektur, als schöne Kunst, zur Aufgabe hätte; so müßte das Modell die gleiche Wirkung thun, wie das ausgeführte Werk. Dies aber ist ganz und gar nicht der Fall: vielmehr müssen die Werke der Architektur, um ästhetisch zu wirken, durchaus eine beträchtliche Größe haben; ja, sie können nie zu groß, aber leicht zu klein seyn. Sogar steht, *ceteris paribus*, die ästhetische Wirkung im geraden Verhältniß der Größe der Gebäude; weil nur große Massen die Wirksamkeit der Schwerkraft in hohem Grade augenfällig und eindringlich machen. Hiedurch bestätigt sich abermals meine Ansicht, daß das Streben und der Antagonismus jener Grundkräfte der Natur den eigentlichen ästhetischen Stoff der Baukunst ausmacht, welcher, seiner Natur nach, große Massen verlangt, um sichtbar, ja fühlbar zu werden. – Die Formen in der Architektur werden, wie oben an der Säule gezeigt worden, zunächst durch den unmittelbaren, konstruktionellen Zweck jedes Theiles bestimmt. Soweit nun aber derselbe irgend etwas unbestimmt läßt, tritt, da die Architektur ihr Daseyn zunächst in unserer räumlichen Anschauung hat, und demnach an unser Vermögen *a priori* zu dieser sich wendet, das Gesetz der vollkommensten Anschaulichkeit, mithin auch der leichtesten Faßlichkeit, ein. Diese aber entsteht allemal durch die größte Regelmäßigkeit der Formen und Rationalität ihrer Verhältnisse. Demgemäß wählt die schöne Architektur lauter regelmäßige Figuren, aus geraden Linien, oder gesetzmäßigen Kurven, imgleichen die aus solchen hervorgehenden Körper, wie Würfel, Parallelepipeden, Cylinder, Kugeln, Pyramiden und Kegel; als Oeffnungen aber bisweilen Cirkel, oder Ellipsen, in der Regel jedoch Quadrate und noch öfter Rektangel, letztere von durchaus rationalem und ganz leicht faßlichem Verhältniß ihrer Seiten (nicht etwan wie 6:7, sondern wie 1:2, 2:3), endlich auch Blenden oder Nischen, von regelmäßiger und faßlicher Proportion. Aus dem selben Grunde wird sie den Gebäuden selbst und ihren großen Abtheilungen gern ein rationales und leicht faßliches Verhältniß der Höhe zur Breite geben, z. B. die Höhe einer Fassade die Hälfte der Breite seyn lassen, und die Säulen so stellen, daß je 3 oder 4 derselben mit ihren Zwischenräumen eine Linie ausmessen, welche der Höhe gleich ist, also ein Quadrat bilden. Das selbe Princip der Anschaulichkeit und leichten Faßlichkeit verlangt auch leichte Uebersehbarkeit: diese führt die Symmetrie herbei, welche überdies nöthig ist, um das Werk als ein Ganzes abzustecken und dessen wesentliche Begränzung von der zufälligen zu unterscheiden, wie man denn z. B. bisweilen nur an ihrem Leitfaden erkennt, ob man drei neben einander stehende Gebäude oder nur *eines* vor sich hat. Nur mittelst der Symmetrie also kündigt sich das architektonische Werk sogleich als individuelle Einheit und als Entwickelung eines Hauptgedankens an.

Wenn nun gleich, wie oben beiläufig gezeigt worden, die Baukunst keineswegs die *Formen* der Natur, wie Baumstämme, oder gar menschliche Gestalten, nachzuahmen hat; so soll sie doch im *Geiste* der Natur schaffen, namentlich indem sie das Gesetz *natura nihil agit frustra, nihilque supervacaneum, et quod commodissimum in omnibus suis operationibus sequitur*, auch zu dem ihrigen macht, demnach alles, selbst nur scheinbar, Zwecklose vermeidet und ihre jedesmalige Absicht, sei diese nun eine rein architektonische, d. i. konstruktionelle, oder aber eine die Zwecke der Nützlichkeit betreffende, stets auf dem kürzesten und natürlichsten Wege erreicht und so dieselbe, durch das Werk selbst, offen darlegt. Dadurch erlangt sie eine gewisse Grazie, der analog, welche bei lebenden Wesen in der Leichtigkeit und der Angemessenheit jeder Bewegung und Stellung zur Absicht derselben besteht. Demgemäß sehn wir, im guten antiken Baustil, jeglichen Theil, sei es nun Pfeiler, Säule, Bogen, Gebälk, oder Thüre, Fenster, Treppe, Balkon, seinen Zweck auf die geradeste und einfachste Weise erreichen, ihn dabei unverhohlen und naiv an den Tag legend; eben wie die organische Natur es in ihren Werken auch thut. Der geschmacklose Baustil hingegen sucht bei Allem unnütze Umwege und gefällt sich in Willkürlichkeiten, geräth dadurch auf zwecklos gebrochene, heraus und herein rückende Gebälke, gruppirte Säulen, zerstückelte Kornischen an Thürbögen und Giebeln, sinnlose Voluten, Schnörkel u. dergl.: er spielt, wie oben als Charakter der Pfuscherei angegeben, mit den Mitteln der Kunst, ohne die Zwecke derselben zu verstehn, wie Kinder mit dem Geräthe der Erwachsenen spielen. Dieser Art ist schon jede Unterbrechung einer geraden Linie, jede Aenderung im Schwunge einer Kurve, ohne augenfälligen Zweck. Jene naive Einfalt hingegen in der Darlegung und dem Erreichen des Zweckes, die dem Geiste entspricht, in welchem die Natur schafft und bildet, ist es eben auch, welche den antiken Thongefäßen eine solche Schönheit und Grazie der Form verleiht, daß wir stets von Neuem darüber erstaunen; weil sie so edel absticht gegen unsere modernen Gefäße im Originalgeschmack, als welche den Stämpel der Gemeinheit tragen, sie mögen nun aus Porzellan, oder grobem Töpferthon geformt seyn. Beim Anblick der Gefäße und Geräthe der Alten fühlen wir, daß wenn die Natur dergleichen Dinge hätte schaffen wollen, sie es in diesen Formen gethan haben würde. – Da wir also die Schönheit der Baukunst hauptsächlich aus der unverhohlenen Darlegung der Zwecke und dem Erreichen derselben auf dem kürzesten und natürlichsten Wege hervorgehn sehn; so geräth hier meine Theorie in geraden Widerspruch mit der Kantischen, als welche das Wesen alles Schönen in eine anscheinende Zweckmäßigkeit ohne Zweck setzt.

Das hier dargelegte alleinige Thema der Architektur, Stütze und Last, ist so sehr einfach, daß eben deshalb diese Kunst, soweit sie *schöne* Kunst ist (nicht aber sofern sie dem Nutzen dient), schon seit der besten Griechischen Zeit, im Wesentlichen vollendet und abgeschlossen, wenigstens keiner bedeutenden Bereicherung mehr fähig ist. Hingegen kann der moderne Architekt sich von den Regeln und Vorbildern der Alten nicht merklich entfernen, ohne eben schon auf dem Wege der Verschlechterung zu seyn. Ihm bleibt daher nichts übrig, als die von den Alten überlieferte Kunst anzuwenden und ihre Regeln, so weit es möglich ist, unter den Beschränkungen, welche das Bedürfniß, das Klima, das Zeitalter, und sein Land ihm unabweisbar auflegen, durchzusetzen. Denn in dieser Kunst, wie auch in der Skulptur, fällt das Streben nach dem Ideal mit der Nachahmung der Alten zusammen.

Ich brauche wohl kaum zu erinnern, daß ich, bei allen diesen architektonischen Betrachtungen, allein den antiken Baustil und nicht den sogenannten Gothischen, welcher, Saracenischen Ursprungs, durch die Gothen in Spanien dem übrigen Europa zugeführt worden ist, im Auge gehabt habe. Vielleicht ist auch diesem eine gewisse Schönheit, in seiner Art, nicht ganz abzusprechen: wenn er jedoch unternimmt, sich jenem als ebenbürtig gegenüberzustellen; so ist dies eine barbarische Vermessenheit, welche man durchaus nicht gelten lassen darf. Wie wohlthätig wirkt doch auf unsern Geist, nach dem Anschauen solcher Gothischer Herrlichkeiten, der Anblick eines regelrechten, im antiken Stil aufgeführten Gebäudes! Wir fühlen sogleich, daß dies das allein Rechte und Wahre ist. Könnte man einen alten Griechen vor unsere berühmtesten Gothischen Kathedralen führen; was würde er wohl dazu sagen? – *Βαρβαροι!*[1] – Unser Wohlgefallen an Gothischen Werken beruht ganz gewiß größten Theils auf Gedankenassociationen und historischen Erinnerungen, also auf einem der Kunst fremden Gefühl. Alles was ich vom eigentlich ästhetischen Zweck, vom Sinn und Thema der Baukunst gesagt habe, verliert bei diesen Werken seine Gültigkeit. Denn das frei liegende Gebälk ist verschwunden und mit ihm die Säule: Stütze und Last, geordnet und vertheilt, um den Kampf zwischen Starrheit und Schwere zu veranschaulichen, sind hier nicht mehr das Thema. Auch ist jene durchgängige, reine Rationalität, vermöge welcher Alles strenge Rechenschaft zuläßt, ja, sie dem denkenden Beschauer schon von selbst entgegenbringt, und welche zum Charakter des antiken Baustils gehört, hier nicht mehr zu finden: wir werden bald inne, daß hier, statt ihrer, eine von fremdartigen Begriffen geleitete Willkür gewaltet hat; daher Vieles uns unerklärt bleibt. Denn nur der antike Baustil ist in rein *objektivem* Sinne gedacht, der gothische mehr in subjektivem. – Wollen wir jedoch, wie wir als den eigentlichen, ästhetischen Grundgedanken der antiken Baukunst die Entfaltung des Kampfes zwischen Starrheit und Schwere erkannt haben, auch in der Gothischen einen analogen Grundgedanken auffinden; so müßte es dieser seyn, daß hier die gänzliche Ueberwältigung und Besiegung der Schwere durch die Starrheit dargestellt werden soll. Denn demgemäß ist hier die Horizontallinie, welche die der Last ist, fast ganz verschwunden, und das Wirken der Schwere tritt nur noch indirekt, nämlich in Bogen und Gewölbe verlarvt, auf, während die Vertikallinie, welche die der Stütze ist, allein herrscht, und in unmäßig hohen Strebepfeilern, Thürmen, Thürmchen und Spitzen ohne Zahl, welche unbelastet in die Höhe gehn, das siegreiche Wirken der Starrheit versinnlicht. Während in der antiken Baukunst das Streben und Drängen von oben nach unten eben so wohl vertreten und dargelegt ist, wie das von unten nach oben; so herrscht hier das letztere entschieden vor: wodurch auch jene oft bemerkte Analogie mit dem Krystall entsteht, da dessen Anschießen ebenfalls mit Ueberwältigung der Schwere geschieht. Wenn wir nun diesen Sinn und Grundgedanken der Gothischen Baukunst unterlegen und diese dadurch als gleichberechtigten Gegensatz der antiken aufstellen wollten; so wäre dagegen zu erinnern, daß der Kampf zwischen Starrheit und Schwere, welchen die antike Baukunst so offen und naiv

1 Deutsch: Barbaren! (Anm. der Hrsg.)

darlegt, ein wirklicher und wahrer, in der Natur gegründeter ist; die gänzliche Ueberwindung der Schwere durch die Starrheit hingegen ein bloßer Schein bleibt, eine Fiktion, durch Täuschung beglaubigt. – Wie aus dem hier angegebenen Grundgedanken und den oben bemerkten Eigenthümlichkeiten der Gothischen Baukunst der mysteriöse und hyperphysische Charakter, welcher derselben zuerkannt wird, hervorgeht, wird Jeder sich leicht deutlich machen können. Hauptsächlich entsteht er, wie schon erwähnt, dadurch, daß hier das Willkürliche an die Stelle des rein Rationellen, sich als durchgängige Angemessenheit des Mittels zum Zweck Kundgebenden, getreten ist. Das viele eigentlich Zwecklose und doch so sorgfältig Vollendete erregt die Voraussetzung unbekannter, unerforschlicher, geheimer Zwecke, d. i. das mysteriöse Ansehn. Hingegen ist die glänzende Seite der Gothischen Kirchen die innere; weil hier die Wirkung des von schlanken, krystallinisch aufstrebenden Pfeilern getragenen, hoch hinaufgehobenen und, bei verschwundener Last, ewige Sicherheit verheißenden Kreuzgewölbes auf das Gemüth eindringt, die meisten der erwähnten Uebelstände aber draußen liegen. An antiken Gebäuden ist die Außenseite die vortheilhaftere; weil man dort Stütze und Last besser übersieht, im Innern hingegen die flache Decke stets etwas Niederdrückendes und Prosaisches behält. An den Tempeln der Alten war auch meistentheils, bei vielen und großen Außenwerken, das eigentliche Innere klein. Einen erhabeneren Anstrich erhielt es durch das Kugelgewölbe einer Kuppel, wie im Pantheon, von welcher daher auch die Italiäner, in diesem Stil bauend, den ausgedehntesten Gebrauch gemacht haben. Dazu stimmt, daß die Alten, als südliche Völker, mehr im Freien lebten, als die nordischen Nationen, welche die Gothische Baukunst vorgezogen haben. – Wer nun aber schlechterdings die Gothische Baukunst als eine wesentliche und berechtigte gelten lassen will, mag, wenn er zugleich Analogien liebt, sie den negativen Pol der Architektur, oder auch die Moll-Tonart derselben benennen. – Im Interesse des guten Geschmacks muß ich wünschen, daß große Geldmittel dem objektiv, d. h. wirklich Guten und Rechten, dem an sich Schönen, zugewendet werden, nicht aber Dem, dessen Werth bloß auf Ideenassociationen beruht. Wenn ich nun sehe, wie dieses ungläubige Zeitalter die vom gläubigen Mittelalter unvollendet gelassenen Gothischen Kirchen so emsig ausbaut, kommt es mir vor, als wolle man das dahingeschiedene Christenthum einbalsamiren.

Aus: Arthur Schopenhauer: *Die Welt als Wille und Vorstellung*, Zweiter Band, Zürich 1988, S. 476–486.

Kommentar: Peter Friedrich Stephan

Der Philosoph und Kulturtheoretiker Peter Sloterdijk, geboren 1947 in Karlsruhe, ist einer der profiliertesten deutschen Autoren. Seit 2001 leitet er als Rektor die Hochschule für Gestaltung Karlsruhe. In einem metaphern- und assoziationsreichen Stil behandelt er eine große thematische Bandbreite. Mit seinem kontrovers diskutierten Text *Regeln für den Menschenpark* (1999) löste er öffentliche Debatten aus. Seit 2002 ist er Gastgeber der Fernsehsendung *Im Glashaus – Das philosophische Quartett*. Gestaltungs- und medientheoretische Reflexionen gewinnen bei Sloterdijk häufig eine neue Perspektive, in dem sie in anthropologische und zeitdiagnostische Überlegungen eingebettet werden. Beispiele dafür sind: «Durchbruch zur Oberfläche», «Sendboten der Gewalt», die Trilogie *Sphären I–III: Blasen, Globen, Schäume* (1998–2004) und «Das Zeug zur Macht» (2006). Sloterdijk unternimmt mit dem letztgenannten Text, der hier folgend im Auszug wiedergegeben ist, eine Funktionsbestimmung des Design. Dabei beschreibt er zunächst die «Geburt des Designs aus dem Geiste des Rituals». Solche «Souveränitäts-Simulation» wird durch historische Beispiele belegt wie archaische Überlebenstechniken, Tanz- und Rhetorikkurse des Barock und das heutige Interface Design. Diese leisten es, jeweils hinreichend kohärenten Weltbezug auch inmitten unbeherrschbarer Verhältnisse zu gewährleisten. Daraus leitet Sloterdijk die paradoxe Formel vom Design als «Können des Nicht-Könnens» ab. Gleichzeitig wird Design als «Anti-Andacht» von klassischen Ding- und Funktionsbegriffen abgegrenzt, zugunsten von Funktionen der «Ding-Revision». Diese dienen einem «kategorischen Komparativ» und machen Designer zum «Entwicklungshelfer für aufstrebende Dinge».

Peter Sloterdijks Analyse zeigt, dass Designer durch zunehmend «intelligente» digitale Objekte vor neuen Aufgaben der Kohärenz-Produktion stehen. Dies wurde zum Ausgangspunkt des Cognitive Design.

Peter Friedrich Stephan ist Professor für Theorie und Design der Hypermedien (Kunsthochschule für Medien Köln), Gastdozent im Masterprogramm Leadership in digitaler Kommunikation (Universität der Künste Berlin, Universität St. Gallen/Schweiz). Forschungsbereiche: Design Thinking, Cognitive Design und Creative Leadership.

Peter Sloterdijk

DAS ZEUG ZUR MACHT (2006)

[...] Der moderne Könner kann immer weniger immer besser. Was einerseits gerechter Grund seines existentiellen Stolzes ist – die aufgeweckte Mobilisierung von Wollen und Können in offenen Horizonten –, wird zugleich zum Grund einer fundamentalen und unausweichlichen Demütigung. Die Kompetenzmasse der experimentell mobilisierten Welt im Ganzen wächst exponentiell im Verhältnis zu den Lernfortschritten der einzelnen Könnensträger. Je mehr Kompetenz der Einzelne erwirbt, umso gewisser ist er Mitspieler in einem Gesamtspiel, in dem sein Kompetenzradius – so groß er sein mag – nichtig erscheinen muss. Dieses Paradox der zugleich steigenden und sinkenden Individualkompetenz bildet den Hintergrund, vor dem sich das System des neuzeitlichen Individualismus entwickelt. Die individualistische Zivilisation steht vor der paradoxen Aufgabe, die Fähigkeiten und Ansprüche der Einzelnen so aufzuwirbeln, dass die ambitioniert aufgestachelten kompetenten Einzelnen nicht in vernichtende Depressionen fallen durch die unvermeidliche Entdeckung ihrer jetzt erst sichtbar werdenden unermesslichen Inkompetenz in allem Übrigen. Individualismus schafft das psychosoziale Reizklima, das die Souveränität der Einzelnen zugleich provoziert und annulliert. Genau mit der dramatischen Entfaltung dieser Verlegenheit findet das Prinzip Design seinen Ort im System. Denn Design ist – von einem kompetenzökologischen Ansatz her gesehen – nichts anderes als die gekonnte Abwicklung des Nichtgekonnten. Es sichert die Kompetenzgrenzen der Einzelnen, indem es dem Subjekt Verfahren und Gesten an die Hand gibt, im Ozean seiner Inkompetenz als Könner zu navigieren. Insofern darf man Design als Souveränitäts-Simulation definieren: Design ist, wenn man trotzdem kann.

Ich denke, es lohnt sich, diesem Sachverhalt ein wenig weiter auf den Grund zu gehen. Dieser liegt, wie man sich nach dem Gesagten vorstellen kann, keineswegs in unmittelbarer Nähe zum manifesten Thema. So wie Martin Heidegger in einem bekannten Diktum darauf insistierte, dass das Wesen der Technik selbst nichts Technisches sei, so muss man im Blick auf unser Sujet deutlich machen, dass das Wesen des Designs selbst nichts Designartiges ist. Ich habe soeben Design als Können des Nichtkönnens definiert und möchte nun diese Formel mit einigen anthropologischen Überlegungen unterbauen. Die Wurzeln des gekonnten Nicht-Könnens reichen natürlich weit vor die moderne Kompetenzwelt zurück, ja sie durchziehen das gesamte Feld der menschlichen Urgeschichte und der Frühkulturen; in denen driftet der Homo sapiens als Werkzeugmacher und Mythenerzähler in Horden und Stämmen durch eine noch weithin technisch unbewältigte und analytisch undurchdrungene Naturwirklichkeit. Für ihn ist das *Nichtkönnen* – das *Nichtvielmachenkönnen, Nichtvielverändernkönnen* in Bezug auf seine Umwelt, – zumindest verglichen mit dem Machtradius der Spätkultur, –

gleichsam seine erste Natur. Nichtsdestoweniger sind die frühen Menschen alles andere als hilflose angstüberschwemmte Opfer einer übermächtigen Außenwelt. Sie sind im Gegenteil lebhafte, erfinderische, hochbewegliche Akteure eines Überlebensspiels, das sie mit großem Erfolg betreiben, auch wenn sie vom Kompetenzhorizont eines mittelmäßigen modernen Individuums nur wie von einem Dasein in göttlichen Vollmachten hätten träumen können. Wenn ihre Lebensformen aus heutiger Sicht als schiere Ohnmachtskulturen erscheinen, so haben wir es mit einer optischen Täuschung zu tun. In Wahrheit sind moderne Subjekte wegen der breiten Entfaltung ihres Kompetenzenfächers viel mehr ohnmachtsgefährdet als die vorgeschichtlichen Menschen. Sie riskieren öfter und an vermehrten Fronten ihr Scheitern durch Inkompetenz zu erfahren. Der Frühmensch hingegen profitiert davon, dass er zumeist fast alle Griffe kann, die er zu seiner persönlichen und sozialen Selbsterhaltung braucht, während er alles, was nicht gekonnt werden kann, im Schutz von Ritualen mehr oder weniger routiniert übersteht. Nehmen Sie an, die Sintflut fällt unter Blitz und Donner vom Himmel auf Ihr Blätterdach, dann können Sie, wenn sich das Unwetter überhaupt überstehen lässt, es besser überstehen, wenn Sie ein Lied für den Wettergott rezitieren. Es ist nicht wichtig, dass Sie selber Wetter machen können – auch die modernen Techniken reichen noch nicht ganz bis dorthin –, sondern dass sie eine Technik kennen, bei schlechtem Wetter in Form zu bleiben; es muss in Ihrer Kompetenz liegen, auch dann etwas zu tun, wenn man ansonsten nichts tun kann. Nur wer weiß, was man tut, wenn nichts zu machen ist, verfügt über hinreichend effiziente weiterlaufende Lebensspiele, die ihm dabei helfen, nicht in auflösende Panik oder seelentötende Starre zu verfallen. Gekonntes Nichtkönnen stiftet eine Art Leerlaufverhalten oder einen Parallelprozess, in dem das Leben auch in Gegenwart des Ohnmächtigmachenden weitergehen kann. Ich verwende für solche Parallelprozesse den religionswissenschaftlichen und ethnologischen Ausdruck Ritual. In Ritualen spüren die Menschen der Frühzeit den existentiellen Boden unter den Füßen; Riten scheinen der Stoff zu sein, aus dem die Kohärenz der Welt gemacht ist. Zwar konnten auch die frühen Menschen nicht ganz dessen gewiss sein, ob die Sonne wirklich deswegen aufgeht, weil sie schon vor ihr wach waren und ihren Aufgang mit einem Rundtanz förderten; aber sie waren auf diese Weise den Dämonen der Morgendämmerung gewachsen und konnten sich rituell in ihren Tag hineinspielen und ihre mythische Identität als Kinder des hellen Gestirns und der dunklen Erde bewahren. Die Lücke, durch die Ohnmacht, Panik und Tod ins Leben eindringen, wird von archaischen Zeiten an durch Rituale geschlossen. In diesem Sinn darf man von der Geburt des Designs aus dem Geist des Rituals sprechen. Denn wenn auch Design im exakten Sinn des Wortes eine unverkennbar moderne Erscheinung ist, und sich eher an Dingen als an Gesten manifestiert, so ist sein gestisches Substrat, das Können im Ungekonnten, das Informbleiben inmitten des Formzersetzenden, doch präfiguriert in der uralten Geschichte jener gestischen und symbolischen Parallelhandlungen, die wir auch heute noch Rituale nennen. Ohne selbst ursächlich auf die Ereignisse in der autonomen Umwelt einzuwirken, halten Rituale die Lebensvollzüge ihrer Praktikanten zusammen und besitzen in diesem wohlverstandenen Sinn die Macht, eine ansonsten nicht zu meisternde Welt in Ordnung zu bringen. *Extra ritum nulla salus.* Vor allem für die unverfügbaren Schwellenereignisse des Lebens – insbesondere beim Tod von nahe stehenden Menschen – haben auch viele moderne Individuen noch Reste von Ritualkompetenz bewahrt; diese erlaubt es ihnen, parallel zum nicht-beherrschbaren Ereignis die Fortsetzung ihres Lebensspiels durch Minimalschemata des richtigen Weitermachens und Darüberhinwegkommens zu bewerkstelligen. Ähnliches lässt sich auch für Geburten und Geburtstage, Hochzeiten und Trennungen sowie für Jahreswechsel und Jubiläen sagen. Sie sind von Ritualresten unterfütterte Schwellen, deren Überschreitung ein Minimum an formaler Fitness erforderlich macht. Das Ritual, als elementare Spielregel und soziale Formquelle, liefert das hierzu notwendige gestische Repertoire.

Von hier aus ist die Rückkehr zu den aktuellen Gestalten des design-getragenen Inkompetenz-Managements nicht allzu schwierig. In der Not nimmt auch der Teufel den Farbeimer in die Hand. Als in den siebziger Jahren auf dem Flugplatz von Athen eine Maschine der Swissair abgestürzt war, kam es neben den selbstverständlichen Bergungsmaßnahmen für die überlebenden und toten Passagiere auch zu der bedenkenswerten Anordnung seitens der Fluggesellschaft, dass das hoch aufragende Heck der zerbrochen am Boden liegenden Maschine mit dem allzu sichtbaren weißen Kreuz auf rotem Grund von einem Flughafenarbeiter auf der Stelle übermalt werden sollte. Man mag das erste Hilfe für ein verunglücktes Firmenzeichen nennen. Sie lässt mit einiger Präzision erkennen, was Design im Extremfall will und kann: die Heckübermalung ist ein Beweis dafür, dass man noch immer etwas tun kann, wenn nichts mehr zu tun ist.

Aber es wäre frivol, die Design-Frage ausschließlich von Inkompetenzkatastrophen der erwähnten Art her zu entwickeln. Kompetenter Umgang mit Verhältnissen und Geräten, für die man nicht recht kompetent sein kann, macht ja einen übergroßen Teil des modernen Berufslebens und Freizeitalltags aus. Alle technischen Systeme, die auf der Basis von höherer Feinmechanik, von Verbrennungstechnik, von Nukleartechnologie, von Elektrik und Elektronik funktionieren, sind für die durchschnittlichen Benutzer völlig undurchsichtige Größen. Nichtsdestoweniger ist unser Leben alltäglich längst in den Umgang mit solcher Technologie installiert. Die Basismaschinen der gegenwärtigen Welt, die Uhren, die Automobile, die Computer, der Gerätepark der Unterhaltungselektronik, die höheren Werkzeuge und dergleichen – sie sind allesamt für die absolute Mehrheit der Benutzer nur glitzernde Oberflächen, deren Innenwelten unmöglich zu betreten sind, es sei denn dilettantisch und zerstörerisch. Nach traditioneller Rhetorik würde man hier von Büchern mit sieben Siegeln sprechen, in zeitgenössischer Sprache heißen solche undurchdringlich komplexen Blöcke in der Umwelt der Benutzer schwarze Kästen. Infolge der technologischen Revolution ist die Lebenswelt der Individuen voll gestellt mit solchen Gerätschaften, die zu zauberanalogen telepathischen Operationen ermächtigen – wie Fernhören, Fernsehen, Fernsprechen, Fernsteuern, Fernlesen – allesamt Leistungen, die sich auf dem Benutzer abgewandte apparatinnerliche Prozesse stützen. Design kommt unweigerlich überall ins Spiel, wo der schwarze Kasten dem Benutzer eine Kontaktseite zuwenden muss, um sich ihm trotz seiner internen Hermetik nützlich zu machen. Design schafft den dunklen Rätselkästen ein aufgeschlossenes Äußeres. Diese Benutzeroberflächen sind gleichsam die Gesichter der Boxen, genauer: das Make-up der Maschinen; sie simulieren eine Art von Verwandtschaft zwischen Mensch und Kasten und flüstern dem Benutzer Appetite, Berührungslüste, Handlichkeitsempfindungen und Initiativen ein. Je unbegreiflicher und transzendenter das Innenleben des Kastens ist, desto auffordernder muss das Kastengesicht dem Kunden ins Naturgesicht lächeln und ihm signalisieren: du und ich, wir können es miteinander; ich drücke in meiner PVC-Physiognomie meine ungeheuchelte dienstbereite Sympathie für dich aus. Durch Design lässt sich die Überzeugung stiften, dass ein Mann und sein Trockenrasierer Mannschaftskameraden sind, kaum anders als die Hausfrau und ihr Lavamat. Design schafft bei komplexem Gerät jene Fassade aus Zeichen und Berührungspunkten, an welcher der Benutzer ohne spürbare Demütigung durch seine evidente Inkompetenz fürs Innere sein Spiel anschließen lassen kann. Aus der Benutzerperspektive muss Unwissen Macht werden können. Ich telefaxe, also bin ich. Das Universum des Produktdesigns dreht sich weitgehend um das sensitive Sujet des Dienstes am Kompetenz-Bedarf strukturinkompetenter Benutzer. Ein Kunde ist aus solcher Sicht immer ein Idiot, der Souveränität kaufen möchte. Und der Designer liegt – in strategischer Allianz mit den Herstellern und den Experten für das Innere der schwarzen Kästen – immer auf dem Sprung, um neue Wendungen auf dem Souveränitätsmarkt hervorzubringen oder nachzuvollziehen. Als Benutzer von undurchschauter Technologie ist der moderne Kunde ein ins Alltägliche abgesunkener Scharlatan – ein Illuminist mit Kippschalter und Dimmer, ein Telepathiekünstler mit dem Faxgerät, ein kinetischer Gaukler am Steuer eines Wagens, ein Levitationsmeister im Linienflugzeug. Und insofern all diese dunklen technischen Objekte ohne den Beitrag von Designern nicht wären, wie sie sind, kann man den Beruf des Designers als den eines Scharlatanenausstatters bezeichnen – er liefert Alltagsscharlatanen wie mir und Ihnen und jedermann das Zubehör für ihre fortlaufenden Souveränitäts-Simulationen. Umgangssprachlich nennt man dieselbe Leistung Mithilfe zur Lebenserleichterung. Dieser Dienst hat Vorbilder und Verwandte in einer Sphäre, die dem technischen Element ganz fern, ja entgegengesetzt zu sein scheint – bei den Rhetorik- und Grammatiklehrern der Antike und den Tanz- und Manierenlehrern aristokratischer Zeiten. Beide lieferten Trainings in sprachlichen und körperlichen Haltungen, die den Individuen auch in bodenlosen Situationen den Absturz in Sprach- und Haltlosigkeit ersparten. Wenn kein Wort mehr passend ist, ist immer noch ein Wort am Platz; wo aller Halt verlorenging, ist immer noch gute Haltung möglich. Design wiederholt diese Ausstattung mit Souveränitätsmitteln im Horizont einer technologischen Zivilisation; es liefert das technische Zeug zur Macht für Menschen, die versuchen, in der ungeheuren Machtsteigerungsspirale der Gegenwart nicht nur als ohnmächtige Kompetenz-Marionetten vorgeführt zu werden. Ob dieser Versuch gelingen kann, darüber streiten heute die humanistischen und die technizistischen Parteien der Kulturkritik.

Kompetenz als Revisionskompetenz
Design unter dem kategorischen Imperativ der Warenwelt

Nachdem von der Geburt des Design aus dem Geist des Rituals die Rede war, muss von einer zweiten spezifisch modernen Quelle der Design-Zivilisation gesprochen werden. Die moderne Welt als Experimentalkultur ist in ihrem Betrieb der praktische Vollzug der Überzeugung, dass Dinge nicht Wesen oder Kreaturen sind, sondern Funktionen oder verstofflichte Handlungen. Wären Dinge Wesen aus eigenem Recht und Ursprung – gewissermaßen Dinge von Gottes Gnaden –, so wäre der Versuch, Hand an sie zu legen, latent oder manifest blasphemisch; jedes Design – sofern Design Neuzeichnung von Dingen meint – wäre dann ein Aufstand gegen die anerschaffene oder naturgeborene Essenz. Sind Dinge jedoch Träger von Funktionen, so sind sie durch kein Ursprungssiegel geschützt und geheiligt und stehen von ihnen selbst her einer ständigen Verbesserung und Neuschöpfung offen. In diesem Sinn ist Design als Haltung und Beruf im elementaren Revisionismus der pragmatischen Modernität verankert; Revisionismus aber ist Meliorismus, Neumachen meint Bessermachen. Design ist also die Vollzugsform des Funktionalismus – wer Design betreibt, bekennt sich als praktizierenden Funktionalisten, er ist Täter des Verbs Funktionieren, Apostel des in alle Welt hinaus gesandten Glaubens an den Vorrang der Funktion vor Struktur und Wesen. Treten wir einen Schritt von solchen Selbstverständlichkeiten zurück und fragen nach dem Sinn dieser allzu einleuchtenden Ausdrücke, so gelangen wir auf ein Feld, wo der Zusammenhang zwischen dem Ding und seiner Funktion oder der Funktion und ihrem Ding in einer durchaus zwielichtigen Weise sichtbar wird. Martin Heidegger hat in seiner berüchtigten dunklen Rede über «das Ding» die hier gestellten Fragen am Beispiel eines Kruges erläutert. Die Funktion des Kruges – darüber sind nicht viele Worte zu verlieren – zeigt sich in seiner Eignung zu der Aufgabe, in seinem hohlen Innern Wasser oder Wein zu fassen und zum Ausschenken zur Verfügung zu stellen – deswegen vereinigt er in seinem Aussehen notwendigerweise die drei Merkmale Hohlbauch, Griff und Schnabel. Die Funktion des Dings wäre demnach einfachhin dessen Dienst oder Nutzen. Vom diesem Beispiel her gedacht sind Dinge allgemein gesprochen nützliches zuhandenes Zeug. Aber als dienendes Zeug sind Dinge zugleich auch diskret souveräne Geber, Gebe-Wesen sozusagen in den Händen von sterblichen Lebewesen. Dies zeigt sich am Krugbeispiel besonders klar. Der Krug ist von Amts wegen zum Ausschenken da, sodass sich an ihm ohne Umschweife verdeutlicht, wie dieses

Ding, indem es dient, zugleich auch schenkt. Man muss zugeben, dass Heidegger zu Recht keinen Grund sah, vor der Aussage zurückzuschrecken, das Wesen des Kruges sei das Schenken. Von hier aus ist es nur ein Schritt zu dem ding-ontologischen Hauptsatz, das Wesen des Dings überhaupt sei das Ge-Schenk. Wir erreichen mit diesem überraschenden Theorem ein doppeltes Dingverständnis – eines, das den funktionalen Dienst des Dings an den Anfang stellt und von diesem herauf den Menschen als Herrn und Nutzer kommt, und eines, das vom Geschenkcharakter des Dings ausgeht und den Menschen als Empfänger von Gaben der Dinge kennzeichnet. Die zweite Auffassung ist nach Tenor und Logik natürlich in einer vormodernen Welt- und Seinsauslegung zu Hause, weil sie dem Subjekt – statt seinen Willen zur Mehrkompetenz zu bedienen – seine fällige Dankbarkeit gegenüber den sich schenkenden Dingen in Erinnerung ruft. Sie markiert die Position des Anti-Designs schlechthin. Wer sie sinngetreu in die Tat umsetzte, wäre kein souveränitätsuchender kompetent-inkompetenter Benutzer von Zeug zur Macht, sondern ein Meditierer und ein dingfrommer Empfänger von Geschenk im Gewand von Werkzeug, Stoff und Lebensmittel. *Cum grano salis* entspräche dies einer katholischen Handwerks- und Bauernphilosophie; für diese beginnt jeder Gebrauch von Werkzeugen oder Apparaten rechtens immer mit einer Dingandacht, so wie das Essen mit einem Tischgebet.

Auf diese Weise ist noch kein Designer entstanden. Designer mögen alles mögliche von sich halten, sie sind jedenfalls keine Handlanger Gottes und keine Arbeiter im Weinberg des Seins. Ein Designer kann sich nie nur als Kurator des schon Vorhandenen verstehen. Alles Design entspringt aus einer Anti-Andacht; es beginnt mit der Entscheidung, die Frage nach der Form und Funktion der Dinge neu zu stellen. Souverän ist, wer in Formfragen über den Ausnahmezustand entscheidet. Und Design ist der permanente Ausnahmezustand in Dingformangelegenheiten – es erklärt ein Ende der Bescheidenheit gegenüber überlieferten Dingverfassungen und manifestiert den Willen zur Neufassung aller Dinge aus dem Geist eines radikalisierten Fragens nach der Funktion und ihrem Herrn und Nutzer. Jedem Funktionalismus wohnt ein dingstürmerischer Funke inne. Während man beim Geschenk nicht an den Preis zu denken hat, ist das Designer-Ding von Anfang an für Preisfragen und Revisionen offen: statt das Ding zu nehmen, wie es sich gibt, stellt das Design die Funktion an den Anfang und macht aus dem Ding eine variable Erfüllung der Funktion. Design ist möglich, weil und insofern der Satz gilt, dass jedes Ding seinen Preis hat.

Man muss die Geschichte vom Aufstieg des Designs zum fast unumschränkten Machthaber über die Neufassung von Dingen natürlich auch in einer ökonomischen Tonart erzählen. Denn was hier im ontologischen Jargon als Ding bezeichnet wurde, heißt ökonomisch unmissverständlich Ware. Ein Ding, das Wert trägt, ist ein Gut. Wenn ein werttragendes Ding auf den Markt gebracht wird, um dort mit anderen Dingen gleicher Orientierung zu konkurrieren, so wird die Ware, wenn sie erfolgswillig und erfolgsfähig ist, im Wettlauf mit ihresgleichen zum vergleichsweise besseren Gut – mit einem Wort, sie wird vom Gut zur Besserung. Dies scheint fürs Erste nur ein Wortspiel zu sein – ist aber für den zweiten Blick der gültige Begriff für das dynamisierte Wertobjekt. Das zur Besserung gesteigerte Gut als erfolgsuchendes werttragendes Ding ist seiner dynamischen Seinsweise auf dem Markt gemäß von sich her schon eine Sache, die den Vergleich sucht, um ihn zu ihren Gunsten zu bestehen. Man könnte sagen, sie gehorcht dem kategorischen Komparativ: Präsentiere deine Erscheinung auf dem Gütermarkt immer so, dass das Motiv deines Daseins jederzeit als Ausdruck und Anreiz des Strebens nach Besserung verstanden werden könnte! Weil nun gerade Design-Güter per se als Verkörperungen des Anspruchs auf Vorzüglichkeit gegenüber konkurrierenden Gütern hervorgebracht werden, sind sie sozusagen die real existierenden Komparative der Dinge. In der modernisierten Warenwelt gibt es, idealtypisch gesprochen, der Tendenz des Marktverlaufs nach keine statischen Güter mehr, sondern nur noch Besserungen – keine stabilen Qualitäten, sondern nur Überbietungs- und Steigerungswaren. Die revisionistische Ding-Auffassung im Design artikuliert sich genau am Schnittpunkt zwischen Experiment und Konkurrenz, zwischen Funktionsverbesserung und Verwertungsverbesserung. Zu diesen beiden Verbesserungen tritt eine dritte hinzu, wenn man berücksichtigt, dass ein Design-Ding selten, ja nie allein kommt. Jedes einzelne Design-Objekt profitiert von Nachbarschaften zu seinesgleichen – es nimmt von ihnen einen atmosphärischen Mehrwert auf, der von der Familienähnlichkeit mit verwandten optimierten, stilisierten, neugedachten, weitergedachten und zugespitzten Produkten, also Besserungen herrührt. Von Besserungen-Gruppen handelt die kritische Theorie des Sortiments. Aber ob im Ensemble oder als Einzelstück aufgefasst, nach der Verjüngung im Design ist das Ding immer ein komparatives Objekt – es ist der Nachfolger eines abgelösten oder überbotenen Dings, Ergebnis einer nach vorne offenen Optimierungsgeschichte. Wenn der Designer als *homo aesteticus* und *psychologicus,* wie gesagt, ein Zulieferer für Souveränitäts-Simulationen ist, so ist er als *homo oeconomicus* der Ausstatter für Güter auf dem Weg zur Besserung; er ist der Mann des unbedingten Komparativs, Entwicklungshelfer für aufstrebende Dinge. Man könnte ihn als Generalisten für Ding-Revisionen bezeichnen. In dieser Eigenschaft fungiert er als Zeugmeister für die Machtkämpfe der Eigentümer an variablem Kapital, das in Gestalt von Besserungswaren zirkuliert. Und in dem Maß, wie der aktuelle Weltmarkt tatsächlich Besserung honoriert, wird Design nicht nur zu einem Erfolgs-Faktor unter anderen, sondern mehr noch zum Grundelement und zur Nährlösung für den modernisierten, das heißt klüger gemachten Erfolg überhaupt.

Auf das Ego angewandte Kunst

Nach Ritual und Kapital ist eine dritte Quelle zu nennen, aus der das Design im aktuellen Machtraum Bedeutungen ansaugt. Das Stichwort lautet angewandte Kunst. Ich möchte hier keine Exkursion in die Sumpflandschaften von Theorien moderner Kunst beginnen. Auch den marxistischen Klassiker Warenästhetik und den liberalen Schlager Konsumästhetik will ich hier unberücksichtigt lassen. Ich spreche also nicht über «die Rolle des Ästhetischen bei der Scheinlösung von Grundwidersprüchen der kapitalistischen Gesellschaft» – wir sind nicht mehr in den siebziger Jahren. Ich setze voraus, dass bekannt ist, wie Designer als Maskenbildner der Waren mitwirken an der Erwirtschaftung eines Aufmachungsmehrwerts. Auch dass Scheinbesserungen, Vortäuschung von Qualitätsdifferenzen, Erzeugung der Illusion von Auswahl beim Kunden seit langem problematische Domänen von Design als angewandter Kunst auf Abwegen darstellen, ist eine Prämisse, die ich hier ohne weiteren Kommentar in Ansatz bringen darf. In einer Identitätskultur wird Differenz notwendigerweise zur knappen Ressource. [...]

Aus: *Entry Paradise. Neue Welten des Designs*, hrsg. von Gerhard Seltmann u. Werner Lippert, Birkhäuser Verlag, Basel Boston Berlin 2006, S. 98–111 (gekürzte Fassung).

Kommentar: Thomas Meder

Paul Virilio (geb. 1932, Paris) ist Philosoph und Medientheoretiker. In Interviews hat er wiederholt auf eine prägende Episode aus seinen frühen Jahren hingewiesen: Wie der Neunjährige nämlich der Gestapo entkam, und zwar mit Hilfe der «kryptischen Architektur» seines Elternhauses. Als Metapher genommen, taugt die Kindheitserinnerung zur Kennzeichnung von Virilios gesamtem Denken. Hier die handfeste, auf Orientierung ausgehende Bildung des gelernten Kartographen, Urbanisten, Architekten und späteren Professors an der Pariser «École spéciale d'architecture», dort eine ausufernde Begrifflichkeit, die das Subjekt immer wieder auflöst in Beschreibungen des Erscheinens und Verschwindens. Dieser Ansatz macht Virilio einzigartig. Während um ihn herum Strukturalismus und Semiotik erblühten, Theorien also, die auf dem Subjekt als Zentrum der Wahrnehmung bestehen, sitzt er im Auge des Hurrikans. Um ihn herum tobt eine Scheinwelt, eine Welt der Erscheinungen, die immer schneller immer größere Entfernungen überbrücken, den Menschen aber nicht real tangieren. Der nimmt die Außenwelt «televisionär» in sich auf, absorbiert sie, wird sie in naher Zukunft selbst steuern und erzeugt so einen Zustand gegenseitiger Paralysierung oder mindestens Neutralisierung: die «inertie polaire».

In seinen zentralen Büchern *Krieg und Kino* (deutsch 1989) und *Rasender Stillstand* (1992) spricht Virilio vom Siegeszug des Medialen. Seine Haltung ist neutral, als ob er über etwas Unausweichliches phantasiere, das sich im 18. Jahrhundert erstmals zeigte, um früher oder später ganz zu dominieren: der Welt-Ersatz durch Medien. Design und Architektur sind in dieser Hinsicht sperrige Kommunikatoren, sie beharren auf einem Eigenleben. Weil Virilio seine Gegenstände aber von allen funktionalen, sozialen, ökonomischen, ästhetischen Belangen befreit, gelingt es ihm, den Kern von Kommunikation unter der «Herrschaft der Mechanisierung» herauszuarbeiten: den Reflex von Zeitlichkeit in jeder Gestaltung und die nicht länger notwendige Positionierung des betrachtenden Subjekts.

Thomas Meder ist Professor für Medientheorie an der FH Mainz. Zu seinen letzten Publikationen zählen das E-Book Produzent ist der Zuschauer. Prolegomena zu einer historischen Bildwissenschaft des Films *(Berlin 2006) sowie (mit Thomas Koebner, Hrsg.)* Bildtheorie und Film *(München 2006).*

Paul Virilio

RASENDER STILLSTAND (1989)

[...] Um das Ausmaß der die Umwelt, den «öffentlichen Raum» betreffenden Veränderungen, die vor sich gehen, richtig zu beurteilen, sollten wir den in einem Artikel aus dem Jahre 1981 gemachten Ausführungen von Marvin Minsky (dem Gründer des Laboratoriums für künstliche Intelligenz, *MIT*) unsere Aufmerksamkeit schenken:

«Sie ziehen sich eine gemütliche Jacke an, die mit Sensoren sowie mit Motoren gefüttert ist, die die Funktionen der Muskeln übernehmen, und jede Bewegung Ihres Armes und ihrer Finger wird *an einem anderen Ort* von mobilen mechanischen Armen reproduziert. Diese leichten, beweglichen und starken Arme tragen ihre eigenen Sensoren, mit deren Hilfe Sie sehen und fühlen können, was passiert. Dank diesem Instrument können Sie in einem anderen Zimmer, in einer anderen Stadt, in einem anderen Land oder auf einem anderen Planeten ‹arbeiten›. Ihr entfernter Darsteller besitzt die Kraft eines Riesen oder die Geschicklichkeit eines Chirurgen.»

Im weiteren Verlauf seiner Ausführungen bekräftigt Minsky, daß diese *Telepräsenz* keine Fiktion mehr ist: «Wenn wir von nun an konsequent handeln, könnten wir im 21. eine *aus der Entfernung gelenkte* Ökonomie haben.» Einige Jahre später führen die Börsen an der Wall Street und die von London das *program trading* ein, mit den bekannten Ergebnissen ... Einige Monate später entwickelte Scott Fischer die *Data-gloves* und entwarf den *Datenanzug,* der der anfänglichen Vorstellung von Marvin Minsky sehr nahe kommt.

Wenden wir uns nun der Denaturierung des für Ludwig Boltzmann so wichtigen Anwesend-Lebenden zu, der beinahe ein Jahrhundert später ein *Telepräsent-Lebender* geworden ist. Am Ende seiner Notizen über die Konstituierung des Raums schreibt Edmund Husserl:

Wenn der optische Leib im optischen Feld während jeder Körperwahrnehmung funktioniert, wenn die Kinästhese auf diese Weise im gewissermaßen körperlichen Organ (dem Auge) «heimisch geworden» ist, wie läßt sich das beschreiben? *Hat der optische Leib dann nicht seinen Platz als Körper im Raum der Körper?*, so wie die Eigenschaft, im Raum nicht in die Richtung weitergehen zu können, in der ihm ein anderer Körper den Weg versperrt? Hier herrscht das folgende Gesetz: *ein Körper kann nicht da sein, wo ein anderer Körper ist,* sie können sich nicht gegenseitig durchschreiten, sie können nicht am selben Ort ruhen.[1]

Diese offenkundig überholte Feststellung provoziert dennoch die Frage nach der notwendigen Erneuerung der Konstituierung des realen Raums vor den Prä-

1 E. Husserl, «Notizen», S. 226

missen der (realzeitlichen) Interaktivität und der «Präsenz» der Personen und der Dinge, wie groß auch immer die Entfernung sein mag, die sie voneinander trennt.

Wenn die Aktivitätssphäre des Menschen nicht mehr durch die Ausdehnung, die Dauer, selbst die Lichtundurchlässigkeit der Hindernisse, die seinen Weg versperren, begrenzt wird, wo ist dann tatsächlich seine Präsenz in der Welt, seine reale Präsenz anzusiedeln? Er ist mit Sicherheit tele-präsent, aber wo? Ausgehend von welchem Ort, von welcher Stellung? Hier und da zur selben Zeit anwesend-lebend: *Wo bin ich, wenn ich überall bin?* Meine «Präsenz» wird also ebenso aleatorisch wie die dieser gespenstischen Elementarteilchen, von denen äußerstenfalls entweder die Position oder die Geschwindigkeit bekannt sein kann, niemals aber beides gleichzeitig. Das Prinzip der Unbestimmbarkeit findet nunmehr auf die Realität des «Subjekts» wie die des «Objekts» der Erfahrung Anwendung, und der Frage der *Propriozeption* kommt wieder entscheidende Bedeutung zu.

Am Ende eines früheren Werkes schrieb ich: «Man kann sich eine Gesellschaft, die den Körper leugnet, wie man in zunehmendem Maße die Seele geleugnet hat, nur schwer vorstellen, doch gerade auf eine solche Gesellschaft treiben wir zu.»[2]

Diese Schwierigkeit scheint heute teilweise gelöst zu sein durch die neuen Techniken der augenblicklichen Interaktivität. Dem weit Entfernten viel näher als unseren unmittelbaren Nachbarn, lösen wir uns in zunehmendem Maße von uns selbst. Nicht nur der volle Körper der Erde verliert und verflüchtigt sich in unseren Augen, sondern unser eigener Körper verblaßt seinerseits, wobei er uns als «Körperbehinderte» zurückläßt, mit einer Körperbehinderung, die nicht ihresgleichen hat; denn die Behinderung der Lähmung (oder des Autismus) beläßt uns noch mit einer beträchtlichen Gewichtsmasse *auf der Stelle,* während der Verlust des vollen Körpers des Lebewesens uns in die Leere führt, eine «Leere», die nichts mit derjenigen des *realen* Raums (dem Intervall) gemeinsam hat, denn in diesem Falle handelt es sich um die Leere einer *virtuellen* Umwelt, einer Raumzeit, deren Telekommunikationstechniken der Ursprung und das Ende zugleich sind.

Wenn die vehikularen Techniken (Ballon, Flugzeug, Rakete usw.) uns in zunehmendem Maße vom vollen Körper der Erde, der vorrangigen Bezugsachse jeder menschlichen Mobilität haben abheben lassen, um sie uns schließlich anläßlich der Mondlandung vor zwanzig Jahren verlieren zu lassen, dann verbannen uns die *extra-vehikularen* Techniken der augenblicklichen Interaktivität aus uns selbst und lassen uns den letzten psychologischen Bezugspunkt verlieren: denjenigen dieser Gewichtsmasse des beweglichen Körpers, der Achse, oder genauer, des Sitzes des verhaltensbezogenen Bewegungsvermögens und der Identität.

«Ich werde von einem Schauspieler gespielt, er ist im Inneren meiner Augen, er berührt mit meinen Händen», erklärt die einzige Person der *Komischen Tragödie,* die im Pariser Theater «Bouffes du Nord» im Frühjahr 1989 gespielt wurde, dem Publikum

2 Paul Virilio, *Der negative Horizont. Bewegung, Geschwindigkeit, Beschleunigung,* München 1989, S. 281.

... In dieser Ein-Personen-Show veranschaulicht der Schauspieler Yves Hunstad auf wunderbare Weise das Paradox dieser Telepräsenz, die es ermöglicht, auf die Art, wie sie Marvin Minsky vor acht Jahren empfahl, dem Hindernis, der Lichtundurchlässigkeit eines beliebigen Partners auszuweichen.

Das Paradox des Schauspielers dreht sich demnach um wie ein Handschuh *(data glove),* die *Figur* ist nicht mehr auf der Suche nach irgendeinem *Autor,* sondern auf der nach einem Schauspieler, bei dem er schmarotzen, vollkommen phagozytieren kann. Auf dem Mond sitzend, die Erde absuchend nach einem Schauspieler, um *«gespielt zu werden»,* faßt die «Figur» am Anfang des Stückes von der Höhe ihrer Position am Rand des Gestirns ein unschuldiges Kind ins Auge: dieses Kind wird ihr «Schauspieler» sein. Das Weitere kann man sich leicht vorstellen, um so mehr deshalb, weil die Figur uns unaufhörlich dazu einlädt.

Virtuelle Umwelt, virtuelle Präsenz, imaginäre Zeit ... die Parallele mit den interaktiven Technologien ist klar, so, als kehrten diese aus dem «Operationstheater» des Krieges hervorgegangenen Technologien immer wieder über den Umweg der Entwicklung der Fernbedienung und der zivilen Teleüberwachung zu diesem Ursprung zurück. Lassen wir aber Yves Hunstad zu Wort kommen, wenn er von seinem Beruf spricht:

«Der Schauspieler, der ständig mehrere Rollen gestaltet, die mit dem Leben in Beziehung stehen, besitzt eine *geschwächte Persönlichkeit;* er wirft sich mit Haut und Haar in ein anderes Skelett, ein anderes Gehirn. Das ermöglicht es ihm, weiter zu gehen, kühner zu sein.»

Man bewegt sich nicht mehr so sehr im Raum außerhalb der Bühne voran, sondern man geht auf der Bühne *in sich* weiter; man bewegt sich auf der Stelle weiter in der Unbeweglichkeit irgendeiner Theater- oder städtischen Bühne weiter, wobei die Telepräsenz aus der Entfernung es ermöglicht, der Einzigartigkeit des Anwesend-Lebenden zu entgehen, um irgend jemand, irgend etwas, irgendwo zu werden ..., um unterschiedslos *Mikroskop oder Teleskop* zu werden, das Phänomen einer aktiven Optik, oder eher, einer *schauspielerischen* Optik zu werden und somit bejahend auf die von Husserl gestellte Frage zu antworten, an die man sich erinnern wird: Hat der optische Leib als Körper seinen Platz nicht im Raum der Körper?

Vergessen wir jedoch nicht den Titel dieser Geschichte: *Die komische Tragödie,* eine Vermischung des Tragischen und der Komödie für ein einziges, äußerst geschwächtes Wesen, den Schauspieler als optischen Körper, für irgendein Sehen, mag es der Substitution, dem erbärmlichen Wunder der Theater- oder interaktiven Bühne auch noch so wenig Beachtung schenken. In der Stadt entstanden und folglich bedingt durch ein Phänomen des Seßhaftmachens, hatte die Theateraufführung immer zum obersten Ziel, den Zuschauer an der Bewegung zu hindern. Die Pracht der antiken Zirkusse und Theater läßt letztlich die *Erfindung eines allerersten statischen Vehikels* erkennen, das pathologische Seßhaftmachen eines aufmerksamen Zuschauers, der die Aufführung des optischen Leibes des sich bewegenden Schauspielers verfolgt.

Unsere «Zivilisation» hat niemals etwas anderes zu verwirklichen gewußt als eine ewige Verlängerung des ersten städtischen Seßhaftmachens. Im Gebäude der römischen Impulse fixieren, dann im automobilen Möbel der verschiedenen «Transportmittel» der europäischen Moderne fixieren; die neuesten Techniken der häuslichen Interaktivität und der Telepräsenz werden diesen Prozeß dank der kurz bevorstehenden Entwicklung eines letzten «statischen Vehikels» noch verlängern, um die Persönlichkeit eines Individuums, oder genauer, eines Subjekts, dessen einzige Bewegung diejenige des *Schauspielers auf der Bühne* ist, *für immer zu fixieren;* dieser Teleakteur, der sich nicht mehr in irgendein physisches Fortbewegungsmittel werfen wird, sondern einzig und allein in einen anderen Körper, einen optischen Körper, um weiter zu gehen, ohne sich zu bewegen, um mit anderen Augen zu sehen, mit anderen als seinen Händen zu berühren, um dort zu sein, ohne wirklich da zu sein, sich selbst fremd, Überläufer aus seinem eigenen Körper, für immer verbannt ...

Schließlich wird das antike Theater für die *Audiovisualität* des optischen Körpers des Schauspielers das gewesen sein, was das Stadion schon für die *Automobilität* des physischen Körpers des Athleten war: die Erfindung eines Bewegungsvermögens *auf der Stelle,* die die Mobilität *im Raum* ersetzt; die Schauspieler bewegen ihre «Figur» in den Augen der auf den Theaterrängen sitzenden Zuschauer nur innerhalb der engen Begrenzung der Bühne fort, einer «Bühne», die ihrerseits der orbitalen Begrenzung des Sehens Rechnung trägt ..., während man später, sehr viel später, die Neuerung des Bildschirms erwartet, dann des Terminals, der in der Realzeit den Raum einer exotischen und weit entfernten Realität zeigt, und das nach dem Vorbild einer Reise ohne Reise und einer Fortbewegung ohne Fortbewegung, so wie es bis dahin allein das Theater dank der Knechtung des Schauspielers und des Zuschauers ermöglichte, aber zunächst, wie dies der Schauspieler Yves Hunstad so gut veranschaulicht, dank der Knechtung der *Figur* und ihres *Schauspielers.*

Nach der Television werden die Teleaktion und die Telepräsenz in der Tat wieder an das Phänomen des Besitzes eines eigenen Körpers durch ein Bild, ein mentales Bild anknüpfen. Dieser alte Mythos der Verdoppelung nicht nur der schwachen Persönlichkeit des Schauspielers, sondern vor allem der Realität der für diesen augenblicklich in einer ihrerseits virtuell gewordenen geographischen Umwelt handelnden «Teleakteur» äußeren Welt ... Die philosophische Frage lautet genaugenommen nicht mehr: Wer bin ich wirklich?, sondern: Wo befinde ich mich jetzt?

Diese Vermischung des Ethischen und des Ästhetischen, des Inneren und des Äußeren wird eine letzte Bewegungslosigkeit erzeugen, *eine durch und durch relativistische Bewegungslosigkeit,* denn nicht zufrieden damit, sich nach dem Beispiel dieses Teilchens, von dem Heisenberg uns berichtet, über seine Stellung und seine Vitalität zu befragen, würde das teleagierende Wesen gleichzeitig (genau das ist die Realzeit) *unsicher* bezüglich seiner Stellung im Raum und *unbestimmt* bezüglich seines wirklichen Zeitsystems werden, wobei die ponderable Endo-Referenz des physikalischen Körpers plötzlich von der verhaltensbezogenen Exo-Referenz eines «optischen Körpers», die sich einzig der Übertragungsgeschwindigkeit sowohl des Sehens wie der Handlung verdankt, abgelöst wird.

Wie sollte man unter diesen Bedingungen nicht die Rolle des *letzten Vehikels* erahnen: aus seinem Bewohner diesen Reisenden ohne Reise, diesen Passagier ohne Passage zu machen, den letzten Fremden, Überläufer seiner selbst, gleichzeitig verbannt aus der äußeren Welt, diesem realen Raum einer geophysikalischen Ausdehnung, die auf dem Weg ist zu verschwinden, und verbannt aus der inneren Welt; diesem tierischen Körper fremd, dieser Gewichtsmasse fremd, die ebenso geschwächt ist, wie es nunmehr diejenige des territorialen Körpers des Planeten ist, der sich auf dem Weg der fortgeschrittenen Vernichtung befindet?

Das Beispiel einer neuen Höchstleistung wird diese letzten Ausführungen veranschaulichen: Im Dezember des Jahres 1986 vollbrachte eine Maschine zum erstenmal in der Geschichte der Luftfahrt *ohne Zwischenlandung* einen Flug um die Erde, *Voyager,* dies der Name der Maschine, tilgte damit den wesenhaften Unterschied zwischen dem *Satelliten* in niedriger Umlaufbahn und dem *erdumkreisenden* Flugzeug. Ein von Menschenhand gesteuertes Objekt entzog sich dem Bezugsboden.

Dieser vom Ingenieur Burt Rutan, dem Bruder des Piloten, entwickelte Prototyp eines orbitalen Flugzeugs stellte jedoch nur die erste Vorstufe für ein in einem anderen Sinne noch ambitionierteres Projekt dar: nämlich ein fliegendes Gerät zu verwirklichen, das allein durch menschliche Energie bewegt wird (nach dem Beispiel des vom Ingenieur Mac Ready konzipierten *Gossamer Albatross*) und dazu in der Lage ist, *einen Menschen durch seine eigenen Mittel zu satellitisieren.*

Aus dem Menschen soll nicht mehr das Ebenbild eines Adlers gemacht werden, sondern das vollkommene Äquivalent eines Gestirns, eines Asteroiden.

Allein durch seine Kräfte soll diese Bewegungslosigkeit erreicht werden, bei der die Gewichtsmasse des menschlichen Körpers mit der eines sich im Zustand der Schwerelosigkeit befindlichen Planeten identisch wird ...

Aus: Paul Virilio: *Rasender Stillstand. Essay,* übersetzt von Bernd Wilczek, Frankfurt am Main 1997, Kap. 5 (gekürzte Fassung).

Französische Originalausgabe: *L'Inertie polaire,* Paris 1990.

Kommentar: Peter Richter

Über seinen jenseits der Fachgrenzen vielleicht berühmtesten Aufsatz spricht der Kunsthistoriker Martin Warnke (geb. 1937) gern in einem etwas selbstironischen Ton. Die Hauptthese werde Tag für Tag millionenfach widerlegt, und der Titel verdanke sich eigentlich einem Abwehrversuch. Auf jeden Fall sind Warnkes 1979 erstmals veröffentlichte Überlegungen «Zur Situation der Couchecke» nur die Spitze eines Eisbergs: Am Anfang stand die Idee eines WDR-Redakteurs, die Zivilisations-Thesen von Norbert Elias fernsehgerecht aufarbeiten zu lassen. Eine Gruppe von jüngeren Forschern, darunter etwa Wolf Lepenies und Henning Ritter, wurde mit dem Projekt betraut, und Warnke fiel dabei die Aufgabe zu, die Geschichte des Wohnens kunsthistorisch darzustellen. Seine Studien gingen also ursprünglich über die Dispositionen der Couch-Garnituren im Wohnzimmer weit hinaus und umfassten auch die Schlafzimmer, die Bäder, die Küchen, die Kinderzimmer und so weiter. Leider wurde das Vorhaben vom WDR später auf Eis gelegt. Kurz darauf meldete sich jedoch Jürgen Habermas bei Warnke; Habermas war mit den Vorbereitungen für den eintausendsten Band der edition suhrkamp befasst, das Thema sollte, unter Bezug auf Karl Jaspers, «Stichworte zur Geistigen Situation der Zeit» lauten, und Habermas wollte wissen, ob Warnke etwas Kunsthistorisches beizusteuern wüsste.

Warnke erwiderte, dass er allenfalls etwas zur geistigen Situation der Couchecke liefern könne; er dachte, so erzählt er, damit wäre das Thema vom Tisch und er entlassen. Aber Habermas war begeistert: Gerade auf so etwas habe er gewartet. Tatsächlich dürfte Habermas der phänomenologische Ansatz genauso gefallen haben, wie er die Leser des interdisziplinären Kompendiums überrascht und womöglich geradezu erfrischt haben dürfte. Das Überraschende war die Anwendung eines akademisch-kunsthistorischen Instrumentariums auf einen Gegenstand von ungewöhnlicher Gewöhnlichkeit: das deutsche Wohnzimmer. Was heute, etwa unter dem Stichwort der Bildwissenschaft, weitgehend zur Selbstverständlichkeit geworden ist, nämlich die kunsthistorische Auseinandersetzung mit der ästhetischen Struktur des Alltags, das war damals geradezu revolutionär: Es hob die profane Stube in den Rang der Deutungswürdigkeit, also auf eine Ebene mit Kircheninnenräumen und Renaissancegemälden. Seit Warnke ist es praktisch unmöglich geworden, ein Wohnzimmer zu betreten, ohne die Möbel als im Raum verteilte Fragestellungen und Problemlagen im Wartestand wahrzunehmen.

Peter Richter ist Feuilleton-Redakteur der Frankfurter Allgemeinen Sonntagszeitung. *Er veröffentlichte 2006 u. a.* Deutsches Haus – Eine Einrichtungsfibel. *Er studierte Kunstgeschichte in Hamburg und Madrid und promovierte 2006 bei Martin Warnke mit dem Thema «Der Plattenbau als Krisengebiet».*

Martin Warnke

ZUR SITUATION DER COUCHECKE (1979)

1.

Die Couchecke ist einmal entstanden. Was wäre verloren oder gewonnen, wenn sie wieder verschwände?

Bevor sie die wichtigste Konfiguration im Wohnzimmer werden konnte, mußte ein umfassendes Revirement eine Raum- und Sinnlücke geschaffen haben.

Der grundlegende Vorgang war das Ausscheiden der Arbeit aus dem Wohnbereich. In Arzt-, Bäcker- oder Künstlerhäusern können auch heute noch Wohn- und Arbeitssphäre zusammen liegen, doch in dem Inventar einer gewöhnlichen Wohnung sind kaum noch Spuren einer beruflichen Tätigkeit zu finden. Lange war die Vorliebe für eine Wohnzimmerlage zur Straße hin eine Erinnerung an das Interesse für die Passanten als möglichen Kunden.[1] Die stillgelegten, rostenden Balkons bezeugen, daß Straßenlärm und -luft dieses Außeninteresse zurückgedrängt haben. Das merkwürdige Festhalten an unterkellerten Häusern erinnert wohl noch die Warengewölbe, so wie der Konzernchef, der von «unserem Hause» spricht, noch im Hochhaus den überschaubaren sozialen Rahmen des «ganzen Hauses» beschwört. Dennoch scheint eine unvoreingenommene Bestandsaufnahme zu bestätigen, daß die heutige Wohnung zutreffend als eine abgeschirmte «Gegenwelt» zur Arbeitswelt definiert ist.[2]

Nach der Umwandlung des Hauses zur bloßen Wohnung wurden in dieser mit auffallender Beharrlichkeit die Funktionsbereiche räumlich geschieden. Adalbert Stifter hat diesen Vorgang so beschrieben: «Die gemischten Zimmer, wie er sich ausdrückte, die mehreres zugleich sein können, Schlafzimmer, Spielzimmer und dergleichen, konnte er nicht leiden. Jedes Ding und jeder Mensch, pflegte er zu sagen, könne nur eines sein, dieses aber muß er ganz sein. Dieser Zug strenger Genauigkeit prägte sich bei uns ein, und ließ uns auf die Befehle der Eltern achten, wenn wir sie auch nicht verstanden.»[3]

Einschneidend war die Trennung von Wohn- und Schlafbereich. Bei seinem Auszug hat das Schlafzimmer wichtige Inventarstücke mitgenommen. Die Paradekissen und -decken in den Schlafgemächern erinnern daran, daß das Bett, ebenso

1 Eine «Manie, an der Straße wohnen zu wollen», stellt für seine Zeit fest Karl Scheffler, «Die Häuslichkeit», in: *Moderne Kultur. Ein Handbuch der Lebensbildung und des guten Geschmacks.* Hrsg. von Ed. Heyck, Bd. I. Stuttgart/Leipzig o. J. (um 1905), S. 183.

2 So etwa Elisabeth Pfeil, *Großstadtforschung,* Hannover 1972², S. 213.

3 Adalbert Stifter, *Der Nachsommer.* Hrsg. von Max Stefl, Basel 1954, S. 7. Um 1857 ist dies noch eine Wunschvorstellung; erst für die Zeit um 1900 kann gelten: «Im allgemeinen geht die Tendenz zur Sonderung der Räume, jedes Zimmer dient einem eigenen Zweck» (Scheffler, a. a. O., S. 225).

wie der Kleiderschrank, einmal Prunkstücke des Wohnbereichs waren. Obwohl kein Raum des Hauses dem Blick der Öffentlichkeit so streng entzogen ist wie das heutige Elternschlafzimmer, ist doch kein anderes so gehalten, als werde es ständig überwacht: Die Ordnungsmuster sind aus dem Wohnbereich mit in das Schlafzimmer übergegangen[4]. Im Wohnzimmer selbst gemahnen allenfalls Kommoden noch an die Zeiten, da hier auch Wäsche gebraucht wurde. Von der Chaiselongue, die im Wohnzimmer noch Gelegenheit zum Liegen bot, wird um 1905 gesagt: «Das beliebte moderne Möbel gehört nicht in das Wohnzimmer, weil sie nur der üblen deutschen Gewohnheit, im Wohnzimmer zu schlafen, Vorschub leistet.»[5] Die strikte Trennung von Wachen und Schlafen konnte auch durch die Notverbindungen in den Nachkriegsunterkünften nicht rückgängig gemacht werden. Wo sie noch heute zusammengezwungen sind, hilft die Möbeltechnik, wenigstens tagsüber die Nachtspuren zu verstauen.[6]

Wie Arbeiten und Schlafen zog sich auch das Essen aus dem Wohnzimmer zurück. Es hat den großen Tisch mitgenommen, aber die Anrichte, das Büfett, den Vitrinenschrank mit dem ausgestellten Festtagsgeschirr zurückgelassen. Das heutige Knabbern aus kleinen Schalen ist wie das Krümellesen von den Mahlen, die im Wohnzimmer einmal für die Großfamilie gerichtet wurden.

Jedes Wohnzimmer enthält – darin dem Museum vergleichbar – Restbestände von erledigten Funktionen, die anschaubar geworden sind. In das Ausstellungsfeld des Wohnzimmers treten Blumen, Bilder, Nippes, Bücherrücken, Gesellenstücke hinzu, die nach dem Prinzip der Symmetrie gestellt, gehängt, hierarchisiert sind.

Diesen Ausstellungsraum schirmen Gardinen nach außen ab; sie wurden umso dichter, je heller das Licht war, das den Privathaushalten zugeführt wurde und dessen Inventar dem Blick der Passanten preisgegeben hätte.[7]

4 Ausführlich über das Verhältnis von Intimität und Repräsentativität des Schlafzimmers und über die Scheu, es vorzuzeigen, Margret Tränkle, *Wohnkultur und Wohnweisen,* Tübingen 1972, S. 106 ff.

5 Scheffler, a. a. O., S. 238. Konzilianter gibt sich Ludwig Neundörfer, *Wie wohnen?* Königstein T./Leipzig o. J. (1929), S. 4: «Zum Ausruhen dient die Liegebank. Sie gehört zu den notwendigen Möbeln in der Wohnstube.»

6 Zur moralischen Beurteilung vgl. Edmund Meier-Obrist, *Kulturgeschichte des Wohnens im abendländischen Raum,* Hamburg 1956, S. 327: «Dient aber jeder Wohnraum einer Wohnung auch als Schlafstätte, so ist das ein unwürdiger Zustand.» Die Umsetzung in der Praxis formuliert *Mein Eigenheim* 1976, Nr. I, S. 55: «Wie bei allen Familienfertighäusern sind Schlaf- und Wohnbereich konsequent voneinander getrennt.»

7 Über Ausstellungspraxis und -gegenstände in der heutigen Wohnung vgl. Tränkle, a. a. O., S. 110 ff., 176 ff. Die geometrisierende Ausstellung hat sich durchgesetzt im Gefolge von Diktaten, wie sie etwa Neundörfer, a. a. O., S. 12, formulierte: «Die Buntheit solcher Ausstellungen wirkt ähnlich wie der Schmuck von halbkultivierten Wilden.» – Über die Wechselbeziehung zwischen Innenraumlicht und Gardinen vgl. Karl Rosner, *Das deutsche Zimmer im 19. Jahrhundert,* München/Leipzig 1889, S. 228, und Meier-Obrist, a. a. O., S. 287. Pfeil, a. a. O., S. 229, will beobachtet haben, daß Flüchtlinge sich zuerst Gardinen anzuschaffen pflegten, ein Tatbestand, den die von Alfons Silbermann, *Vom Wohnen der Deutschen* (1963), Frankfurt/M 1966², S. 39, Befragten bestätigen.

Wie im Museum werden manche Exponate des Wohnzimmers erst verständlich, wenn man sie in ihre ursprünglichen Funktionszusammenhänge zurückversetzt. Sie sind Relikte aus der Zeit, da der Wohnraum produktiv an allen Lebens- und Verkehrsbeziehungen beteiligt war.

2.

In den funktionalen Leerraum des Wohnzimmers zog die Sofa-, Sitz- oder Couchecke ein. Sie ist eine geschlossene Zelle. Vom Boden her durch einen Teppich ausgegrenzt, von der Wand her durch das Hauptbild ausgezeichnet, ist die Sitzgruppe durch eine Stehlampe als eigenlichtige Sondersphäre geweiht. In sich vollständig, autonom, exponiert sie sich doch nicht in der Raummitte, sondern erscheint immer abgerückt, zurückgezogen. Die Sessel umstellen Sofa und Tisch so, daß sie dem übrigen Zimmer den Rücken zukehren. Das ganze Zimmer wird ein Durchgangsraum, der über «Brücken» und «Läufer» zur Couchecke hinführt.

Die Sofaecke ist die jüngste Dingkonstellation im Wohnzimmer. Sie hat diesem einen ganz neuen Sinn gegeben. Henry van de Velde hatte 1897 vorgeschlagen, «daß jedes Zimmer einen Haupt- und Knotenpunkt hat, von dem sein Leben ausstrahlt und dem sich alle Gegenstände darinnen angliedern und unterordnen müssen».[8] Im Anschluß daran forderte Karl Scheffler um 1905, daß «jedes Zimmer seinen Mittelpunkt habe, worauf das Leben des Raumes sich bezieht; im Wohnzimmer kann es eine gut gewählte Sofaecke sein».[9] Daß das Leben des Raumes sich auf die Sofaecke bezieht, ergibt für diese eine Figur monadischer Eingeschlossenheit. In ihr ist der Hauptinhalt der Wohnkultur dieses Jahrhunderts repräsentiert: Gegen und für die Außenwelt Behaglichkeit und Geborgenheit möglich zu halten. Josef Strzygowsky sah 1907 in dem neuen Interieur ausgedrückt «die tiefe Sehnsucht nach Ruhe und Frieden, nach stillem Sein statt des ewig drängenden Werdens.»[10] Von dieser symbolischen Form aus ließ sich «das Haus, als die Gemeinschaft der Familie» denken, von der angenommen wird, sie brauche «ihr Zuhause, ihre Lebensordnung, die Solidarität und Pietät, eine Verläßlichkeit aller, die sich gegenseitig im Ganzen der Familie ein Halt sind».[11] Ein solcher Bedürfniskatalog war kaum aus der Beobachtung wirklicher Familienverhältnisse gewonnen, sondern eher aus der Erfahrung jener Dingkonstellation, die der im Hause eingeschlossenen Familie für die Aneignung jener Wertvorgaben erst einen Lehrraum anbot.

8 Henry van de Velde, *Zum Neuen Stil*, München 1955, S. 59.

9 Scheffler, a. a. O., S. 202.

10 Josef Strzygowsky, *Die Bildende Kunst der Gegenwart*, Leipzig 1907, S. 72, über die Interieurs van de Veldes.

11 Karl Jaspers, *Die Geistige Situation der Zeit* (1931), Berlin 1955^{9}, S. 53.

3.

Die Einzelelemente, die in der Couchecke zu einer neuen Konfiguration zusammentreffen, bringen besondere geschichtliche Erinnerungen ein.

Die Ecke ist im Hause immer ein signifikanter Ort gewesen. «Herrgottswinkel» hieß in Süddeutschland die Zimmerecke, in der ein Kruzifixus aufgehängt und Devotionalien abgestellt waren.[12] Der bürgerliche Wohnraum hat eine Ecke als Memorialbezirk eingerichtet: Die Ahnenbüste, Bildnisse, später die Fotos verstorbener Familienmitglieder finden hier hinter einer florealen Ausstattung ihren Platz. Nicht nur durch ihren Namen aktiviert die Sofaecke diesen Gehalt. Sie kann dem Wohnraum hinterlegt sein wie ein kirchlicher Altarbezirk. Wie dieser bewahrt sie das wichtigste Bild. Zur Ecke hingerückt, weiß sie deren sakralisierte Aura auch durch den weihevollen Schirm der Stehlampe innerweltlich nutzbar zu machen.

Das *Sofa* war für den Salon der Aufklärung als ein kommunikatives Möbel entwickelt worden. In ihm sind zwei Einzelsessel zu der alten Gemeinschaftsbank verschmolzen. Der Einzelsessel gibt im Sofa seinen zeremoniellen Solitäranspruch auf. Im Salon bildete das Sofa den programmatischen Kern einer *geöffneten* Zelle: Es stand mitten an der Längswand des Saales und hatte Einzelsessel neben sich, an die gleiche Wand gestellt. So war die Gruppe zum Gesamtraum hin exponiert und nach allen Seiten hin mitteilungsbereit. Leichtere Stühle konnten herangestellt werden. Das Ensemble, das nur eines der im Raum verstreuten Konversationsangebote war, erlaubte den freien Aus- und Zutritt. Auch der Form nach waren die Möbel nicht mehr die repräsentativen Rangträger, sondern ausschwingende, aktive Mobilitätssignale.[13]

So wie durchsichtige Bücherschränke im Salon die Bücher verfügbar machten und die Vitrinenschränke die Kleinode aus den verrätselten Kabinettschränken heraustreten ließen, so stellten die Möbelgruppen Sitzrechte und -ränge zur Disposition. Noch heute nutzen ranggleiche Staatsmänner gern diesen Gestus, indem sie sich kurz im Sofa nebeneinander zeigen.

In der modernen Sofaecke ist das Hauptstück zum ab- und einschließenden Mobiliar geworden. Die abgepolsterten Wangen erlauben keine Seitenwendung mehr. Der Entfaltungsradius endet an den frontal im Halbkreis platzierten Sesseln.

Zur Couchgruppe gehört der *Tisch*. Seit Menschengedenken waren die Sitzmöbel ihm attributiv zugesellt, blickten zu ihm auf und richteten sich nach ihm. Auf ihm sammelte sich das Licht. In der Couchecke ist der Tisch bis zur Kniehöhe abgesenkt und steht gleichsam den Sitzmöbeln zu Füßen. Er füllt die leere Mitte des umstellten Raumbezirks so, daß die festgesetzten Gruppenglieder herabblicken, in sich gehen können und zu einer dauernden Innenwendung angehalten sind.

12 Vgl. Meier-Obrist, a. a. O., S. 103, 111, 200.

13 Zum Mobiliar des Salons vgl. Jakob von Falke, *Geschichte des deutschen Kunstgewerbes*, Berlin 1888, S. 187; Mario Praz, Die *Inneneinrichtung von der Antike bis zum Jugendstil*, München 1965 [...].

4.

Das heutige Interieur entstand jedoch nicht als Gegenentwurf zum Salon. Sein Pathos bezog das moderne Wohnzimmer aus dem Kampf gegen die gefrorene Form des Salons, gegen die Gute Stube. In der bürgerlichen Wohnung war sie um 1815 als ein tabuierter Raum aufgekommen, der nur zu feierlichen Anlässen zugänglich war.[14] Der runde Tisch stand mitten im Raum unter dem Lüster, umstellt von Stühlen und einem schwer gewordenen Sofa. Über die Möbel waren schonende Überzüge gelegt. Die Fenster der Bücherschränke wurden mit grünen Vorhängen verhüllt. Die gesprächigen Möbel aus dem Salon waren stumm und devot geworden. Büchmann verzeichnet als geflügeltes Wort den Ausruf einer Leipzigerin an den ihr zur Logie zugewiesenen Prinzen Friedrich Karl von Preußen: «Königliche Hoheit, kommen Sie 'rein in die gute Stube!»[15]

Der Kampf gegen die Gute Stube, der gegen Ende des vorigen Jahrhunderts ausgefochten wurde, ist sprichwörtlich geblieben. Der in der Guten Stube stillgestellte Energieaufwand wurde anderwärts gebraucht. Cornelius Gurlitt forderte 1888, daß die Stube zu einem «Zentrum der Familie» umgewandelt, daß sie geöffnet werden solle, damit auch die Kinder «in den Möbeln des Wohnzimmers herumklettern» könnten. Fed nennt dann 1903 die Gute Stube «ein stickiges Museum von Häßlichkeiten.» Damals konnte die Gute Stube als erobert gelten, jedenfalls stellt Karl Scheffler um 1905 zufrieden fest, daß sich die Gute Stube «immer mehr in die Arbeiterwohnung zurückzieht, wo der Alltag und der Sonntag durch die Tätigkeit so sichtbar getrennt sind.»[16]

Die Sofaecke, die jetzt für die alltägliche Sozialisationsarbeit der Familie bereitgestellt wurde, erschien als geschlossene stilistische Einheit, als «Garnitur». Doch es läßt sich nicht verlässlich angeben, woher sie eigentlich genommen wurde. Einiges spricht dafür, daß man Dispositionen in Cafés oder Kneipen im Auge hatte. Möglich ist auch, daß Arrangements in englischen Clubs eingewirkt haben, wie denn aus England und Schweden wichtige Impulse zur Auflösung der Guten Stube kamen.[17] Daß der Familienvater so häufig in die öffentlichen Lokale auswich, wurde gern als eine Folge wenig attraktiver Wohnungen angesehen.[18] Café- und Wirtshauserfahrungen scheinen Scheffler geleitet zu haben, wenn er seine Empfehlung, die Sofaecke exzentrisch aufzustellen, unvermittelt so begrün-

14 «Die heiteren, nach der Straße gelegenen Räume der schönen Wohnung wurden nicht bewohnt und schienen nur ihrer selbst wegen da zu sein. Es waren glänzende Putzgemächer, zu schade zum Gebrauch. Die Familie beschränkte sich vielmehr auf einige enge Zimmer, die nach dem düstern, von hohen Gebäuden umstellten Hof sahen.» So im Rückblick Wilhelm von Kügelgen (geb. 1867), *Jugenderinnerungen*, München 1920, S. 44.

15 Georg Büchmann, *Geflügelte Worte*, Berlin 1907[23], S. 571. – Es ist oft festgestellt worden, daß die bürgerliche Gute Stube einen Prestigeverlust in Politik und Gesellschaft kompensiert, vgl. etwa Cornelius Gurlitt, *Im Bürgerhause*, Dresden 1888, S. 92; Rosner, a. a. O., S. 60, oder Juliane Roh, *Die moderne Wohnung*, Darmstadt 1954, S. 6.

16 Gurlitt, a. a. O., S. 32, 92; W. Fed, *Die Wohnung und ihre Ausstattung*, Leipzig 1903, S. 48; Scheffler, a. a. O., S. 215. Ähnlich Paul Paepcke, «Vom Hausrat der Mietwohnung», in: *Die Kunst*, Bd. 22 (1910), S. 190 f.

det, daß die Zimmermitte «außer im Eßzimmer der unbehaglichste Platz im ganzen Raum ist».[19] Die Angst davor, beobachtet und exponiert zu sein, die bei der außerhäuslichen Geselligkeit eine Rolle spielt, könnte die intime Vertraulichkeit, deren die Sofafamilie bedarf, unter den Schutz der Ecke gestellt haben.

5.

Die Sofaecke enthält ein langfristig angelegtes Programm, das erst nach dem Zweiten Weltkrieg alle Wohnzimmer wirklich erreichte. In manchen Wohnungen weist eine einsam mitten im leeren Raum hängende Deckenlampe auf ältere Stellschemata zurück. Die Couchecke zeigte sich immer intoleranter gegenüber Fremdkörpern; sie wurde erbfeindlich und mußte stilrein sein. Auch der geschlossene Stellplan setzte sich durch.[20]

Innerhalb dieser Grundstruktur jedoch blieb die Couchecke für Wandlungen empfänglich. Eines der interessantesten Motive, die in den fünfziger Jahren die Couchecke belebten, ist der Nierentisch gewesen. Zwischen den rundlichen, pausbäckigen Polstermöbeln bedeutete der leichtfüßige Nierentisch ein Ferment, das ungeregelte, bewegte Linienbeziehungen zwischen den Gruppengliedern einzufädeln suchte. Die Couchecke jener Jahre wollte unaufdringliche Vermittlungsdienste in einem gleitenden Werden und Wachsen leisten. Die Couchecke wurde als eine organische Zelle konzipiert.[21]

Die Nierentischkultur ist belächelt worden wie der Jugendstil. Seit den sechziger Jahren fegte der rechte Winkel durch die Stuben und Ecken. Die kantig und

17 Vgl. Otto Völckers, *Deutsche Hausfibel,* Leipzig 1937, S. 122 f.; Meier-Obrist, a. a. O., S. 307, und P. Jessen, «Der Kunstgewerbliche Geschmack in England», in: *Kunstgewerbeblatt,* NF Jg. 3 (1892), wo auf S. 100 auf die «bay windows» hingewiesen wird, die «mit Tisch und Sitzen zu behaglichen Winkeln ausgestattet werden». – Auf den englischen Club als einen möglichen Quellbereich wies mich Dr. Winfried Ranke, Berlin, hin.

18 Diese Auffassung etwa bei Rudolf Eberstadt, *Handbuch des Wohnungswesens und der Wohnungsfrage,* Jena 1917[3], S. 295, oder bei Rosner, a. a. O., S. 82. Daß der Diwan im Biedermeier ins Café gelangte, vermerkt Meier-Obrist, a. a. O., S. 259, und Jakob Stockbauer, «Altdeutsch und stilvoll», in: *Kunstgewerbeblatt,* NF Jg. 6 (1895), S. 195, beschreibt die Konkurrenzsituation: «Wenn vor einigen Jahrzehnten geistreiche Wirte anfingen, altdeutsche Bierstuben einzurichten, so hatte das auch einen Sinn. Diese geräumigen, mit vielen lauschigen Plätzchen für Stammtischgesellschaften versehenen Räume, reinlich, hell und licht, [...] wurden überall rasch beliebt und gar mancher mußte sich in diesen immerhin anheimelnden Räumen über die Misère der eigenen Wohnung zu trösten versuchen.» Die Peripetie wird dann durch eine Rede gekennzeichnet, die Alfred Krupp 1877 an seine Arbeiter hielt: «Ein Politisieren in der Kneipe ist nebenbei sehr teuer, dafür kann man im Hause Besseres haben. Nach getaner Arbeit verbleibt im Kreise der Eurigen, bei den Eltern, bei der Frau und den Kindern. Da sucht Eure Erholung, sinnt über den Haushalt und die Erziehung. Das und Eure Arbeit sei zunächst und vor allem Eure Politik. Dabei werdet Ihr frohe Stunden haben.» Zit. nach Roland Günter, «Krupp und Essen», in: M. Warnke (Hrsg.), *Das Kunstwerk zwischen Wissenschaft und Weltanschauung,* Gütersloh 1970, S. 147.

19 Scheffler, a. a. O., S. 237.

20 Tränkle, a. a. O., S. 101, beobachtete Rückbestände älterer Stellschemata. Über die abnehmende Erbfreudigkeit vgl. Silbermann, a. a. O., S. 31 ff., der auf S. 67 ff. auch Umfrageergebnisse vorträgt, die lediglich belegen, daß die Befragten die geschlossene Sofagruppe bevorzugten.

schwer gewordenen Polstermöbel, die um die geschliffenen Teaktische, dann um die in Stahl gefaßten Glas- und Marmorplatten gruppiert sind, konservieren die Zelle in einer kristallischen Struktur. Fixierung und Unverrückbarkeit bestimmten die Couchecke, als ihre Auflösung schon in Sicht war.

6.

Eine schwere Krise schüttelt seit einigen Jahren die Couchecke.[22] Die Symptome ihrer Auflösung sind unübersehbar. Plötzlich wurde sie in «Elementen» angeboten, die eine beliebige Umgruppierung erlaubten. Gleichzeitig verlor das querformatige Couchbild seine Dominanz und löste sich in zwei- bis dreiteilige Bildgruppen auf.[23] Es tauchten fahrbare Sessel und Drehsessel auf, die jedem individuellen Bewegungsimpuls folgen konnten. Kugelsessel ermöglichten eine totale Selbstisolation.

Die Couchecke zeigt sich desorientiert, sie macht hilflose Gesten nach allen Richtungen. Die Grundposition bleibt die geschlossene Zelle, doch immer öfter zeigt sie offene Flanken. Unwiderstehlich rücken und drehen sich die Elemente von innen nach außen – zum Fernseher hin, der meist die Ecke besetzt hält. Das Fernsehgerät hat die geschlossene Zelle aufgebrochen und die offene Konstellation des Salons wiederherstellbar gemacht. Die Sessel könnten wieder neben dem Sofa an der Wand stehen. Der Tisch könnte ganz verschwinden. Der Raum könnte wieder zugänglich und transparent werden, durchlässige Kanäle anbieten, damit die Fernsehbotschaft ungehindert eindringen kann. Zwar strukturiert nicht mehr aufgeklärtes Räsonnement die Möbelgruppe, aber sie hat sich doch wie unter einem erlösenden Zauberstab vom konzentrischen Binnenzwang befreit und eine empfangsbereite Außenwendung vollzogen.

7.

Offensichtlich war das Fernsehgerät, das eine öffentliche Institution vertritt, nicht mehr, wie noch das Radio, in die Couchecke zu integrieren. Als passives Möbelstück war es anzupassen, als aktives Medium jedoch sprengte es das geschlossene Beziehungssystem der Sofaecke.

21 Ein Beispiel für solche organologischen Vorstellungen etwa in *Architektur und Wohnen*, Jg. 58 (1949/50), S. 12 f.: «Zimmer dehnen die Brust oder schnüren die Kehle zu. Möbel können lachen oder verdrossen blicken.» – Wertvolle Hinweise zur Provenienz und Deutung des Nierentisches verdanke ich Dr. Andreas Haus, Marburg.

22 Einen «totalen Strukturwandel in der deutschen Wohnung» durch das Design der 60er und 70er Jahre stellt die Zeitschrift *Mode & Wohnen*, 1976, H. 2/3, S. 84, fest.

23 Dazu Heinz Schilling, *Wandschmuck unterer Sozialschichten*, Bern/Frankfurt/M. 1971, S. 93, 142.

Die Ohnmacht der Couchgruppe gegenüber dem Fernsehgerät ist deshalb verwunderlich, weil das Haus gegenüber öffentlichen Dienstleistungen immer wieder die erstaunlichsten Integrationsleistungen vollbracht hat. Die wichtigste war vielleicht die Privatisierung des WC, das lange noch ein externes Reglement auf der Etage erforderte. Auch die öffentlichen Wasch-, Bade-, Schwimm- und Saunaanstalten sind längst in der Wohnung privatisiert. Die Wohnung hat auch die Eigenküche gegen alle rationalistischen Vorschläge verteidigt, mit enormem technischen Aufwand sogar ausgebaut, so daß die letzten Vertreter der Öffentlichkeit im Hause, das Dienstpersonal, entbehrlich wurden.[24] Mit der Stereoanlage ist der Konzertsaal, mit der Hausbar die Gaststätte integrierbar geworden. Nur das «Heimkino» fordert einen grundsätzlichen Tribut, und die Bereitwilligkeit, mit der er gezahlt wird, läßt daran zweifeln, ob er die unmittelbare Ursache des Auflösungsprozesses ist. Auch die Weiterungen, die er zu entfalten beginnt, offenbaren mehr als nur technische Beweggründe.

Mit dem Nukleus des Wohnzimmers sind dessen Qualitäten allesamt in eine fast panische Schleuderbewegung hineingerissen. Nicht nur Grobmülltage in den Großstädten zeugen dafür. Auch innerhalb der Wohnungen hat eine Art Verteilungskampf um die Erbmasse des Wohnzimmers eingesetzt: Küchen werden zu Wohnküchen umgebaut, oft mit Hilfe eines «altdeutschen» Eichendekors. Bäder werden als Wohn- oder Familienbäder mit farbigen Kacheln, lüsterartigen Lampen und gartenhaften Pflanzenarrangements angeboten; die Reklame zeigt immer häufiger ganze Familien in der Badewanne oder in der Sauna. Auch die Schlafzimmer ziehen unübersehbar Elemente des Wohnzimmers an sich. Vor allem aber expandiert das Wohnzimmer nach außen: Schon länger spricht man vom «Wohngarten», und mit dem Wohnwagen wird ein oft intakt gehaltenes Interieur mobil.[25] Die Außenwelt insgesamt, Natur- und Geschäftszonen, werden Gegenstand eines empfindlichen Interesses, das im Grunde Wohnqualitäten nach außen projiziert. Die Ausbürgerung des Wohnzimmers scheint auch eine Revision der grundlegen-

24 Zum Dienstpersonal, das als öffentliche Kontrolle empfunden wird, vgl. Theodor Fontane, «Meine Kinderjahre», in: *Werke*, München 1968, Bd. 3, S. 498, oder Thorstein Veblen, *Theorie der feinen Leute* (1899), München 1971, S. 61, im übrigen Ingeborg Weber-Kellermann, *Die deutsche Familie*, Frankfurt/M. 1974, S. 118 ff.

25 Zu dem Trend, die Küche mit Holzmöbel auszustatten, wird in der Zeitschrift *Wir bauen uns ein Haus für uns* 1976, S. 64, angegeben, diese verliehen «dem Raum wohnliche Wärme». – Zur Entwicklung des Bades vgl. François Burkhardt (Hrsg.), *Baderaum – sozialer Raum der Familie*, IDZ 5, Berlin 1973. Der Tendenz kommt der Nachweis von Bruno Schier, *Hauslandschaften und Kulturbewegungen im östlichen Mitteleuropa*, Göttingen 1966², S. 285 ff., entgegen, daß die überheizte deutsche Wohnstube genetisch aus der Badestube hervorgegangen sei. – Zum Schlafzimmer vgl. die Feststellung in *Mein Eigenheim* 1973, Nr. 5, S. 51: «Deutsche Schlafzimmergemächer werden mehr und mehr ins Wohnerlebnis einbezogen.» Silbermann, a. a. O., hatte seinerzeit darüber erst aus «neuesten Berichten» aus den USA gehört, während Tränkle, a. a. O., S. 107, bereits eine erhöhte Bereitschaft dazu bei oberen Mittelschichten festgestellt hat. Vorschläge für «Wohnschlafzimmer» in *bauen + fertighaus* 1976, Nr. 46, S. 137, oder *Schöner Wohnen* 1976, Nr. 8, letzte Seite. – Beispiele für den «Wohnraum im Garten», wobei das Haus «ohne Grenze» in den Garten übergeht, in *Mein Eigenheim* 1976, Nr. 1, S. 75. – Daß das Auto, mit Furnieren und Stereoanlage ausgestattet, Wohnzimmerqualitäten annimmt, sei am Rande erwähnt.

den Trennung von Wohnen und Arbeiten möglich zu machen: schon stehen die ersten Bürohochhäuser, in denen sämtliche Wohnzimmerwünsche in die Arbeitssphäre eingebracht sind.[26]

Die Couchecke, die sich in diesem Jahrhundert als Symbol einer abgeschirmten, intimisierten Privatexistenz ausgebildet und durchgesetzt hat, ist im Begriff, sich in der Außenwelt aufzulösen. Es ist den Dingen nicht mehr abzulesen, ob dadurch die Welt wohnlich werden kann oder eine der letzten Gegenwelten aufgezehrt wird.

Aus: *Stichworte zur «Geistigen Situation der Zeit»*, Bd. 2: Politik und Kultur, hrsg. von Jürgen Habermas, Frankfurt am Main 1979, Abschnitt XI. Ausschnitte der Lebenswelt, S. 673–687.

Der Kommentar von Peter Richter ist eine gekürzte Fassung des Essays «Wohnen nach Warnke – Von der Couchecke zur Lounge», erschienen in *Interieur – Exterieur. Wohnen in der Kunst,* hrsg. von Markus Brüderlin u. Annelie Lütgens, Ostfildern 2008, S. 218–223, Abdruck mit freundlicher Genehmigung des Autors.

26 Ich denke an das Bürohaus «Centraal Beheer» von H. Hertzberger in Appeldoorn (Holland).

INDEX

S

T

U

V

W

Z

Hinweis zu Rechtschreibung und Abbildungen

Bei den wiederabgedruckten Originaltexten verwenden wir jeweils die Schreibung der Originalausgabe; bei den Kommentartexten die neue deutsche Rechtschreibung.
In den Originalausgaben vorhandene Abbildungen (in den Texten von Reyner Banham, Robert Venturi und Martin Warnke auch Abbildungsverweise) drucken wir außer beim Text von Adrian Frutiger nicht mit ab.

**Gui Bonsiepe, Nigel Cross,*
Michael Erlhoff, Siegfried Gronert,
Aaris Sherin, Klaus Theweleit, Beat Wyss